2020年全国监理工程师（交通运输工程专业）
培训考试用书

公路工程费用与进度控制

交通运输部职业资格中心　组织编写

人民交通出版社股份有限公司
北京

内 容 提 要

本书为2020年全国监理工程师(交通运输工程专业)职业资格考试用书之一,主要介绍公路工程费用、进度监理(目标控制)的理论与方法。工程费用监理(目标控制)包括工程费用监理的目标、原则、方法、依据等基础知识,资金的时间价值、工程经济分析方法、价值工程等基础理论,以及公路工程估概预算、工程量清单与报价、工程计量、费用支付、工程变更与索赔处理等专业知识。工程进度监理(目标控制)包括进度监理的目标、作用、任务及基本方法,关键线路法的网络图绘制、计算及优化,进度计划的编制及实际进度的监控、调整与工期延误事件的处理等专业知识。

本书既可作为全国监理工程师(交通运输工程专业)职业资格考试培训用书,也可供交通运输工程建设、施工、监理(咨询)和项目管理等单位的专业技术人员学习参考。

图书在版编目(CIP)数据

2020年全国监理工程师(交通运输工程专业)培训考试用书. 公路工程费用与进度控制 / 交通运输部职业资格中心组织编写. — 北京:人民交通出版社股份有限公司,2020.7
 ISBN 978-7-114-16665-5

Ⅰ. ①2… Ⅱ. ①交… Ⅲ. ①交通工程—交通监理—资格考试—自学参考资料②道路工程—工程造价—资格考试—自学参考资料③道路施工—施工进度计划—资格考试—自学参考资料 Ⅳ. ①U491.1②U415

中国版本图书馆CIP数据核字(2020)第112057号

2020 Nian Quanguo Jianli Gongchengshi(Jiaotong Yunshu Gongcheng Zhuanye)Peixun Kaoshi Yongshu Gonglu Gongcheng Feiyong yu Jindu Kongzhi

书　　名:	2020年全国监理工程师(交通运输工程专业)培训考试用书　公路工程费用与进度控制
著 作 者:	交通运输部职业资格中心
责任编辑:	刘永超　侯蓓蓓
责任校对:	孙国靖　龙　雪
责任印制:	刘高彤
出版发行:	人民交通出版社股份有限公司
地　　址:	(100011)北京市朝阳区安定门外外馆斜街3号
网　　址:	http://www.ccpcl.com.cn
销售电话:	(010)59757973
总 经 销:	人民交通出版社股份有限公司发行部
经　　销:	各地新华书店
印　　刷:	北京市密东印刷有限公司
开　　本:	787×1092　1/16
印　　张:	25
字　　数:	597千
版　　次:	2020年7月　第1版
印　　次:	2020年8月　第3次印刷
书　　号:	ISBN 978-7-114-16665-5
定　　价:	110.00元

(有印刷、装订质量问题的图书,由本公司负责调换)

2020年全国监理工程师（交通运输工程专业）培训考试用书

编写人员

主　编：章剑青
副主编：苑芳圻　秦仁杰　秦志斌　顾新民
成　员：单煜辉　杨玉胜　罗　娜　娄忠应
　　　　赵宝军　倪良松

审定人员

主　审：黄　勇
成　员：卢　柯　周争菊　黄　波　邢　波
　　　　孔　军　习明星　黄汉昌　刘惠兴
　　　　张　毅

前　言

2020年2月，住房和城乡建设部、交通运输部、水利部、人力资源社会保障部联合印发了《监理工程师职业资格制度规定》和《监理工程师职业资格考试实施办法》。2020年5月，经人力资源社会保障部批准，交通运输部职业资格中心公布了《全国监理工程师职业资格考试基础科目和交通运输工程专业科目大纲》（以下简称《大纲》）。

为方便考生备考，部职业资格中心根据《大纲》组织了相关交通建设管理部门、企事业单位和高等院校等单位的专家，编写了2020年全国监理工程师（交通运输工程专业）培训考试用书。全套书包括《公路工程目标与质量控制》《公路工程费用与进度控制》《公路工程安全与环境监理》《公路工程监理案例分析》《公路工程监理相关法规文件汇编》《水运工程目标控制》共6册。

《公路工程费用与进度控制》侧重工程建设的费用与进度控制基本理论和基本方法阐述，内容覆盖了《大纲》各知识点，对参考人员备考具有较强的指导性；同时，该书兼顾了监理工作实践需要，基本涵盖了监理工程师应知应会知识，达到了以考促学，全面提升监理工程师职业水平的目标。

《公路工程费用与进度控制》由苑芳圻、罗娜、杨玉胜主编。本书既可作为全国监理工程师（交通运输工程专业）职业资格考试培训用书，也可供交通运输工程建设、施工、监理（咨询）和项目管理等单位的专业技术人员学习参考。

《公路工程费用与进度控制》审定时，黄勇、卢柯、习明星等专家提出了宝贵意见，在此表示感谢！

由于编写时间仓促，编者水平有限，纰漏在所难免，敬请批评指正。

交通运输部职业资格中心
2020年7月

目 录

上篇　工程费用监理(目标控制)

第一章　工程费用监理概述 …………………………………………………………… 3
　第一节　工程费用监理的含义、依据、目标、任务与措施 ………………………… 3
　第二节　工程费用监理的作用、工作原则与方法 ………………………………… 6
　第三节　工程费用监理人员的职责、权限与要求 ………………………………… 8
第二章　工程费用监理的基本理论 …………………………………………………… 12
　第一节　资金的时间价值 ……………………………………………………………… 12
　第二节　经济分析的基本方法 ………………………………………………………… 17
　第三节　不确定性分析 ………………………………………………………………… 21
　第四节　价值工程 ……………………………………………………………………… 29
第三章　投资估算、概预算与竣工决算 ……………………………………………… 37
　第一节　公路工程总投资构成与计算 ………………………………………………… 37
　第二节　公路工程投资估算与概、预算 ……………………………………………… 41
　第三节　竣工决算 ……………………………………………………………………… 68
第四章　工程量清单与招标控制价、投标报价 ……………………………………… 77
　第一节　项目资本金制度与融资模式 ………………………………………………… 77
　第二节　公路工程招标与评标 ………………………………………………………… 81
　第三节　工程量清单 …………………………………………………………………… 87
　第四节　招标控制价与投标报价 ……………………………………………………… 96
第五章　工程计量 ………………………………………………………………………… 106
　第一节　工程计量的基础知识 ………………………………………………………… 106
　第二节　工程计量规则的说明 ………………………………………………………… 115
　第三节　工程量清单项目的计量规则 ………………………………………………… 119

— 1 —

第六章　费用支付的分类与清单支付项目·················157
第一节　费用支付的依据与基本原则·····················157
第二节　费用支付项目的分类与支付程序···············160
第三节　清单支付项目···166
第四节　合同支付项目的支付管理··························169

第七章　合同其他费用支付··180
第一节　工程变更··180
第二节　价格调整··191
第三节　索赔与反索赔···199
第四节　合同违约、解除后的付款与结清···············217

第八章　工程计量与支付的常用表式···························223
第一节　工程计量的常用表式································223
第二节　费用支付的常用表式································228

下篇　工程进度监理（目标控制）

第九章　进度监理及施工组织概述·······························249
第一节　进度监理的作用和任务······························249
第二节　公路工程施工组织方法和特点···················253
第三节　进度监理基本方法····································266

第十章　关键线路法（CPM）······································275
第一节　双代号网络计划图的绘制··························275
第二节　时间参数的计算及关键线路······················284
第三节　时间坐标网络计划····································295
第四节　单代号网络计划与计算······························298

第十一章　网络计划的优化···307
第一节　网络计划的时间优化································307
第二节　网络计划工期与成本优化··························311
第三节　网络计划的资源优化································317

第十二章　进度计划的编审及范例································328
第一节　进度计划的编制·······································328
第二节　进度计划的审批·······································331
第三节　进度计划编审范例····································332

第十三章　进度监理与延误处理···································356
第一节　进度监理与进度检查································356
第二节　进度延误、延期与计划调整······················371

参考文献··389

上篇

工程费用监理(目标控制)

第一章 工程费用监理概述

第一节 工程费用监理的含义、依据、目标、任务与措施

一、工程费用监理的含义

20世纪80年代初,我国恢复了世界银行(以下简称"世行")成员国合法席位,随之鲁布革水电站引水工程和陕西省的西三公路、山东省的晏高公路,特别是京津塘高速公路严格按照世行的要求,由业主(即建设单位、发包人或投资人)"雇用"FIDIC合同条款下的"工程师"代表业主在工程施工现场进行质量、进度、费用控制,从而采购合格的工程产品。即在传统的工程质量管理基础上同时强化质量控制、进度控制、费用控制(简称三大控制),这一成功实践为我国1988年建立建设工程监理制度奠定了基础。

世行贷款工程项目舶来了FIDIC土木工程施工合同条款和工程量清单、单价合同等新名词,随之产生了工程投资、工程估价、工程计量支付或费用控制(监理)等名词。FIDIC合同条款下的工程管理的核心就是以业主的雇员——"工程师"为主体对工程施工全过程(施工准备阶段、施工阶段、交竣工验收阶段、缺陷责任期阶段)实施"独立的"合同管理——质量控制、费用控制、进度控制、安全环保管理和信息管理、合同其他事项的管理和组织协调工作。其中的"费用控制",也可以称为造价控制,对建设单位而言又可以称为投资控制,对施工单位(也称承包人、承包商)而言又可以称为成本控制,对工程监理单位(或称项目监理机构)而言则可以称为费用监理、造价控制、投资控制等。

而"费用"一词,我国在工程项目基本建设程序的不同阶段有着不同的称谓,在项目建议书及可行性研究阶段称之为"投资估算",在初步设计、技术设计阶段称之为"设计概算",在施工图设计阶段称之为"施工图预算",在项目招投标阶段称之为"招标控制价或标底价、投标报价",在发包人与承包人签订施工合同协议时称之为"合同价",在合同实施过程中的结算称之为"结算价",在工程项目竣工或合同结束时称之为"决算价"。

工程监理单位或其派出的项目监理机构(总监办或驻地办)、工程监理人员在工程施工阶段依据招标文件、合同协议书、中标工程量清单、监理规范等文件的规定,对施工单位在工程施工生产和施工管理过程中付出的"费用"和建造成合格的分项工程实体形成的"工作量"进行检查、测量、计数或计算、审核、报批、确认计量单、签认费用支付证书,并报送建设单位核定支付(拨款)的监督管理工作就是费用监理工作。

二、工程费用监理的依据

工程监理单位、项目监理机构及其费用监理工作人员在开展费用监理工作的过程中，应遵循下列主要依据：

(1) 适用的建设工程法律、法规及工程建设标准、规范、概预算定额、概预算编制办法。

(2) 工程招标文件及其补遗书、修正澄清书。

(3) 工程施工图纸、变更设计图纸、招标工程量清单。

(4) 工程施工合同协议书、监理合同协议书及其他合同文件。

(5) 工程量清单计量规则。

(6) 与工程施工质量有关的测量、检验、试验类合格资料。

(7) 工程施工过程中有关的往来文件等。

三、工程费用监理的目标

《公路工程标准施工招标文件》(2018年版) 的通用合同条款第 1.1.5 条给出了"合同价格和费用"的词语定义。其中规定，"签约合同价"是指签订合同时合同协议书中写明的，包括了暂列金额、暂估价的合同总金额。"合同价格"是指承包人按合同约定完成了包括缺陷责任期在内的全部承包工作后，发包人应付给承包人的金额，包括在履行合同过程中按合同约定进行的变更和调整。

目标控制是开展各项工作的核心。工程施工阶段费用监理工作的目标就是在保证工程施工质量合格、施工安全、按期完工的前提下，把施工合同段的工程费用控制在签约合同价以内。就是说，费用监理人员应对施工过程中的工程费用进行动态管理与控制，使合同工程各项目的静态投资控制在中标工程量清单报价的工程总价值之内，控制实际投资额不超过计划投资额。如果未发生特别的工程变更、费用索赔、价格调整等事件，最终结算金额不得超出工程预算金额，决不突破工程概算金额。

费用监理人员应做到工程量清单内的项目，准确及时地进行支付；工程量清单外的项目，应该支付的要实事求是、符合招标文件、符合审批工作程序和权限且经过监理机构或业主的书面批准，不应该支付的书面拒绝。

四、工程费用监理的任务

工程费用监理工作是指工程施工阶段的费用监督管理工作，主要工作任务包括协助建设单位审查施工招标文件、投标文件中有关商务条款和商务文件，协助建设单位进行合同谈判工作，进行合同价格调整；协助建设单位编制投资控制目标和分年度投资计划及支付计划；对新增项目、工程变更、工期调整的经济合理性进行审议并提出审议意见；审查施工单位提交的资金流计划，严格审核施工单位的月计量表格，签发工程款支付证书；制定避免或减少费用索赔的措施，受理施工单位提交的费用索赔申请；编制竣工后的最终支付证书，协助建设单位进行竣工决算等。

项目监理机构或费用监理人员的主要工作任务如下：

(1) 熟悉工程施工图纸、工程施工现场的地质土质和地貌、地方材料等。

(2) 熟悉工程施工定额、地方材料机械人工价格等。

(3) 核实招标工程量清单,复核施工图纸的工程量,与施工单位、建设单位共同确认工程计量的"红线"。

(4) 现场计量和确认施工单位所完成的各分项工程数量,及时审签工程计量单。

(5) 审查施工单位编制的工程款支付申请表,并及时编制、签发支付证书。

(6) 及时办理施工合同的交工结算和建设项目的竣工决算。

(7) 公正处理合同管理中的工程变更、费用索赔、价格调整等引起的造价管理及费用审批事宜。

(8) 有效利用计量支付权及索赔审核权等费用监理手段进行施工质量控制、进度控制、安全环保控制、信息资料管理。

(9) 做好费用监理工作的文件资料的整理归档等。

为做好费用监理工作,费用监理人员应认真研究招标文件和施工承包合同文件,了解建设单位、施工单位之间的权利义务,熟悉或掌握有关本项目(合同)的计量支付方法、计量支付程序以及有关工程变更、费用索赔、价格调整的合同规定、审批原则、审批程序和方法;认真分析投标报价及合同价格,全面核实工程量清单,及时发现合同工程量中可能存在的错误,研究施工单位在投标报价中是否采用了不平衡报价法,预测不平衡报价给工程造价控制带来的影响,为处理工程变更的计价工作提供科学合理的依据;分析和提出为满足施工进度计划要求发包人应及时解决的外部施工条件,从而积极预防费用索赔事件;审查施工单位提交的用款计划,测算施工过程中的用款需求,为建设单位制订年度投资计划提供依据,从而积极预防或杜绝付款延误现象。

五、工程费用监理的措施

工程费用监理的措施包括组织措施、经济措施、技术措施和合同措施等。经济措施与技术措施相结合是控制工程费用的有效手段。

1. 组织措施

(1) 明确组织结构,明确费用监理工作人员,明确任务分工和职能分工。

(2) 编制费用监理细则、工作计划和详细的工作流程图。

2. 经济措施

(1) 编制资金使用计划,确定、分解费用监理目标,对费用控制进行风险分析并制定防范性对策。

(2) 及时进行工程计量。

(3) 审核施工单位编制的费用支付申请表,编制并签发支付证书。

(4) 定期进行费用控制的偏差分析,采取纠偏措施。

(5) 协商确定工程变更的价款、索赔的价款、物价调整的价款。

3. 技术措施

(1) 认真审核施工组织设计,对主要施工技术方案进行技术经济比较。

(2)对设计变更进行技术经济比较,严格控制设计变更、单价变更。

4. 合同措施

(1)收集工程施工记录、监理记录,保管好各种施工图纸、往来文件,为处理好费用索赔积累资料,提供依据。

(2)参与合同协议的补充、修改工作,重点考虑影响费用监理的因素。

第二节 工程费用监理的作用、工作原则与方法

一、工程费用监理的作用

工程监理单位实施的工程质量监理、费用监理、进度监理、安全与环境管理以及合同管理、信息管理、组织协调工作构成建设监理制度下的全部监理工作。费用控制或称费用监理是建设监理制度中不可或缺的重要内容之一,甚至可以说,任何削弱费用监理工作的管理行为都是损害建设监理制度的行为,弱化费用监理工作职责或权利的监理合同将是失败的监理合同。

1. 工程费用监理是控制施工"合同价格"的核心环节

在工程施工承包合同履行过程中,签约合同价是发包人和承包人关注的焦点,发包人、承包人由于各自利益的不同,可能会对合同价的高低及费用的支付产生各种各样的矛盾和分歧,从而影响合同的正常履行。发包人委托监理单位实施费用监理,可以及时处理承包人在工程施工结算中存在的高估冒算、超前计量等现象,有效控制工程变更的发生,积极预防违约所产生的索赔费用,解决工程施工结算中的各种矛盾和纠纷,保证工程费用计算的合法性、公平性、合理性和及时性,达到动态控制工程投资的目的。

2. 工程费用监理是质量控制的重要辅助手段

由于质量检验合格是工程计量、费用支付及办理施工合同价款结算的前提,因此,费用监理是质量控制的重要辅助手段,是促使承包人履行质量义务的保障。通过费用监理中的准确计量、合理支付、拒付、扣款等方式,可以激励或制约承包人履行质量义务,保证施工质量。

3. 工程费用监理也是进度控制的重要辅助手段

由于施工合同的完成情况是通过累计支付曲线来反映的,因此,通过费用监理中的工程量计量、费用支付数据可以动态反映施工合同的实际进度情况,及时发现进度偏差,为监理工作中动态进行施工进度监理提供有力的依据。另一方面,通过费用监理中扣除逾期竣工违约金及支付提前竣工奖金等方式,可以制约或激励承包人严格履行施工进度义务,从而起到进度控制的作用。

4. 工程费用监理是保护承包人合法权益的重要途径

由于费用监理也是对发包人履行付款义务及其他相关义务的监理,因此,费用监理的过程,实际上也是保护承包人合法权益的过程。按时得到根据施工合同承包人有权得到的各种款项既是承包人的合法权益,也是费用监理人的义务。通过费用监理,可以及时办理计量支付签证,及时办理工程变更、施工索赔及价格调整等审批签证,从而保护承包人的合法权益。并

且,通过费用监理,可以促进发包人严格按基本建设程序办事,认真做好施工项目的前期准备工作,尽量减少工程变更及违约现象导致的施工索赔,从而提高施工合同履行的质量和效率。

总之,工程费用监理工作的作用是全面的、综合性的,它和质量监理工作、进度监理工作、安全环保监理工作及其他合同管理工作紧密地联系在一起。

二、工程费用监理的工作原则

费用监理就是指监理人员按合同文件,依据工程的实际进展情况对工程费用的计算与支付实行监督和管理,其主要工作是计量和支付。《公路工程施工监理规范》规定,监理人员在计量与支付时应做到客观、公正、准确、及时。因此,为做好费用监理工作,监理人员在监理工作中应遵循以下基本原则。

1. 遵守法律法规的原则

费用监理是一项法律性、政策性、经济性和技术性很强的工作,首先要严格遵守国家的法律法规和有关制度,合法维护国家利益、发包人利益和施工企业利益,同时,还必须严格遵照工程项目本身内在规律的要求,处理好质量、进度、安全环保与费用之间的辩证关系。监理人员在进行费用监理时必须做到经其签认的每一笔工程费用都符合国家有关政策的规定和招标文件、施工合同协议书的要求,并协调好承包人与发包人的利益关系。

2. 恪守合同条款的原则

工程施工承包合同一方面综合体现了国家的经济政策和基本建设管理制度及法规,另一方面也全面概括了工程设计意图和要求,并综合考虑了施工中的各种因素,是工程施工的综合性约束文件。因此,根据约定优先原则,监理人员在进行工程费用监理时必须以合同条款为依据,按合同条款的规定处理好各类工程费用的审核与签认。监理人员不得超越合同条款或业主所赋予的权力开展监理工作,必须保证每一笔工程费用的确认、签认都符合合同条款的规定。

3. 恪守公正公平的原则

在工程施工及承包合同履行过程中,监理人员处于主导地位,承包人与发包人的货币收支是否准确和合理,取决于监理人员所签认的工程费用是否公正合理。因此,监理人员必须恪守公正公平的原则来进行费用监理,做到不偏不倚。监理人员对工程费用的签认,直接涉及发包人和承包人的利益,要使工程费用既合理又准确,只有监理人员保持公正才有可能。保持公正立场,是监理人员进行费用监理的基本原则和最低要求。

4. 坚持准确及时的原则

由于费用的支付涉及发包人、承包人双方的合法权益,影响合同的正常履行,因此,费用监理工作应坚持准确及时的原则。准确及时的原则要求监理人员在费用监理工作中严肃认真、一丝不苟,深入细致地做好计量审核、支付审定工作,并严格按计量支付的程序办事,做到逐级审查、分级把关,以保证计量数据、支付费用的准确性,并及时签发计量单、支付证书,督促发包人按时支付工程进度款,杜绝付款延误现象,为承包人施工中正常的资金周转提供积极有利的条件,避免由此引起的施工索赔。

三、工程费用监理的工作方法

费用监理的方法很多,从监理措施采取的时间不同分类,可以将费用监理分为事前监理(前馈监理)、事中监理(过程监理)、事后监理(反馈监理)三类。

1. 事前监理

事前监理也称前馈控制、主动控制,是指在发生目标偏差以前,即在实际工程费用超过合同价格之前,根据预测的信息,采取相应的预防措施予以调节,使工程费用不偏离或尽量少偏离合同价。比如,对工程量清单中的分项工程(工程子目)做出单价分析表,了解承包人的报价水平,对各种单价(计日工单价)做出分析,以便掌握在出现工程意外时采取的措施。

2. 事中监理

事中监理也称过程控制、跟踪监理,是指监理人员跟踪施工过程,并对其进行监理的一种监理方法。监理人员实施的旁站、巡视、抽检、见证、指令、报告、计量审核等工作是事中监理的主要工作(行为或方式)。

跟踪监理是一种日常的监理,事前监理与事后监理最后都要通过日常监理才能起作用。没有跟踪监理,事前监理和事后监理就没有意义。另一方面,跟踪监理能及时反馈信息,可以立即采取措施加以调整。

3. 事后监理

事后监理也称反馈控制、被动控制,是指监理人员将监理信息输送出去后又把作用结果返送回来,并对信息的再输出发生影响,以起到监理的作用。在费用监理过程中,为了对施工中的各种耗费进行有效的监理,要求把实际耗费同中标工程量清单进行比较,并把发生偏差的信息反馈给各方,以便及时进行调整,保证费用监理目标的实现。

第三节　工程费用监理人员的职责、权限与要求

一、工程费用监理人员的岗位职责

(1)全面熟悉招标文件、合同条件、工程量清单、技术规范、施工图纸和公路工程监理规范,负责制定费用监理工作程序或计量支付工作程序。

(2)核定图纸工程量,与工程量清单的数量进行对比,确定工程计量"红线"。

(3)配合路基路面、桥涵、隧道等专业监理工程师做好工程计量工作,确定并签认工程计量单。

(4)负责办理开工预付款、材料预付款的支付与扣回工作,审核工程变更、费用索赔、计日工、价格调整,审核施工单位编制的期中支付申请。

(5)编制监理机构的支付证书,经总监理工程师审核签认后报送建设单位。

(6)负责审查工程交工、竣工的工程量和支付价款,参与竣工决算的审核。

(7)负责建立计量支付台账,按档案管理要求对计量支付资料进行整理归档。

（8）经常巡视工程施工现场,随时掌握施工现场的工、料、机动态和工程进度状况。

（9）参与审核施工组织设计、总体施工进度计划、年度计划、现金流量计划。

（10）负责工程进度统计,督促施工单位及时准确地报送工程进度报表,负责施工进度的检查分析和动态管理。

（11）参与工程分包、工程延期的审查工作。

（12）参加工地会议、监理工作例会,整理会议记录、会议纪要和报告;参与编写监理月报、监理日志等文件资料。

（13）负责绘制项目监理机构的工程进度、工程支付上墙图表。

（14）参与项目监理机构的来往文件处理、归档工作。

（15）完成总监理工程师或驻地监理工程师安排的其他工作。

二、工程费用监理人员的权利与义务

监理人员在费用监理中的权力,归纳起来有如下三个方面：

（1）工程计量权、付款审批权和付款签证权。通过监理人审查签证的工程计量单和工程付款证书是施工单位已完工程量和应该得到的付款证书,是合同管理中一份具有一定法律效力的证明文件。

（2）工程变更的单价确认权和变更工程造价的确定权,施工索赔事件发生后的费用审查权、物价上涨现象发生时的价格调整权。根据《公路工程标准施工招标文件》的规定,监理人员有权签发计量支付证书。但监理人在行使上述权力时,应取得发包人的专门批准。

（3）在质量控制、进度控制等工作中的拒付权、扣款权。根据《公路工程施工监理规范》及《公路工程标准施工招标文件》的规定,如果监理人根据检查或检验结果,确定材料或设备有缺陷或不符合合同要求,监理人可以拒收材料或设备,相应拒付材料和设备的预付款;当承包人完成的工程质量不合格或验收不符合要求时,监理人有权要求承包人无偿返工并拒绝进行计量支付;当承包人的施工不能按期完工时,监理人有权从计量支付证书中扣除逾期竣工违约金。

在费用监理过程中,监理人员的责、权、利是否统一对费用监理的工作质量有重要影响。如果监理人员有责无权,则职责无法落实。如果不赋予监理人员相应的权力,保证监理工作的独立性,则费用监理工作的公正性也无法落实。如果监理人员有权无责,则权力就没有约束,必然出现滥用权力的现象。例如,监理人员有权签发付款证书,但如果监理人员没有客观公正、严格执行合同的职责,则有可能出现监理人随意批付工程进度款的现象。如果费用监理工作中责任很大而利益和报酬较低,则一方面无法保证费用监理人员的素质和费用监理工作质量,另外还可能出现费用监理人员利用手中权力,非法为己牟利的现象。因此,只有责、权、利高度统一,才能有效地做好费用监理工作。

监理人员在费用监理中的义务,归纳起来有下列方面：

（1）熟悉招标文件、合同条件、工程量清单、技术规范、施工图纸和公路工程监理规范的义务,制定费用监理工作程序或计量支付工作程序的义务,协助建设单位补充完善工程量计量规则、制定费用支付审核管理办法的义务。

（2）核定图纸工程量,确定工程计量"红线"的义务。

(3)配合路基路面、桥涵、隧道等专业监理工程师做好工程计量工作的义务。

(4)办理开工预付款、材料预付款的支付与扣回的义务。

(5)完成工程变更、费用索赔、计日工、价格调整审核的义务,认真审核支付申请的义务。

(6)编制支付证书、经总监理工程师签认后报送建设单位的义务。

(7)建立计量支付台账的义务,按档案管理要求对计量支付资料进行整理归档的义务。

(8)经常巡视工程施工现场,掌握施工现场的工、料、机动态和工程进度、工程质量、工程安全的义务,协助建设单位评估或编制资金使用计划的义务。

(9)填写巡视记录、监理日志的义务等。

三、工程费用监理人员的素质要求

从工程质量、进度、费用三要素的相互关系可以看出,费用监理工作不是孤立的,监理人员要做好费用监理工作,应精通工程经济与法律知识,熟悉工程技术与管理知识,掌握费用监理工作的业务流程,并且具备良好的职业道德。

1. 公路工程技术知识

公路工程技术知识是开展公路工程费用监理工作的基础。公路工程技术知识包括路基、路面、桥梁、隧道、排水、防护、交通工程技术知识等。既要熟悉其相应的勘察设计方法,又要掌握其相应的施工方法及施工工艺,还要对新材料、新结构、新工艺进行跟踪。只有熟悉公路工程技术知识,并清楚相关的技术标准与规范,才能掌握费用监理的主动权,才能在工程变更等工作中有效地控制和确定工程造价,并对工程变更的必要性进行有效的评估。

2. 公路工程管理知识

由于公路工程费用监理工作性质上属于工程项目管理工作,因此,公路工程管理知识是开展公路工程费用监理工作的前提。公路工程管理知识除一般的管理理论知识外,还包括公路工程质量、进度、造价、合同、招投标、施工组织、风险管理知识等。只有熟悉和掌握公路工程管理知识并具备良好的组织协调能力及沟通能力,使费用监理工作立足于项目管理工作,才能提高公路建设项目管理水平。

3. 公路工程经济知识

公路工程经济知识是开展公路工程费用监理工作的关键。公路工程经济知识包括公路工程定额及概预算知识(也包括投资估算知识)、公路工程投标报价编制知识、公路工程经济分析和经济评价知识、价值工程知识、工程财务知识以及市场经济理论知识等。只有掌握并熟练地运用公路工程经济知识,才能准确合理地编制及确定工程造价,对工程项目(或工程变更项目)的投资和社会效益进行评估,采用技术和经济手段降低成本和造价,提高投资效益。

4. 市场经济法律知识

市场经济法律知识是开展费用监理工作的保障。市场经济法律知识包括合同法、招标投标法、建筑法、公路法以及有关工程保险等方面的法律、法规。只有熟悉或掌握市场经济法律知识,才能使费用监理工作做到有法可依、有法必依,从而保障费用监理工作的合法性、公平性和公正性。

5. 费用监理业务知识

费用监理业务知识是开展费用监理工作的核心。费用监理业务知识包括公路工程计量规则、支付方法以及计量支付程序、工程变更、价格调整、费用索赔等费用的审批原则、审批方法、审批程序以及有关的公路施工合同条款。只有掌握费用监理业务知识，才能使费用监理工作严格按合同办事，做到方法正确、结果准确、程序到位。

6. 监理职业道德

监理职业道德是保证费用监理公平、公正的前提。监理人员应本着"严格监理、优质服务、公正科学、廉洁自律"的监理原则为建设单位控制好工程投资，在投资控制即费用监理工作过程中严守独立性、保持公正性、落实公平性，既要保护建设单位的适当利益，又要维护施工单位的合法权益，对应该计量支付的项目及时准确地完成计量支付报表，对不该计量支付的项目坚决杜绝并做好记录或报告工作；同时做到廉洁监理，勇于担当，杜绝吃拿卡要和庸懒散等不作为现象。

第二章 工程费用监理的基本理论

第一节 资金的时间价值

一、资金的时间价值概念

资金(资本)是项目投资中的重要生产要素,是社会再生产过程中能够产生增值的价值。资金运动过程中,货币、物资是资金的不同存在形式。

资金的时间价值也称为货币的时间价值,是指资金在生产与流通过程中(社会再生产过程中)与劳动相结合,随着时间的推移所产生的增值。

资金的时间价值规律(资金的增值能力)是资金运动的普遍规律。资金在生产和流通过程中,存款会有存款利息、贷款会有贷款利息、投资会有投资收益等,这些都是资金的时间价值规律的具体体现。但是,资金的时间价值只有在生产与流通过程中,即在活劳动与物化劳动相结合的过程中才能实现,离开这一点,资金的时间价值根本不可能存在。

利润和利息是资金时间价值的具体表现,是资金增值的一部分。利润由生产和经营部门产生,利息是以信贷为媒介的资金使用报酬,都是资金在时间延续过程中的增值。

资金时间价值的概念可以按表 2-1 从两个方面来理解。

资金时间价值概念　　　　　　　　　表 2-1

类　　别	资金情况	条　件	结　果
资金时间价值	同样数额	不同时间	价值不同
资金等值	同样价值	不同时间	数额不同

因为资金具有时间价值,使不同时间点发生的资金无法直接进行比较。只有通过一系列换算,将不同时间的资金等值(等价值)折算到同一个时间点进行对比,才符合客观实际情况,这种换算称为资金等值计算。也就是说,价值相等的资金,在不同时间点上呈现出不同的数额,利用一定计算方法,换算出不同时点的具体数额。

二、利息与利率

利息与利率是衡量资金的时间价值大小的指标。在工程经济分析中,对资金时间价值的计算方法与银行利息的计算方法相同。实际上,银行利息也是一种资金时间价值的表现形式。

广义的利息是占用资金(或放弃使用资金)所付(或所得)的代价(或报酬),一般用 I 表示。

利息通常根据利率来计算。利率是在一个计息周期内所得的利息额与借贷金额(即本金)之比,一般以百分数表示。

若用 i 表示利率,P 表示本金,I 表示利息,则:

$$i = \frac{I}{P} \times 100\% \tag{2-1}$$

上式表明,利率是单位本金经过一个计息周期后的增值额。利率根据计息的周期不同,可以用年利率、月利率、日利率表示。在工程经济分析中除特殊指明外,一般都是指年利率。

利息的计算有单利计息和复利计息之分。

单利计息时,只考虑本金计息,不将前期利息计入本金中,即利息不再生利息。

n 个计息周期后的本利和为:

$$F_n = P(1 + i \times n) \tag{2-2}$$

复利计息时,不仅计算本金的利息,而且计算利息生息,即按规定计息周期结息一次,结息后将上一计息周期所得的利息并入本金一并作为下一计息周期计算利息的本金。这种"利上加利"的计算利息方式称为复利计息。

复利计息本利和的计算式为:

$$F_n = P(1 + i)^n \tag{2-3}$$

复利计息符合资金在社会再生产过程中发生增值现象的实际情况,在工程经济分析中,一般均采用复利计息。

复利计息有间断复利计息和连续复利计息之分。如果计息周期为一定的时间区间(如年、季、月),称为间断复利;如果计息周期无限缩短,则称为连续复利。从理论上讲,资金是在不停地运动,每时每刻都在通过生产和流通增值,因而应该采用连续复利计息,但是实际使用中因时间的不断连续性使得连续复利计息不可能实现,所以均采用间断复利计息。

在工程经济分析中,一般计息周期与复利周期是相同的,但在实际经济活动中,计息周期也存在与复利周期不相同的情况,如年利率为12%,一年计息两次。这就出现了不同计息周期利率换算问题。

通常将一年中所获之利息与本金之比称为实际年利率,用字母 i 表示。将按年计的年利率称为名义利率,用字母 r 表示。则名义利率与实际利率的关系为:

$$i = \left(1 + \frac{r}{m}\right)^m - 1 \tag{2-4}$$

若计息周期无限缩短,即复利计息在一年中按无限多次计算,此时实际年利率为:

$$i = \lim_{m \to \infty} \left(1 + \frac{r}{m}\right)^m - 1$$

容易证明:

$$i = e^r - 1 \tag{2-5}$$

在进行技术经济分析时,每年计算利息次数不同的名义利率,相互之间没有可比性,应预先将它们转化为计息期为年的实际利率后才能进行比较。当计息期以年为计算单位时,就不存在名义利率。

三、现金流量图

（一）现金流量概念

在工程经济分析时,拟建项目在整个项目计算期内某一时间点上流出系统的货币称为现金流出量,记作 CO_t；流入系统的货币称为现金流入量,记作 CI_t；同一时间点上的现金流入与现金流出的差额称为净现金流量,记作 CF_t。

（二）现金流量表

项目的实施要持续一定的时间。在项目的寿命期内,各种现金流量的发生时间和数额都不尽相同,为便于分析不同时间点上的现金流入和现金流出,计算其净现金流量,通常采用现金流量表的形式来表示特定项目在一定时间内发生的现金流量。

（三）现金流量图

1. 概念

现金流量图是一种反映经济系统资金运动状态的图式,即把经济系统的现金流量绘入一时间坐标图中,表示出各现金流入、流出与相应时间的对应关系。现金流量图可全面、形象、直观地表达经济系统的资金运动状态。

2. 现金流量的三要素

现金流量的大小(现金数额)、方向(现金流入或流出)和作用点(现金发生的时间点)是现金流量的三个要素,如图2-1所示。

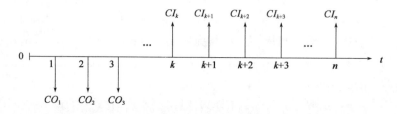

图2-1　现金流量图

3. 绘制方法和规则

(1)以横轴为时间轴,向右延伸表示时间的延续,轴上每一刻度表示一个时间单位,可取年、半年、季或月等;零表示时间序列的起点。

(2)垂直于时间坐标的垂直箭线代表不同时点的现金流量情况,现金流量的性质(流入或流出)是对特定的对象而言的。对投资人而言,在横轴上方的箭线表示现金流入,即表示效益;在横轴下方的箭线表示现金流出,即表示费用。

(3)在各箭线上方(或下方)注明现金流量的数额。

(4)箭线与时间轴的交点即为现金流量发生的时间单位末。

四、资金等值计算

(一)影响资金等值的因素

由于资金具有时间价值,项目实施带来的费用和效益,不仅与其货币的票面额大小有关,而且与其发生的时间有关。不同时刻发生的数额不等而经济价值相等的资金称为等值资金。

资金等值取决于三个因素,即金额大小、资金发生的时间和利率高低。

(二)资金等值计算方法

在工程经济分析中,资金等值计算与银行利息的计算方法相同。银行利息是资金时间价值的体现方式,是储户放弃现实消费以谋求资金保值的常用理财方法。

资金等值计算中常用符号的含义:

P——现值,某个时刻的货币值称为货币的时值,如果"某个时刻"指的是特定时间序列的初始点(通常是在工程项目建设的开端),则此时货币的时值称为货币的现值,简称为现值。

F——终值,在某个特定时间序列的终点值称为终值,又称本利和。

A——年值,或年金,表示发生在某一特定时间序列各计算期末的等额金额。

i——年利率,折现率或收益率。

n——计息周期或项目寿命期(包括建设期和营运期),通常以年为单位。

(三)复利计算公式

1. 一次支付终值公式(已知 P,求 F)

$$F = P(1+i)^n \tag{2-6}$$

[例 2-1] 某人以年利率 10% 借款 10000 元,预计 5 年后一次还清全部本金和利息。以单利和复利计息方法计算应偿还的本利和各是多少?

解:单利计息法,根据式(2-2):

$$F = P(1+ni) = (1+5\times10\%)\times10000 = 15000(元)$$

复利计息法,根据式(2-6):

$$F = P(1+i)^n = 10000\times(1+10\%)^5 = 16105.10(元)$$

2. 一次支付现值公式(已知 F,求 P)

$$P = F(1+i)^{-n} \tag{2-7}$$

[例 2-2] 某公司希望 5 年后有 100 万元存款资金,年利率为 10%,问现在需一次存入银行多少钱?

解:根据式(2-7):

$$P = 100\times(1+10\%)^{-5} = 100\times0.6209 = 62.09(万元)$$

3. 等额支付终值计算公式(已知 A,求 F)

$$F = A\left[\frac{(1+i)^n - 1}{i}\right] \tag{2-8}$$

[**例2-3**] 银行向某企业每年提供100万元的贷款,连续提供10年,到第10年末一次还本付息,若年利率为8%,则该企业应偿还的金额是多少?

解: 根据式(2-8):

$$F = 100\left[\frac{(1+8\%)^{10}-1}{8\%}\right] = 100 \times (F/A, i, n) = 100 \times 14.4866 = 1448.66(万元)$$

4. 等额支付偿债基金公式(已知F,求A)

$$A = F\frac{i}{(1+i)^n - 1} \tag{2-9}$$

[**例2-4**] 若想在第5年末获得100万元,每年存款金额相同,年利率为10%,则每年等额存款多少?

解: 根据式(2-9):

$$A = 100 \times \frac{10\%}{(1+10\%)^5 - 1} = 100 \times 0.1638 = 16.38(万元)$$

5. 等额支付现值公式(已知A,求P)

$$P = A\left[\frac{(1+i)^n - 1}{i(1+i)^n}\right] = A\left[\frac{1-(1+i)^{-n}}{i}\right] \tag{2-10}$$

[**例2-5**] 年利率为10%,某企业若想在5年内每年末从银行提取1000万元,则该企业现在一次性应存入银行多少资金?

解: 根据式(2-10):

$$P = 1000 \times \left[\frac{1-(1+10\%)^{-5}}{10\%}\right] = 1000 \times 3.7908 = 3790.80(万元)$$

6. 等额支付资金回收公式(已知P,求A)

$$A = P\left[\frac{i}{1-(1+i)^{-n}}\right] = P\frac{i(1+i)^n}{(1+i)^n - 1} \tag{2-11}$$

[**例2-6**] 若投资2000万元,年利率为8%,在10年内等额回收全部本金和利息,则每年应回收多少资金?

解: 根据式(2-11):

$$A = 2000 \times \left[\frac{8\%}{1-(1+8\%)^{-10}}\right] = 2000 \times 0.1490 = 298.00(万元)$$

(四)复利计算小结

根据资金所在时间不同,资金等值计算涉及三个不同数量,即现值P,年值A和终值F。复利分析的基本要求是掌握式(2-6)~式(2-11)六个计算公式。每个公式都是研究两个等值但不同时间点上资金的数量关系,共有六种运算组合方式,即式(2-6)~式(2-11)。

资金等值计算公式应注意的问题:

①初始投资,假设发生在寿命期初;

②寿命期内各项收入或支出,均假设发生在各年的年末;

③本年的年末即是下一年的年初;

④现值 P 是在当前年度开始时发生,终值 F 是在当前以后的第 n 年年末发生,年金 A 是在考察期间每一年的年末发生。

第二节 经济分析的基本方法

为了提高投资效益,取得最佳的投资效果,在建设项目投资决策时,就需要从经济角度出发,对多个投资方案进行评价和比选,称为建设项目的经济分析。其目的在于确保决策的正确性和科学性,避免或最大限度地减小投资方案的风险,确定投资方案的经济效果。

按是否考虑资金时间价值,经济效果评价方法分为静态评价方法和动态评价方法。静态评价方法是不考虑资金时间价值,其最大特点是计算简便,适用于方案的初步评价,或对短期投资项目进行评价,以及对于逐年收益大致相等的项目评价。动态评价方法考虑资金时间价值,能较全面地反映投资方案整个计算期的经济效果。因此,在进行方案比选时,一般以动态评价方法为主。

经济分析一般采用指标计算法进行。用若干个经济指标来反映投资方案的经济效益。根据经济评价指标的不同,动态经济评价方法可以分为净现值法、内部收益率法、投资回收期法、效益费用比法等。

一、净现值法

1. 净现值(NPV)

指投资项目按基准收益率(i_c)或设定的折现率(当未设定基准收益率时)将各年的净现金流量折现到投资起点的现值之代数和。净现值是实践中常用来评价项目方案经济效果的指标,可以反映出项目在经济寿命期内的获利能力,全面考察了项目在整个计算期内的经济状况,经济意义明确直观。

2. 计算公式

$$NPV = \left[\sum_{t=0}^{n} (CI - CO)_t (1 + i_c)^{-t} \right] \quad (2-12)$$

3. 经济含义

$NPV = 0$,表明项目刚好达到基准收益率;

$NPV < 0$,表明项目不能达到基准收益率,经济效果不好;

$NPV > 0$,表明除可实现基准收益率外,尚有超额收益,经济效果好。

4. 评价准则

在若干备选方案中,$NPV \geq 0$ 的投资方案在经济上是可以接受的;$NPV < 0$ 时,投资方案在经济上应予拒绝。满足 $NPV > 0$ 的方案为初选方案,具有最大净现值的初选方案为最优方案。

[例 2-7] 某投资项目的现金流量情况见表 2-2,基准收益率为 10%,试用净现值法判别该项目的经济可行性。

某项目现金流量表(单位:万元)　　　　　　表2-2

项　目	0	1	2	3	4	5	6
现金流入量				200	600	600	600
现金流出量	200	200	350	50	100	100	100
净现金流量	-200	-200	-350	150	500	500	500

解:首先计算投资项目的净现值,即:

$$NPV = \left[-200 - \frac{200}{(1+0.1)} - \frac{350}{(1+0.1)^2} + \frac{150}{(1+0.1)^3} + \frac{500}{(1+0.1)^4} + \frac{500}{(1+0.1)^5} + \frac{500}{(1+0.1)^6} \right]$$
$$= 375.83(万元)$$

因为 $NPV > 0$,表明该项目除可实现预定的10%收益率外,尚有375.83万元的净收益现值,项目经济可行。

[**例2-8**] 现有两个方案,其净现金流量见表2-3,基准收益率为10%,试用净现值法评价方案。

方案净现金流量表(单位:万元)　　　　　　表2-3

方　案	净现金流量				
	0	1	2	3	4
方案1	-100	30	30	30	30
方案2	-200	50	50	50	50

解:计算出各方案的净现值如下:

$$NPV_1 = -100 + 30 \times \frac{1-(1+0.1)^{-5}}{0.1} = 84.34(万元)$$

$$NPV_2 = -200 + 50 \times \frac{1-(1+0.1)^{-5}}{0.1} = 107.23(万元)$$

因为 $NPV_2 > NPV_1$,所以方案2的经济效果优于方案1。

二、内部收益率法

1. 内部收益率(IRR)

内部收益率是使项目在计算期内各年净现金流量的现值累计等于零时的折现率。即当 $i = IRR$ 时,项目现金流入量的现值和等于其现金流出量的现值和。

工程经济中常规投资项目的净现值函数曲线在 $-1 < i < +\infty$(对大多数工程经济实际问题来说是 $0 < i < +\infty$)内是单调下降的,且递减率逐渐减小。即随着折现率的逐渐增大,净现值将由大变小,由正变负,净现值与折现率之间的关系曲线如图2-2所示。

按照净现值法的评价准则,只要 $NPV(i) \geq 0$,

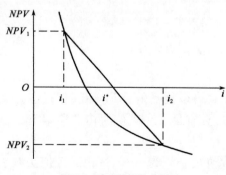

图2-2 净现值函数曲线图

方案或项目就可以接受。但由于 $NPV(i)$ 是折现率的递减函数,折现率定得越高,方案被接受的可能性就越小。显然,折现率可以大到使 $NPV=0$,这时净现值函数曲线与横轴相交,折现率达到了其临界值 i^*。可以说,i^* 是净现值法评价准则的一个分界,当 $i<i^*$ 时,$NPV(i)>0$;当 $i>i^*$ 时,$NPV(i)<0$,i^* 即为内部收益率。其实质就是使投资方案在计算期内各年净现金流量的现值累计等于零时的折现率。

2. 计算公式

对常规投资项目,内部收益率就是净现值为零时的折现率,其数学表达式为:

$$NPV(IRR) = \sum_{t=0}^{n}(CI-CO)_t(1+IRR)^{-t} = 0 \quad (2\text{-}13)$$

内部收益率是一个未知的折现率,由式(2-13)可知,求方程式中的折现率需解高次方程,不易求解。在实际工作中,一般是通过计算机进行计算,手算时可用试算插值法。

3. 试算插值法计算 IRR 的步骤

(1)初估 IRR 的试算初值;

(2)假定 i_1 和 i_2;

注意:为保证计算精度,i_2 与 i_1 之间的差距一般以不超过2%为宜,最大不宜超过5%。

(3)计算其对应的净现值,要求 $NPV_1>0$,$NPV_2<0$,则 $NPV=0$ 时的 IRR 一定在 i_1 与 i_2 之间。

(4)用线性试算插值法计算 IRR 的近似值,计算式为:

$$IRR \approx i^* = i_1 + \frac{NPV_1}{NPV_1+|NPV_2|} \times (i_2-i_1) \quad (2\text{-}14)$$

4. 评价准则

求得内部收益率后,用基准收益率(i_c)进行比较。当 $IRR \geq i_c$ 时,投资方案在经济上是可以接受的;反之,应予拒绝。

[例2-9] 某工程项目期初投资130万元,年销售收入为100万元,年折旧费为20万元,计算期为6年,年经营成本为50万元,所得税税率为25%,不考虑固定资产残值,基准收益率为10%,试计算该项目投资的内部收益率并评价该项目。

解:计算每年净收益:$100-50=50$(万元)

每年纯收入:$50-(50-20)\times 25\% = 42.5$(万元)

假定 $i_1=23\%$ 和 $i_2=24\%$,则:

$i_1=23\%$,$NPV_1 = 42.5 \times \left[\dfrac{1-(1+23\%)^{-6}}{23\%}\right] - 130 = 131.42 - 130 = 1.42$(万元)

$i_2=24\%$,$NPV_2 = 42.5 \times \left[\dfrac{1-(1+24\%)^{-6}}{24\%}\right] - 130 = 128.37 - 130 = -1.63$(万元)

$IRR = 23\% + 1.42/(1.42+1.63) \times (24\%-23\%) = 23.47\%$

求得项目的内部收益率为23.47%,在经济上是合算的,方案可以接受。

三、投资回收期法

投资回收期又称返本期,它是指建设项目以其每年的净收益抵偿其全部投资所需的时间长度。投资回收期指标有静态投资回收期及动态投资回收期两种,通常指的是动态投资回收期。

1. 静态投资回收期法

(1)静态投资回收期(P_t)。

静态投资回收期是在不考虑资金时间价值的条件下,以项目的净现金流量回收其全部投资所需要的时间。一般以年为单位,起始年数从投资年算起。

(2)计算公式。

静态投资回收期 P_t 的计算式:

$$\sum_{t=0}^{P_t}(CI-CO)_t=0 \tag{2-15}$$

实际计算时,常利用现金流量表,按下式计算静态投资回收期:

$$P_t = 累计净现金流量出现正值的年数 - 1 + \frac{上一年累计净现金量的绝对值}{出现正值年份的净现金流量} \tag{2-16}$$

(3)评价准则。

一般要求投资回收期小于基准投资回收期(P_c),建设项目才经济可行。目前,我国没有规定统一的基准投资回收期,但可参考有关实际资料。若 $P_t \leq P_c$ 时,表明项目投资能在规定时间内收回,项目在经济上可以接受;若 $P_t > P_c$ 时,项目在经济上不可行。

2. 动态投资回收期法

(1)动态投资回收期(P_t')。

动态投资回收期考虑了资金的时间价值,实际上就是从投资年开始到项目净现值等于零时的年限。

(2)计算公式。

$$\sum_{t=0}^{P_t'}(CI-CO)_t(1+i_c)^{-t}=0 \tag{2-17}$$

实际计算时,常利用现金流量表,按下式计算动态投资回收期:

$$P_t' = 累计净现值开始出现正值的年份 - 1 + \frac{上年累计净现值的绝对值}{当年净现金流量的现值} \tag{2-18}$$

(3)评价准则。

当 $P_t' \leq P_c$ 时,项目在经济上可以接受;当 $P_t' > P_c$ 时,项目在经济上不可行。

在实际工作中,由于动态投资回收期与其他动态盈利性指标相近。一般情况下,若 $P_t' < P_c$,则必然有 $IRR > i_c$ 和 $NPV > 0$。因此,对于同一方案,动态投资回收期法同内部收益率法和净现值法在方案评价方面是等价的。

[例2-10] 题目同上。求:(1)项目的静态投资回收期。(2)项目的动态投资回收期。

解:(1)静态投资回收期。

$$P_t = \frac{I}{A} = \frac{130}{42.5} = 3.06(年)$$

(2)动态投资回收期。

已知基准收益率为10%,当 $t=3$ 时,累计净现值为 -24.31 万元;当 $t=4$ 时,累计净现值等于 4.72 万元;动态投资回收期在第 3 年和第 4 年之间。由于第 4 年净现金流量(42.5 万元)的现值等于 29.03 万元。所以,

$$P'_t = (4-1) + \frac{|-24.31|}{29.03} = 3.84(年)$$

题目中给出的计算期为 6 年,采用静态投资回收期和动态投资回收期计算结果都小于 6 年,说明该方案是可以接受的。

四、效益费用比法

1. 效益费用比(BCR)

效益费用比是投资项目的全部效益现值和与全部费用现值和之比。

2. 计算公式

$$BCR = \frac{B}{C} = \frac{\sum_{t=0}^{n} \frac{CI_t}{(1+i_c)^t}}{\sum_{t=0}^{n} \frac{CO_t}{(1+i_c)^t}} \tag{2-19}$$

3. 评价准则

$BCR \geq 1$ 时,投资方案在经济上是可以接受的;$BCR < 1$ 时,则投资方案在经济上应予拒绝。

应该指出,BCR 指标是个相对数。BCR 反映的是在基准折现率条件下,投资项目单位费用现值所带来的效益现值的大小,但它不能反映效益现值总额与费用现值总额之间的绝对差异,因而不一定能保证投资者资金有最大的增长。如果按 BCR 最大来选择方案,则有可能误选了一个获利水平高、投资小,但不是获利最大的方案,从而失去适当的投资机会。因此,BCR 不能简单地直接用于多方案的比选。

第三节 不确定性分析

一、不确定性与风险

1. 不确定性与风险概念

在分析投资项目的经济效果时,需要使用各种参数,如工程投资、工程建设期限、交通量、年度营运费用、年度收入等,这些参数是进行公路建设项目经济评价的基础数据,它们或者来自估算,或者来自预测,带有某种不确定性。在现实生活中,任何工程项目都不会完全实现预想的结果。工程经济分析的一个重要工作就是要研究各种不确定性和风险,找出各种估计和预测可能出现的偏差以及这些偏差的边界,而这些边界有可能导致选择不同于确定情况下的项目方案。

所谓不确定性和风险是指由于对项目将来面临的运营条件、技术发展和各种环境缺乏准

确的知识而产生的决策没有把握性。习惯上,当这些不确定性的结果可以用发生的概率来加以表述和分析时,称为概率分析(风险分析);反之,不能用概率表述的,称为不确定性分析。但是,这种区分只是形式上、称呼上的方便,并不意味着概率分析一定好于不确定性分析。因为从原则上,将来所有可能出现的结果都能用主观概率来加以描述。我们的任务是选择适当的方法来使不确定性和风险显性化,从而选择更好的方案或采取措施化解和规避风险。造成这种不确定性的影响因素主要有如下几种:

(1)原始数据的可靠性不够,如在预测交通量的增长率时,所观测的交通量资料不准。
(2)原始数据太少,不具有代表性。
(3)原始数据的处理方法不当。
(4)所选择的预测模型和预测方法有问题。
(5)国家宏观政策的重大变化。
(6)存在不能计量的因素和未知因素。
(7)各种不可抗拒因素如政治事件、自然灾害的影响。
(8)市场情况的变化,建设资金的短缺等。

当上述各种因素发生变化时,经济评价中所采用的基础数据将受到重大影响,相应地发生变化,从而使得经济评价结果出现预期结果和实际结果不符的现象。如预期的投资回收长于实际投资回收期,预期的内部收益率低于实际的内部收益率等。如果基础数据的变化很大,则可能出现预期结果与实际结果完全相反的现象,导致项目投资的失败和工程决策的失误。实际生活中这样的例子很多,这种现象被称作投资决策中的风险,造成投资决策失败的原因是投资决策者事先对工程投资面临的风险缺乏认识,对风险可能带来的后果未能做出充分地估计,即经济评价中缺乏不确定性分析。

2. 不确定性分析

不确定性分析就是研究各种经济参数发生变化时,经济评价结果的变化情况和变化范围,估计经济评价结果所面临的风险,为投资决策提供风险分析的资料和结果,以避免投资决策的失误,所以不确定性分析是经济评价中的重要内容,不确定性分析方法主要有临界分析、敏感性分析和概率分析。

二、临界分析

1. 临界分析的概念

各种不确定因素(如投资、成本、销售量、产品价格、项目寿命期等)的变化会影响投资方案的经济效果,当这些因素的变化达到某一临界值时,就会影响方案的取舍。临界分析(也称盈亏平衡分析)的目的就是找出这种临界值,判断投资方案对不确定因素变化的承受能力,为决策提供依据。

盈亏平衡分析的目的是通过分析产品产量、成本与方案盈利能力之间的关系,找出投资方案盈利与亏损在产量、产品价格、单位产品成本等方面的界限,以判断在各种不确定因素作用下方案的风险情况。

2. 线性盈亏平衡分析

投资项目的销售收入、成本费用与产品产量(如果按销售量组织生产,产品销售量等于产品产量)的关系呈线性关系时,盈亏平衡分析为线性盈亏平衡分析。

设:B 为销售收入;C 为总成本;P 为单位产品价格;Q 为产品销售量;C_f 为固定成本;C_v 为单位产品变动成本,则:

销售收入函数:
$$B = PQ$$

总成本函数:
$$C = C_f + C_v Q$$

在销售收入及总成本都与产量呈线性关系的情况下,也可以很方便地用解析方法求出以产品产量、生产能力利用率、产品销售价格、单位产品变动成本等表示的盈亏平衡点。

在盈亏平衡点,销售收入 B 等于总成本费用 C,设项目生产能力为 Q,则有:
$$PQ = C_f + C_v Q$$

盈亏平衡产量:
$$Q = \frac{C_f}{P - C_v} \tag{2-20}$$

若项目设计生产能力为 Q_c,则盈亏平衡生产能力利用率:
$$E = \frac{Q}{Q_c} \times 100\%$$

若按设计能力进行生产和销售,则盈亏平衡销售价格:
$$P = \frac{B}{Q_c} = \frac{C}{Q_c} = \frac{C_f}{Q_c} + C_v$$

[例 2-11] 为应对新冠肺炎疫情,某呼吸机工厂进行扩建投资,年计划生产呼吸机的能力为 10 万台,年固定成本为 75600 万元,呼吸机产品的成本为 9.20 万元/台,销售价格为 11.60 万元/台。试确定盈亏平衡点。

解: 设年产量为 Q 台,则:

收入函数:$B = $ 产品销价 $\times$ 产量 $= P \times Q = 11.60Q$(万元)

总成本函数:$C = $ 年固定成本 $+$ 单位产品的成本 $\times$ 产量 $= 75600 + 9.20Q$(万元)

产量盈亏平衡点 $=$ 固定成本 $\div$ (单价 $-$ 单位变动成本)$= 75600 \div (11.60 - 9.20) = 31500$(台)

销售收入平衡点 $= 31500 \times 11.60 = 365400$(万元)

生产能力利用率平衡点 $= 3.15 \div 10 \times 100\% = 31.5\%$

价格盈亏平衡点 $= 9.20 + 75600 \div 100000 = 9.956$(万元/台)

通过计算盈亏平衡点,结合市场预测分析,可以对投资方案发生亏损的可能性作出大致判断。在上例中,如果未来的呼吸机产品销售价格及生产成本与预期值相同,该投资项目不发生亏损的条件是年销售量呼吸机不低于3.15万台,生产能力利用率不低于31.5%;如果按设计能力进行生产并能全部销售,生产成本与预期值相同,项目不发生亏损的条件是呼吸机产品销售价格不低于9.956万元/台。

3. 非线性盈亏平衡分析

在实际中,某些项目产品的销售收入和成本与销售量并不呈线性关系。因为项目的生产销售活动将明显地影响市场供求状况,随着该项目产品销售量的增加,产品价格有所下降,所以,这时销售收入与销售量之间不再是线性关系。另外,变动成本总额中的大部分与产品产量成正比例关系,也有一部分变动成本与产品产量不成正比例关系,如与生产批量有关的某些消耗性材料费用、模具费及运输费等,这部分变动成本随产量变动的规律一般是呈阶梯形曲线,通常称这部分变动成本为半变动成本。因此,总成本费用与产量也不再是线性关系,关于非线性盈亏平衡分析的分析计算本教材不作介绍。

三、敏感性分析

1. 敏感性分析的概念

所谓敏感性分析是对影响经济效果的各种参数的变化作出估计和预测,并对经济效果的变化作出相应的分析和计算,从而判断经济参数变化时经济效果的敏感程度。通过敏感性分析,可以找出对建设项目经济效果影响最敏感的因素,并采取有效的措施和对策,保证经济效果的准确性。

假设某个特定的因素,其数值的波动,甚至是较大幅度的波动,并不能影响方案的经济效果,则认为该方案对此特定因素不敏感,反之,如果这个因素即使发生微小波动,也会严重影响方案的经济效果,则认为该方案对此因素十分敏感,所以可以用敏感性分析来测定不确定因素对一个方案的经济效果的影响程度。

敏感性分析方法一般可按下述步骤进行:

(1)分析哪些因素最有可能对投资方案经济效果产生影响,进而决定哪些因素属于不确定性参数。

(2)选择不确定性参数的可能变化范围和增减量。

(3)选定经济评价指标(净现值、内部收益率、投资回收期或效益费用比等)作敏感性计算。

(4)根据计算结果,绘出敏感性分析图,并判断经济决策应如何随之变化,即决定决策是否仍然可行。

2. 单因素敏感性分析

实施敏感性分析,一般都要考虑几个可变参数。但为了简便起见,通常假设各参数之间是相互独立的,每次只研究一项可变参数,其他参数则保持不变,这就是单因素敏感性分析。

[例2-12] 某投资方案用于确定性分析的现金流量如表2-4所示。表中数据是对未来最可能出现的情况预测估算得到的。由于未来影响经济环境的某些因素的不确定性,预计各参数的最大变化范围为 $-30\% \sim +30\%$,基准折现率为12%。试对各参数分别作敏感性分析。

现 金 流 量 表   表2-4

参　　数	单　位	预　测　值
投资额(K)	元	170000
年收益(AR)	元	35000
年支出(AC)	元	3000
残值(L)	元	20000
寿命期(n)	年	10

解：本例取净现值作为分析指标。净现值的未来最可能值为：

$$NPV = -K + (AR - AC)(P/A, 12\%, 10) + L(P/F, 12\%, 10)$$
$$= -170000 + (35000 - 3000) \times 5.650 + 20000 \times 0.3220$$
$$= 17240(元)$$

下面就投资额、年收益、年支出、残值和寿命期这 5 个不确定因素作敏感性分析。设投资额变动的百分比为 a，分析投资额变动对方案净现值影响的计算式为：

$$NPV = -K(1 + a) + (AR - AC)(P/A, 12\%, 10) + L(P/F, 12\%, 10)$$

设年收益变动的百分比为 b，分析年收益变动对方案净现值影响的计算式为：

$$NPV = -K + [AR(1 + b) - AC](P/A, 12\%, 10) + L(P/F, 12\%, 10)$$

设年支出变动的百分比为 c，分析年支出变动对方案净现值影响的计算式为：

$$NPV = -K + [AR - AC(1 + c)](P/A, 12\%, 10) + L(P/F, 12\%, 10)]$$

设残值变动的百分比为 d，分析残值变动对方案净现值影响的计算式为：

$$NPV = -K + (AR - AC)(P/A, 12\%, 10) + L(1 + d)(P/F, 12\%, 10)$$

设寿命期变动的百分比为 e，分析寿命期变动对方案净现值影响的计算式为：

$$NPV = -K + (AR - AC)[P/A, 12\%, 10(1 + e)] + L[P/F, 12\%, 10(1 + e)]$$

按照上述 5 个公式，使用表 2-6 中数据，a, b, c, d, e 分别取 $\pm 10\%$，$\pm 20\%$，$\pm 30\%$，可以计算出各不同变动幅度下方案的净现值，计算结果如表 2-5 所示。

各因素变动净现值计算结果表   表2-5

不确定因素	变动幅度						
	-30%	-20%	-10%	0	+10%	+20%	+30%
投资额(K)	68240	51240	34240	17240	240	-16760	-33760
年收益(AR)	-42085	-22310	-2535	17240	37015	56790	76565
年支出(AC)	22325	20630	18935	17240	15545	13850	12155
残值(L)	15308	15952	16596	17240	17884	18528	19172
寿命期(n)	-14906	-2496	7708	17240	25766	33342	40152

根据表 2-5 中数据，可以绘制出敏感性分析图（图 2-3）。

由表 2-5 和图 2-3 可以看出，在同样的变动幅度下，年收益的变动对方案净现值的影响最大，以下依次为投资额、寿命期和年支出的变动，残值变动的影响最小。

上述方法为相对测定法。若反过来求解上述五个计算方案净现值的公式，即分别令 $NPV = 0$，解出各因素变动的百分比，以此来寻求敏感因素，这就是绝对测定法。

令第一个净现值公式为零，可解得：$a = 10.14\%$

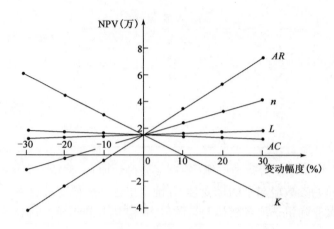

图 2-3 敏感性分析图

同样,分别令第二、第三、第四和第五个净现值公式为零,则可解得:$b = -8.72\%$,$c = 101.71\%$,$d = -267.70\%$,$e = -17.34\%$。

该结果表明,当其他因素不变,投资额增加超过 10.14% 或其他因素不变,年收益降低超过 8.7% 时;或其他因素不变,年支出增加超过 101.71% 时;或其他因素不变,残值减少超过 267.70%(实际最多为 100%)时;或其他因素不变,寿命缩短超过 17.34% 时,方案的净现值将小于零,方案变得不可接受。从不确定因素变动百分比的含义来看,百分比的绝对值越小,其对应的因素就越敏感。按此原则,本例中敏感性由强到弱的因素依次为年收益、投资额、寿命期、年支出和残值,排序与相对测定法相同。

3. 多因素敏感性分析

在进行单因素敏感性分析的过程中,当计算某特定因素的变动对经济效果指标的影响时,假定其他因素均不变。实际上,许多因素的变动具有相关性,一个因素的变动往往也伴随着其他因素的变动。所以,单因素敏感性分析有其局限性。改进的方法是进行多因素敏感性分析,多因素敏感性分析要考虑可能发生的各种因素不同变动幅度的多种组合,即考察多个因素同时变动对方案经济效果的影响,以判断方案的风险情况,关于多因素敏感性分析的分析计算本教材不作介绍。

四、概率分析

前面我们讨论了敏感性分析的概念和方法,它是在不确定条件下,分析拟建工程项目的经济效果的可靠性,用来描述当经济参数存在估计误差或发生变化时,该项目的经济效果所发生的相应变化,以及变化的敏感程度。但是,敏感性分析并不能提供经济效果变化的可能性大小,不能对一个项目所承担的风险作出定量估计,它只能定性地加以说明。

概率分析不同于敏感性分析,它可根据各种可变参数的概率分布来推求一个项目在风险条件下获利的可能性大小,或者是项目所承担的风险大小。因此,概率分析也叫作风险分析。工程项目的风险可用某一效益指标的不利值如净现值 $NPV \leq 0$ 发生的概率来度量,或用某一效益指标的期望值、方差来表示。我们把通过求解效益指标不利值的概率来估计项目风险的分析方法称之为概率分析。

概率分析一般有两种方法,即蒙特卡洛法和决策树法。需要指出的是,在公路工程项目经济评价中的各种参数,常常缺乏足够的历史统计资料,大部分不能用建立在大量数据基础上的客观概率来表达,因此在实用上,人们经常使用建立在主观估计上的主观概率分布。

1. 蒙特卡洛法

蒙特卡洛法是一种模拟法或统计试验法,它是通过多次模拟试验,随机选取自变量的数值来求效益指标特征值的一种方法。它的主要优点是无需复杂的数学运算,只要经过多次反复试验,便能获得足够准确的近似结果(均值、方差及概率分布等),由于这种方法的试验次数很多,需要借助计算机模拟才能有效地进行(手算会显得烦琐)。蒙特卡洛法的实施步骤如下:

(1)分析哪些原始参数应属于随机变量,并确定出这些随机变量的概率分布。
(2)通过模拟试验随机选取各随机变量的值,并使选取的随机值符合各自的概率分布,随机数可使用随机数表,或直接用计算机求出随机数。
(3)建立经济评价指标的数学模型。
(4)根据模拟实验结果,计算出经济评价指标的一系列样本值。
(5)经过多次模拟试验,求出经济评价指标的概率分布或其他特征值。
(6)检验试验次数是否满足预定的精度要求。

2. 决策树法

决策树法是利用一种树型决策网络来描述与求解风险型决策问题的方法。它的优点是能使决策问题形象直观,便于思考与集体讨论。特别在多级决策活动中,能起到层次分明、一目了然、计算简便的作用。

决策树是以方框与圆圈为节点,由直线连接而形成的一种树型图,如图2-4所示。在决策树中,方框节点称为决策点;由决策点引出若干条直线,每条直线代表一个方案,称为方案枝;在每条方案枝的末端有一个圆圈节点,称为状态点(机会点);由状态点引出若干条直线,每一条直线代表一个客观状态及其可能出现的概率,称为概率枝;在每条概率枝的末端标有所在方案在该状态下的损益值,称为可能结果。

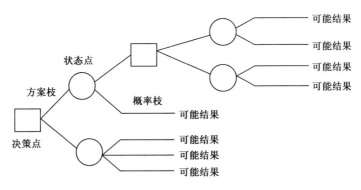

图2-4 决策树分析示意图

风险型决策问题一般都具有多个备选方案,每个方案又有多种客观状态,因此决策树都是由左向右,由简入繁,形成一个树型的网络图。

运用决策树进行决策通常分为两个过程:首先是从左向右的建树过程,即根据决策问题的内容(备选方案、客观状态及其概率、损益值等)从左向右逐步分析,绘制决策树;决策树建好后,再从右向左,计算各个方案在不同状态下的期望损益值,然后根据不同方案的期望损益值的大小作出选择,"剪去"被淘汰的方案枝,最后决策点留下的唯一一条方案枝即代表最优方案。

[例2-13] 某施工单位拟参加某工程项目施工投标。该工程招标文件已明确,采用固定总价合同发包。估算直接成本为1500万元,承包人根据有关专家的咨询意见,认为该工程项目以10%、7%、4%的利润率投标的中标概率分别为0.3、0.6、0.9。中标后如果承包效果好、达到预期利润率,其概率为0.6;如果承包效果不好,所得利润将低于预期利润两个百分点。该工程编制投标文件及与投标工作有关的费用为5万元。试帮助施工单位确定投标方案。

解:(1)计算各投标方案的利润:
① 投利润率10%承包效果好的利润:$1500 \times 10\% = 150$(万元);
② 投利润率10%承包效果不好的利润:$1500 \times 8\% = 120$(万元);
③ 投利润率7%承包效果好的利润:$1500 \times 7\% = 105$(万元);
④ 投利润率7%承包效果不好的利润:$1500 \times 5\% = 75$(万元);
⑤ 投利润率4%承包效果好的利润:$1500 \times 4\% = 60$(万元);
⑥ 投利润率4%承包效果不好的利润:$1500 \times 2\% = 30$(万元)。
各投资方案利润如表2-6所示。

各投资方案的利润表　　　　　　　　　　　　　表2-6

方　　案	效　　果	概　　率	利润(万元)
10%利润率	好	0.6	150
	差	0.4	120
7%利润率	好	0.6	105
	差	0.4	75
4%利润率	好	0.6	60
	差	0.4	30

(2)绘出决策树,标明各方案的概率和利润,如图2-5所示。

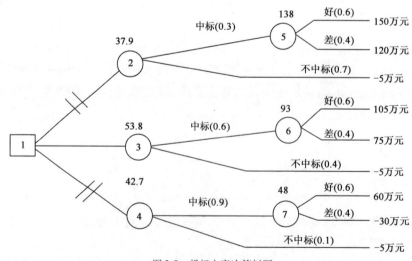

图2-5 投标方案决策树图

(3) 计算图中各机会点的期望值：

点⑤150×0.6+120×0.4=138(万元)；点②138×0.3-5×0.7=37.9(万元)；
点⑥105×0.6+75×0.4=93(万元)；点③93×0.6-5×0.4=53.8(万元)；
点⑦60×0.6+30×0.4=48(万元)；点④48×0.9-5×0.1=42.7(万元)。

(4) 决策：

因为点③的期望值利润最大，故应选择利润7%的中标方案。

相应报价：1500×(1+7%)=1605(万元)。

第四节 价值工程

一、价值工程的基本原理

1. 价值工程及其特点

价值工程是一种旨在提高所研究对象价值的思想方法和管理技术。其基本原理是：通过各相关领域的协作，对所研究对象的功能与费用进行系统分析，不断创新，最终以研究对象的最低寿命周期成本可靠地实现使用者所需功能，以获取最佳的综合效益。价值工程的定义包括四个方面：

(1) 着眼于寿命周期成本。

寿命周期成本是指产品在其寿命期内所发生的全部费用，包括生产成本和使用成本两部分。生产成本是指发生在生产企业内部的成本，包括研究开发、设计以及制造过程中的费用；使用成本是指用户在使用过程中支付的各种费用的总和，包括运输、安装、调试、管理、维修和耗能等方面的费用。寿命周期费用、生产成本和使用成本与产品功能之间的关系如图2-6所示。

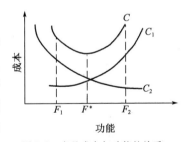

图2-6 产品成本与功能的关系

在图2-6中，C_1表示生产成本，随着产品功能的增加，生产成本越来越高，C_2表示使用成本，随着功能的增加，使用成本越来越低；C表示寿命周期成本，$C=C_1+C_2$，它的变化趋势是随着产品功能的增加，先下降，后上升。从图2-6中可以看出，在F_1点产品功能较少，此时虽然生产成本较低，但由于不能满足使用者的基本要求，使用成本较高，因而使用寿命周期成本较高；在F_2点，虽然使用成本较低，但由于存在多余的功能，因而致使生产成本过高，同样寿命周期成本较高。只有在F^*点，产品功能既能满足用户的需要，又使得寿命周期成本较低，体现了比较理想的功能与成本的关系。

值得注意的是，在寿命周期成本的构成中，一般由于生产成本在短期内集中支出并且体现在价格中，容易被人们认识，进而采取措施加以控制。而使用中的人工、能源、环境、维修等耗费常常是生产成本的许多倍，但由于支出分散，容易被人们忽视。比如一项建筑产品，如果单纯追求生产成本，降低预算，粗心设计，偷工减料，那么其建造质量肯定非常低劣，使用过程中的维修费用就会很高，甚至可能发生重大事故，给社会财产和人身安全带来严重危害。因此，价值工程中对降低成本的考虑,是要综合考虑生产成本和使用成本的下降,兼顾生产者和使用者的利益,以获得最佳的社会综合效益。

(2)价值工程的核心是功能分析。

功能是指研究对象能满足某种需要的一种属性,即产品的具体用途。功能可分为必要功能和不必要功能,其中必要功能是指用户所要求的功能,以及与实现用户所需求功能有关的功能。

价值工程的功能,一般是指必要功能。因为用户购买某一产品,其目的不是为了获得产品本身,而是通过购买该产品获得其所需要的功能。因此,价值工程对产品的分析,首先是对其功能的分析,通过功能分析,弄清哪些功能是必要的,哪些功能是不必要的或过剩的。从而在改进方案中去掉不必要的功能,削减过剩的功能,补充不足的功能,使产品的功能结构更加合理,达到可靠地实现使用所需功能的目的。

(3)价值工程是一项有组织的管理活动。

价值工程研究的问题涉及产品的整个寿命周期,涉及面广,研究过程复杂,因此在企业开展价值工程活动时,一般需要由技术人员、管理人员、有经验的工作人员,甚至用户,以适当的组织形式组织起来,共同研究,发挥集体智慧,灵活运用各方面的知识和经验,才能达到既定的目标。

(4)价值工程的目标表现为产品价值的提高。

价值是指对象所具有的功能与获得该功能的全部费用之比,可用下式表示:

$$价值(V) = \frac{功能(F)}{成本(C)} \qquad (2-21)$$

价值工程的目的是要从技术与经济的结合上去改进和创新产品,使产品既要在技术上可靠实现,又要在经济上所支付的费用最小,达到两者的最佳结合。而"最低的寿命周期成本"是价值工程中的经济指标,"可靠地实现所需功能"是价值工程中的技术指标,因此,产品的价值越高,其技术与经济的结合也就越难。从这个角度上讲,价值工程的目标体现为产品价值的提高上。

2.提高产品或作业价值的主要途径

(1)在提高产品功能的同时,降低产品成本。这可使价值大幅度提高,是最理想的提高价值的途径。

(2)提高功能,同时保持成本不变。

(3)在功能不变的情况下,降低成本。

(4)成本略有增加,同时功能大幅度提高。

(5)功能略有下降,同时成本大幅度降低。

总之,价值工程不单纯地强调"物美"即改善功能,也不单纯地强调"价廉"即降低成本。而是要求提高二者的比值,这样,对企业和用户都是有益的。

二、价值工程的基本程序

价值工程的工作程序一般分为准备、分析、创新、实施与评价四个阶段,见表2-7。

价值工程的基本程序   表2-7

阶段	步骤	问题	说明
准备阶段	1.对象选择	1.这是什么？	应明确目标、限制条件和分析范围
	2.组成价值工程领导小组		一般由项目负责人、专业技术人员、熟悉价值工程的人员组成
	3.制定工作计划		具体执行人、执行日期、工作目标等
分析阶段	4.收集整理信息资料	2.它是干什么用的？	贯穿价值工程的全过程
	5.功能系统分析	3.它的成本是多少？	明确功能特性要求，并绘制功能系统图
	6.功能评价	4.它的价值是多少？	确定功能目标成本与功能改进区域
创新阶段	7.方案创新	5.有无其他方案实现这个功能？	提出各种不同的实现功能的方案
	8.方案评价	6.新方案的成本是多少？	从技术、经济和社会等方面中评价各方案达到要求目标的可能性
	9.方案编写	7.新方案能满足要求吗？	将选出的方案及有关资料编写成册
实施与评价阶段	10.方案审批	8.如何保证新方案实施？	由主管部门组织进行
	11.方案实施与检查		制定实施计划、组织实施、并跟踪检查
	12.成果鉴定	9.活动效果如何？	对实施后技术经济效果进行成果鉴定

价值工程工作步骤的实质是就是针对产品的功能和成本提出问题、分析问题和解决问题的过程。

价值工程各阶段对应的问题为：

（1）准备阶段。

①价值工程的研究对象是什么？

②围绕价值工程对象需要做哪些准备工作？

（2）分析阶段。

③价值工程对象的功能是什么？

④价值工程对象的成本是多少？

⑤价值工程对象的价值是多少？

（3）创新阶段。

⑥有无其他方法可以实现同样功能？

⑦新方案的成本是多少？

⑧新方案能满足要求吗？

（4）实施与评价阶段。

⑨如何保证新方案实施？

⑩价值工程活动的效果如何？

三、价值工程方法

1. 对象选择

价值工程是就某个具体对象开展的有针对性的分析评价和改进，能否正确选择对象是价值工程收效大小与成败的关键。价值工程对象选择,主要有以下几种方法。

1)经验分析法——定性分析法

经验分析法是根据价值工程对象选择应考虑的各种因素,凭借分析人员的经验,研究确定选择对象的一种方法。需从社会利益、企业发展、市场潜力、市场竞争、利润等方面综合考虑,选择价值工程对象。从有利于提高价值方面考虑:

(1)设计方面:结构复杂、质量大、尺寸大、材料贵、性能差、技术水平低的产品。

(2)制造方面:产量大、工艺复杂、成品率低、占用关键设备工作量大的产品。

(3)成本方面:成本比率大、成本高的产品。

2)ABC 分析法——定量分析法

ABC 分析法,又称重点选择法或不均匀分布定律法,是指应用数理统计分析的方法来选择对象。

在价值工程中,对产品成本的分析发现:占产品总零件数 10%~15% 左右的 A 类零部件,其成本往往占产品总成本的 70%~80%;占零件总数 15%~20% 左右的 B 类零部件,其成本占总成本的 10%~20% 左右;占总零件数 60%~80% 左右的 C 类零部件,其成本只占总成本的 5%~10%。因而 A 类零部件是价值工程的主要研究对象。

同理,工程项目投资可按费用组成分类,分为人工费、材料费、机械使用费、管理费等,将其中所占比重最大的费用作为价值工程的重点研究对象。

3)强制评分法

强制评分法是采用强制对比打分作为选择价值工程对象的一种定量分析方法。该方法不仅可以用于价值工程的对象选择,而且在功能评价、方案评价中也有应用。

具体做法是:通过 0-1 评分法或 0-4 评分法确定对象的功能系数,计算成本系数,进而求出对象的价值系数。然后根据价值系数的大小,确定价值工程对象。

(1)计算功能系数 F_i。

功能系数 = 某零件的功能得分/全部零件的功能得分

(2)计算成本系数 C_i。

成本系数 = 某零件的目前成本/产品目前总成本

(3)计算价值系数 V_i。

价值系数 = 功能系数 F_i/成本系数 C_i

(4)根据价值系数值,确定价值工程的对象。

① $V_i = 1$,表明分配在该零件上的成本比重与其功能重要程度基本相当,无需改进。

② $V_i > 1$,分配在该零件上的成本比重偏低,或存在不必要功能,是价值工程的研究对象。

③ $V_i < 1$,该零件实现其功能所分配的成本偏高,或存在过剩的功能,是价值工程的研究对象。

④ 百分比分析法。

百分比分析法是通过分析某种费用或资源对企业的某个技术经济指标的影响程度的大小(百分比),来选择价值工程对象的方法。

2. 功能分析

功能分析是价值工程的核心内容。功能分析的目的是加强必要功能,剔除多余功能,进行功能载体替代,以便提供价值高的产品,更好地满足用户的需求。功能分析一般包括功能分类、功能整理与功能评价部分。

1) 功能分类

根据功能的不同特性,可从不同角度对功能进行分类。

(1) 按功能的重要程度,分为基本功能与辅助功能。基本功能,是指为达到其(使用)目的所必不可少的功能,是产品的主要功能,如果不具备这种功能,产品就失去其存在的价值。如灯泡的基本功能是照明。辅助功能是为了更好地实现基本功能而附加的功能,是次要功能。

(2) 按功能的性质,分为使用功能与美学功能。使用功能是指满足用户的实际物质需求的那部分功能,可以给用户带来效用。美学功能是从产品的外观反映的艺术属性,是外观功能。

(3) 按用户需求,分为必要功能和不必要功能。必要功能是指用户所要求的功能以及与实现用户所需求功能有关的功能,如使用功能、美学功能、基本功能、辅助功能都是必要功能。不必要功能是不符合用户需求的功能,包括多余功能、重复功能、过剩功能等。

(4) 按功能的量化标准,分过剩功能和不足功能。

总之,价值工程中的功能,一般是指必要功能。通过功能的分析,弄清哪些是必要功能,从而在创新方案中去掉不必要的功能,补充不足功能,可靠实现用户所需的必要功能。

2) 功能整理

功能整理是要明确功能相互之间的逻辑关系,并用图表形式表达,以明确产品的功能系统。功能整理的一般程序如下:

(1) 在功能定义的基础上,编制功能卡片。

(2) 区分基本功能与辅助功能。

(3) 明确各功能之间的关系。

(4) 排列辅助功能系列。

(5) 添加辅助功能系列。

3) 功能评价

通过功能分析,明确必要功能后,价值工程的下一步工作就是功能评价。功能评价是计算出各个功能价值,然后选择功能价值低的功能作为价值工程活动的重点对象。功能评价的步骤如下:

(1) 计算功能重要性系数(功能评价系数)。确定功能重要性系数的重要问题是对功能打分。常用方法有环比评分法和强制打分法。

(2) 计算功能成本系数。功能成本的计算是以功能为单位,而不是以产品或零部件为单位。当一个零部件只有一个功能时,该零部件的成本就是它的功能成本。当一项功能要由多个零部件共同实现时,该功能的成本就等于这些零部件的功能成本之和。当一个零部件具有多项功能或同时与多项功能有关时,就需要将零部件成本根据具体情况分摊给各项有关功能,即:功能成本系数 = 功能单元成本值/成本总值。

(3)计算功能价值系数。功能价值系数=功能重要性系数/功能成本系数。

3. 方案创造

方案创造是从提高对象的功能价值出发,在正确的功能分析和评价的基础上,针对应改进的具体目标,通过创造性的思维活动,提出能够可靠地实现必要功能的新方案。方案创造是决定价值工程成败的关键阶段。

方案创造的理论依据是功能载体具有替代性。这种功能载体替代的重点应放在以功能创新的新产品替代原有产品和以功能创新的结构替代原有结构方案。方案创造常用的方法有头脑风暴法、歌顿法等。

4. 方案评价和选择

方案的技术评价主要评价方案能否实现所要求的功能,以及方案在技术上能否实现。技术评价包括:功能实现程度(性能、质量、寿命等)、可靠性、可维修性、可操作性、安全性、整个系统的协调性、与环境条件的协调性等。经济评价包括费用的节省、对企业或公众产生的效益、产品的市场销路以及能保持盈利的年限。社会评价是指产品大量投产后对社会影响,诸如污染、噪声、能源的耗费等。

[例2-14] 某高速公路扩容改建,由原双向四车道改建为双向八车道,合同文件约定半幅封闭,半幅施工。工程开工后,省政府发文要求该高速公路保证社会车辆双向四车道通行。由于施工条件、施工场地等因素的变化,监理人在某桥梁工程的设计变更中,采用价值工程的方法对该工程的变更设计方案和编制的施工方案进行了全面的技术经济评价,取得了良好的经济效益和社会效益。有五个变更设计方案,经有关专家对上述方案进行技术经济分析和论证,得出了各方案的功能重要性评分表(表2-8),以及方案功能得分和单方工程费用(表2-9)。

功能重要性评分表 表2-8

方案功能	F_1	F_2	F_3	F_4	F_5
F_1	0	4	2	3	2
F_2	4	0	3	4	2
F_3	2	3	0	2	2
F_4	3	4	2	0	1
F_5	2	2	2	1	0

方案功能得分和单方工程费用 表2-9

方案功能	方案功能得分				
	A	B	C	D	E
F_1	9	10	9	8	7
F_2	10	9	10	9	8
F_3	9	8	7	8	10
F_4	7	9	8	7	6
F_5	8	7	8	10	9
单位造价(元/m³)	2200	2100	2000	1900	1800

问题:

(1)计算功能重要性系数。

(2)计算功能系数、成本系数、价值系数,选择最优设计方案。

(3)在对施工单位提出的施工方案进行技术经济分析时,监理人提出将评价指标分为:工程成本、工程工期、工程质量和其他等四个方面,请将这四个方面的指标进一步细化。

解:(1)计算功能重要性系数。

F_1 得分 $= 4+2+3+2 = 11$ F_2 得分 $= 4+3+4+2 = 13$ F_3 得分 $= 2+3+2+2 = 9$

F_4 得分 $= 3+4+2+1 = 10$ F_5 得分 $= 2+2+2+1 = 7$

总得分 $= 11+13+9+10+7 = 50$

F_1 功能重要性系数 $= 11 \div 50 = 0.22$ F_2 功能重要性系数 $= 13 \div 50 = 0.26$

F_3 功能重要性系数 $= 9 \div 50 = 0.18$ F_4 功能重要性系数 $= 10 \div 50 = 0.20$

F_5 功能重要性系数 $= 7 \div 50 = 0.14$

(2)计算功能系数、成本系数、价值系数,选择最优设计方案。

①计算功能系数。

方案功能得分:

方案 A 得分 $= 9 \times 0.22 + 10 \times 0.26 + 9 \times 0.18 + 7 \times 0.20 + 8 \times 0.14 = 8.72$

方案 B 得分 $= 10 \times 0.22 + 9 \times 0.26 + 8 \times 0.18 + 9 \times 0.20 + 7 \times 0.14 = 8.76$

方案 C 得分 $= 9 \times 0.22 + 10 \times 0.26 + 7 \times 0.18 + 8 \times 0.20 + 8 \times 0.14 = 8.56$

方案 D 得分 $= 8 \times 0.22 + 9 \times 0.26 + 8 \times 0.18 + 7 \times 0.20 + 10 \times 0.14 = 8.34$

方案 E 得分 $= 7 \times 0.22 + 8 \times 0.26 + 10 \times 0.18 + 6 \times 0.20 + 9 \times 0.14 = 7.88$

总得分 $= 8.72 + 8.76 + 8.56 + 8.34 + 7.88 = 42.26$

功能系数计算:

方案 A 的功能系数 $= 8.72 \div 42.26 = 0.206$ 方案 B 的功能系数 $= 8.76 \div 42.26 = 0.207$

方案 C 的功能系数 $= 8.56 \div 42.26 = 0.203$ 方案 D 的功能系数 $= 8.34 \div 42.26 = 0.197$

方案 E 的功能系数 $= 7.88 \div 42.26 = 0.186$

②确定成本系数和价值系数。

成本系数和价值系数的计算见表 2-10,在五个方案中,D 方案价值系数最大,所以 D 方案为最优方案。

成本系数及价值系数计算表   表 2-10

方案名称	单位造价(元/m²)	成本系数	功能系数	价值系数	最优方案
A	2200	0.22	0.206	0.936	
B	2100	0.21	0.207	0.986	
C	2000	0.20	0.203	1.015	
D	1900	0.19	0.197	1.037	最优
E	1800	0.18	0.186	1.033	
合计	10000	1.00	1.00		

(3)施工方案的技术经济指标体系:

①工程成本包括:单位工程量成本、工程成本降低率(或成本节约额)、工料节约率(或主要材料消耗指标)、劳动生产率(或劳动力消耗)、机械利用率。
②工程工期包括:工期、施工均衡性、竣工率。
③工程质量包括:合格品率、优良品率。
④其他包括:施工机械化程度、安全生产、文明施工等。

四、价值工程在公路工程费用监理中的应用

1. 指导工程变更审查工作

通过价值工程活动,可以分析工程变更的可行性。对优化设计、降低成本和造价的工程变更,由于能降低成本从而提高项目的价值,因此,监理人在审理中应积极响应,但在分析其成本时,应分析这种变更是否有利于工程质量的提高,应全面考察变更后的全寿命周期成本,即除了考虑施工成本外,还应考虑使用中的大修费、营运费用及养护费用;对提高等级、扩大规模的工程变更,应通过工程经济分析指标,定量进行功能与成本的方案比较,做出价值判断,从而做出是否需要变更的分析结论;对改变结构的工程变更,应分析新结构所带来的功能是否更多,或成本是否更低,或使用寿命或大修周期能否延长,相应的价值是否提高,从而做出是否需要变更的结论等。

2. 指导施工组织设计的评价与审核工作

监理人通过价值工程活动,可以有效地对承包人提交的施工组织设计进行评价与审核,以确认施工方案的可靠性和施工安排的合理性。在施工组织设计的审查过程中,监理人首先应审查施工组织设计中的施工方案和施工进度安排以及资源配备是否能保证功能目标的实现。例如能否保证施工质量,能否保证施工工期,能否保证施工安全等。对于影响施工质量和施工工期(即影响功能)的施工组织设计,应及时提出纠正意见,让承包人及时对施工组织设计进行补充、修改和完善;对于优化施工方案和施工进度安排降低成本的施工组织设计,只要不影响功能目标,都应积极采纳,这样有利于调动承包人的施工积极性,保证施工质量和施工进度,降低施工成本以及有效地进行造价控制(主动控制)。在施工监理过程中,不应排斥承包人通过优化施工方案和施工进度安排、采用先进施工技术来降低成本的获利机会,也不应要求承包人采用监理人掌握的保守甚至落后施工方法和施工安排导致提高施工成本,这样不仅对降低施工成本不利,还会引发施工索赔。相反,对于承包人完全不经济合理的施工组织设计,监理人可以提出建设性的意见供承包人参考,真正做到主动监理。

第三章　投资估算、概预算与竣工决算

第一节　公路工程总投资构成与计算

一、公路工程投资与投资测算体系

1. 公路工程投资

投资是指为了实现某一特定目的而将其能支配的资源投入社会再生产过程的一种社会实践活动。国家和社会通过对公路工程项目的投资,建立起公路交通运输的基本通道,为社会的经济发展和人民的生活提供最根本和最直接的物质条件。

投资是一项复杂的活动,尤其对公路工程项目投资是一个涉及面广、影响因素众多的动态系统。要对这个动态的过程进行有效的控制,一方面应全面了解它的运动变化规律和特征,另一方面应对投资活动的变化发展进行量化,这个量化指标就是投资额。投资额是衡量投资活动规模的一个指标,表示投资活动所耗费资源的总和。

投资本身是一个逐步开展和不断深化的过程,因此,在其运动过程的不同阶段便有不同的测算工作,形成不同的投资额和不同的测算种类。随着投资活动的不断深化,要求对投资额进行不同深度和精度的测算,相应形成了一个完整地反映投资在数量变化上的投资额测算体系。即从项目决策到竣工交付使用的整个过程中,根据在不同阶段投资额的作用和精度要求的不同,形成了投资估算、设计概算、施工图预算、施工预算、投标报价、工程结算和竣工决算等7种测算方式,并由此构成了建设项目投资额的测算体系。

我国基本建设投资的管理与控制基本上分为三个层次。第一个层次是国家,国家通过基本建设计划和有关政策,在宏观上对基本建设投资进行管理和控制。第二个层次是项目申报单位,即项目建设单位。项目建设单位具体对基本建设项目的投资进行控制,委托设计(咨询)单位编制可行性研究报告,并根据批准的可行性研究报告组织工程设计,根据批准的设计概算(或施工图预算)组织施工(设备采购)招标,确定施工单位和委托监理单位。在施工过程中,对工程造价进行严格管理。第三个层次是施工单位(或承包单位),建设项目由施工单位具体实施,并在施工前编制施工预算,对工程成本进行严格控制。以上三个层次涉及计划、建设、设计、监理和施工各单位,他们都必须以国家利益为原则,从各自的工作和需要出发,对基本建设项目进行严格和科学的管理,为国家把好经济关。要达到上述目的,其基本手段就是合理确定公路工程建设投资额。

2. 投资测算体系

为了对公路基本建设工程进行全面有效的工程投资（造价）管理，在项目的各阶段都必须编制有关的造价文件，这些不同造价文件的投资额则要根据其主要内容要求，由不同测算工作来完成。投资额按公路工程的建设程序进行分类，有如下几种：

(1) 投资估算。

投资估算，一般是指在投资前期（项目建议书、可行性研究报告）阶段，建设单位向国家申请拟建项目或国家进行决策时，确定建设项目在项目建议书、可行性研究报告等不同阶段的相应投资总额而编制的经济文件。

国家对任何一个拟建项目，都要通过对项目建议书、可行性研究报告的全面评审后，才能决定是否正式立项。在可行性研究中，除考虑国家经济发展上的需要和技术上的可行性外，还要考虑经济上的合理性。投资估算为投资决策提供数量依据，也是建设项目经济效益分析中确定成本的主要依据，因此，它是建设项目在初步设计前各阶段工作中，确定拟建项目在经济上是否合理的重要文件。

(2) 概算。

概算又分为设计概算和修正概算两种。设计概算是指在初步设计或技术设计阶段，由设计单位根据设计图纸、概算定额、各类费用定额、建设地区的自然条件和技术经济条件等资料，预先计算和确定建设项目从筹建至竣工验收的全部建设费用的造价文件。它是设计文件的重要组成部分，是国家确定和控制公路基本建设投资总额、安排基本建设计划、选择最优设计方案的依据。建设项目的总概算一经批准，在其随后的其他阶段是不能随意突破的。

(3) 施工图预算。

公路基本建设工程不论采用几个阶段设计，设计单位在施工图设计阶段均应编制施工图预算。施工图预算是以设计单位为主，必要时可邀请施工单位、建设单位参加，根据施工图设计的工程量和施工方案，按预算定额和各类费用定额，所编制的反映工程造价的文件。它是考核施工图设计经济合理性的依据，对于按施工图预算承包的工程，它又是签订建筑安装工程合同、实行建设单位和施工单位投资包干和办理工程结算的依据；对于进行施工招标的工程，施工图预算也是编制工程招标控制价的依据；同时，它也是施工单位加强经营管理，搞好经济核算的基础。

(4) 施工预算。

施工预算是施工单位进行成本控制与成本核算的依据，也是施工单位进行劳动组织与安排，以及进行材料和机械管理的依据，对施工组织和施工生产有着极为重要的作用。

施工预算是指施工阶段，在施工图预算的控制下，施工单位根据施工图计算的分项工程量、施工定额、施工组织设计或分部分项工程施工过程的设计及其他有关技术资料，通过工料分析，计算和确定完成一个工程项目或一个单位工程或其中的分部分项工程所需的人工、材料、机械台班消耗量及其他相应费用的造价文件。施工预算所反映的是完成工程项目的成本，是成本控制的主要目标。

(5)报价。

报价是由投标单位根据招标文件及施工定额(有时往往是投标单位根据自身的施工经验与管理水平所制定的企业定额)和招标项目所在地区的自然、社会和经济条件及施工组织方案和投标单位自身条件,计算完成招标工程所需各项费用的造价文件。报价是投标文件最重要的组成部分和主要内容,是投标工作的关键和核心,也是决定能否中标的主要依据。报价过高,中标率就会降低;报价过低,尽管中标率增大,但可能无利可图,甚至导致承担工程亏本的风险。因此,能否准确计算和合理确定工程报价,是施工企业在投标竞争中能否获胜的前提条件。中标单位的报价,将直接成为工程承包合同价的主要基础,并对将来的施工过程起着严格的制约作用。承包单位和业主均不能随意更改报价。

(6)工程结算。

工程项目的建设是一个复杂的过程,涉及单位是一些相对独立的经济实体,有着各自的经济利益,在项目建设过程中承担着不同的工程内容,因此,无论公路工程项目采用何种方式进行建设,在建设过程中,各经济实体之间必然会发生货币收支行为。这种在项目建设过程中,由于器材采购、劳务供应、施工单位已完工程点交和可行性研究及设计任务的完成等经济活动而引起的货币收支行为,这就是项目结算。正确而及时地组织项目结算,全面做好项目结算的各项工作,对于加速资金流转、加强经济核算、促进建设任务的完成,保证项目建设的顺利进行以及加强对项目建设过程的财政信用监督等方面都有着十分重要的意义。

项目结算的主要内容包括货物结算、劳务供应结算、工程费用结算及其他货币资金结算等。货物结算是指建设单位同其他经济单位之间,由于物资的采购和转移而发生的结算;劳务供应结算是指建设单位同其他单位之间,由于互相提供劳务而发生的结算;工程费用结算指建设单位同施工单位之间,由于拨付各种预付款和支付已完工程等费用而发生的结算;其他货币资金结算是指基本建设各部门、各企业和各单位之间由于资金往来,以及他们同银行之间,因存款、放款业务而发生的结算。

(7)竣工决算。

竣工决算是指在建设项目完工后竣工验收阶段,由建设单位编制的建设项目从筹建到建成投产或使用的全部实际成本的技术经济文件。它是公路建设投资管理的重要环节之一,是公路工程竣工验收、交付使用的重要依据,也是进行公路建设项目财务总结,银行对其实行监督的必要手段。其内容由文字说明和结算报表两部分组成。

应当注意,施工单位往往也根据工程结算结果,编制单位工程竣工成本决算,核算单位工程的预算成本、实际成本和成本降低额,经企业内部成本分析,突出经营效果,总结经验,提高经营管理水平。

估算、概算、预算、报价、结算以及决算都是以价值形态贯穿整个投资过程。从申请建设项目,确定和控制基本建设投资额,进行基建经济管理和施工单位进行经济核算,到最后以决算形成企(事)业单位的固定资产,构成了一个有机的整体,缺一不可。因此,在一定意义上说,它们是基本建设投资活动的血液,也是联系参与项目建设活动各经济实体的纽带。申报项目要编投资估算,设计要编概算和施工图预算,投标要编报价,施工前要编施工预算,施工过程之中要进行结算,施工完成后要编制决算;并且一般还要求决算不能超过预算,预算不能超过概算,概算则不能超出估算所允许的幅度范围,结算不能突破合同价的允许范围。总之,各种测算环环相扣,紧密联系,共同对投资额进行有效控制。

二、公路工程投资额的构成与计算

1. 公路工程投资额构成

公路工程投资,就是为完成公路工程建设项目而购置和建造固定资产、维护公路项目正常运营通行的经济活动,是为扩大交通运输生产和再生产服务的。公路工程投资总额由公路工程造价和营运费用组成,如图3-1所示。公路工程造价是指进行某公路工程项目建设所花费(预期花费或实际花费)的全部费用,即指建设一条公路或一座独立大桥或隧道使其达到设计要求所花费的全部费用,根据我国现行制度的规定,工程造价由建筑安装工程费、土地使用及拆迁补偿费、工程建设其他费、预备费、建设期贷款利息组成。运营费用是为保证公路项目正常通行和使用所需要进行管理、维修保养、大中修、技术改造等支出的费用。

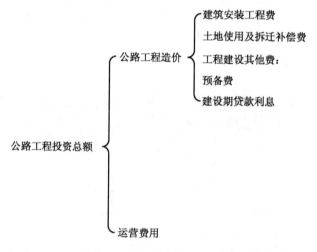

图3-1 公路工程投资总额构成图

2. 公路工程造价的组成

根据交通运输部《公路工程建设项目概算预算编制办法》(JTG 3830—2018)及《公路工程建设项目投资估算编制办法》(JTG 3820—2018)的规定,公路工程造价由建筑安装工程费、土地使用及拆迁补偿费、工程建设其他费、预备费、建设期贷款利息组成,如图3-2所示。

3. 公路工程投资额的计算

公路工程投资额由工程造价与运营费用组成,公路工程造价的计算见本章第三节公路工程投资估算与概、预算。运营费用中的养护管理费一般按公路等级,依据交通主管部门上年度每公里养护管理支出的平均值综合计算,大中修及技术改造一般按通车后每隔6~8年左右进行一次,每次大中修及技术改造的费用按工程建设投资额的15%左右计算。

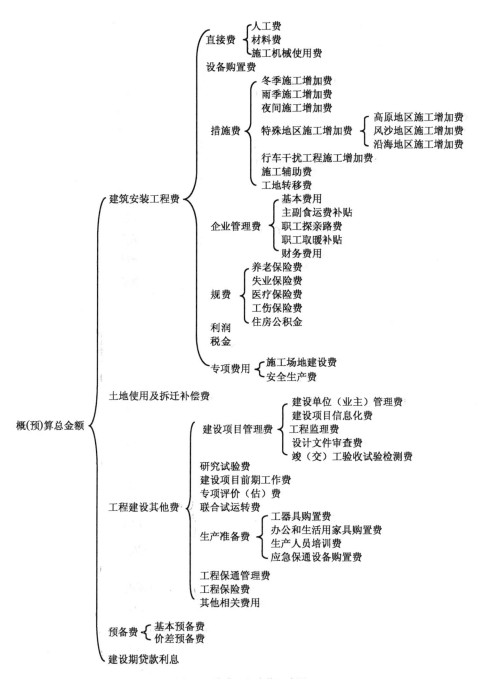

图 3-2 公路工程造价组成图

第二节 公路工程投资估算与概、预算

投资估算是对拟建公路项目的全部投资费用进行的预测估计。公路工程投资估算包括项目建议书投资估算和工程可行性研究报告投资估算,是评价公路工程项目投资的重要工具。

按照现行项目建议书和可行性研究报告审批的要求,可行性研究报告投资估算是编制初步设计概算或施工图预算(采用一阶段设计时)的限制条件。所以初步设计概算的编制,必须严格控制在投资估算的允许范围内,设计概算一经批准即为建设项目投资的最高限额,一般情况下不得随意突破。因此,投资估算的准确与否不仅影响到建设前期的投资决策,而且也直接关系到下一阶段设计概算、施工图预算的编制及项目建设期的造价管理和控制。

设计概算或修正概算是初步设计文件或技术设计文件的重要组成部分。设计概算或修正概算应根据交通运输部现行相关规定进行编制,应严格控制在批准的建设项目可行性研究报告投资估算允许幅度范围内。编制概算或修正概算,应全面了解工程所在地的建设条件,掌握各项基础资料,正确引用规定的定额、取费标准、工资单价和材料设备价格进行编制,使概算能完整、准确地反映设计内容。

施工图预算一般应由具备一定资质等级的设计单位和持有政府管理机关、工程造价管理部门正式颁发的工程造价编审资格证书的人员负责编制。设计单位必须保证设计文件的完整性和施工图预算编制的正确性,要不断提高施工图设计的水平,避免在施工过程中过多地修改设计引起工程造价的增高。建设单位应加强项目管理,严格控制施工过程中的变更设计,避免通过变更设计提高建设项目的标准,扩大建设规模。要坚持按基本建设程序办事,重大变更设计必须报原批准机关批准,使施工图预算真正得到有效控制,把初步设计或技术设计的意图落到实处。施工图预算的编制要严格执行国家的方针政策和有关规定,符合公路设计、施工技术规范。

一、投资估算与概、预算的作用

(一)项目建议书投资估算的作用

遵照公路基本建设程序的规定和要求编制的公路项目建议书,就其工作深度而言,其投资估算的编制,不是依靠详细的分析计算,而是依靠粗略的估计来进行的,故其可塑性是比较大的。同时,它又是公路工程造价多次性计价过程中的第一阶段。认真做好项目建议书的投资估算工作,具有十分重要的意义。

投资估算是在投资决策过程中,对建设项目的投资数额进行的估计,它具有以下几方面的作用:

(1)拟建项目是否继续进行的依据之一。

(2)审批项目建议书的依据。

(3)审批建设项目可行性研究报告的依据。

(4)国家编制中长期规划和保持合理投资结构及决定国民经济计划中基建比例的依据。

(5)制订资金筹措计划,控制投资限额的依据。

(二)工程可行性研究报告投资估算的作用

可行性研究报告不是目的而是一种手段,是使建设项目的主管部门或建设单位能据此做出有科学依据的决策。因此,要求按照一定的程序和方法,做好投资估算的编制和审查工作具有十分重要的意义。根据公路基本建设程序的有关规定和要求,为科学地组织建设项目的实施,减少失误,根据长期的建设实践经验,可行性研究报告投资估算在项目建设中具有多方面的作用。

(1)可行性研究报告投资估算是项目建设投资决策的依据。
(2)可行性研究报告投资估算是公路建设项目的经济评价的依据。
(3)可行性研究报告投资估算,是编制设计概算的依据。
(4)可行性研究报告投资估算是资金筹措的依据。
(5)当采用一阶段设计时,可行性研究报告投资估算,是编制年度建设投资计划的依据。

(三)设计概算的作用

设计概算是反映建设项目设计内容全部费用的文件,是初步设计文件的重要组成部分,是工程造价管理工作的重要环节。因此,深入熟悉和掌握设计概算编制的原则和方法以及国家有关规定,对提高设计概算编制质量,节约建设资金,适应建立市场经济的要求,加强宏观调控,充分发挥投资效益,都具有十分重要的现实意义。设计概算的作用主要有以下几点:

(1)设计概算是确定建设项目总投资的依据。
(2)设计概算是编制基本建设计划的依据。
(3)设计概算是签订建设项目总包合同、实行建设项目包干、订购主要材料、设备、安排重大科研项目,联系征用土地、拆迁等建设前期准备工作的依据。
(4)设计概算是分析比较设计方案和考核设计经济合理性的依据。
(5)设计概算是考核建设工程成本的依据。
(6)设计概算是控制施工图预算的依据。

(四)施工图预算的作用

施工图预算是施工图设计文件的重要组成部分,是组织建设项目实施的指导性文件,是考核施工图设计经济性、合理性的依据,是衡量投标报价合理性的重要依据。施工图预算应控制在批准的初步设计总概算范围内。

1)施工图预算作为承包施工任务的依据

当施工图预算作为承包施工任务的依据时,它有以下几点作用:

(1)施工图预算是施工单位组织施工的依据。
(2)施工图预算是施工单位统计完成工程量的依据。
(3)施工图预算是施工企业进行经济核算的依据。
(4)施工图预算是施工单位和建设单位进行工程结算的依据。
(5)一个建设项目需要由审计单位进行审计时,施工图预算是进行工程审计的依据。

2)审定的施工图预算是编制工程招标控制价的依据

一个建设项目在审定后的施工图预算的基础上组织招标时,施工图预算提供的工程量、人工、材料、机械台班用量是编制工程招标控制价的依据。

3)施工图预算是衡量设计方案是否经济合理的依据

施工图预算的编制也是对初步设计或技术设计进一步的具体和深化,施工图预算提供的总预算造价指标和各种分项工程的造价指标与以往的技术经济指标进行比较,进一步论证初步设计或技术设计所确定的设计方案、修建原则是否经济合理。同时还应和初步设计概算或技术设计修正概算中的各项技术指标进行核对,以检查概算编制的质量和水平,这对于不断地总结经验、提高设计的技术水平是非常重要的。

二、投资估算与概、预算的编制依据

1. 项目建议书投资估算的编制依据

项目建议书的投资估算,是建设项目初步经济评价中计算费用的原始资料,也是立项决策的重要依据。所以项目建议书投资估算的编制,除应遵照国家的方针、政策和有关工程造价管理的规定和制度外,还应坚持实事求是的原则,避免受外界因素的干扰。项目建议书投资估算编制的依据主要有:

(1) 建设规模和技术标准。
(2) 建设项目总体实施规划与要求的意见。
(3) 《公路工程估算指标》及指标中规定的工程量计算规则。
(4) 《公路工程建设项目投资估算编制办法》中规定的计算表格,以及有关费用的费率。
(5) 当地交通运输主管部门发布的人工费单价、材料供应价格信息。
(6) 当地人民政府颁布的征地、拆迁赔偿标准和有关的各项规定。
(7) 编制项目建议书的委托书、合同或协议的有关规定和要求。
(8) 经研究商定或批准的设备和大型专用机械设备购置计划清单。
(9) 建设项目的主管部门或建设单位对建设项目的有关通知与要求。

2. 可行性研究报告投资估算的编制依据

投资估算是可行性研究报告的重要组成部分,是建设项目国民经济评价中计算支出费用的基础资料,具有限制建设项目投资限额的重要作用。故编制可行性研究报告投资估算必须严格执行国家有关的公路基本建设工程的方针、政策和公路工程造价管理制度,有关编制依据有如下各项内容:

(1) 经批准的项目建议书及投资估算文件。
(2) 通过踏勘调查和必要的测量、地质钻探,根据路线方案确定的路基土石方、排水与防护、路面、桥梁涵洞等主要工程数量,以及对一些典型路段和有代表性的大型构造物做出的典型布置图资料,都是编制可行性研究报告投资估算的基本依据。
(3) 建设项目施工组织规划设计的意见。
(4) 《公路工程估算指标》及其相应的有关各项工程量计算方法的规定。
(5) 《公路工程预算定额》《公路工程概算定额》的相关规定。
(6) 《公路工程建设项目投资估算编制办法》中规定的措施费、企业管理费、规费、利润、税率、建设单位管理费等费率标准,以及有关相应的计算规定。
(7) 当地交通主管部门发布的人工费单价、材料供应价格信息、有关规定及材料价格的有关资料。
(8) 当地人民政府颁布的征地、拆迁赔偿标准和有关规定。
(9) 编制可行性研究报告的委托书、合同或协议的有关规定和要求。
(10) 建设项目的主管部门或建设单位对拟建项目投资估算的有关通知与要求。

3. 概预算的编制依据

公路工程概、预算的编制是一项十分细致的工作，编制前应全面了解工程所在地的建设条件，掌握各种基础资料，正确引用规定的定额、取费标准和材料及设备价格。在编制时严格执行国家的方针、政策和有关制度，符合公路设计和施工技术规范。编制的主要依据如下：

(1) 法令性文件。系指编制概、预算中所必须遵循的国家、交通运输部和地方主管部门颁布的有关法令性文件或规定。如交通运输部颁发的《公路工程建设项目概算预算编制办法》《公路工程基本建设项目设计文件编制办法》等。

(2) 设计资料。概算文件应根据建设项目的初步设计文件（或扩大初步设计）编制；修正概算应根据技术设计文件编制，施工图预算则根据施工图设计文件编制。

概、预算编制人员应熟悉设计资料、结构特点及设计意图。设计图纸上的工程项目数量往往不能满足概预算编制的要求，还需做出必要的计算或补充，对设计文件上提出的施工方案还需补充和完善。

(3) 概、预算定额，概算指标，取费标准，材料、设备预算价格等资料。概算文件应根据概算定额（或指标）、费用定额，材料、设备预算单价等资料进行编制。施工图预算应根据国家或主管部门编制的现行《公路工程预算定额》(JTG/T 3832)或其他专用定额、各省（自治区、直辖市）编制的补充定额、费用定额，材料、设备预算单价等资料进行编制。

(4) 施工组织设计资料。从施工组织设计中可以看出，与概、预算编制有关的资料包括：工程中的开竣工日期、施工方案、主要工程项目的进度要求、材料开采与堆放地点，大型临时设施的规模、建设地点和施工方法等。

(5) 当地物资、劳力、动力等资源可资利用的情况。本着因地制宜、就地取材的原则，对当地情况应作深入调查了解，经反复比较后确定最优成果。

物资：外购材料要确定外购的地点、货源、质量、分期到货等情况；自采加工材料要确定料场、开采方式、运输条件（道路、运输工具及各种运输工具的比重、运价、装卸费等）、堆放地点等。

劳力：当地各种技术工人及普通工人可以提供的数量、劳动力分布地点、工资标准及其他要求等，以及当地民工的使用情况及工资标准等。

动力：当地可供利用的电资源情况，包括提供的数量、单价以及可能出现的输变电线路及变压器问题等情况。

运输：向当地运输管理部门或通过实地调查，了解工程所在地各种运输工具可供利用的情况及运价、费率、装卸费及相关杂费的有关规定等。

(6) 施工单位的施工能力及潜力。编制概算时，施工单位尚未明确，可按中等施工能力考虑。施工图预算，若已明确施工单位，就应根据施工单位的管理与技术水平，确定新工艺、新技术采用的可能程度，明确施工单位可以提供的施工机具、劳力、设备以及外部协作关系。

(7) 了解当地自然条件及其变化规律，如气温、雨季、冬季、洪水季节及规律，风雪、冰冻、地质、水源等资料。

(8) 其他工程及沿线设施，如既有建筑物的拆迁，水利、电信、铁路的干扰及解决措施，清除场地，管理养护及服务设施等。

三、投资估算与概、预算的区别与联系

1. 投资估算与概、预算的区别

1）编制时间先后不同

按照公路工程基本建设程序的规定，只有当项目建议书及项目建议书投资估算通过审核后，才允许编制可行性研究报告及可行性研究报告投资估算；可行性研究报告通过审核后，才允许编制初步设计文件及设计概算；初步设计文件及设计概算批复后，才允许编制施工图设计文件及施工预算。综上所述，公路工程投资估算、概算、预算的编制先后时间次序为项目建议书投资估算、可行性研究报告投资估算、设计概算和施工图预算。

2）研究工作深度不同

按照公路工程基本建设项目设计文件编制办法的规定，项目建议书投资估算工程量一般按公路等级及技术标准、地形条件进行估测而得出，较粗略。可行性研究报告投资估算的工程量是经过现场踏勘、调查计算得出，有明确的结构设计方案，将工程项目及工程细目分解得更具体。初步设计概算工程量需要经过现场测量、地质勘探，按相应的建设规模、技术标准、建筑结构等进行计算，比可行性研究报告的工程量计算更深入。施工图设计阶段需要进行详细的结构设计和更深入的现场测量、调查，工程量计算也更具体、更准确、更详细。项目建议书、可行性研究报告、初步设计、施工图预算设计的研究工作深度逐渐加深，层次递进，工程量计算一步比一步深入、细致。

3）文件作用不同

项目建议书投资估算在研究阶段对是否实施该项目具有决定性作用，也是能否继续进行下阶段即工程可行性研究阶段的可行性研究报告投资估算文件编制的主要依据。可行性研究报告投资估算是一个工程项目在整个研究阶段中，最后评判该项目是否进入实施阶段的决定性依据。同时，可行性研究报告投资估算也是帮助选定最优方案、分析工程经济效益的依据。设计概算是确定建设项目投资的依据，是编制建设项目计划、签订建设项目总包合同、实行建设项目包干、控制预算、考核设计经济合理性和建设成本的依据。施工图预算是控制项目投资的依据，施工图预算要控制在初步设计概算所确定下来的建设规模、技术标准、建筑结构、施工方案的范围内进行编制，不能任意突破已批准的概算。

4）采用的计价依据不同

项目建议书投资估算与可行性研究报告投资估算采用的主要计价依据是《公路工程建设项目投资估算编制办法》和《公路工程估算指标》（以下简称指标），设计概算采用的主要计价依据是《公路工程建设项目概算预算编制办法》和《公路工程概算定额》，施工图预算采用的主要计价依据是《公路工程建设项目概算预算编制办法》和《公路工程预算定额》。

2. 投资估算与概、预算的联系

尽管存在前述几个方面的不同之处，但它们之间是相互联系、统一的整体。它们之间是不能相互分割的、独立的。它们之间的联系体现在以下几点：

1）估算文件与概预算文件的费用及表格的一致性

从费用计算上看，投资估算与概预算虽然存在一定的差别。但在费用项目及表格文件形

式的结构方面,两者是一致的。

2)估算文件与概预算文件的承递性

随着项目建议书投资估算结束,并审核通过,可行性研究报告投资估算必须承袭项目建议书投资估算的结果,对项目可行性继续评价。可行性研究报告通过审核后,才允许编制初步设计文件及设计概算,初步设计文件及设计概算批复后,才允许编制施工图设计文件及施工预算。这样才能保证公路工程造价文件的完整性和延续性。

四、投资估算与概、预算文件的组成

投资估算、概预算文件应由封面、扉页、目录、编制说明及全部计算表格组成。

1. 封面、扉页及目录

投资估算文件的封面及扉页应按现行的《公路建设项目可行性研究报告编制办法》的规定制作。扉页的次页和目录应按《公路工程建设项目投资估算编制办法》(JTG 3820—2018)的附录 A 规定制作。

概预算文件的封面和扉页应按现行的《公路工程基本建设项目设计文件编制办法》中的规定制作。扉页的次页和目录应按《公路工程建设项目概算预算编制办法》(JTG 3830—2018)的附录 A 规定制作。

2. 投资估算、概预算编制说明

投资估算、概预算编制完成后,应编写编制说明,文字力求简明扼要。编制说明内容应包括:

(1)建设项目设计文件的依据。如项目建议书文号、建设项目可行性研究报告文号、初步设计和概算批准文号(编制修正概预算时),以及根据何时的测设资料及比选方案进行编制等。

(2)编制范围、工程概况等。

(3)采用的指标、定额、费用标准,人工、材料与设备、施工机械台班单价的依据或来源,新增工艺的单价分析,补充指标及编制说明等。

(4)有关的协议书、会谈纪要等的主要内容。

(5)投资估算、概预算总金额,人工、钢材、水泥、木料、沥青的总量情况。

(6)各设计方案的经济比较。

(7)建设项目综合经济技术指标统计,对比分析本阶段与上阶段工程数量、造价的变化情况。

(8)其他有关费用计算项及计价依据的说明。

(9)采用的公路工程造价软件名称及版本号。

(10)其他需要说明的问题。

3. 投资估算、概预算表格

投资估算、概预算文件的主要内容和组成部分是估概预算表格,它实际上是由一套规定的表格所组成。并且,公路工程估概预算应按统一的概预算表格计算。估概预算表格是一个有机的整体,它们互相联系,共同反映出工程的费用;估概预算的材料和机械台班单价及各项费用的计算都应通过表格反映。

4. 甲组文件和乙组文件

估概预算文件是设计文件的组成部分,应按《公路建设项目可行性研究报告编制办法》或《公路工程基本建设项目设计文件编制办法》关于设计文件报送份数要求,随设计文件一并报送,并同时提交可计算的造价电子数据文件和新工艺单价分析的详细资料。

估概预算文件按不同的需要分为两组,甲组文件为各项费用计算表;乙组文件为建筑安装工程费各项基础数据计算表,乙组文件中的"分项工程估概预算表"(21-2 表)可只提交电子版,或按要求提交纸质版。估概预算应按一个建设项目,如一条路线或一座独立大(中)桥、隧道进行编制。当一个建设项目需要分段或分部编制时,应根据需要分别编制,但必须汇总编制"总估概预算汇总表"。

甲、乙组文件包括的内容如下:

甲组文件:
- 编制说明
- 项目前后阶段费用对比表
- 建设项目属性及技术经济信息表(00 表)
- 总估概预算汇总算(01-1 表)
- 总估概预算人工、主要材料、机械台班数量汇总表(02-1 表)
- 总估概预算表(01 表)
- 人工、主要材料、机械台班数量汇总表(02 表)
- 建筑安装工程费计算表(03 表)
- 综合费率计算表(04 表)
- 综合费计算表(04-1 表)
- 设备费计算表(05 表)
- 专项费用计算表(06 表)
- 土地使用及拆迁补偿费计算表(07 表)
- 工程建设其他费计算表(08 表)
- 人工、材料、施工机械台班单价汇总表(09 表)

乙组文件:
- 分项工程估概预算计算数据表(21-1 表)
- 分项工程估概预算表(21-2 表)
- 材料预算单价计算表(22 表)
- 自采材料料场价格计算表(23-1 表)
- 材料自办运输单位运费计算表(23-2 表)
- 施工机械台班单价计算表(24 表)
- 辅助生产人工、材料、施工机械台班单位数量表(25 表)

五、投资估算、概预算的编制内容与方法

(一)建筑安装工程费计算

根据交通运输部《公路工程建设项目概算预算编制办法》(JTG 3830—2018)及《公路工程

建设项目投资估算编制办法》(JTG 3820—2018)(以下简称《编制办法》)的规定,建筑安装工程费用由直接费、设备购置费、措施费、企业管理费、规费、利润、税金、专项费用八部分组成。建筑安装工程费除专项费用外,其他均按"价税分离"计价规则计算,即各项费用均以不含增值税可抵扣进项税额的价格(费率)进行计算,具体要素价格适用增值税税率执行财税部门的相关规定。定额建筑安装工程费用包括定额直接费、定额设备购置费的40%、措施费、企业管理费、规费、利润、税金、专项费用,定额直接费包括定额人工费、定额材料费、定额施工机械使用费。

定额人工费、定额材料费、定额施工机械使用费以及定额设备购置费均按《公路工程预算定额》(JTG/T 3832—2018)附录四"定额人工、材料、设备单价表"及现行《公路工程机械台班费用定额》(JTG/T 3833)中规定的人工、材料、设备、机械的相应基价计算的定额费用计取。

1. 直接费计算

直接费是指施工过程中耗费的构成工程实体和有助于工程形成的各项费用,包括人工费、材料费、施工机械使用费。直接费是施工企业生产作业直接体现在工程上的费用,即直接使生产资料发生转移而形成预定使用功能所投入的费用。

直接费是建筑安装工程费的主体部分,它的高低直接决定了工程造价的高低。直接费的多少取决于设计质量、施工方法、估算指标、概(预)算定额、工程所在地的人工工日单价、材料预算价格、机械台班单价等因素。

1) 直接费的计算方法

(1) 将工程项目按要求分解成分项工程,并计算各分项工程的工程量。

(2) 查阅、套用指标或定额项目表中各分项工程的人工、材料、机械定额消耗量。

(3) 根据分项工程的工程量大小和指标或定额的规定计算出各分项工程的人工、材料、机械消耗量。

(4) 用人工工日单价、材料预算单价和机械台班单价计算出各分项工程的人工费、材料费、机械使用费。

2) 人工费计算

人工费是指列入估算指标、概算、预算定额的直接从事建筑安装工程施工的生产工人开支的各项费用。但材料采购及保管人员、驾驶施工机械、运输工具的工人,材料到达工地以前的搬运、装卸工人等人员的工资以及由企业管理费(施工管理)支付工资的人员工资,不应计入人工费。

(1) 人工费费用范围。

①计时工资或计件工资。指按计时工资标准和工作时间或对已做工作按计件单价支付给个人的劳动报酬。

②津贴、补贴。指为了补偿职工特殊或额外的劳动消耗和因其他特殊原因支付给个人的津贴,以及为了保证职工工资水平不受物价影响支付给个人的物价补贴。如流动工资津贴、特殊地区施工津贴、高温(寒)作业临时津贴、高空津贴等。

③特殊情况下支付的工资。指根据国家法律、法规和政策规定,因病、工伤、产假、计划生育假、婚丧假、事假、探亲假、定期休假、停工学习、执行国家或社会义务等原因按计时工资标准或计件工资标准的一定比例支付的工资。

(2)人工费费用计算。

人工费以指标、概算、预算定额人工工日数乘以综合工日单价计算,按式(3-1)计算:

人工费 = $\sum$(分项工程数量×相应项目指标、定额单位工日数×综合工日单价) (3-1)

上式各项内容的规定和计算如下:

①分项工程数量。由设计图纸按工程量计算规则计得的指标或定额单位工程数量。

②相应项目指标、定额单位工日数。指完成一定数量单位的分项工程量(如:10m^3实体、1t钢筋、1000m^2路面基层等)定额规定所需人工工日,由指标或定额可直接查得。如《预算定额》规定完成10m^3的预制圆管涵(管径1.0m以内)混凝土实体需用工43.7工日。

③综合工日单价。人工费标准按照本地区公路建设项目的人工工资统计情况以及公路建设劳务市场情况进行综合分析、确定人工工日单价。人工工日单价由省级交通主管部门制定发布,并适时进行动态调整。人工工日单价仅作为编制估概预算的依据,不能作为施工企业实发工资的依据。

④计算各分项工程的人工费和汇总得出项目人工费。将各分项工程的工程数量及指标或定额人工工日数算出,按综合工日单价即可算出各分项工程的人工费,然后按式(3-1)可得项目总人工费。

3)材料费计算

材料费是指施工过程中耗用的构成工程实体的原材料、辅助材料、构配件、零件、半成品、成品等,按工程所在地的材料价格计算的费用。

材料费在建筑安装工程中占主要地位,其比重达40%左右,因此,准确计算材料费对估概预算工作质量有重要意义。具体按式(3-2)计算:

材料费 = $\sum$(分项工程数量×相应项目指标、定额单位材料消耗量×材料预算价格)

(3-2)

式(3-2)中分项工程数量同前,指标、定额材料消耗量由指标或定额查得。只是要注意:任何一个分项工程其材料消耗的种类、品质都有差别,各种材料的品质要求由设计规定。这两项内容和工作都比较简单,关键的是材料预算价格的计算。下面重点介绍材料预算价格的计算方法。

材料预算价格由材料原价、运杂费、场外运输损耗、采购及保管费组成。材料预算价格按式(3-3)计算:

材料预算价格 = (材料原价 + 运杂费)×(1 + 场外运输损耗率)×

(1 + 采购及保管费率) − 包装品回收价值 (3-3)

上式中各项内容的规定与计算如下:

(1)材料原价。各种材料原价按以下规定计算:

①外购材料:外购材料价格参照本行政区域交通运输主管部门发布的价格或按调查的市场价格进行综合取定。

②自采材料:自采的砂、石、黏土等,按定额中开采单价加辅助生产间接费和矿产资源税(如有)计算。在概(预)算编制工作中,应通过"自采材料料场价格计算表"(23-1表)进行计算。

辅助生产间接费指施工单位自行开采加工的砂、石等自采材料及施工单位自办的人工、机械装卸和运输的间接费。辅助生产间接费按定额人工费的3%计。该项费用并入材料预算单价内构成材料费,不直接出现在概(预)算中。

高原地区施工单位的辅助生产,可按高原地区施工增加费费率,以定额人工费与施工机械费之和为基数计算高原地区施工增加费(其中:人工采集、加工材料,人工装卸、运输材料按土方费率计算;机械采集、加工材料按机械石方费率计算;机械装卸、运输材料按运输费率计算)。辅助生产高原地区施工增加费不作为辅助生产间接费计算基数。

材料供应价格是材料预算价格最主要的组成部分,应进行仔细地调查和分析,按实计取。

[例3-1] 计算机械轧碎石的料场单价:已知碎石已筛分,碎石机的装料口径400mm×250mm,碎石的最大粒径为4cm,人工单价为110元/工日,开采片石的预算单价为55元/m^3,400mm×250mm电动颚式碎石机的台班单价为178.50元/台班,滚筒式筛分机的台班单价为150.80元/台班。

解:查《预算定额》1152页8-1-7-14,可得生产加工100m^3堆方的碎石需要消耗人工30.2工日,开采片石114.9m^3,400mm×250mm电动颚式碎石机3.42台班,滚筒式筛分机3.48台班。查《预算定额》附录四可知定额人工单价为106.28元/工日,所以加工生产100m^3的碎石料场单价为:

人工费:30.2×110=3322(元)

辅助生产间接费:30.2×106.28×3%=96.29(元)

材料费:开采片石114.9×55=5319.5(元)

机械费:

碎石机:3.42×178.50=610.47(元)

筛分机:3.48×150.80=524.79(元)

碎石的料场单价:(3322+96.29+5319.50+610.47+524.79)÷100=98.73(元/m^3)

(2)运杂费。运杂费指材料自供应地点至工地仓库(施工地点存放材料的地方)的费用,包括装卸费、运费,如果发生,还应计囤存费及其他杂费(如过磅、标签、支撑加固、路桥通行等费用)。

材料运杂费在材料预算价格中占有很大的比重,其运输费用高与低,与材料供应地和运输方式的选择有密切的关系。材料供应地一经确定,运输方式、运距也就随之确定了。材料供应地的选择要综合考虑可供量、供应价格、运输条件及运距长短等因素,进行经济比较后确定,以达到降低材料预算价格和工程造价的目的。

材料运杂费的计算:

①通过铁路、水路和公路运输的材料,按调查的市场运价计算运费。

铁路运杂费的计算:一般应考虑装卸费、调车费、运费及其他杂费等。

一种材料当有两个以上的供应点时,应根据不同的运距、运量、运价采用加权平均的方法计算运费。由于概算、预算定额中已考虑了工地运输便道的特点,以及定额中已计入了"工地小搬运"的费用,因此汽车运输平均运距中不得乘以调整系数,也不得在工地仓库或堆料场之外再加场内运距或二次倒运的运距。

有容器或包装的材料及长大轻浮材料,还应按表3-1规定的毛质量计算。桶装沥青、汽油、柴油按每吨摊销一个旧汽油桶计算包装费(不计回收)。

材料毛质量系数及单位毛质量表   表3-1

材料名称	单位	毛质量系数(%)	单位毛质量
爆破材料	t	1.35	—
水泥、块状沥青	t	1.01	—
铁钉、铁件、焊条	t	1.10	—
液体沥青、液体燃料、水	t	桶装1.17,油罐车装1.00	—
木料	m³	—	原木0.75t,锯材0.650t
草袋	个	—	0.004t

②施工单位自办运输。

平均运距在15km以内(超过15km按市场运价计算运输费用)的由施工单位自行组织装卸、运输,一般应按《预算定额》中不同材料采用不同运输方法的定额规定计算出消耗的人工、机械台班计算出运费,其中人力运输、装卸还应加辅助生产间接费。应通过"材料自办运输单位运费计算表"(23-2表)进行计算。

材料运杂费的计算,是通过"材料预算单价计算表"(22表)进行。

[例3-2] 汽车运原木,运距40km,经调查汽车运输的市场运价为0.58元/(t·km),装卸费为6.0元/t,捆绑等杂费为2.0元/t,由表7-1可知,原木的单位毛质量为0.75t。由此可得,每立方米原木的运杂费为:$(40 \times 0.58 + 6.0 + 2.0) \times 0.75 = 23.40$(元/m³)。

[例3-3] 人力手推车运砂、人力装卸,平均运距100m。按《预算定额》1166页,9-1-2-1和9-1-2-2规定,可知每100m³砂装卸消耗人工数6.1工日,推运10m消耗人工0.5工日,若已知当地人工工日单价为110元/工日,查《预算定额》附录四可知定额人工单价为106.28元/工日,则运杂费为:

人工费:$(6.1 + 0.5 \times 10) \times 110 = 1221$(元)

辅助生产间接费:$(6.1 + 0.5 \times 10) \times 106.28 \times 3\% = 35.39$(元)

人力手推车运砂、人力装卸,平均运距100m的运杂费为:$(1221 + 35.39) \div 100 = 12.56$(元/m³)。

(3)场外运输损耗。有些材料在正常的运输过程中会发生损耗,这部分损耗应摊入材料单价内。材料场外运输损耗率见表3-2。

材料场外运输损耗率表(%)   表3-2

材料名称		场外运输(包括一次装卸)	每增加一次装卸
块状沥青		0.5	0.2
石屑、碎砾石、砂砾、煤渣、工业废渣、煤		1.0	0.4
砖、瓦、桶装沥青、石灰、黏土		3.0	1.0
草皮		7.0	3.0
水泥(袋装、散装)		1.0	0.4
砂	一般地区	2.5	1.0
	风沙地区	5.0	2.0

注:汽车运水泥,当运距超过500km时,袋装水泥损耗率增加0.5个百分点。

(4)采购及保管费。材料采购及保管费系指在组织采购、供应和保管材料过程中,所需要的各项费用及工地仓库的材料储存损耗。

材料采购及保管费,以材料的原价加运杂费及场外运输损耗的合计数为基数,乘以采购及保管费费率计算。

钢材的采购及保管费费率为0.75%,燃料、爆破材料的采购及保管费费率为3.26%,其余材料的采购及保管费费率为2.06%。商品水泥混凝土、沥青混合料和各类稳定土混合料、外购的构件、成品及半成品的预算价格计算方法与材料相同。商品水泥混凝土、沥青混合料和各类稳定土混合料不计采购及保管费,外购的构件、成品及半成品的采购及保管费费率为0.42%。

4)施工机械使用费计算

施工机械使用费指列入估算指标、概算、预算定额的工程机械和工程仪器、仪表台班数量,按相应的施工机械台班费用定额计算的施工机械使用费和小型机具使用费。按式(3-4)计算:

$$\text{施工机械使用费} = (\text{分项工程数量} \times \text{相应项目指标、定额单位机械台班消耗量} \times \text{机械台班单价}) + \text{小型机具使用费} \tag{3-4}$$

(1)分项工程数量:同前。

(2)定额机械台班消耗量。由指标或定额直接查得完成一定数量单位的分项工程指标、定额所规定消耗的机械种类和台班数量。

(3)机械台班单价。机械台班预算价格应按现行《公路工程机械台班费用定额》(JTG/T 3833)计算,机械台班单价由不变费用和可变费用组成。不变费用包括折旧费、检修费、维护费、安拆辅助费等;可变费用包括机上人员人工费、动力燃料费、车船税。可变费用中的人工工日数及动力物资消耗量,应以机械台班费用定额中的数值为准。台班人工费工日单价同生产工人人工费单价。动力燃料费用则按材料费的计算规定计算。车船税,如需交纳时,应根据各省(自治区、直辖市)及国务院有关部门的规定计算。各种机械台班单价通过"施工机械台班单价计算表"(24表)计算。

工程仪器仪表使用费是指机电工程施工作业所发生的仪器仪表使用费,以施工仪器仪表台班耗用量乘以施工仪器仪表台班单价计算。工程仪器仪表台班预算价格应按现行《公路工程机械台班费用定额》(JTG/T 3833)计算。台班人工费工日单价同生产工人人工费单价。动力燃料费用则按材料费的计算规定计算。

当工程用电为自行发电时,电动机械每kW·h(度)电的单价可按式(3-5)计算:

$$A = 0.15 \times K \div N \tag{3-5}$$

式中:A——每kW·h电单价(元);

K——发电机组的台班单价(元);

N——发电机组的总功率(kW)。

(4)小型机具使用费。从指标或定额中查出相应项目指标或定额单位所规定的消耗费用与分项工程数量相乘即可。

5)定额直接费计算

定额直接费是计算措施费、企业管理费等费用的基数,定额直接费在做初步方案的经济比较时发挥作用,也是评价不同工艺、方法的造价水平的参考依据。

定额直接费是指完成定额规定单位的分项工程量所需消耗的工人费、材料费、机械使用费的合计值。其中人工费、材料费按《预算定额》附录四"定额人工、材料、设备单价表"计算,施工机械使用费按《公路工程机械台班费用定额》(JTG/T 3833)中的定额基价计算。

2. 设备购置费计算

设备购置费指为满足公路初期营运、管理需要购置的构成固定资产标准的设备和虽低于固定资产标准但属于设计明确列入设备清单的设备的费用,包括渡口设备、隧道照明、消防、通风的动力设备,公路收费、监控、通信、路网运行监测、供配电及照明设备等。

1) 项目建议书投资估算

设备购置费按《公路工程建设项目投资估算办法》(JTG 3820—2018)附录 H 规定的费率,以定额建筑安装工程费为基数进行计算。

2) 工程可行性研究报告投资估算

(1) 设计能提出设备购置费应列出计划购置的清单,则以数量乘以设备预算价计算。设备购置费包括设备原价、运杂费、运输保险费、采购及保管费,各种税费按编制期有关部门规定计算。需要安装的设备,按建筑安装工程费的有关规定计算设备的安装工程费。设备与材料的划分见《公路工程建设项目投资估算编制办法》(JTG 3820—2018)附录 C。

(2) 设计不能提出设备购置费应列出计划购置的清单,则按《公路工程估算指标》(JTG/T 3821—2018)附录一的设备购置费参考值计算。

3) 概预算

(1) 设备购置费应由列出计划购置的清单(包括设备的规格、型号、数量),以设备预算价计入。

(2) 设备购置费包括设备原价、运杂费、运输保险费、采购及保管费,各种税费按编制期有关部门规定计算。

(3) 需要安装的设备,按建筑安装工程费的有关规定计算设备的安装工程费。设备与材料的划分标准见《公路工程建设项目概算预算编制办法》(JTG 3830—2018)附录 C。

3. 措施费计算

措施费包括冬季施工增加费、雨季施工增加费、夜间施工增加费、特殊地区施工增加费、行车干扰工程施工增加费、施工辅助费、工地转移费等七项。分别以定额人工费和定额施工机械使用费之和或定额直接费为基数按费率取费计算。

1) 措施费的取费费率

措施费的取费费率需按工程类别来计取,包括后面的企业管理费的计算也必须按以下工程类别来取。其工程类别划分如下:

(1) 土方:指人工及机械施工的土方工程、路基掺灰、路基换填及台背回填。

(2) 石方:指人工及机械施工的石方工程。

(3) 运输:指汽车、拖拉机、机动翻斗车、船舶等运送土石方、路面基层和面层混合料、水泥混凝土及预制构件、绿化苗木等。

(4) 路面:指路面所有结构层工程、路面附属工程、便道以及特殊路基处理工程(不含特殊路基处理中的圬工构造物）。

(5) 隧道：指隧道土建工程(不含隧道的钢材及钢结构)。

(6) 构造物Ⅰ：指砍树挖根、拆除工程、排水、防护、特殊路基处理中的圬工构造物、涵洞、交通安全设施、拌和站(楼)安拆工程、便桥、便涵、临时电力和电信设施、临时轨道、临时码头、绿化工程等工程。

(7) 构造物Ⅱ：指小桥、中桥、大桥、特大桥工程。

(8) 构造物Ⅲ：指商品水泥混凝土的浇筑、商品沥青混合料和各类商品稳定土混合料的铺筑、外购混凝土构件、设备安装工程等。

(9) 技术复杂大桥：指钢管拱桥、斜拉桥、悬索桥、单孔跨径在120m以上（含120m）和基础水深在10m以上（含10m）的大桥主桥部分的基础、下部和上部工程（不含桥梁的钢材及钢结构）。

(10) 钢材及钢结构：指所有工程的钢材及钢结构等工程。

购买的路基填料、绿化苗木、商品水泥混凝土、商品沥青混凝土和各类稳定土混合料、外购混凝土构件不作为措施费及企业管理费的计算基数。

2) 冬季施工增加费计算

冬季施工增加费指按照公路工程施工及验收规范所规定的冬季施工要求，为保证工程质量和安全生产所需采取的防寒保温设施、工效降低和机械作业率降低以及技术操作过程的改变等所增加的有关费用。

(1) 冬季施工增加费的内容。

①因冬季施工所需增加的一切人工、机械与材料的支出。

②施工机械所需修建的暖棚(包括拆、移)，增加其他保温设备购置费用。

③因施工组织设计确定，需增加的一切保温、加温等有关支出。

④清除工作地点的冰雪等与冬季施工有关的其他各项费用。

全国各地的冬季区划分参见《公路工程建设项目概算预算编制办法》（JTG 3830—2018）附录D。

(2) 冬季施工增加费计算方法。

冬季施工增加费的计算方法，是根据各类工程的特点，规定各气温区的取费标准。为了简化计算手续，采用全年平均摊销的方法，即不论是否在冬季施工，均按规定的取费标准计取冬季施工增加费。一条路线穿过两个以上的气温区时，可分段计算或按各区的工程量比例求得全线的平均增加率，计算冬季施工增加费。

(3) 冬季施工增加费计算基数及费率。

冬季施工增加费以各类工程的定额人工费和定额施工机械使用费之和为基数，按工程所在地的气温区选用相应的费率计算。

3) 雨季施工增加费

雨季施工增加费指雨季期间施工为保证工程质量和安全生产所需采取的防雨、排水、防潮和防护措施、工效降低和机械作业率降低以及技术操作过程的改变等，所需增加的有关费用。

(1) 雨季施工增加费的内容。

①因雨季施工所需增加的工、料、机费用的支出，包括工作效率的降低及易被雨水冲毁的

工程所增加的清理坍塌基坑和堵塞排水沟、填补路基边坡冲沟等工作内容。

②路基土方工程的开挖和运输,因雨季施工(非土壤中水影响)而引起的黏附工具、降低工效所增加的费用。

③因防止雨水必须采取的挖临时排水沟、防止基坑坍塌所需的支撑、挡板等防护措施费用。

④材料因受潮、受湿的损耗费用。

⑤增加防雨、防潮设备的费用。

⑥因河水高涨致使工作困难等其他有关雨季施工所需增加的费用。

全国雨季施工雨量区和雨季期的划分参见《公路工程建设项目概算预算编制办法》(JTG 3830—2018)附录 E。

(2)雨季施工增加费计算方法。

雨季施工增加费的计算方法,是将全国划分为若干雨量区和雨季期,并根据各类工程的特点规定各雨量区及各雨季期的取费标准。为了简化计算手续,采用全年平均摊销的方法,即不论是否在雨季施工,均按规定的取费标准计取雨季施工增加费。一条路线通过不同的雨量区和雨季期时,应分别计算雨季施工增加费或按工程量比例求得平均的增加率,计算全线雨季施工增加费。

(3)雨季施工增加费计算基数及费率。

雨季施工增加费以各类工程的定额人工费和定额施工机械使用费之和为基数,按工程所在地的雨量区、雨季期选用相应的费率计算。

4)夜间施工增加费

夜间施工增加费指根据设计、施工技术规范和合理的施工组织要求,必须在夜间施工或必须昼夜连续施工而发生的夜班补助费、夜间施工降效、施工照明设备摊销及照明用电等费用。夜间施工增加费以夜间施工工程项目的定额人工费与定额施工机械使用费之和为基数,选用相应的费率计算。

5)特殊地区施工增加费

特殊地区施工增加费包括高原地区施工增加费、风沙地区施工增加费和沿海地区施工增加费三项。

(1)高原地区施工增加费。

高原地区施工增加费指在海拔 2000m 以上地区施工,由于受气候、气压的影响,致使人工、机械效率降低而增加的费用。一条路线通过两个以上(含两个)不同的海拔分区时,应分别计算高原地区施工增加费或按工程量比例求得平均的增加率,计算全线高原地区施工增加费。高原地区施工增加费以各类工程的定额人工费与定额施工机械使用费之和为基数,选用相应的费率计算。

(2)风沙地区施工增加费。

风沙地区施工增加费指在沙漠地区施工时,由于受风沙影响,按照施工及验收规范的要求,为保证工程质量和安全生产而增加的有关费用。内容包括防风、防沙及气候影响的措施费,人工、机械效率降低增加的费用,以及积沙、风蚀的清理修复等费用。

全国风沙地区公路施工区划见《公路工程建设项目概算预算编制办法》(JTG 3830—

2018)附录 F。当地气象资料及自然特征与《编制办法》附录 F 中的风沙地区划分有较大出入时,由项目所在地省级交通运输主管部门按当地气象资料和自然特征及上述划分标准确定工程所在地的风沙区划。

一条路线通过两个以上不同的风沙区时,按路线长度经过不同的风沙区加权计算项目全线风沙地区施工增加费。风沙地区施工增加费以各类工程的定额人工费与定额施工机械使用费之和为基数,根据工程所在地的风沙区划及类别,选用相应的费率计算。

(3)沿海地区施工增加费。

沿海地区施工增加费指工程项目在沿海地区受海风、海浪和潮汐的影响,致使人工、机械效率降低等所需增加的费用。本项费用,由沿海各省份省级交通运输主管部门制定具体的适用范围(地区)。沿海地区施工增加费以各类工程的定额人工费与定额施工机械使用费之和为基数,选用相应的费率计算。

6)行车干扰工程施工增加费

行车干扰工程施工增加费指由于边施工边维持通车,受行车干扰的影响,致使人工、机械效率降低而增加的费用。该费用以受行车影响部分的工程项目的定额人工费和定额施工机械使用费之和为基数,选用相应的费率计算。

7)施工辅助费

施工辅助费包括生产工具用具使用费、检验试验费和工程定位复测、工程点交、场地清理等费用。

(1)生产工具用具使用费指施工所需不属于固定资产的生产工具、检验、试验用具及仪器、仪表等的购置、摊销和维修费,以及支付给生产工人自备工具的补贴费。

(2)检验试验费指施工企业对建筑材料、构件和建筑安装工程进行一般鉴定、检查所发生的费用,包括自设试验室进行试验所耗用的材料和化学药品的费用,以及技术革新和研究试验费。但不包括新结构、新材料的试验费和建设单位要求对具有出厂合格证明的材料进行检验、对构件破坏性试验及其他特殊要求检验的费用。

(3)高填方和软基沉降监测、高边坡稳定监测、桥梁施工监测、隧道施工监控量测、超前地质预报等施工监控费含在施工辅助费中,不得另行计算。

施工辅助费以各类工程的定额直接费为基数,按相应的费率计算。

8)工地转移费

工地转移费指施工企业迁至新工地的搬迁费用,其内容包括:

(1)施工单位职工及随职工迁移的家属向新工地转移的车费、家具行李费、途中住宿费、行程补助费、杂费等。

(2)公物、工具、施工设备器材、施工机械的运杂费,以及外租机械的往返费及施工机械、设备、公物、工具的转移费等。

(3)非固定工人进退场的费用。

工地转移费以及各类工程的定额人工费与定额施工机械使用费之和为基数,选用相应的费率计算。

4.企业管理费计算

企业管理费由基本费用、主副食运费补贴、职工探亲路费、职工取暖补贴和财务费用五项组成。

1）基本费用

基本费用指建筑安装企业组织施工生产和经营管理所需的费用，内容包括：

（1）管理人员工资：管理人员的基本工资、绩效工资、津贴补贴及特殊情况下支付的工资以及缴纳的养老、医疗、失业、工伤保险费和住房公积金等。

（2）办公费：企业管理办公用的文具、纸张、账表、印刷、通信、网络、书报、办公软件、会议、水电、烧水和集体取暖降温（包括现场临时宿舍取暖降温）用煤（电、气）等费用。

（3）差旅交通费：职工因公出差、调动工作的差旅费、住勤补助费、市内交通费和误餐补助费，劳动力招募费，职工退休、退职一次性路费，工伤人员就医路费以及管理部门使用的交通工具的油料、燃料等费用。

（4）固定资产使用费：管理部门及附属生产单位使用的属于固定资产的房屋、设备等的折旧、大修、维修或租赁费等。

（5）工具用具使用费：企业管理使用的不属于固定资产的工具、器具、家具、交通工具和检验、试验、测绘、消防用具等的购置、维修和摊销费。

（6）劳动保险费：企业支付的离退休职工的易地安家补助费、职工退职金、6个月以上的病假人员工资、职工死亡丧葬补助费、抚恤费、按规定支付给离休干部的各项经费。

（7）职工福利费：按国家规定标准计提的职工福利费。

（8）劳动保护费：企业按国家有关部门规定发放的劳动保护用品的购置费及修理费、防暑降温费、在有碍身体健康环境中施工的保健费用等。

（9）工会经费：企业根据《中华人民共和国工会法》的规定按全部职工工资总额比例计提的工会经费。

（10）职工教育经费：按职工工资总额的规定比例计提，企业为职工进行专业技术和职业技能培训，专业技术人员继续教育、职工职业技能鉴定、职业资格认定以及根据需要对职工进行各类文化教育所发生的费用，不含职工安全教育、培训费用。

（11）保险费：企业财产保险、管理用及生产用车辆等保险费用及人身意外伤害险的费用。

（12）工程排污费：施工现场按规定缴纳的排污费用。

（13）税金：企业按规定缴纳的城市维护建设税、教育费附加、地方教育附加、房产税、车船使用税、土地使用税、印花税等。

（14）其他：上述项目以外的其他必要的费用支出，包括技术转让费、技术开发费、竣（交）工文件编制费、招投标费、业务招待费、绿化费、广告费、公证费、定额测定费、法律顾问费、审计费、咨询费以及施工标准化、规范化、精细化管理等费用。

基本费用以各类工程的定额直接费为基数，按相应的费率的计算。

2）主副食运费补贴

主副食运费补贴指施工企业在远离城镇及乡村的野外施工购买生活必需品所增加的费用。该费用以各类工程的定额直接费为基数，按相应的费率计算。

3）职工探亲路费

职工探亲路费指按照有关规定发放给施工企业职工在探亲期间发生的往返交通费和途中

住宿费等费用。该费用以各类工程的定额直接费为基数,按相应的费率计算。

4) 职工取暖补贴

职工取暖补贴指按规定发放给施工企业职工的冬季取暖费和为职工在施工现场设置的临时取暖设施的费用。该费用以各类工程的定额直接费为基数,按工程所在地的气温区选用表相应的费率计算。

5) 财务费用

财务费用指施工企业为筹集资金提供投标担保、预付款担保、履约担保、职工工资支付担保等所发生的各种费用。包括企业经营期间发生的短期贷款利息净支出、汇兑净损失、调剂外汇手续费、金融机构手续费,以及企业筹集资金发生的其他财务费用。财务费用以各类工程的定额直接费为基数,按相应的费率计算。

5. 规费计算

规费指按法律、法规、规章、规程规定施工企业必须缴纳的费用。包括:

(1) 养老保险费:施工企业按规定标准为职工缴纳的基本养老保险费。

(2) 失业保险费:施工企业按规定标准为职工缴纳的失业保险费。

(3) 医疗保险费:施工企业按规定标准为职工缴纳的医疗保险费(含生育保险费)。

(4) 工伤保险费:施工企业按规定标准为职工缴纳的工伤保险费。

(5) 住房公积金:施工企业按规定标准为职工缴纳的住房公积金。

各项规费以各类工程的人工费(含施工机械人工费)之和为基数,按国家或工程所在地法律、法规、规章、规程规定的标准计算。

6. 利润计算

利润指施工企业完成所承包的工程获得的盈利。按定额直接费及措施费、企业管理费之和的7.42%计算。按式(3-6)计算:

$$利润 = (定额直接费 + 措施费 + 企业管理费) \times 7.42\% \quad (3-6)$$

7. 税金计算

税金指国家税法规定应计入建筑安装工程造价的增值税销项税额,按式(3-7)计算:

$$税金 = (直接费 + 设备购置费 + 措施费 + 企业管理费 + 规费 + 利润) \times 9\% \quad (3-7)$$

8. 专项费用计算

专项费用包括施工场地建设费和安全生产费。

1) 施工场地建设费

施工场地建设费包括:

(1) 按照工地建设标准化要求进行承包人驻地、工地试验室建设,钢筋集中加工、混合料集中拌制、构件集中预制等所需的办公、生活居住房屋(包括职工家属房屋及探亲房屋),公用房屋(如广播室、文体活动室、医疗室)和生产用房屋(如仓库、加工厂、加工棚、发电站、空压机站、停机棚、值班室等)等费用。

(2) 包括场区平整(山岭重丘区的土石方工程除外)、场地硬化、排水、绿化、标志、污水处理设施、围墙隔离设施等的费用，不包括钢筋加工的机械设备、混合料拌和设备及安拆、预制构件台座、预应力张拉设备、起重及养护设备，以及概(预)算定额中临时工程的费用。

(3)包括以上范围内的各种临时工作便道(包括汽车、人力车道)、人行便道,工地临时用水、用电的水管支线和电线支线,临时构筑物(如水井、水塔等)、其他小型临时设施等的搭设或租赁、维修、拆除、清理的费用;但不包括红线范围内贯通便道、进出场的临时道路、保通便道。

(4)工地试验室所发生的属于固定资产的试验设备和仪器等折旧、维修或租赁费用。

(5)施工扬尘污染防治措施费:指裸露的施工场地覆盖防尘网,施工便道和施工场地洒水或喷洒抑尘剂,运输车辆的苫盖和冲洗,环境敏感区设置围挡,防尘标识设置,环境监控与检测等所需的费用。

(6)文明施工、职工健康生活的费用。

施工场地建设费以施工场地计费基数,按相应的费率,以累进方法计算。施工场地计费基数为定额建筑安装工程费减去专项费用。施工场地建设费先按式(3-8)计算施工场地计费基数,然后按式(3-9)计算施工场地建设费:

$$施工场地计费基数 = 定额直接费 + 措施费 + 企业管理费 + 规费 + 利润 + 税金 \quad (3-8)$$

$$施工场地建设费 = 施工场地计费基数 \times 累进费率 \quad (3-9)$$

2)安全生产费

安全生产费包括完善、改造和维护安全设施设备费用,配备、维护、保养应急救援器材、设备费用,开展重大危险源和事故隐患评估和整改费用,安全生产检查、评价、咨询费用,配备和更新现场作业人员安全防护用品支出,安全生产宣传、教育、培训费用,安全设施及特种设备检测检验费用,施工安全风险评估、应急演练等有关工作及其他与安全生产直接相关的费用。

安全生产费按建筑安装工程费乘以安全生产费费率计算,费率按不少于1.5%计取。

综上所述,建筑安装工程费是投资估算、概(预)算费用计算中最重要的部分。建筑安装工程费用由直接费、设备购置费、措施费、企业管理费、规费、利润、税金、专项费用八部分组成。直接费中人工费、材料费、施工机械使用费则根据分项工程数量及指标或定额确定人工、材料、施工机械台班消耗数量,按省级交通主管部门规定的人工单价,根据分项工程消耗的材料与施工机械的种类分别计算材料预算单价和机械台班单价,即可计算直接费。设备购置费应列出计划购置的清单,以设备预算价计入。措施费包括冬季施工增加费、雨季施工增加费、夜间施工增加费、特殊地区施工增加费、行车干扰工程施工增加费、施工辅助费、工地转移费等七项,在投资估算、概预算编制中一般不需要单独计算这七项费用,只需要根据工程类别、自然条件、气候条件况等情况确定其综合费率,分别以定额人工费和定额施工机械使用费之和或定额直接费为基数按综合费率计算。企业管理费由基本费用、主副食运费补贴、职工探亲路费、职工取暖补贴和财务费用五项组成。规费由养老保险费、失业保险费、医疗保险费、工伤保险费和住房公积金五项组成。企业管理费与规费在投资估算、概预算编制中也一般不需要单独计算其具体费用,只需要确定企业管理费和规费的综合费率,按照其计算基数乘以费率计算企业管理费和规费即可。建筑安装工程费各项费用计算方法见表3-3。

建筑安装工程费各项费用计算方法 表3-3

序号	项目	说明及计算式
(一)	定额直接费	∑人工消耗量×人工基价＋∑(材料消耗量×材料基价＋机械台班消耗量×机械台班单价)
(二)	定额设备购置费	∑设备购置数量×设备基价
(三)	直接费	∑人工消耗量×人工单价＋∑(材料消耗量×材料预算单价＋机械台班消耗量×机械台班预算单价)
(四)	设备购置费	∑设备购置数量×预算基价
(五)	措施费	(一)×施工辅助费费率＋定额人工费和定额施工机械使用费之和×其余措施费综合费率
(六)	企业管理费	(一)×企业管理费综合费率
(七)	规费	各类工程人工费(含施工机械人工费)×规费综合费率
(八)	利润	[(一)＋(五)＋(六)]×7.42%
(九)	税金	[(三)＋(四)＋(五)＋(六)＋(七)＋(八)]×9%
(十)	专项费用	
	施工场地建设费	[(一)＋(五)＋(六)＋(七)＋(八)＋(九)]×累进费率
	安全生产费	建筑安装工程费(不含安全生产费本身)×(≥1.5%)
(十一)	定额建筑安装工程费	(一)＋(二)×40%＋(五)＋(六)＋(七)＋(八)＋(九)＋(十)
(十二)	建筑工程工程费	(三)＋(四)＋(五)＋(六)＋(七)＋(八)＋(九)＋(十)

(二)土地使用及拆迁补偿费计算

土地使用及拆迁补偿费包含永久占地费、临时占地费、拆迁补偿费、水土保持补偿费、其他费用。

1. 永久占地费

永久占地费包括土地补偿费、征用耕地安置补助费、耕地开垦费、森林植被恢复费、失地农民养老保险费。

(1)土地补偿费包括征地补偿费、被征用土地上的青苗补偿费,征用城市郊区的菜地等缴纳的菜地开发建设基金,耕地占用税,用地图编制费及勘界费等。

(2)征用耕地安置补助费指征用耕地需要安置农业人口的补助费。

(3)耕地开垦费指公路建设项目占用耕地的,应由建设项目法人(业主)负责补充耕地所发生的费用;没有条件开垦或者开垦的耕地不符合要求的,按规定缴纳耕地开垦费。

公路建设项目发生跨省域补充耕地国家统筹的,应执行《国务院办公厅关于印发跨省域补充耕地国家统筹管理办法和城乡建设用地增减挂钩节余指标跨省域调剂管理办法的通知》(国办发〔2018〕16号)的规定;发生省内跨区域补充耕地的,执行本身相关规定。

(4)森林植被恢复费指公路建设项目需要占用、征用林地的,经县级以上林业主管部门审核同意或批准,建设项目法人(业主)单位按照省级人民政府有关规定向县级以上林业主管部门预缴的森林植被恢复费。

(5)失地农民养老保险费指根据国家规定为保障依法被征地农民养老而缴纳的保险费用。失地农民养老保险费按项目所在地省级人民政府的相关规定进行计算。

2. 临时占地费

临时占地费包括临时征地使用费、复耕费。

(1)临时征地使用费指为满足施工所需的承包人驻地、预制场、拌和场、仓库、加工厂(棚)、堆料场、取弃土场、进出场便道、便桥等所有的临时用地及其附着物的补充费用。

(2)复耕费指临时占用的耕地、鱼塘等,在工程交工后将其恢复到原有标准所发生的费用。

3. 拆迁补偿费

拆迁补偿费指征用或占用土地地上、地下的房屋及附属构筑物、公用设施、文物等的拆除、发掘及迁建补偿费,拆迁管理费等。

4. 水土保持补偿费

水土保持补偿费根据国家相关法律、法规规定缴纳。

5. 其他费用

其他费用指国务院行政主管部门及省级人民政府规定的与征地拆迁相关的费用。

6. 土地使用费及拆迁补偿费计算方法

1)项目建议书投资估算

土地使用费按现行《公路工程项目建设用地指标》中规定的数量乘以工程所在地的征地单价机械计算。拆迁补偿费按《公路工程建设项目估算编制办法》附录 H 规定的费率,以定额建筑安装工程费为基数进行计算。

2)工程可行性研究报告投资估算、概预算

(1)土地征用及拆迁补偿费应根据工程可行性研究报告或设计文件确定的建设工程用地和临时用地面积及其附着物的情况,以及实际发生的费用项目,按国家有关规定及工程所在地的省(自治区、直辖市)颁布的有关规定和标准计算。

(2)森林植被恢复费应根据审批单位批准的建设工程占用林地的类型及面积,按国家有关规定及工程所在省(自治区、直辖市)颁布的有关规定和标准计算。

(3)当与原有的电力电信设施、管线、水利工程、铁路及铁路设施互相干扰时,应与有关部门联系,商定合理的解决方案和补偿金额,也可由这些部门按规定编制费用以确定补偿金额。

(4)水土保持补偿费按各省(自治区、直辖市)制定的水土保持补偿费收费标准进行计算。

(三)工程建设其他费计算

工程建设其他费包括建设项目管理费、研究试验费、建设项目前期工作费、专项评价(估)费、联合试运转费、生产准备费、工程保通管理费、工程保险费、其他费用等九项费用。

1. 建设项目管理费计算

建设项目管理费包括建设单位(业主)管理费、建设项目信息化费、工程监理费、设计文件审查费和竣(交)工验收试验检测费。其中,建设单位(业主)管理费、建设项目信息化费和工程监理费均为实施建设项目管理的费用,可根据建设单位(业主)、施工、监理单位所实际承担的工作内容和工作量统筹使用。

1)建设单位(业主)管理费

建设单位(业主)管理费指建设单位(业主)为建设项目的立项、筹建、建设、竣(交)工验收、总结等工作所发生的费用。

(1)建设单位(业主)管理费组成。

建设单位(业主)管理费内容包括:工作人员的工资、工资性补贴、施工现场津贴,社会保障费用(基本养老、基本医疗、失业、工伤保险)、住房公积金、职工福利费、工会经费、劳动保护费、办公费、会议费、差旅交通费、固定资产使用费(包括办公及生活房屋折旧、维修或租赁费,车辆折旧、维修、使用或租赁费,通信设备购置费、使用费,测量、试验设备仪器折旧、维修或租赁费,其他设备折旧、维修或租赁费等)、零星固定资产购置费、招募生产工人费、技术图书资料费、职工教育培训经费、招标管理费、合同契约公证费、法律顾问费、咨询费,建设单位的临时设施费、完工清理费、竣(交)工验收费[含其他行业或部门要求的竣工验收费用、建设单位负责的竣(交)工文件编制费]、各种税费(包括房产税、车船使用税、印花税等),对建设项目前期工作、项目实施及竣工决算等全过程进行审计所发生的审计费用,境内外融资费用(不含建设期贷款利息)、业务招待费及工程质量、安全生产管理费和其他管理性开支。

(2)建设单位(业主)管理费计算。

建设单位(业主)管理费以定额建筑安装工程费为基数,按规定的费率,以累进办法计算。

双洞长度超过5000m的独立隧道,水深大于15m,跨径大于或等于400m的斜拉桥和跨径大于或等于800m的悬索桥等独立特大型桥梁工程的建设单位(业主)管理费按规定的费率乘以1.3计算;海上工程[指由于风浪影响,工程施工期(不包括封冻期)全年月平均工作日少于15天的工程]的建设单位(业主)管理费按规定的费率乘以1.2的系数计算。

2)项目建设信息化费

项目建设信息化费指建设单位(业主)和各参建单位用于建设项目的质量、安全、进度、费用等方面的信息化建设、运维及各种税费等费用,包括建设项目全寿命周期的建筑信息模型(Building Information Modeling)等相关费用。

建设项目信息化费以定额建筑安装工程费为基数,按规定的费率,以累进办法计算。

3)工程监理费

工程监理费指建设单位(业主)委托具有监理资格的单位,按照施工监理规范进行全面的监督和管理所发生的费用。

工程监理费内容包括:工作人员的基本工资、工资性津贴、施工现场津贴,社会保障费用(基本养老、基本医疗、失业、工伤保险)、住房公积金、职工福利费、工会经费、劳动保护费,办公费、会议费、差旅交通费,办公、试验规定资产使用费(包括办公及生活房屋折旧、维修或租赁费,车辆折旧、维修、使用或租赁费,通信设备购置、使用费,测量、试验、检测设备仪器折旧、维修或租赁费,其他设备折旧、维修或租赁费等)、零星固定资产购置费、招募生产工人费、技术图书资料费、职工教育经费、投标费用,合同契约公证费、法律顾问费、咨询费、业务招待费、财务费用、监理单位的临时设施费、完工清理费、竣(交)工验收费、各种税费、安全生产管理费和其他管理性开支。

工程监理费以定额建筑安装工程费为基数,按规定的费率,以累进办法计算。

4)设计文件审查费

设计文件审查费指在项目审批前,建设单位(业主)为保证勘察设计工作的质量,组织有关专家或委托有资质的单位,对提交的建设项目可行性研究报告和勘察设计文件进行审查所需要的相关费用。建设项目若有地质勘察监理,费用在此项目开支;建设项目若有设计咨询(或设计监理、设计双院制),其费用在此项目内开支。

设计文件审查费以定额建筑安装工程费为基数,按规定的费率,以累进办法计算。

5)竣(交)工验收试验检测费

竣(交)工验收试验检测费指在公路建设项目竣(交)工验收前,由建设单位(业主)或工程质量监督机构委托有资质的公路工程质量检测单位按照有关规定对建设项目的工程质量进行检测并出具检测意见,以及进行桥梁动(静)载试验或其他特殊检测等所需的费用。

竣(交)工验收试验检测费按表3-4的规定计算。道路工程按主线路基长度计算,桥梁工程以主线桥梁、分离式立交、匝道桥的长度之和进行计算,隧道按单洞长度计算。

道路工程,高速公路、一级公路按四车道计算,二级及二级以下公路按两车道计算,每增加1个车道,按表3-4的费用增加10%。桥梁和隧道工程,按双向四车道计算,每增加一个车道费用增加15%,二级及二级以下公路的桥隧工程按表3-4费用的40%计算。

竣(交)工验收试验检测费　　　　表3-4

检测项目		竣(交)工验收试验检测费	备注
道路工程(元/km)	高速公路	23500	包括路基、路面、涵洞、通道、路段安全设施和机电、房建、绿化、环境保护及其他工程
	一级公路	17000	
	二级公路	11500	
	三级及三级以下公路	5750	
桥梁工程	一般桥梁(元/延米)	40	包括桥梁范围内的所有土建、安全设施和机电、声屏障等环境保护工程及必要的动(静)载试验
	技术复杂桥梁(元/延米) 钢管拱	750	
	连续刚构桥	500	
	斜拉桥	600	
	悬索桥	560	
隧道工程(元/延米)	单洞	80	包括隧道范围内的所有土建、安全设施、机电、消防设施等

2. 研究试验费计算

研究试验费指按项目特点和有关规定,在建设过程中必须进行的研究和试验所需费用,以及支付科技成果、专利、先进技术的一次性技术转让费。不包括:

(1)应由前期工作费(为建设项目提供或验证设计数据、资料等专题研究)开支的项目。

(2)应由科技三项费用(即新产品试制费、中间试验费和重要科学研究补助费)开支的项目。

(3)应由施工辅助费开支的施工企业对建筑材料、构件和建筑物进行一般鉴定、检查所发生的费用及技术革新研究试验费。

计算方法:按设计提出的研究试验内容和要求进行编制。

3. 建设项目前期工作费计算

建设项目前期工作费指委托勘察设计单位、咨询单位对建设项目进行可行性研究、工程勘察设计,以及设计、监理、施工招标文件及招标标底或造价控制值文件编制时,按规定应支付的费用。包括:

(1)编制项目建议书(或预可行性研究报告)、可行性研究报告、投资估算,以及相应的勘察、设计等所需的费用。

(2)通过风洞试验、地震动参数、索塔足尺模型试验、桥墩局部冲刷试验、桩基承载力试验等为建设项目提供或验证设计数据所需的专题研究费用。

(3)初步设计和施工图设计的勘察费、设计费、概(预)算及调整概算编制费用等。

(4)设计、监理、施工招标文件及招标标底(或造价控制值或清单预算)文件编制费等。

计算方法:建设项目前期工作费以定额建筑安装工程费为基数,按规定的费率,以累进办法计算。

4. 专项评价(估)费计算

专项评价(估)费系依据国家法律、法规规定进行评价(评估)、咨询,按规定应支付的费用。该费用包括环境影响评价费、水土保持评估费、地震安全性评价费、地质灾害危险性评价费、压覆重要矿床评估费、文物勘察费、通航论证费、行洪论证(评估)费、使用林地可行性研究报告编制费、用地预审报告编制费、项目风险评估费、节能评估费和社会风险评估费、放射性影响评估费、规划选址意见书编制等费用。

(1)项目建议书投资估算。

项目建议书投资估算的专项评价(估)费按《公路工程建设项目估算编制办法》(JTG 3820—2018)附录 H 规定的费率,以定额建筑安装工程费为基数进行计算。

(2)工程可行性研究报告投资估算、概预算。

工程可行性研究报告投资估算、概预算的专项评价(估)费计算方法为:依据委托合同,或参照类似工程已发生的费用进行计列。

5. 联合试运转费计算

联合试运转费指建设项目的机电工程,按照有关规定标准,需要进行整套设备带负荷联合试运转所需的全部费用,不包括应由设备安装工程中开支的调试费用。

费用内容包括:联合试运转期间所需的材料、燃料和动力的消耗,机械和检测设备使用费,工具用具和低值易耗品费,参加联合试运转人员工资及其他费用等。

联合试运转费以定额建筑安装工程费总额为基数,按0.04%的费率计算。

6. 生产准备费计算

生产准备费指建设项目保证新建、改(扩)建项目交付使用后满足正常的运行、管理发生的工器具购置、办公和生活用家具购置、生产人员培训、应急保通设备购置等费用。

(1)工器具购置费。

工器具购置费指建设项目交付使用后,为满足初期正常运营必须购置的第一套不构成固定资产的设备、仪器、仪表、工卡模具、器具、工作台(框、架、柜)等的费用,不包括构成固定资产的设备、工器具和备品、备件,及已列入设备费中的专用工具和备品、备件。

工器具购置费由设计单位列出计划购置清单(包括规格、型号、数量),计算方法同设备购置费。

(2)办公和生活用家具购置费。

办公和生活用家具购置费指新建、改(扩)建工程项目,为保证建设项目初期正常生产、使用和管理所必须购置的办公和生活用家具、用具的费用。包括:行政、生产部门的办公室、会议室、资料档案室、阅览室、宿舍及生活福利设施等的家具、用具。

计算方法:办公和生活用家具购置费按表3-5的规定计算。

办公和生活用家具购置费标准表　　表3-5

工程所在地	路线工程(元/公路公里)				单独管理或单独收费的桥梁、隧道(元/座)		
	高速公路	一级公路	二级公路	三、四级公路	特大桥、大桥		特长隧道
					一般桥梁	技术复杂大桥	
内蒙古、黑龙江、青海、新疆、西藏	21500	15600	7800	4000	24000	60000	78000
其他省、自治区、直辖市	17500	14600	5800	2900	19800	49000	63700

(3)生产人员培训费。

生产人员培训费指为保证生产的正常运行,在工程竣工验收交付使用前对营运部门生产人员和管理人员进行培训所必需的费用。费用内容包括:培训人员的工资、工资性补贴、职工福利、差旅交通费、劳动保护费、培训及教学实习费等。

生产人员培训费按设计定员和3000元/人的标准计算。

(4)应急保通设备购置费。

应急保通设备购置费指新建、改(扩)建工程项目,为满足初期正常运营,购置保障抢修保通、应急处置,且构成固定资产的设备所需的费用。

应急保通设备购置费由设计单位列出计划购置清单,计算方法同设备购置费。

7. 工程保通管理费计算

工程保通管理费指新建或改(扩)建工程需边施工边维持通车或通航的建设项目,为保证公(铁)路运营安全、船舶航行安全及施工安全而进行交通(公路、航道、铁路)管制、交通(铁路)与船舶疏导所需的和媒体、公告等宣传费用及协管人员经费等。工程保通管理费应按设计需要进行计列。涉水项目施工期通航安全保障费用计算方法按《公路工程建设项目概算预算编制办法》(JTG 3830—2018)附录G计算。

8. 工程保险费计算

工程保险费指在合同执行期内,施工企业按合同条款要求办理保险的费用,包括建筑工程一切险和第三方责任险。

(1)建筑工程一切险是为永久工程、临时工程和设备及已运至施工工地用于永久工程的材料和设备所投的保险。

(2)第三方责任险是对因实施合同工程而造成的财产(本工程除外)损失或损害,或人员

(业主和承包人雇员除外)的死亡或伤残所负责进行的保险。

工程保险费以建筑安装工程费(不含设备费)为基数,按0.4%费率计算。

9. 其他费用计算

其他费用指国务院行政主管部门及省级人民政府规定的其他与公路建设相关的费用,按其相关规定计算。

(四)预备费计算

预备费由基本预备费和价差预备费两部分组成。

1. 基本预备费计算

基本预备费系指在初步设计和概算、施工图设计和施工图预算中难以预料的工程和费用。

1)基本预备费费用组成

(1)在进行工程可行性研究、初步设计(技术设计)、施工图设计和施工过程中,在批准的项目建议书、工程可行性研究和投资估算、初步设计和概算范围内所增加的工程费用。

(2)在设备订货时,由于规格、型号改变的价差,材料货源变更、运输距离或方式的改变以及因规格不同而代换使用等原因发生的价差。

(3)在项目主管部门组织竣(交)工验收时,验收委员会(或小组)为鉴定工程质量必须开挖和修复隐蔽工程的费用。

2)计算方法

基本预备费以建筑安装工程费、土地使用及拆迁补偿费、工程建设其他费之和为基数,按下列费率计算:

(1)项目建议书投资估算按11%计列。

(2)工程可行性研究报告投资估算按9%计列。

(3)设计概算按5%计列。

(4)修正概算按4%计列。

(5)施工图预算按3%计列。

2. 价差预备费计算

价差预备费系指设计文件编制年至工程交工年期间,建筑安装工程费中的人工费、材料费、设备费、机械使用费、措施费、企业管理费等由于政策、价格变化可能发生上浮而预留的费用,及外资贷款汇率变动部分的费用。

(1)价差预备费以建筑安装工程费总额为基数,按设计文件编制年始至建设项目工程交工年终的年数和年工程造价增长率计算。按式(3-10)计算:

$$价差预备费 = P \times [(1+i)^{n-1} - 1] \tag{3-10}$$

式中:P——建筑安装工程费总额(元);

　　i——年造价增长率(%);

　　n——设计文件编制年至建设项目开工年 + 建设项目建设期限(年)。

(2)年工程造价增长率按有关部门公布的工程投资价格指数计算。

(3)设计文件编制至工程交工在1年以内的工程,不列此项费用。

(五)建设期贷款利息计算

建设期贷款利息指工程项目使用的贷款部分在建设期内应计取的贷款利息。包括各种金融机构贷款、建设债券和外汇贷款等的利息。

利息计算方法:根据不同的资金来源分年度投资计算所需支付的利息,按式(3-11)计算:

$$S = \sum_{n=1}^{N}(F_{n-1} + b_n \div 2) \times i \tag{3-11}$$

式中:S——建设期贷款利息;

N——项目建设期(年);

n——施工年度;

F_{n-1}——建设期第 $n-1$ 年末需付息贷款本息累计;

b_n——建设期第 n 年付息贷款额;

i——中国人民银行公布的贷款基准年利率。

第四节 竣 工 决 算

项目竣工决算是建设单位编制的反映建设项目实际造价和投资效果的文件,是竣工验收报告的重要组成部分。所有竣工验收的项目应在办理手续之前,对所有建设项目的财产和物质进行清理,及时编报竣工决算报告,没有编制竣工决算的项目不得进行竣工验收。它对于总结分析建设过程的经验教训,提高工程造价管理水平和积累技术经济资料,为有关部门制订类似工程的建设计划与修订概、预算定额指标提供资料和经验,都具有重要的意义。

竣工决算是从财务管理的角度出发,侧重于对资金的流向、大小和在时间上分布的分析,以现行的财税制度为依据,通过对资金的流动情况为重点进行分析,形成符合基本建设财务管理办法的科目体系,来反映竣工工程从开始建设起至竣工为止的全部资金来源和运用情况,达到核定使用资产价值的目的。由于它侧重于对财务制度执行情况的反映,能够确定资金流动的真实性和合法性,是办理资产交付使用手续的依据。

交通基本建设项目竣工决算报告按建设项目类型分为公路建设项目、桥梁建设项目、内河航运建设项目、港口(码头)建设项目和其他建设项目等。编制竣工决算时,必须填制本类项目工程概况专用表和全套财务通用表。

建设项目完成时的收尾工程,建设单位可根据概算所列的投资额或收尾工程的实际情况测算投资支出列入竣工报告。但收尾工程投资额不得超过工程总投资的5%。对列入竣工报告的基本建设收入,基建结余资金等财务问题,建设单位应按国家规定进行相应处理。

建设项目完成时,建设单位要认真做好各项财务、物资、财产、债权债务、投资资金到位情况和报废工程的清理工作,做到工完料清、账实相符。各种材料、物资、设备、施工机具等要逐项清点核实,妥善保管,按照国家规定处理,不准任意侵占。

建设单位编制的竣工决算报告在审计部门提出审计意见后,方可组织竣工验收。未经竣工验收委员会认定的竣工报告不得上报。中央级大中型基本建设项目,其项目竣工决算报告经省级交通主管部门或部属一级单位签署意见后报部备案(一式四份)。竣工决算报告在竣工验收委员会审查同意后三个月内报出。

一、竣工决算的作用与编制依据

1. 竣工决算的作用

竣工决算是建设各方考核工程经济活动成果的主要依据,主要有以下几个作用。

(1)全面反映竣工项目最初计划和最终建成的工程概况。

竣工决算报告要求编制的概况表及有关说明,反映了竣工计划和实际的建设规模、技术标准、建设工期、投资、用地、质量及主要工程数量、材料消耗等工程的全面情况。

(2)竣工决算是检查基本建设投资计划、设计概算执行情况和考核投资效果的依据。

公路建设项目是在国家基本建设投资计划安排下进行的,其投资额要以批准的可行性研究投资估算、设计概算、施工图预算文件为依据;实施要符合批准的建设计划和设计文件要求;工程项目的建设方案、技术标准不得随意变更;建设规模应当符合设计文件确定下来的修建原则的要求;投资应控制在批准的概算或预算金额以内。因此,竣工决算要围绕着检查基本建设投资计划的执行情况和概、预算的执行情况进行。

通过竣工验收和竣工决算,检查落实是否已经达到了设计要求,有没有提高技术标准或广大建设规模的情况;通过各项实际完成的货币工作量的分析来检查有无不合理的开支或违背财经纪律和投资计划的情况;竣工决算还应对其他费用开支分析有没有超过标准规定,对于临时设施、占地、拆迁以及新增工程都应认真核对。

(3)竣工决算是核定新增固定资产流动和流动资产价值、办理交付使用财产的依据。

交通建设项目建设好后,要核定新增资产价值,并办理交付使用财产的移交手续。通常新增资产包括新增固定资产、流动资产、无形资产、递延资产、其他资产等。根据编制决算报告的内容要求,要编制交付使用财产总表和交付使用财产明细表,详细计算交付使用财产的价值;还应向使用或管理单位提交交付使用财产具体项目的名称、规格、数量、价值等明细表,作为办理交付使用资产交接手续的依据。

(4)竣工决算是全面反映建设项目的财务情况,总结提高财务管理水平的重要资料。

竣工决算反映着建设项目开始建设以来各项资金的来源和支出,以及取得财务成果的综合反映,也体现了项目建设中的财务管理水平。通过竣工决算,可以检查建设单位遵守财经纪律和完成投资计划的情况,为基建主管部门、财务部门总结经验,改善财务管理和拨款贷款监督工作提供重要资料。

(5)竣工决算是竣工验收的主要依据。

按照公路工程基本建设程序规定,当批准的设计文件规定的公路项目经负荷运转能够正常使用时,应该及时组织竣工验收工作,对建设项目进行全面考核。按工程的不同情况,由负责验收委员会或小组进行验收。

在竣工验收之前,建设单位向主管部门提出验收报告,其中主要组成部分是建设单位编制的竣工决算文件,作为验收委员会(或小组)的验收依据。验收人员要检查建设项目的实际建筑物、构筑物与设施的使用情况,同时审查竣工决算文件中的有关内容和指标,确定建设项目的验收结果。

(6)竣工决算为交通工程基本建设技术经济档案,为公路工程定额修订提供资料和依据,是工程造价积累的资料之一。

竣工决算要反映主要工程的全部数量和实际成本、工程总造价，以及从开始筹建至竣工为止全部资金的运用情况和工程建设后新增固定资产和流动资产价值。大中型交通工程建设项目竣工决算报告要报交通运输部。它是国家基本建设技术经济档案，也可以为以后的国家基本建设项目投资提供参考。

在工程决算中对已完工的人工、材料、机械台班消耗都要做必要的计算和分析；对其他费用的开支也应分析测算；人工、材料、机械台班消耗水平和其他费用开支额度除了能够反映本工程的情况外，还可以为以后定额修订和各项费用开支标准的编制做参考。

某些工程项目由于改进了施工方法，采用了新技术、新工艺、新设备、新结构，减低了材料消耗，提高了劳动生产率，降低了成本。通过决算资料的分析和积累，就可以为以后编制新定额或补充定额提供必要的数据。

通过决算对工程技术经济资料的分析和整理，还可以为公路基本建设评估和投资决策，加强投资管理提供依据；对提高工程造价的编制水平和管理水平具有积极的作用。

2. 竣工决算的编制依据

交通运输部《关于发布公路建设项目工程决算编制办法的通知》（交公路发［2004］507号文）规定：工程决算是建设项目竣工验收工作的重要组成部分。未编制工程决算的建设项目，不得组织竣工验收。

竣工决算报告须提交竣工验收委员会审查，未经竣工验收委员会审查的竣工决算报告不能作为正式的竣工决算报告，不得上报。经竣工验收委员会审查并根据审查意见修改后的竣工决算报告作为财产移交、财务处理并作为有关待处理事宜的依据。

工程决算文件由项目法人在交工验收后负责组织编制，竣工验收前编制完成，并将工程决算文件及工程决算数据软盘各1份上报交通主管部门，同时抄送工程造价管理部门。竣工决算报告由建设单位（业主）编制。

编制竣工决算报告所依据的文件资料有：

(1) 经交通主管部门批准的设计文件，以及批准的概（预）算或调整概（预）算文件。

(2) 政府有关土地、青苗等补偿及安置补偿标准或文件，国土部门批准的公路征地数量，土地、青苗等补偿及安置补偿费用。

(3) 历年年度的基本建设投资计划。

(4) 经复核的历年年底的基本建设财务决算。

(5) 批准或确认的招标文件及合同文本。

(6) 与施工单位（承包人）签订的施工合同、投资包干合同或其他重要经济合同（或协议）等有关文件。

(7) 有关工程变更的文件资料。

(8) 历年有关物资、统计、财务会计核算、劳动工资、环境保护等有关资料。

(9) 工程质量鉴定、检验等有关资料，工程监理有关资料。

(10) 施工单位（承包人）的交工报告、竣工图表等有关技术经济资料。

(11) 有关资金的筹集、借贷使用等方面的资料。

(12)上级有关部门对工程的指示、文件及有关的国家现行的法律、法规。

3.竣工决算报告的组成

竣工决算报告由以下四个部分组成：

1)建设项目竣工决算报告封面

(1)"主管部门"填写需上报竣工决算报告的主管部门或单位。

(2)"建设项目名称"填写报批前的项目初步设计文件中注明的项目名称。

(3)"建设项目类别"是指"大中型"或"小型"。

(4)"建设性质"是指建设项目属于新建、扩建、续建等内容。

(5)"级别"是指中央级或地方级的建设项目。

2)竣工平面示意图

为了满足竣工验收和竣工决算的需要,应绘制能反映竣工工程全部内容的工程设计平面示意图。平面示意图按经过施工实际修改后的工程设计平面图绘制。

3)竣工决算报告说明书

竣工决算报告说明书总体反映竣工工程建设成果和经验,是全面考核分析工程投资与造价的书面总结,其主要内容包括：

(1)工程项目概况及组织管理情况。

(2)工程建设过程和工程管理工作中的重大事件、经验教训。

(3)工程投资支出和财务管理工作的基本情况(包括主要会计事项处理原则,财产物资清理及债权债务清偿情况,基建结余资金,基建收入等的上交分配情况,主要技术经济指标的分析、计算情况等)。

(4)工程遗留问题等。

4)竣工决算表格

按照《竣工决算报告编制办法》的规定,竣工决算表格分为三部分,第一部分为竣工决算审批表,第二部分为工程概况专用表等表格,第三部分为财务通用表。

(1)竣工决算审批表(交建竣1表)。

(2)工程概况专用表。

①公路建设项目工程概况表(交建竣2-1表);

②桥梁隧道建设项目工程概况表(交建竣2-2表);

③内河航运建设项目工程概况表(交建竣2-3表);

④港口(码头)建设项目工程概况表(交建竣2-4表);

⑤其他建设项目工程概况表(交建竣2-5表)。

(3)财务通用表。

①建设项目竣工财务决算总表(交建竣3-1表);

②资金来源情况表(交建竣3-2表);

③待核销基建支出及转出投资明细表(交建竣3-3表);

④工程造价和概算执行情况表(交建竣4表);

⑤外资使用情况表(交建竣5表);

⑥基本建设项目交付使用资产总表(交建竣6-1表);

⑦基本建设项目交付使用资产明细表(交建竣6-2表)。

二、竣工决算的编制内容与方法

根据经审定的期中支付证书,最后(终)支付证书及支付表格(结账单),对原概算、预算进行调整,重新核算各单项工程、单位工程造价。原概(预)算中的费用项目,建筑安装工程费归属于"建筑安装工程投资";设备、工器具购置费归属于"设备投资";办公和生活用家具购置费归属于"其他投资";工程建设其他费用一般归属于"待摊投资";预留费用部分在施工期中已转化为建筑安装工程费,因此应归属于"建筑安装工程投资"。通过实际对属于增加固定资产价值的其他投资或待摊投资,如建设单位管理费、研究试验费、土地使用及拆迁补偿费等,应分摊于收益工程,随同收益工程交付使用的同时,一并计入新增固定资产价值。

竣工决算图表的编制方法,不像编制概算那样,要进行各种资料的分析计算,主要是对建设工程的各种原始资料进行全面的审查与统计汇总,按竣工决算表格的要求,将各种数据资料摘录填入,同时做好决算与概算的对比分析,编制技术经济指标比较表。

1. 竣工决算审批表(交建竣1表)

中央级大中型基本建设项目,其项目竣工决算报告经省级交通运输主管部门或部属一级单位签署意见后报部备案(一式四份)。

2. 工程概况专用表

本表集中反映了已完工的建设项目的建设周期、完成的主要工程数量、主要材料消耗、占地拆迁面积、工程投资、新增资产和新增生产能力。编制本表时,应根据可行性报告的批复、初步设计概算等文件确定的主要指标和实际完成情况进行填列。

表中各项内容的填列方法如下:

(1)建设时间、开工和竣工日期按照实际开工和办理竣工验收的日期填列。如实际开工日期与批准的开工日期不符,应作出说明。

(2)表中初步设计、调整概算的批准机关、日期、文号应按历次审批文件填列。

(3)表中有关项目的设计、概算、决算等指标,根据批准的设计文件和概算、决算等确定的数字填写。

(4)表中"总投资"按批准的概算和调整概算数及累计实际投资数填列。

(5)表中"基建支出合计"是指建设项目从开工起至竣工止发生的全部基本建设支出,根据财政部门或主管部门历年批准的"基建投资表"中有关数字填列。

(6)表中所列工程主要特征、完成主要工程量、主要材料消耗量、主要技术经济指标等,根据主管部门批准的概算、建设单位统计资料和施工企业提供的有关成本核算资料等分别填列。

(7)"主要收尾工程"填写工程内容和名称、预计投资额及完成时间等。如果收尾工程内容较多,可增设"收尾工程项目明细表"。这部分工程的实际成本可根据具体情况进行估算,并作说明,完工以后不再调整竣工决算,但应将收尾工程执行结果按规定程序补报有关资料。

(8)"工程质量评定"填列经工程质量监督部门检测评定的单项工程质量评定及工程综合评价结果。

3. 财务通用表

财务通用表反映竣工工程从开始建设起至竣工时为止资金来源、支出、节余等全部资金的运用情况，作为考核和分析基本建设拨款和投资效果的依据。

(1) 基本建设项目竣工财务决算总表（交建竣3-1表）。表中有关"交付使用资产""基建拨款""项目资本""基建借款"等项目，填列自开工建设起至竣工止的累计数，上述指标根据历年批复的年度基本建设财务决算和竣工年度的基本建设财务决算中资金平衡表相应项目的数字进行汇总填列（包括收尾工程的估列数）；表中其余各项目反映办理竣工验收时的结余数，根据竣工年度财务决算中资金平衡表的有关项目期末数填表；资金占用总额应等于资金来源总额；补充资料的"基建投资借款期末余额"反映竣工时尚未偿还的基建投资借款数，应根据竣工年度资金平衡表内的"基建投资借款"项目期末数填列；"应收生产单位投资借款期末数"，应根据竣工年度资金平衡表内的"应收生产单位投资借款"项目的期末数填列；"基建结余资金"反映竣工时的结余资金，应根据竣工财务决算总表中有关项目计算填列；基建结余资金的计算，基建结余资金＝基建拨款＋项目资本＋项目资本公积＋基建投资借款＋企业债券资金＋待冲基建支出－基本建设支出－应收生产单位投资借款。

(2) 资金来源情况表（交建竣3-2表）。本表反映建设项目分年度的投资计划与资金拨付到位情况，表中有关基建拨款、项目资本、基建投资借款等资金来源内容，根据历年批复的年度基本建设财务决算和竣工年度的基本建设财务决算中资金平衡表相应项目的数字填列（包括收尾工程的估列数）。

(3) 待核销基建支出及转出投资明细表（交建竣3-3表）。"待核销基建支出"反映非经营性项目发生的江河清障、航道清淤、补助群众造林、水土保持、取消项目的可行性研究费，以及项目报废等不能形成资产部分的投资支出；"转出投资"反映非经营性项目为项目配套而建成的、产权不归属本单位的专用设施的实际成本，按照规定的内容分项逐笔填列。

(4) 工程造价和概算执行情况表（交建竣4表）。本表反映工程实际建设成本和总造价以及概算投资节余和概算投资包干部分节余的情况，应按照概算项目或单项工程（费用项目）填列；待摊投资按照某一单项工程投资额占全部投资的比例分摊到单项工程上去。不计入固定资产价值的支出不分摊待摊投资。

(5) 外资使用情况表（交建竣5表）。本表反映建设项目外资使用情况，按照使用外资支出费用项目填列。应说明批准初步设计时的汇率、记账汇率、竣工时的汇率以及外资贷款的转贷金额和转贷单位等情况。各有关表格中，外币折合人民币时，应以项目竣工时的汇率为准。

(6) 交付使用资产总表和交付使用资产明细表（交建竣6表）。交付使用资产总表中各栏数字应根据交付使用资产明细表中相应项目的数字汇总填列。交付使用资产明细表作为单位管理项目资产使用，可不纳入上报的竣工决算报告，其具体格式各单位可根据情况进行修改；交付使用资产总表中固定资产、流动资产、无形资产和递延资产各栏的合计数，应分别与竣工财务决算表交付使用资产的相应数字相符。

4. 新增资产价值的确定

正确核定新增资产的价值，有利于建设项目使用期的财务管理，并能为建设项目进行经济后评价提供依据。按照新的财务制度和企业会计准则，新增资产是由各个具体的资产项目构成的,可划分为固定资产、流动资产、无形资产、递延资产及其他资产等类别。资产的性质不同,计价的方法也有差异。

1)新增固定资产价值的确定

新增固定资产价值是以独立发挥生产能力的单项工程为对象的。单项工程建成经有关部门验收鉴定合格,正式移交生产或使用,即应计算新增固定资产价值。一次交付生产或使用的工程一次计算新增固定资产价值,分期分批交付生产或使用的工程,应分期分批计算新增固定资产价值。在计算时应注意以下几种情况:

(1)对于为了提高产品质量、改善劳动条件、节约材料消耗、保护环境而建设的附属辅助工程,只要全部建成,正式验收交付使用后就要计入新增固定资产价值。

(2)对于单项工程中不构成生产系统,但能独立发挥效益的非生产性项目,如住宅、食堂、医务所、托儿所、生活服务网点等,在建成并交付使用后,也要计算新增固定资产价值。

(3)凡购置达到固定资产标准不需安装的设备、工具、器具,应在交付使用后计入新增固定资产价值。

(4)属于新增固定资产价值的其他投资,应随同受益工程交付使用的同时一并计入。

(5)交付使用财产的成本,应按下列内容计算:

①房屋、建筑物、管道、线路等固定资产的成本包括建筑工程成本和应分摊的待摊投资。

②动力设备和生产设备等固定资产的成本包括需要安装设备的采购成本、安装工程成本、设备基础支柱等建筑工程成本或砌筑锅炉及各种特殊炉的建筑工程成本、应分摊的待摊投资。

③运输设备及其他不需要安装的设备、工具、器具、家具等固定资产一般仅计算采购成本,不计分摊的"待摊投资"。

(6)共同费用的分摊方法。新增固定资产的其他费用,如果是属于整个建设项目或两个以上单项工程的,在计算新增固定资产价值时,应在各单项工程中按比例分摊。分摊时,什么费用应由什么工程负担应按具体规定进行。一般情况下,建设项目管理费按建筑工程、安装工程、需安装设备价值总额按比例分摊,而土地征用费、勘察设计费等费用则按建筑工程造价分摊。

2)新增流动资产价值的确定

新增流动资产是指新增加的在一年内或者超过一年的一个营业周期内变现或者运用的资产,包括现金及各种存款、存货、应收及预付款等。在确定流动资产时,按以下原则处理:

(1)货币性资金,即现金、银行存款及其他货币金,根据实际入账价值核定。

(2)应收及预付款项包括应收票据、应收账款、其他应收款、预付款和待摊费用。一般情况下,应收及预付款项按企业销售商品、产品或提供服务、提供劳务时的实际成交金额入账核算。

(3)各种存货应当按照取得时的实际成本计价。存货的形式主要有外购和自制两种途径。外购的,按照购买价加运费、装卸费、保险费、途中合理损耗、入库前加工、整理及挑选费用以及缴纳的税金等计价。自制的,按照制造过程中的各项实际支出计价。

3)新增无形资产价值的确定

新增无形资产是指新增加的、可供今后企业长期使用但是没有实物形态的资产,包括专利权、非专利技术、土地使用权、商标权等。无形资产的计价,原则上应按取得时的实际成本费用计价;企业取得无形资产的途径不同,所发生的支出也不一样,无形资产的计价也不相同。

(1)专利权的计价:专利权可分为自创和外购两类。自创专利权的计价,其价值为开发过程中的实际支出,主要包括专利的研发费用、专利申请费、专利登记费、专利年付费、法律诉讼费等。专利转让的计价,其价值主要包括转让的价格和手续费。由于专利是具有专有性并能带来超额利润的生产因数,因而其转让价格不能按其成本估价,而是要依据其所带来的超额收益来估价。

(2)非专利技术的计价:自创的非专利技术,一般不得作为无形资产入账,自创过程中发生的费用,现行的财务制度允许作当期费用处理,这是因为非专利技术自创时难以确定是否成功,这样处理符合财务会计的稳健性原则。购入非专利技术时,应由具有资格的评估机构确认后再进一步估价,往往是通过其生产的收益来进行估价,其基本思路同专利的计价方法。

(3)商标权的计价:自创的商标,自创时发生的各种费用,如商标设计、制作、注册和保护、宣传广告等费用,一般不作为无形资产入账,而是直接作为销售费用计入当期损益。当企业购入或转让商标时,才需要对商标权进行计价。商标权计价一般根据被许可方新增收益来确定。

(4)土地使用权的计价:建设单位向土地管理部门申请土地使用权,并为其支付了一笔出让金的,这时应作为无形资产进行作价。土地是通过行政划拨的,不能作为无形资产计价,只有在将土地使用权有偿转让、出租、抵押、作价入股或投资,按规定补交土地出让金后,才能作为无形资产计价。

4)递延资产及其他资产价值的确定

递延资产是指不能全部计入当年损益,应当在以后年度内分期摊销的各项费用,包括开办费、租入固定置产的改良支出等。

(1)开办费的计价。开办费是指在筹建期间发生的费用,包括筹建期间人员的工资、办公费、培训费、差旅费、印刷费、注册登记费以及不计入固定资产和无形资产构建成本的汇兑损益和利息支出等。根据现行财务制度的规定,除了筹建期间不计入资产价值的汇兑净损失外,开办费从企业开始生产经营月份的次月起,按照不短于5年的期限平均摊入管理费用。

(2)以经营租赁方式租入的固定资产改良工程支出的计价,应在租赁有效期内分期摊入制造费用或管理费用。

其他资产,包括特准储备物资等,主要以实际入账价值核算。

三、竣工决算的编制程序

1.收集、整理和分析有关依据资料

在编制公路工程竣工决算文件前,必须准备一套完整齐全的资料,这是准确、迅速编制竣工决算的必要条件。在工程的竣工验收阶段,应注意收集资料,系统地整理所有的技术资料、工程结算的经济文件、施工图纸,审查施工过程中各项工程变更、索赔、价格调整、暂定金额等支付项目是否符合合同文件约定,签证手续是否完备;审查各中期支付和最终支付是否与竣工图表资料、合同文件相符。

2.清理各项账务、债务和结余物资

在收集、整理和分析有关资料中,要特别注意建设工程从筹建到竣工投产(或使用)的全部费用的各项账务、债权和债务的清理,做到工完账清。既要核对账目,又要查点库存实物的数量,做到账与物相等,账与账相符,对结余的各种材料、工器具和设备要逐项清点核实,妥善管理,并按规定及时处理,收回资金。对各种往来款项要及时进行全面清理,为编制竣工决算提供准确的数据和结果。

3. 填写竣工决算报表

按照公路工程决算表格中的内容,根据编制依据中的有关资料进行统计或计算各个项目的数量,并将其结果填到相应表格的栏目,完成所有报表的填写。它是编制建设工程竣工决算的主要工作。

4. 编写建设工程竣工决算说明书

按照公路工程竣工决算说明的要求,根据编制依据材料和填写在报表中的结果编写说明。

5. 上报主管部门审查、编制竣工决算的程序

上述编写的文字说明和填写的表格经核对无误,装订成册,即为建设工程竣工决算文件。工程决算文件由项目法人在交工验收后负责组织编制,竣工验收前编制完成,并将工程决算文件及工程决算数据软盘各 1 份上报交通主管部门,同时抄送工程造价管理部门。

第四章　工程量清单与招标控制价、投标报价

第一节　项目资本金制度与融资模式

一、项目资本金制度

国家规定,各种经营性固定资产投资项目应实行资本金制度。

投资项目资本金是指投资项目总投资中,由投资者认缴的出资额,对投资项目来说属于非债务性资金,项目法人不承担该部分资金的任何利息和债务。投资者按其出资比例依法享有所有者权益,也可转让其出资,但不得以任何方式抽回。

国务院《关于调整和完善固定资产投资项目资本金制度的通知》(国发[2015]51号)规定,为进一步解决当前重大民生和公共领域投资项目融资难、融资贵问题,增加公共产品和公共服务供给,补短板、增后劲,扩大有效投资需求,促进投资结构调整,保持经济平稳健康发展,国务院决定对固定资产投资项目资本金制度进行调整和完善。各行业固定资产投资项目的最低资本金比例按以下规定执行:

(1)城市和交通基础设施项目:城市轨道交通项目由25%调整为20%,港口、沿海及内河航运、机场项目由30%调整为25%,铁路、公路项目由25%调整为20%。

(2)房地产开发项目:保障性住房和普通商品住房项目维持20%不变,其他项目由30%调整为25%。

(3)产能过剩行业项目:钢铁、电解铝项目维持40%不变,水泥项目维持35%不变,煤炭、电石、铁合金、烧碱、焦炭、黄磷、多晶硅项目维持30%不变。

(4)其他工业项目:玉米深加工项目由30%调整为20%,化肥(钾肥除外)项目维持25%不变,电力等其他项目维持20%不变。

(5)城市地下综合管廊、城市停车场项目,以及经国务院批准的核电站等重大建设项目,可以在规定最低资本金比例基础上适当降低。

金融机构在提供信贷支持和服务时,要坚持独立审贷,切实防范金融风险。要根据借款主体和项目实际情况,按照国家规定的资本金制度要求,对资本金的真实性、投资收益和贷款风险进行全面审查和评估,坚持风险可控、商业可持续原则,自主决定是否发放贷款以及具体的贷款数量和比例。

项目资本金可以用货币出资,也可以用实物、工业产权、非专利技术、土地使用权、资源开

采权作价出资,除国家对采用高新技术成果有特殊规定外,其比例不得超过项目资本金总额的 20%。

二、项目融资模式的分类与融资过程

(一)项目融资的概念

从完整意义上讲,工程项目融资既包括公司融资,也包括特许经营项目融资。广义的项目融资是指为了建设一个新项目,收购一个现有项目或者对已有项目进行债务重组所进行的一切融资活动。狭义的项目融资专指具有无追索或有限追索的融资。

工程项目融资专指广义的项目融资,其内容包括公司融资和具有有限追索或无追索特性的特许经营项目融资。所谓追索,是指在债务人不能按期偿还债务时,债权人有要求以已经抵押、质押资产之外的其他资产偿还未清偿债务的权利。

1. 公司融资

公司融资是指公司利用自身的资信能力为某一工程项目所进行的融资活动。

在工程项目的融资实践中,有些基础设施、公用事业或自然资源开发项目在融资过程中往往需要得到政府的特许授权,人们将这类工程项目融资统称为特许经营项目融资。

2. 特许经营项目融资

特许经营项目融资是政府授权民营机构或外商从事某些原本由政府负责的项目建造和运作的一种长期(项目全寿命期)合作关系,项目对民营机构的补偿是通过授权民营机构在和政府约定的特许期内向项目的使用者收取费用,由此回收项目的投资、经营和维护等成本并获得合理的回报,特许期满后将项目移交给政府。

(二)特许经营项目的融资模式

1. BOT 融资模式

BOT,是 Build-Operate-Transfer 的缩写,即建造—经营—移交,是相对比较简单或典型的特许经营项目融资模式。BOT 是指政府通过特许经营协议授权外商或民营机构进行项目的融资、设计、建造、经营、维护,在约定的特许期内(通常为 10~30 年)向该项目的使用者收取费用,由此回收项目的融资、经营、维护等成本,并获得合理利润回报,特许期满后项目将移交政府(一般是免费移交)。

BOT 项目融资最早于 1984 年由土耳其首相提出并应用于土耳其公共基础设施的私有化过程中,之后引起了世界各国的广泛关注和应用,并逐渐演变为大型项目融资的一种流行方式。就最常用的项目融资模式而言,BOT 有以下基本形式:

(1)BOT 模式,即 Build-Operate-Transfer(建造—经营—移交),它是最经典的 BOT 形式,项目公司没有项目的所有权,只有建设和经营权。

(2)BOOT 模式,即 Build-Own-Operate-Transfer(建造—拥有—经营—移交),它与 BOT 的区别是项目公司既有项目的建设、经营权,也有所有权,政府允许其在一定范围、一定时期内将项目资产为了融资的目的抵押给银行,以获得更优惠的贷款条件,从而使项目的产品和服务价格更低,但是其特许期可能比 BOT 模式稍长。

(3)BOO 模式,即 Build-Own-Operate(建造—拥有—经营),它与前两者的区别是项目公司不需要将项目移交给政府,即为永久私有化,其目的是鼓励项目公司从项目全寿命期的角度合理建设和经营设施,提高项目产品和服务的质量,追求全寿命期的总成本降低和效率的提高。

除了上述 3 种基本形式外,各国在应用 BOT 的过程中还出现了很多衍变形式,以反映项目的主要特点,例如:BT(Build-Transfer,建造—移交);OT(Operate-Transfer,经营—移交);TOT(Transfer-Operate-Transfer,移交—经营—移交);BOOST(Build-Own-Operate-Subsidy-Transfer,建造—拥有—经营—补贴—移交);ROT(Rehabilitate-Operate-Transfer,修复—经营—移交);ROO(Rehabilitate-Own-Operate,修复—拥有—经营);BLOT(Build-Lease-Operate -Transfer,建造—租赁—经营—移交);BLT(Build-Lease-Transfer,建造—租赁—移交);DBOT(Design-Build-Operate-Transfer,设计—建造—经营—移交);DB(Design-Build,设计—建造);BTO(Build-Transfer-Operate,建设—移交—运营)等等。

其中,BT 模式是指政府在项目建成后从民营机构手中购回项目,可以一次支付,也可以分期支付。TOT 模式是指用民营资金购买某个项目资产的经营权,购买者在约定的时间内通过经营该资产收回全部投资、得到合理的回报后,再将项目无偿移交给原产权所有人(一般为政府或国有企业)。

2. PFI 融资模式

PFI,是 Private Finance Initiative 的缩写,即"私营主动融资"。与特许经营项目融资中的其他概念相比,PFI 更强调的是私营企业在融资中的主动性和主导型。1992 年英国保守党政府首先推出了 PFI,旨在中央政府和地方当局方面都进一步加强公共部门与私营部门的合作伙伴关系。

PFI 是对 BOT 项目融资的优化,指政府部门根据社会对基础设施的需求,提出需要建设的项目,通过招投标,由获得特许权的私营部门进行公共基础设施项目的建设与运营,并在特许期(通常为 30 年左右)结束时将所经营的项目完好地、无债务地归还政府,而私营部门则从政府部门或接受服务方收取费用以回收成本的项目融资方式。私营部门和政府方双方共同承担风险。

在公共部门采购者与项目公司之间的合同类型上,BOT 项目是特许权合同,主要用于基础设施并且是投资大、建设周期长和可以运营获利的项目;而 PFI 是服务合同,项目更加多样,只是靠自身的运营不能完全收回投资,往往还需要政府财政拨款补贴。

3. PPP 融资模式

PPP,是 Public-Private Partnership 的缩写,简称 PPP 模式、3P 模式,即政府和社会资本合作(或称公私合伙/政企合伙),是公共基础设施中的一种项目运作模式。在该模式下,鼓励私营企业、民营资本与政府进行合作,参与公共基础设施的建设。PPP 模式的三大特征包括伙伴关系、利益共享、风险共担。

PPP 模式是一种新型的项目融资模式,是在英国继 1992 年保守党推出 PFI 后,1997 年工党上台时引入的概念。PPP 融资模式可以使民营资本更多地参与到项目中,以提高效率,降低风险。政府的公共部门与民营企业以特许权协议为基础进行全程的合作,双方共同对项目运行的整个周期负责。PPP 模式更加强调政府在项目中的所有权(占有股份,如 1~10%)。

PPP 模式分为融资性质的 PPP、非融资性质的 PPP 两种。

融资性质的 PPP 模式。从广义的层面讲,公私合作(PPP)应用范围很广,从简单的、短期(有或没有投资需求)管理合同到长期合同,包括资金、规划、建设、营运、维修和资产剥离等等。公私合作关系资金模式是由在项目的不同阶段,对拥有和维持资产负责的合作伙伴所决定。因为 PPP 只是一种投融资模式,多数融资人采用"PPP + BOT"模式来完成项目的资金、建设、营运、维修、资产剥离和移交等工作。因此,PPP 广义范畴内的运作模式,包括 PFI 模式、BOT 及 BOT 的各种衍变模式。

非融资性质的 PPP 模式。包括 TOT 模式,即移交—运营—移交,政府与私营部门签订特许经营协议,将已经投产运营的基础设施项目移交给私营机构经营(一次性出让经营权),凭借该项目在未来若干年的收益一次性地从经营机构手中融得一笔资金,用于建设新的基础设施。投资人在特许期内经营该项目并获得利润,协议期满后将项目无偿转交给政府。可见,TOT 不承担项目建设,只承担单方风险。还包括运营与维护合同,即 O&M 模式,私营部门的合作伙伴,根据合同,在特定的时间内,运营公有资产。公共合作伙伴保留资产的所有权。

4. ABS 融资模式

ABS,是 Asset-Backed-Securitization 的缩写,即"以资产担保的证券化"。它是以项目(包括未建项目)所属的全部或部分资产为基础,用该项目资产所能带来的稳定的预期收益作保证,经过信用评级和增级,通过资本市场发行证券来募集资金的一种项目融资方式。ABS 是 20 世纪 80 年代首先在美国兴起的一种新型资产变现方式,根据资产类型的不同,主要有信贷资产证券化和不动产证券化两种。

从融资的基础看,ABS 是一种特许经营项目融资方式;从融资的形式看,ABS 是一种新型的直接融资方式。在资产证券化业务的市场体系和监督体系尚不完善的我国,对 ABS 项目融资应采取谨慎的态度,尤其是对于我国的建设工程项目,应该采取稳健高效的融资模式,而不是盲目引进国外的某种融资模式。

(三)特许经营项目的融资过程

特许经营项目融资的过程包括项目选择阶段、招投标阶段、合同组织阶段、项目建设开发阶段、移交阶段等。

1. 项目选择阶段

项目选择阶段的主要工作包括政府对项目的识别、可行性研究。

2. 招投标阶段

项目招投标阶段的主要工作包括招标准备、资格预审、接受标书、评标、决标等。

3. 合同组织阶段

合同文件是特许经营项目众多参与者之间合理分担风险、保证项目成功实施的重要方面,按照合同签约方可以分为四类合同,即政府与项目公司之间的特许权协议、项目公司和施工承包人/运营商之间的履约合同、项目公司与放贷方之间的贷款合同、项目公司与股东之间的协议。其中,特许经营协议是政府和项目公司之间签订的最重要的合同文件,一般包括经营权范围、融资、建设、经营和维护、收费和计算、能源材料、供应、移交、合同义务的终止和转让等。

4. 项目建设开发阶段

项目建设开发阶段的主要工作包括项目的施工,项目建成后的运营、维护等。

5. 移交阶段

项目特许经营期满后,以 BOT、PPP、PFI 等模式融资的工程项目需要移交给项目所在国政府或其指定机构。移交前,项目公司要解除项目的所有债务和抵押权、质权、留置权等担保物权,并且项目的各项质量技术指标应符合移交标准。移交时,项目公司应将全部固定资产的所有权和利益、场地使用权,以及项目的设计、运营、维修等重要技术资料移交给政府的指定机构。而以 BOO、ROO、BD 等模式融资的工程项目因没有移交环节,项目最终无需移交给政府。

第二节 公路工程招标与评标

公路工程招标投标是公路工程建设市场的法定交易方式,是在双方同意基础上的一种买卖行为,其特点是由唯一的买主(发包人)设定标的,招请若干家卖主(投标人)公平竞争,通过报价、评比从中择优选择一家卖主,并与其达成交易协议的过程。招标投标是当事人双方合同法律关系产生的过程。招标投标过程要受到法律的规范和约束。招标投标是承包合同的订立方式,是承包合同的形成过程。

根据我国的法律规定,合同的订立程序包括要约和承诺两个阶段,招标投标的过程是要约和承诺实现的过程。公路工程施工招标投标活动应当遵循公开、公平、公正和诚信的原则。

一、必须招标的工程项目范围

1.《关于促进建筑业持续健康发展的意见》中完善招投标制度的内容

国务院办公厅于 2017 年 2 月 21 日印发了《关于促进建筑业持续健康发展的意见》(国办发〔2017〕19 号)。其中规定,为进一步深化建筑业"放管服"改革,加快产业升级,促进建筑业持续健康发展,为新型城镇化提供支撑,经国务院同意,提出促进建筑业持续健康发展的意见。意见中第二(二)条完善招投标制度的内容如下:

完善招投标制度。加快修订《工程建设项目招标范围和规模标准规定》,缩小并严格界定必须进行招标的工程建设项目范围,放宽有关规模标准,防止工程建设项目实行招标"一刀切"。在民间投资的房屋建筑工程中,探索由建设单位自主决定发包方式。将依法必须招标的工程建设项目纳入统一的公共资源交易平台,遵循公平、公正、公开和诚信的原则,规范招标投标行为。进一步简化招标投标程序,尽快实现招标投标交易全过程电子化,推行网上异地评标。对依法通过竞争性谈判或单一来源方式确定供应商的政府采购工程建设项目,符合相应条件的应当颁发施工许可证。

2.《必须招标的工程项目规定》的内容

国家发改委发布的《必须招标的工程项目规定》,自 2018 年 6 月 1 日起施行,其全部内容如下:

第一条 为了确定必须招标的工程项目,规范招投标活动,提高工作效率、降低企业成本、预防腐败,根据《中华人民共和国招标投标法》第三条的规定,制定本规定。

第二条　全部或部分使用国有资金投资或国家融资的项目包括:

(一)使用预算资金200万元人民币以上,并且该资金占投资额10%以上的项目;

(二)使用国有企业事业单位资金,并且该资金占控股或主导地位的项目。

第三条　使用国际组织或外国政府贷款、援助资金的项目包括:

(一)使用世行、亚行等国际组织贷款、援助资金的项目;

(二)使用外国政府及其机构贷款、援助资金的项目。

第四条　不属于本规定第二条、第三条规定情形的大型基础设施、公用事业等关系社会公共利益、公众安全的项目,必须招标的具体范围由国务院发展改革部门会同国务院有关部门按照确有必要、严格限定的原则制订,报国务院批准。

第五条　本规定第二条、第三条和第四条规定范围内的项目,其勘察、设计、施工、监理以及与工程建设有关的重要物资、材料等采购达到下列标准之一的,必须招标:

(一)施工单项合同估算价在400万元人民币以上;

(二)重要物资、材料等货物采购,单项合同估算价在200万元人民币以上;

(三)勘察、设计、监理等服务的采购,单项合同估算价在100万元人民币以上。

同一项目中可以合并进行的勘察、设计、施工、监理以及与工程建设有关的重要物资、材料等的采购,合同估算价达到前款规定标准的,必须招标。

第六条　本规定自2018年6月1日起施行。

二、招标方式

根据《中华人民共和国招标投标法》的规定,招标方式分为公开招标和邀请招标。

1. 公开招标

公开招标是指招标人以招标公告的方式邀请不特定的法人或者其他组织投标,又称为无限竞争性招标。所有符合条件的供应商或承包人都可以平等参加投标竞争,从中择优中标者的招标方式。

公开招标方式的优点是:投标的承包人多,竞争激烈,发包人有较大的选择余地;有利于降低工程造价,提高工程质量和缩短工期。其缺点是:由于投标的承包人多,一般招标工作量大,耗时较长,需花费的成本也较大。此招标方式主要适用于投资额度大、工艺复杂的较大型工程建设项目。

2. 邀请招标

邀请招标是指招标人以投标邀请书的方式邀请特定的法人或者其他组织投标,又称为有限竞争性招标或选择性招标。采用邀请招标方式,应当向三个及三个以上具备承担招标项目的能力、资信良好的特定法人或者其他组织发出投标邀请书。

《中华人民共和国招标投标法实施条例》规定,国有资金占控股或者主导地位的依法必须进行招标的项目应当公开招标;但有下列情形之一的,可以邀请招标:

(1)技术复杂、有特殊要求或者受自然环境限制,只有少量潜在投标人可供选择;

(2)采用公开招标方式的费用占项目合同金额的比例过大。

《公路工程施工招标投标管理办法》规定,公路工程施工招标符合下列条件之一,不适宜公开招标的,依法履行审批手续后,可以进行邀请招标:

(1)项目技术复杂或有特殊技术要求,且符合条件的潜在投标人数量有限的;

(2)受自然地域环境限制的;

(3)公开招标的费用与工程费用相比,所占比例过大的。

三、投标须知

投标须知是招标人为了说明招标范围、方式等而向投标人提供的必要的信息资料,以及对投标人的合格条件、编制投标书的规定、投标书的送交、开标与评标直至签订合同的有关要求事项。

1. 投标须知的基本内容

投标人须知包括投标人须知前附表、正文和附录三部分。

投标人须知前附表是用于特别明确正文中未尽事宜,由招标人根据招标项目具体特点和实际需要填写,但必须与招标文件中其他章节衔接,并不得与正文内容相抵触。

正文的主要内容包括总则、招标文件、投标文件、投标、开标、废标、评标、合同授予、重新招标和不再招标、纪律和监督、需要补充的其他内容等。

附录是投标人资格审查条件表,规定了投标人资质、财务、业绩、信誉、项目经理与总工、其他管理人员和技术人员、主要机械设备和试验检测设备的最低条件等。

2. 投标须知中有关费用事项

(1)招标文件(未进行资格预审)的发售时间不得少于5个工作日。

(2)投标保证金一般为投标总价的1%~2%,招标人应据此测算出具体金额。投标保证金的金额应符合国家有关规定。投标保证金若采用银行保函,应在投标有效期满后30天内保持有效,招标人如果延长了投标有效期,则投标保证金的有效期也相应延长。

(3)投标人应按要求填写相应表格。投标人应按投标人须知前附表规定的方式填写工程量清单。招标人在出售招标文件的同时向投标人提供工程量固化清单电子文件(光盘或U盘)。投标人只需填写工程量清单中的单价及总额价,即可完成投标工程量清单的编制,确定投标报价,编入投标文件。投标人未在工程量清单中填入单价或总额价的工程子目,将被认为其已包含在工程量清单其他子目的单价和总额价中。

(4)投标人如果发现工程量清单中的某一工程子目的数量与图纸中数量不一致时,应立即书面通知招标人核查,除非招标人以书面方式予以更正,否则,应以招标人工程量固化清单中列出的数量为准。

(5)投标人在工程投标报价中应当包含安全生产专项费用且不得作为竞争性报价。安全生产专项费用应用于施工安全防护用具及设施的采购和更新、安全施工措施的落实、安全生产条件的改善,不得挪作他用。

(6)履约担保金额一般为10%签约合同价,履约担保的现金比例一般不超过签约合同价的5%。

(7)投标人的投标准备和参加投标活动发生的一切费用自理,投标人踏勘现场发生的费用自理。

四、评标方法

《公路工程标准施工招标文件》(2018 年版)中规定的评标方法包括合理低价法、技术评分最低标价法、综合评分法和经评审的最低投标价法等四种。一般地，评标办法应设置"评标办法前附表"。"评标办法前附表"用于明确评标的办法、因素、标准和程序。招标人应根据招标项目的特点和实际需要详细列明全部评标因素、标准，没有列明的因素、标准不得作为评标的依据。

1. 合理低价法

合理低价法是综合评分法的评分因素中评标价得分为 100 分，其他评分因素分值为 0 分的特例。即《公路工程施工招标投标管理办法》中规定的"合理低价法"。除技术特别复杂的特大桥和长大隧道工程外，公路工程施工招标评标一般应当使用合理低价法。合理低价法中，第一个信封(商务及技术文件)的评定应采用合格制。

1) 评标方法

评标委员会对满足招标文件实质性要求的投标文件，按照《公路工程标准施工招标文件》(2018 年版)第三章规定的评分标准进行打分，并按得分由高到低顺序推荐中标候选人，或根据招标人授权直接确定中标人，但投标报价低于其成本的除外。综合评分相等时，以投标报价低的优先；投标报价也相等的，招标人可采用被招标项目所在地省级交通主管部门评为较高信用等级的投标人优先或者其他规定。

评标基准价计算方法：在开标现场，招标人将当场计算并宣布评标基准价。

(1) 评标价的确定：

方法一：评标价 = 投标函文字报价。

方法二：评标价 = 投标函文字报价 − 暂估价 − 暂列金额(不含计日工总额)。

(2) 评标价平均值的计算：

除按投标人须知规定开标现场被宣布为废标的投标报价之外，所有投标人的评标价去掉一个最高值和一个最低值后的算术平均值即为评标价平均值(如果参与评标价平均值计算的有效投标人少于 5 家时，则计算评标价平均值时不去掉最高值和最低值)。

(3) 评标基准价的确定：

方法一：将评标价平均值直接作为评标基准价。

方法二：将评标价平均值下浮几个百分点，作为评标基准价。

方法三：招标人设置评标基准价系数，由投标人代表或监标人现场抽取，评标价平均值乘以现场抽取的评标基准价系数作为评标基准价。

确认后的评标基准价在整个评标期间保持不变，不随通过初步评审和详细评审的投标人的数量发生变化。

(4) 评标价的偏差率计算公式：

偏差率 = 100% × (投标人评标价 − 评标基准价)/评标基准价

(5) 评标价得分计算：

如果投标人的评标价 > 评标基准价，则评标价得分 = 100 − 偏差率 × 100 × E_1

如果投标人的评标价≤评标基准价，则评标价得分 = 100 + 偏差率×100×E_2

其中：E_1是评标价每高于评标基准价一个百分点的扣分值；E_2是评标价每低于评标基准价一个百分点的扣分值。招标人可依据招标项目具体特点和实际需要设置E_1、E_2，但E_1应大于E_2。

（6）评审标准：形式评审标准；资格评审标准；响应性评审标准、分值构成与评分标准。

（7）评标程序：投标文件的澄清与补正；初步评审；详细评审。

（8）评标结果：评标委员会按照得分由高到低的顺序推荐中标候选人，并在完成评标后，应当向招标人提交书面评标报告。

2）双信封形式合理低价法

招标人采用合理低价法时，也可采用双信封形式，即：投标文件应采用双信封密封，第一个信封内为商务及技术文件，第二个信封内为投标报价和工程量清单，在开标前同时提交给招标人。其评标程序如下：

（1）招标人按照投标人须知的规定对投标文件第一个信封（商务及技术文件）进行开标。

（2）评标委员会首先对投标文件第一个信封（商务及技术文件）进行评审，确定通过投标文件第一个信封（商务及技术文件）评审的投标人名单。

（3）招标人按照投标人须知的规定对通过投标文件第一个信封（商务及技术文件）评审的投标文件第二个信封（投标报价和工程量清单）进行开标。

（4）评标委员会对投标文件第二个信封（投标报价和工程量清单）进行评审并推荐中标候选人。

投标文件第一个信封（商务及技术文件）不得出现有关投标报价的内容，否则评标委员会将对投标文件第一个信封（商务及技术文件）作废标处理。

2. 技术评分最低标价法

1）评标方法

评标价相等时，按照《公路工程标准施工招标文件》（2018年版）第三章的规定，评标委员会依次按照以下优先顺序推荐中标候选人或确定中标人：投标报价低的投标人优先；被招标项目所在地省级交通主管部门评为较高信用等级的投标人优先；商务和技术得分较高的投标人优先；或者其他规定。

2）第一个信封评分分值构成（总分100分）

施工组织设计：　　分；

主要人员：　　分；

技术能力：　　分；

履约信誉：　　分；

……：　　分。

为避免技术评分最低标价法演变为经评审的最低投标价法，通过第一个信封评审的投标人数量不应少于3名，最高不宜超过10名。

3）第二个信封评审

评标价计算公式：

评标价 = 修正后的投标报价 - 暂估价 - 暂列金额（不含计日工总额）

如果投标人按照招标人提供的工程量固化清单电子文件填写工程量清单的，无需对投标

报价进行修正,此时:

$$评标价 = 投标函文字报价 - 暂估价 - 暂列金额(不含计日工总额)$$

3. 综合评分法

综合评分法仅适用于技术特别复杂的特大桥梁和长大隧道项目主体工程。

综合评分法是其评分因素中评标价得分与其他评分因素分值合计为100分评标方法。

1)评标方法

评标价相等时,按照《公路工程标准施工招标文件》(2018年版)第三章的规定,评标委员会依次按照以下优先顺序推荐中标候选人或确定中标人:投标报价低的投标人优先;被招标项目所在地省级交通主管部门评为较高信用等级的投标人优先;商务和技术得分较高的投标人优先;或者其他规定。

2)分值构成与评分标准

(1)招标人根据招标项目具体特点和实际需要,详细列明全部评审因素、标准,没有列明的因素和标准不得作为评标的依据。

(2)分值构成:总计分值100分。评标分值构成分为施工组织设计、主要人员、技术能力、财务能力、业绩、履约信誉、其他因素等。各方面所占比例和具体分值由招标人自行确定,并在招标文件中明确载明。

招标人应根据项目具体情况确定各评分因素及评分因素权重分值,并对各评分因素进行细分(如有)、确定各评分因素细分项的分值,各评分因素权重分值合计应为100分。

3)评标基准价的计算

在开标现场,招标人将当场计算并宣布评标基准价。

(1)评标价的确定:

方法一:评标价 = 投标函文字报价。

方法二:评标价 = 投标函文字报价 - 暂估价 - 暂列金额(不含计日工总额)。

(2)评标价平均值的计算

除按《公路工程标准施工招标文件》(2018年版)第二章"投标人须知"规定开标现场被宣布为不进入评标基准价计算的投标报价之外,所有投标人的评标价去掉一个最高值和一个最低值后的算术平均值即为评标价平均值。如果有效投标人少于5家时,则计算评标价平均值时不去掉最高值和最低值。

(3)评标基准价的确定

方法一:将评标价平均值直接作为评标基准价。

方法二:将评标价平均值下浮____%,作为评标基准价。

方法三:招标人设置评标基准价系数,由投标人代表现场抽取,评标价平均值乘以现场抽取的评标基准价系数作为评标基准价。

(4)评标价得分计算

如果投标人的评标价 > 评标基准价,则评标价得分 = $F - 偏差率 \times 100 \times E_1$。

如果投标人的评标价 ≤ 评标基准价,则评标价得分 = $F + 偏差率 \times 100 \times E_2$。

其中:F 是评标价所占的权重分值。

4. 经评审的最低投标价法

1)评标方法

经评审的投标价相等时,按照《公路工程标准施工招标文件》(2018年版)第三章的规定,评标委员会依次按照以下优先顺序推荐中标候选人或确定中标人:投标报价低的投标人优先;被招标项目所在地省级交通运输主管部门评为较高信用等级的投标人优先;或者其他规定。

2)评审标准与评标得分

(1)初步评审标准:包括形式评审标准;资格评审标准;响应性评审标准。

(2)详细评审标准:招标人应根据招标项目具体特点和实际需要,在评标办法前附表中详细列明全部评审因素、标准。包括形式评审标准;资格评审标准;响应性评审标准;施工组织设计和项目管理机构评审标准。

(3)评标价计算:

经评审的投标价(评标价)= 修正后的投标报价 – 修正后的暂估价 – 修正后的暂列金额(不含计日工总额)。

若投标人按照招标人提供的工程量固化清单电子文件填写工程量清单的,则:

经评审的投标价(评标价)= 投标函文字报价 – 暂估价 – 暂列金额(不含计日工总额)。

第三节　工程量清单

一、工程施工承包合同的分类

在工程招投标施工承包实践中,采用何种合同计价方式,应根据建设工程的特点、发包人对筹建工作的设想、工程量清单的准备以及对工程费用、工期、质量要求等综合考虑,包括工程项目的复杂程度、设计工作的深度、施工的难易程度、工程进度的紧急程度等。建设工程施工承包合同的类型按照计价方式的不同划分为总价合同、单价合同和成本加酬金合同三类。

1. 总价合同

总价合同是合同总价格不因工程量变化而变化的固定价合同类型。总价合同可以分为固定总价合同和可调总价合同两类。

采用总价合同的计价模式的招标文件中,招标人可以不提供工程量清单,由投标人自行编制工程量清单并报价;招标人也可以给出工程量清单,但对工程量清单中的工程量不承担责任。

2. 单价合同

单价合同是施工单位在投标时按照招标文件就分部分项工程所列出的工程量表确定各分部分项工程的单价及其费用的合同类型。

单价合同的核心就是按照工程量清单计价模式进行招投标并签订施工承包合同,这种合同类型的适用范围比较宽,其风险得到合理的分摊,一般由建设单位承担工程量变化的风险,施工单位承担价格变化的风险。这类合同能够成立的关键在于合同双方对分部分项工程的单价和工程量计算方法的认同。签订单价合同,或者采用单价合同的方式签约,均离不开工程量清单。

单价合同可以分为固定单价合同和可调单价合同两类。

固定单价合同又可以分为提供估算工程量的固定单价合同和不提供工程量的纯单价合同。

总价合同中可能有单价子目，单价合同中也可能有总价子目。总价子目，就是在已经标价的工程量清单中以"项"或"总额"为计量单位、以总价计价的子目。

3. 成本加酬金合同

成本加酬金合同是将工程项目的实际投资划分成直接成本费和承包人完成工程后应得酬金两部分。工程施工过程中发生的直接成本费由发包人实报实销，再按合同约定的方式另外支付给承包人相应报酬。

按照酬金的计算方式不同，成本加酬金合同可以分为成本加固定百分比酬金合同、成本加固定金额酬金合同、成本加奖罚金合同、最高限额成本加固定最大酬金合同等。

二、工程量清单的含义、作用与组成

1. 工程量清单的含义与作用

工程量清单由招标人负责编制，按照招标文件及技术规范的有关规定将合同工程进行合理分解，据此明确工程内容和范围，并将有关工程内容数量化的一套工程数量明细表。

标价后的工程量清单包括合同中各工程子目的单价、合价，招标人应该编制，各潜在的投标人也可以各自编制。

工程量清单是合同文件的重要组成部分，是一份与技术规范相对应的文件，它是单价合同的产物。使用工程量清单计价的施工承包合同，一般采用单价合同的方式，即清单工程量可变、中标单价不变，除非工程量的变化超出一定的幅度。

工程量清单的作用，包括以下几个方面：

(1) 在招投标阶段，招标工程量清单为投标人的投标竞争提供了一个平等和共同的基础。工程量清单将要求投标人完成的工程项目及其相应工程实体数量全部列出，为投标人提供拟建工程的基本内容、实体数量和质量要求等信息。这使所有投标人所掌握的信息相同，受到的待遇是客观、公正和公平的。

(2) 工程量清单是建设工程计价的依据。在招投标过程中，招标人根据工程量清单编制招标工程的招标控制价；投标人按照工程量清单所表述的内容，依据企业定额计算投标价格，自主填报工程量清单所列项目的单价与合价。

(3) 工程量清单是工程付款和结算的依据。发包人根据承包人是否完成工程量清单规定的内容以投标时在工程量清单中所报的单价作为支付工程进度款和进行结算的依据。

(4) 工程量清单是调整工程量、进行工程索赔的依据。在发生工程变更、索赔、增加新的工程项目等情况时，可以选用或者参照工程量清单的分部分项工程或几家项目与合同单价来确定变更项目或索赔项目的单价和相关费用。

2. 工程量清单的组成

工程量清单应该有统一的工程项目编号、工程项目名称、计量单位、工程量计算规则、计价表式等。工程量清单由说明、工程量清单表、计日工明细表、暂估价表、工程量清单汇总表和工程量清单单价分析表等6部分组成。

1) 说明

包括工程量清单说明、投标报价说明、计日工说明和其他说明。它对工程量清单的性质、承包人填报工程量清单的单价和合同价格的要求等作了明确规定。因此，说明在招投标期间对如何进行工程报价有实质影响，在工程实施期间对工程是否进行计量与支付以及如何进行计量与支付有实质影响。在进行工程变更及费用索赔时，它的参考作用更明显，直接影响到监理人对单价的确定。

(1) 工程量清单说明。工程量清单是根据招标文件中包括的、有合同约束力的工程量清单计量规则、图纸以及有关工程量清单的国家标准、行业标准、合同条款中约定的规则（即工程量计量规则）编制。约定计量规则中没有的子目，其工程量按照有合同约束力的图纸所标示尺寸的理论净量计算。计量采用中华人民共和国法定计量单位。

工程量清单应与招标文件中的投标人须知、通用合同条款、专用合同条款、工程量计量规则、技术规范及图纸等一起阅读和理解。

工程量清单中所列工程数量是估算的或设计的预计数量，仅作为投标报价的共同基础，不能作为最终结算与支付的依据。实际支付应按实际完成的工程量，由承包人按工程量清单计量规则规定的计量方法，以监理人认可的尺寸、断面计量，按中标工程量清单的单价和总额价计算支付金额；或者根据具体情况，按合同条款第15.4款的规定，按监理人确定的单价或总额价计算支付金额。

工程量清单中各章的工程子目的范围与计量，应与工程量清单计量规则、技术规范中的范围、计量与支付条款结合起来理解或解释。

工程量清单中所列工程量的变动，丝毫不会降低或影响合同条款的效力，也不免除承包人按规定的标准进行施工和修复缺陷的责任。图纸中所列的工程数量表及数量汇总表仅是提供资料，不是工程量清单的外延。当图纸与工程量清单所列数量不一致时，以工程量清单所列数量作为报价的依据。

(2) 投标报价说明。工程量清单中的每一工程子目须填入单价或价格，且只允许有一个报价。工程量清单中有标价的单价和总额价项目均已包括了为实施和完成合同工程所需的劳务、材料、机械、质检（自检）、安装、缺陷修复、管理、保险、税费、利润等费用，以及合同明示或暗示的所有责任、义务和一般风险。

工程量清单中没有填入单价或总额价的子目，其费用应视为已分摊在工程量清单的其他相关子目的单价或价格之中，承包人必须按监理人指令完成工程量清单中未填入单价或价格的工程子目，但不能得到结算与支付。

承包人用于合同工程的各类装备的提供、运输、维护、拆卸、拼装等支付的费用，已经包括在工程量清单的单价与总额价之中。

(3) 计日工说明。在招标时，计日工的劳务、材料、机械由招标人（或发包人）列出正常的估计数量，投标人报出单价，计算出计日工总额后列入工程量清单汇总表中并进入评标价。工程中标实施时，未经监理人书面指令，任何工程不得按计日工施工；接到监理人按计日工施工的书面指令，承包人也不得拒绝。计日工不参与调价。

计日工劳务的工资的工时，应从工人到达施工现场并开始从事指定的工作算起，到返回原出发地点为止,扣去用餐和休息的时间。只有直接从事指定工作且能胜任该工作的工人才能计工,随同工人一起做工的班长应计算在内,但不包括领工(工长)和其他质检管理人员。

2)工程量清单表

《公路工程标准施工招标文件》(2018年版)中规定的工程量清单表分为7章,即第100章总则,第200章路基,第300章路面,第400章桥梁、涵洞,第500章隧道,第600章安全设施及预埋管线,第700章绿化及环境保护设施。

第100章总则的工程量清单如表4-1所示。从表中可见,安全生产费、施工环保费、施工标准化费用、竣工文件编制费用等均属于清单支付项目。

工程量清单(第100章 总则)　　　　　表4-1

清单 第100章 总则					
子目号	子目名称	单位	数量	单价	合价
101	通则				
101-1	保险费				
-a	按合同条款规定,提供建筑工程一切险	总额			
-b	按合同条款规定,提供第三者责任险	总额			
102	工程管理				
102-1	竣工文件	总额			
102-2	施工环保费	总额			
102-3	安全生产费	总额			
102-4	信息化系统(暂估价)	总额			
103	临时工程与实施				
103-1	临时道路建设、养护与拆除(包括原有道路的养护)	总额			
103-2	临时占地	总额			
103-3	临时供电设施架设、维护与拆除	总额			
103-4	电信设施的提供、维护与拆除	总额			
103-5	临时供水与排污设施	总额			
104	承包人驻地建设				
104-1	承包人驻地建设	总额			
105	施工标准化				
105-1	施工驻地	总额			
105-2	工地试验室	总额			
105-3	拌和站	总额			
105-4	钢筋加工场	总额			
105-5	预制场	总额			
105-6	仓储存放地	总额			
105-7	各场(厂)区、作业区连接道路及施工主便道	总额			

3)计日工明细表

计日工是指工程施工过程中,发包人可能有一些临时性的或新增加的项目,而且这种临时新增项目的工程量在招投标阶段很难估计,希望通过招投标阶段实现定价,避免开工后可能有发生时出现的争端,故需要以计日工明细表的方法在工程量清单中予以明确。计日工明细表包括计日工的劳务、材料、施工机械以及计日工汇总表,见表4-2~表4-5。

计日工表1—劳务表　　　　　　　　　　　　　　　　　　　　　表4-2

编　号	子目名称	单　位	暂定数量	单　价	合　价
101	班长	h			
102	普通工	h			
103	焊工	h			
104	电工	h			
105	混凝土工	h			
106	木工	h			
107	钢筋工	h			
	……				
劳务小计金额: (计入"计日工汇总表")					

计日工表2—材料　　　　　　　　　　　　　　　　　　　　　　表4-3

编　号	子目名称	单　位	暂定数量	单　价	合　价
201	水泥	t			
202	钢筋	t			
203	钢绞线	t			
204	沥青	t			
205	木材	m^3			
206	砂	m^3			
207	碎石	m^3			
208	片石	m^3			
	……				
材料小计金额: (计入"计日工汇总表")					

计日工表3—施工机械　　　　　　　　　　　　　　　　　　　　表4-4

编　号	子目名称	单　位	暂定数量	单　价	合　价
301	装载机				
301-1	$1.5m^3$ 以下	h			
301-2	$1.5~2.5m^3$	h			
301~3	$2.5m^3$ 以上	h			
302	推土机				
302-1	90kW 以下	h			
302-2	90~180kW	h			
302-3	180kW 以上	h			
	……				
施工机械小计金额: (计入"计日工汇总表")					

计日工汇总表   表 4-5

名　称	金　额	备　注
劳务		
材料		
施工机械		
计日工总计金额： （计入"投标报价汇总表"）		

4）暂估价表

暂估价是在工程招标阶段已经确定的材料、工程设备或工程项目，但又无法在投标时确定准确价格，而可能影响招标效果时，发包人在工程量清单中给定一个暂估价。在工程实施阶段，根据不同类型的材料与专业工程再重新定价。暂估价表包括材料暂估价、工程设备暂估价和专业工程暂估价，见表 4-6 ~ 表 4-8。

暂估价表 1—材料暂估价表   表 4-6

序　号	名　称	单　位	数　量	单　价	合　价	备　注

暂估价表 2—工程设备暂估价表   表 4-7

序　号	名　称	单　位	数　量	单　价	合　价	备　注

暂估价表 2—专业工程暂估价表   表 4-8

序　号	专业工程名称	工程内容	金　额
小计：			

5）工程量清单汇总表

工程量清单汇总表是将各章的工程子目表及计日工明细表进行汇总，加上暂列金额而得出该项目的总报价。工程量清单汇总表格式见表 4-9。材料、工程设备、专业工程暂估价已包括在清单合计中，不应重复计入投标报价；暂列金额的设置不宜超过工程量清单第 100 章—700 章合计金额的 3%。

投标报价汇总表 表4-9

（项目名称）标段

序号	章次	科目名称	金额(元)
1	100	总则	
2	200	路基	
3	300	路面	
4	400	桥梁、涵洞	
5	500	隧道	
6	600	安全设施及预埋管线	
7	700	绿化及环境保护设施	
8	第100章~700章清单合计		
9	已包含在清单合计中的"材料、工程设备、专业工程"暂估价合计		
10	清单合计减去"材料、工程设备、专业工程"暂估价合计（即8－9＝10）		
11	计日工合计		
12	暂列金额(不含计日工总额)		
13	投标报价（8＋11＋12）＝13		

6）工程量清单单价分析表

工程量清单单价分析表是对构成主要的分部分项工程项目综合单价中的人工费、材料费、机械使用费，以及管理费、税金、利润等费用细目的分析表。

三、工程量清单的编制

工程量清单的编制质量直接关系到投标人的投标报价以及建设单位的投资控制。

1. 工程量清单的编制和标底(招标限价)的含义

工程量清单应按有关图纸、工程地质报告、施工规范、设计图集等要求和规定进行编制，应由具备编写招标文件能力的招标人或招标人委托的具有相应资质的造价咨询单位编制，这是招标人编制标底的依据，是投标方报价的依据，也是竣工结算调整的依据。

标底中的总价称为投标限价，或称招标限价、投标最高限价。所谓投标最高限价是指潜在投标人的投标报价不得超过的一个报价，否则将按照废标处理。招标人编制的最高限价高于成本，具有一定的利润空间或者合适的利润空间。一般地，招标人在潜在的各投标人购买了招标文件之后的一段时间内，在开标前的7天内以补遗书(第×号)的形式书面告知各潜在的投标人。

2. 工程量清单说明的编制

工程量清单说明包括如下几个方面的内容：①工程量清单与其他招标文件的关系；②工程量清单中工程量的性质与作用；③工程量计算规则；④承包人填报工程量清单价格时的要求；⑤计日工说明应参照的通用合同条款。在编制工程量清单说明时需注意与合同条件、技术规范等文件相匹配，使之相互之间不发生矛盾，避免各文件之间规定的不一致，导致投标人无法正确理解合同文件,影响其投标报价。在施工中也会因为对合同文件理解的不一致,导致增加计量与支付工作的难度。

3. 工程子目的编制

工程子目又叫分项清单表或工程量清单,通常根据招标工程的不同性质分章按顺序排列。工程子目分章排列有利于将不同性质、不同位置、不同施工阶段或其他特性不同的工程区别开来,同时,也有利于将那些需要采用不同施工方法或不同施工阶段或成本不一样的工程区别开来。工程子目反映了施工项目中各分部分项工程及其数量,它是工程量清单的主体部分。

1)工程子目按内容划分

按内容不同可分为如下两部分:

(1)工程量清单的"总则"部分。该部分说明合同需要发生的各种开办项目,其计价特点主要是采用总额包干,因此,其计量单位大部分为"总额"。

(2)根据图纸需要发生的工程子目部分。该部分说明了施工项目中各工程子目将要发生的工程量,计价特点是单价不变,实际工程量由计量确定。

2)工程子目划分原则

(1)和技术规范保持一致性。工程量清单各工程子目在名称、单位等方面都应和技术规范相一致,以便承包人清楚各工程子目的内涵和准确地填写各子目的单价。因此,其工程子目划分应尽量与《公路工程标准施工招标文件》(2018年版)相一致。

(2)工程子目的大小要科学,要便于计量支付、合同管理以及处理工程变更。工程子目可大可小,工程子目小有利于处理工程变更的计价,但计量工作量和计量难度会因此增加;工程子目大可减少计量工作量,但太大难以发挥单价合同的优势,不便于变更工程的处理(计价);另外,工程子目大也会使得支付周期延长,承包人的资金周转发生困难,最终影响合同的正常履行和合同的严肃性。例如,桥梁工程有基础挖方项目,如果计价中包含了基础回填等工作,承包人就必须等到基础回填工作完成以后才能办理该项目的计量支付,其支付周期有半年甚至更长的时间,以致影响承包人的资金周转。又如,路基挖方中弃方运距的处理问题,实践中有两种处理方案:一种是路基挖方单价中包括全部弃方运距;另一种是路基挖方中包含部分弃方运距(如500m),而超过该运距的弃方运费单独支付。

(3)保持合同的公平性。为保持合同的公平性,应将开办项目作为独立的工程子目单列出来。开办项目往往是一些一开工就要全部或大部分发生甚至开工前就要发生的项目,如工程保险、承包人的驻地建设、临时工程等。如将这些项目包含在其他项目的单价中,则承包人开工时上述各种款项不能得到及时支付,这不仅影响合同的公平性和承包人的资金周转,而且会影响招标中预付款的数量(预付款的数量要增加),并且会加剧承包人的不平衡报价(承包人会将开工早的工程子目报价提高,以尽早收回成本),并因此影响变更工程的计价。

(4)保持清单的灵活性。工程量清单中应备有计日工清单。设立计日工清单的目的是用来处理一些小型变更工程(小到可以用日工的形式来计价)计价,使工程量清单在造价管理上的可操作性更强。为控制承包人的计日工报价的合理性,在编制工程量清单时应事先假定各计日工的数量。

4. 工程数量的整理

工程量清单中的工程量是反映承包人的义务量大小及影响造价管理的重要数据。投标人或监理人整理工程量的依据是设计图纸和技术规范,整理工程量是一项技术工作,绝不是简单地罗列设计文件中的工程量。在整理工程量时,应根据设计图纸及调查所得的数据,在技术规范的计量与支付方法的基础上进行综合计算。同一工程子目,其计量方法不同,所整理出来的工程量会不一样。

设计文件中工程量所对应的计算方法与技术规范中的计量方法不一定一致,这就需要在整理工程量的过程进行技术处理。在工程量的整理计算中,应认真、细致,保证其准确性,做到不重不漏,不发生计算、汇总等错误。

一旦工程量存在错误,潜在的投标人可能会利用"不平衡报价法"报价,即当实际工程量与清单工程量出入很大时,投标人会在总报价维持不变的基础上对实际工程量会增加的子目填报较高的单价,使得在施工过程中按实际工程量计量支付时,该项目费用会增加很多,从而获得较多的利润。

[例4-1] 某单价合同中包括 A、B、C 三个工程子目,发包人提供的工程量清单中的工程量和某一投标人根据图纸核定的工程量,以及该投标人采用平衡报价法和不平衡报价法的单价如表 4-10 所示。合同条款规定分项工程量变化超过 25% 时调价。请分析该投标人的报价竞争性和中标后的收益情况。

工程量及报价单价一览表　　　　　　　　　　　表 4-10

工程子目	工程量(m^3)		单价(元/m^3)	
	发包人提供	投标人核定后预计	平衡报价时	不平衡报价时
A	43000	33550	85.00	70.60
B	35000	41899	120.00	131.00
C	22070	22070	191.00	191.00

解: 1)分析该投标人按照发包人提供的工程量清单数量进行报价的竞争性

(1)由于 C 工程没有采用不平衡报价方式,可以只比较 A、B 两工程子目。

(2)利用不平衡报价法的报价金额 = 43000 × 70.60 + 35000 × 131.00 = 7620800.00(元)

(3)利用平衡报价法的报价金额 = 43000 × 85.00 + 35000 × 120.00 = 7855000.00(元)

(4)不平衡报价法的竞争性 = (2) - (3) = -234200.00(元)

(5)结论:不高于平衡报价法,且较平衡报价法降价比例近 3%,能够保持竞争优势。

2)分析该投标人一旦中标后的实际收益

(1)由于 C 工程没有采用不平衡报价方式,可以只比较 A、B 两工程子目。

(2)判断 A、B 两工程子目是否会因工程量的变化超过 25% 而调价:

　A 工程:(335500/43000 - 1) × 100% = -21.97% < 25%,

　B 工程:(41899/35000 - 1) × 100% = 19.71% < 25%。因此,可以采用不平衡报价法。

(3)利用不平衡报价法的实际受益 = 33550 × 70.60 + 41899 × 131.00 = 7857399.00(元)

(4)利用平衡报价法的实际受益 = 33550 × 85.00 + 41899 × 120.00 = 7879630.00(元)

(5)不平衡报价法的实际受益净金额 = (4) - (3) = 158939.00(元)。较平衡报价法的报价受益率增加比例近 2%。

(6)结论:若该投标人中标,合同实施过程中将额外获益 158939.00 元。

第四节 招标控制价与投标报价

一、招标控制价的含义与编制、审核

《中华人民共和国招标投标法》规定,招标人可以设标底。当招标人不设标底时,为有利于客观、合理的评审投标报价和避免哄抬标价,造成国有资产流失,招标人应编制招标控制价。

《招标投标法实施条例》规定,招标人可以自行决定是否编制标底。一个招标项目(或一个招标合同包)只能有一个标底。在开标前标底必须保密。招标人设有最高投标限价的,应当在招标文件中明确最高投标限价或者最高投标限价的计算方法。招标人不得规定最低投标限价。工程招投标实践中,最高投标限价一般是由招标人在出售招标文件后、开标之前通过补遗书的形式发送给各投标人。

(一)招标控制价的概念、编制人

招标控制价,也称最高投标限价、投标限价、拦标价、最高报价、预算控制价等。招标人根据国家或省级、行业建设主管部门颁发的有关计价依据和办法,以及拟定的招标文件和招标工程量清单,结合工程具体情况编制的招标工程的最高投标限价。

国有资金投资的工程建设项目应实行工程量清单招标,并应编制招标控制价。

招标控制价应由具有编制能力的招标人编制。当招标人不具有编制招标控制价的能力时,可委托具有相应资质的工程造价咨询人编制。工程造价咨询人不得同时接受招标人和投标人对同一工程的招标控制价和投标报价进行编制。

(二)招标控制价的作用

(1)招标人有效控制项目投资,防止恶性投标带来的投资风险。

(2)增强招标过程的透明度,有利于正常评标。

(3)利于引导投标方投标报价,避免投标方无标底情况下的无序竞争。

(4)招标控制价反映的是社会平均水平,为招标人判断最低投标价是否低于成本提供参考依据。

(5)可为工程变更新增项目确定单价提供计算依据。

(6)作为评标的参考依据,避免出现较大偏离。

(7)投标人根据自己的企业实力、施工方案等报价,不必揣测招标人的标底,提高了市场交易效率。

(8)减少了投标人的交易成本,使投标人不必花费人力、财力去套取招标人的标底。

(9)招标人把工程投资控制在招标控制价范围内,提高了交易成功的可能性。

(三)招标控制价的编制原则、依据

1. 招标控制价的编制原则

(1)我国对国有资金投资项目的投资控制,实行的投资概算审批制度,国有资金投资的工程原则上不能超过批准的投资概算。

（2）根据《中华人民共和国招标投标法》的规定，国有资金投资的工程进行招标，招标人可以设标底。当招标人不设标底时，为有利于客观、合理的评审投标报价和避免哄抬标价，造成国有资产流失，招标人应当编制招标控制价。《招标投标法实施条例》第二十七条规定，招标人设有最高投标限价的，应当在招标文件中明确最高投标限价的金额或者最高投标限价的计算方法。招标人不得规定最低投标限价。

（3）国有资金投资的工程，招标控制价是招标人在工程招标时能接受投标人报价的最高限价。所有国有资金投资的工程，投标人的投标报价不能高于招标控制价，否则，其投标将被拒绝。

（4）招标控制价应在招标文件中注明，不应上调或下浮，招标人应将招标控制价及有关资料报送工程所在地工程造价管理机构备查。招标控制价超过批准的概算时，招标人应将其报原概算审批部门审核。投标人的投标报价高于招标控制价的，其投标应予拒绝。

2. 招标控制价的编制依据

（1）《建设工程工程量清单计价规范》，对于公路工程而言，应采用公路工程的概预算定额及其编制办法；

（2）国家或省级、行业建设主管部门颁发的计价定额和计价办法；

（3）建设工程设计文件及相关资料；

（4）招标文件中的工程量清单及有关要求；

（5）与建设项目相关的标准、规范、技术资料；

（6）工程造价管理机构发布的工程造价信息，工程造价信息没有发布的参照市场价；

（7）其他相关资料，主要指施工现场情况、工程特点及常规施工方案等。

按上述依据进行招标控制价编制，应注意使用的计价标准、计价政策应是国家或省级、行业建设主管部门颁布的计价定额和相关政策规定；采用的材料价格应是工程造价管理机构通过工程造价信息发布的材料单价，工程造价信息未发布材料单价的材料，其材料价格应通过市场调查确定；国家或省级、行业建设主管部门对工程造价计价中费用或费用标准有规定的，应按规定执行。

(四) 招标控制价的有关费用编制

1. 分部分项工程费

分部分项工程费应根据招标文件中的分部分项工程量清单项目的特征描述及有关要求，按规定确定综合单价进行计算。综合单价中应包括招标文件中要求投标人承担的风险费用。招标文件提供了暂估单价的材料，按暂估的单价计入综合单价。

2. 措施项目费

措施项目费应按招标文件中提供的措施项目清单确定，措施项目采用分部分项工程综合单价形式进行计价的工程量，应按措施项目清单中的工程量，并按规定确定综合单价；以"项"为单位的方式计价的，按规定确定除规费、税金以外的全部费用。措施项目费中的安全文明施工费应当按照国家或省级、行业建设主管部门的规定标准计价。

3. 招标控制价的规费和税金

必须按国家或省级、行业建设主管部门的规定计算。

4. 其他项目费

（1）暂列金额。暂列金额由招标人根据工程特点，按有关计价规定进行估算确定。为保证工程施工建设的顺利实施，在编制招标控制价时应对施工过程中可能出现的各种不确定因素对工程造价的影响进行估算，列出一笔暂列金额。暂列金额可根据工程的复杂程度、设计深度、工程环境条件（包括地质、水文、气候条件等）进行估算，一般可按分部分项工程费的10%～15%作为参考。

（2）暂估价。暂估价包括材料暂估价和专业工程暂估价。暂估价中的材料单价应按照工程造价管理机构发布的工程造价信息或参考市场价格确定；暂估价中的专业工程暂估价应分不同专业，按有关计价规定估算。

（3）计日工。计日工包括计日工人工、材料和施工机械。在编制招标控制价时，对计日工中的人工单价和施工机械台班单价应按省级、行业建设主管部门或其授权的工程造价管理机构公布的单价计算；材料应按工程造价管理机构发布的工程造价信息中的材料单价计算，工程造价信息未发布材料单价的材料，其价格应按市场调查确定的单价计算。

（五）招标控制价的审核

招标控制价的审核工作由编制人负责，如建设单位需要监理工程师事先参与，监理工程师应协助建设单位进行审核。

1. 审核工程量计算的准确性

审核工程量的准确性，应从以下方面入手：一是根据既有项目的基本指标结合拟建项目的基本情况，对工程量计算是否准确做一个大体的衡量，对超出主要指标偏差较大的项目及与本项目基本情况不符的项目，应要求工程造价咨询人重点复核，对个别清单项目的计算规则在本工程中有单独约定的也应要求工程造价咨询人进行重点复核；二是要求工程造价咨询人对算量过程进行标准化，要求工程造价咨询人加强对招标图纸的熟悉度，对一些图纸中不明确但又影响造价的地方应及时提出，共同商定处理办法。在本阶段主管工程师还应该对以下要点进行重点审核：

（1）在套用定额子目时的工程量计算规则与清单子目的工程量计算规则的差异，在工程量计量时是否已考虑。

（2）工程量完成后是否进行了消耗量等的指标分析，与类似项目的各种技术经济指标和参数进行了对比，分析差异形成原因等，是否有各种复核记录。

（3）工程中相关联的数据是否进行了排查，如混凝土量与模板量的关系等。

（4）整体工程中各单位类似项目其相关指标是否在正常范围内。

（5）对清单中专门约定了计算规则的项目是否按约定要求进行的计量。

（6）工程量计算规则的是否符合定义清晰、分界合理、计算准确和操作便捷的原则。

采用的计量单位、计算精度、计算说明以及计算依据是否明确；使用的法定计量单位和计算方式是否合适等。

2. 审核工程量清单项目特征描述是否正确

在审核时应特别注意特征描述的准确与全面，避免将来施工中面对承包商的索赔，或不平衡报价,以利于减小工程造价控制的风险。

3. 审核分部分项工程量清单综合单价的合理性

重点审核定额套用是否准确、是否有漏套定额或重复套用定额的情况;对需要换算工程量的项目,换算是否正确;对借用类似定额组价或者自编定额的项目,审核其借用的定额或自编定额是否合理;审核综合单价是否按照招标期已公布的造价调整文件进行调整等。

4. 审核材料价格的合理性

目前对材料价格一般是执行权威部门的信息价,没有信息价的材料应按合理市场价格计取。这就要求工程造价咨询人在启动清单编制工作后,及时对设备、材料市场的价格进行调查和收集,这样既有利于优化设计又有利于编制工程量清单与控制价。同时在不断的积累过程中收集、整理和完善设备、材料价格信息库,为今后的工程建设做参考依据。如遇询价工作量大的情况,必要时可协调公司相关部门提供资源,协助工程造价咨询人以公司的名义进行询价,并要求工程造价咨询人将询价结果及供应商信息录入公司材料价格信息库,以提高公司对材料价格的管控能力,提高工作效率,也可在以后的项目中提供给控价编制单位作为参考。

5. 审核措施费清单项目的合理性

措施费在编制工程量清单控制价中大约占工程造价的10%~20%,不同的工程项目措施费用差异很大。应充分考虑项目的工程特点、详细研究地勘资料、周围环境,并结合目前施工水平以及配套国家、地方规范性政策文件严格地编制。

6. 重视工程量清单中材料、设备及专业工程的暂估价

暂估价应充分参考类似项目并结合该项目特点与市场物价因素合理确定,过低或过高都会引起控制价失控的现象。同时应重点审查计入招标控制价的材料、设备及专业工程的暂估价与向投标人发布的价格是否完全一致。

7. 审核各项税、费率计取的准确性

审查各项取费、计税标准是否符合现行规定,尤其应注意是否符合当地的规定和定额要求,以避免错算、重算和漏算。税金计取是否符合当地要求,特别是处于营改增的时期是否满足财税的实施细则及要求、是否存在抵扣、税率适用是否适当等。对于二次搬运、冬雨季施工、夜间照明、定位复测费是否按定额规定计取,计取基数是否符合定额规定等。

8. 重视清单编制总说明的审核

清单编制总说明是编制招标控制价及投标报价的重要依据,要求工程造价咨询人必须在公司提供的说明模板基础上结合项目实际情况进行相应调整,重点关注清单总说明与招标图纸、招标文件、清单项目特征描述、工程量计算方式、组价方式、措施费计取、暂估价列项等内容的一致性。如该项目的计量计价模式与规范或定额有出入时,应进行明确的说明。

二、投标报价的含义与编制、报价决策

(一) 投标报价的含义、编制人

投标报价是指投标人采取投标方式承揽工程项目时,通过分析、计算和确定承包该工程施工任务的总价格。投标报价是承包合同价格形成的基础。

投标人可以自己组织编制投标报价,也可以委托具有相应资质的工程造价咨询人编制投标报价。

(二)投标报价的编制原则、依据

1. 投标报价的编制原则

(1)投标报价由投标人自己确定,但是必须执行《建设工程工程量清单计价规范》的强制性规定。对于公路工程而言,应执行公路工程预算定额、预算编制办法等。

(2)投标人的投标报价不得低于工程成本。

(3)投标人必须按招标人提供的工程量清单填报单价、合价等信息。

(4)投标报价要以招标文件中设定的承发包双方责任划分,作为设定投标报价费用项目和费用计算的基础。

(5)应该以常规的施工方案、技术措施等作为投标报价计算的基本条件。

(6)报价方法要科学严谨,简明适用。

2. 投标报价的编制依据

(1)招标文件。

(2)招标人提供的设计图纸及有关的技术说明书等。

(3)工程所在行业建设主管部门现行的定额及与之配套执行的各种造价信息、规定等。

(4)招标人书面答疑的资料。

(5)企业定额、类似工程的成本核算资料。

(6)其他与报价有关的各项政策、规定及调整系数,在标价的计算过程中,对于不可预见费用的计算必须慎重考虑,不要遗漏。

(三)投标报价的基本程序

公路工程施工投标的基本程序可用图 4-1 表示。

1. 参加资格预审

资格预审文件一般包括承包人的基本情况、近年来的财务状况、近年完成的类似项目情况、正在施工和新承接的项目情况、近年发生的诉讼及仲裁情况和初步施工组织计划等。

2. 研究招标文件

研究招标文件的目的是全面了解承包人在合同中的权利和义务;深入分析施工承包中所面临的和需要承担的风险;缜密研究招标文件中的漏洞和疏忽,为制定投标策略寻找依据,创造条件。

3. 现场考察

现场考察是投标前全面了解现场施工环境、风险的重要途径,是投标人做好投标报价的先决条件。通常,在招标过程中,发包人会组织正式的现场考察,按照国内招标的有关规定,投标人应参加发包人安排的正式现场考察,不参加正式考察者,可能会被拒绝参与投标。投标人提出的报价应当是在现场考察的基础上编制出来的,而且应包括施工中可能遇见的各种风险和费用。在投标有效期内及工程施工过程中,承包人无权以现场考察不周、情况不了解为由而提出修改标书或调整标价给予补偿的要求。因此,投标人在报价以前必须认真地进行现场考察,全面、细致地了解工地及其周围的政治、经济、地理、法律等情况,收集与报价有关的各种风险与数据。

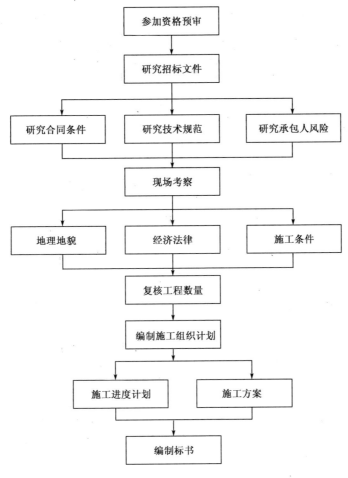

图 4-1 公路工程投标工作程序

4. 复核工程数量

招标项目的工程量在招标文件的工程量清单中是固化的,是各投标人进行报价的基准工程量,是相对准确的工程量。但由于种种原因,工程量清单中的工程数量有时会和图纸中的数量存在不一致的现象。复核工程量的准确程度,将影响承包人的经营行为:一是根据复核后的工程量与招标文件提供的工程量之间的差距,考虑相应的投标策略,决定报价尺度;二是根据工程量大小采取合适的施工方法,选择适用、经济的施工机具设备,确定投入使用的劳动力数量等,从而影响到投标人的询价过程。

5. 编制施工组织计划

在计算标价之前,应先依据设计图纸、规范、经过复核的工程量清单、现场施工条件、开工、竣工的日期要求、机械设备来源、劳动力来源等文件资料制订初步的施工组织计划。编制一个好的施工组织计划可以大大降低标价,提高竞争力。编制的原则是在保证工期和工程质量的前提下,尽可能使工程成本最低、投标价格合理。

施工组织计划的编制内容应满足招标文件合同条款、技术规范、计划工期的要求,并作为对投标文件进行详细评审的重要依据。施工组织设计应包含如下内容:①施工方案和施工方法;②分项工程施工进度计划(可用规定的横道图、斜条图、网络图等表示),与施工进度计划相适应的工、料、机配备数量及进场计划表;③与施工进度计划相适应的用款计划表;④施工总体布置图及当地材料供应地点,开采山场;⑤冬雨季施工计划及措施;⑥施工组织机构;⑦土方工程调配图;⑧临时工程及临时设施的(初步)设计图;⑨质量、安全、环境保护措施和方法;⑩其他。

(四)投标价的组成与计算

1. 投标价的组成

投标人根据设计图纸和技术规范,参照有关定额计算的完成本工程所需要的全部费用,在此基础上,经过分析、组合、分配,按照工程量清单格式计算出标价。从报价的角度看,总标价可以划分为直接工程费、待摊费、分包费和暂定金额(图4-2)。

总标价 = Σ(工程量清单子目单价 × 子目工程量) + 暂列金额 + 计日工

工程量清单子目工程单价 = 工程子目直接工程费 × 待摊费用系数

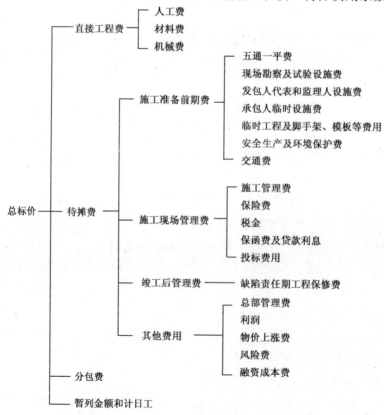

图4-2 投标价的组成

2. 直接工程费计算

直接工程费是施工过程中直接耗费的构成工程实体和有助于工程形成的工、料、机费用，是标价构成中的主要部分。直接工程费计算一般有三种方法，即定额单价分析法、工序单价分析法和总价控制法。

（1）定额单价分析法。定额单价分析法是常用的方法，它与编制工程概预算的方法大致相同，即按照招标文件的工程量清单所列工程子目，选用与工作内容相适应的工、料、机消耗定额（选用的定额可能是经过组合并进行调整的），并分析实际的工、料、机单价，从而计算出各工程子目的直接工程费用。

定额单价分析法计算直接工程费一般按照以下步骤进行：①分析确定工程量清单所列支付子目所包含的工作内容和相关要求；②分析工、料、机单价；③套用定额；④计算直接工程费；⑤确定分摊费用；⑥计算工程量清单子目单价。

定额单价分析法计算的直接工程费，一般是以正常的施工条件和合理的施工组织下完成该工程子目的直接工程费，即根据定额计算的工程子目直接工程费。其优点是：计算方法比较规范，便于使用计算机。其缺点是：各工程子目的人工和机械台班消耗是分别计算的，对各工程子目之间的相互关系、人员和机械的合理调配问题没有考虑。

（2）工序单价分析法。工序单价分析法是根据施工进度计划和工程量，计算每道工序需要配置的机械数量，机械使用费按照该机械在本工序的利用率确定。

（3）总价控制法。采用总价控制法计算直接工程费的分析步骤如下：①根据施工组织方案划分专业队；②按专业队工作范围配备人员和机械；③确定各机械使用的起止时间，计算机械费（闲置费和运转费分别计算）；④按进度计划确定人员总需求，并计算人工费；⑤计算材料费；⑥计算工程总直接工程费。

3. 待摊费的计算

待摊费是指本工程项目实际发生的，但在工程量清单里没有列项的费用。投标报价时需要分摊在相关的工程子目单价里。这些费用包括施工准备前期费用、施工现场管理费用、竣工后管理费用以及其他费用。

4. 标价分析

初步计算出标价之后，应对标价进行多方面的分析和评估，其目的是探讨标价的经济合理性，从而作出最终报价决策。

投标人的标价分析包括单价分析与总价分析。单价分析就是对工程量清单中所列分项单价进行分析和计算，确定出每一分项的单价和合价，分析标价计算中使用的劳务、材料、施工机械的基础单价以及选用的工程定额是否合理，是否符合拟投标工程的实际情况。在确定工程子目的单价时，有平衡报价法和不平衡报价法两种方法。平衡报价法将间接费和利润等费用平均分摊到各工程子目的单价中（按某固定的比例），不平衡报价法与此相反。就时间而言，有早期摊入法、递减摊入法、递增摊入法和平均摊入法四种方法。

（五）报价决策

投标人在报价分析工作的基础上，根据自己所确定的投标策略，即可进行投标决策，确定投标报价,在总报价确定后,可根据单价分析表中的数据综合考虑其他因素后确定工程量清单中各工程子目的单价。

1. 报价策略

1)基本策略

(1)赢利策略。即在报价中以较大的或适当的利润为投标目标的策略。这种投标策略通常在建筑市场任务多、投标单位对该项目拥有技术上的垄断优势、工期短、竞争对手少时才予采用。

(2)微利保本策略。即保证投标报价不低于施工成本或者略高于成本价的基础上,适当降低利润目标甚至不考虑利润的一种策略。这种投标策略通常在企业工程任务不饱满或急于开拓新的市场、建筑市场供不应求、竞争对手强以及发包人按最低标价定标时可采用。

(3)冒险投标策略。即保证投标报价不低于施工成本的前提下,在报价中不考虑风险费用,这是一种冒险行为,如果风险不发生,即意味着承包人的报价成功;如果风险发生,则意味着承包人要承担极大的风险损失。这种报价策略同样只在市场竞争激烈、承包人急于寻找施工任务或着眼于打入甚至独占该建筑市场时才予采用。

2)附加策略

(1)优化设计策略。即发现并修改原有施工图设计中存在的不合理情况或采用新技术优化设计方案。如果这种设计能大幅度降低工程造价(或缩短工期)且设计方案可靠,则这种设计方案一经采纳,承包人即可获得中标资格。

(2)缩短工期策略。即通过先进的施工方案、施工方法、科学的施工组织或者优化设计来缩短合同工期。当投标工期是关键工期时,则发包人在评标过程中会将缩短工期后所带来的预期受益定量考虑进去,此时对承包人获取中标资格是有利的。

(3)附加优惠策略。即在得知发包人资金较紧张或者"三大材"供应有一定困难的情形下,附带地向发包人提出相应的优惠条件来取得中标资格的一种投标策略。例如,当承包人在得知发包人的建设资金紧张的情况下,可以提出减免预付款甚至垫资施工,利用这种优惠条件,解决发包人暂时困难,替发包人分忧,为夺标创造条件。

(4)低价索赔策略。即在发现招标文件中存在许多漏洞甚至许多错误或发包人不能提供必要的施工条件,开工后必然违约的情形下有意将价格报低,先争取中标,中标后通过索赔来挽回低报价的损失。

2. 报价技巧

(1)不平衡报价法。具体表现形式有如下几种:①先期开工的项目(如开工费、土方、基础等)的单价报价高,后期开工的项目如高速公路的路面、交通设施、绿化等附属设施的单价报价低。②估计到以后会增加工程量的项目的单价报价高,工程量会减少的项目的单价报价低。③图纸不明确或有错误的,估计今后会修改的项目的单价报价高,估计今后会取消的项目的单价报价低。④没有工程量,只填单价的项目(如拆除建筑物)其单价报价高(这样既不影响投标总价,又有利于多获利润)。⑤对暂列金额项目,承包人做的可能性大时,其单价报价高,反之,报价低。⑥对于允许价格调整的工程,当预计计算所得的调价系数高于利率及物价上涨带来的影响时,则后期施工的工程子目的单价报价高,反之,报价低。

（2）扩大标价法。即除了按正常的已知条件编制价格外。对工程中变化较大或没有把握的工作，采用扩大单价、增加"不可预见费"的方法来减少风险。

（3）突然降价法。这是一种迷惑对手（或保密）的竞争手段。在整个报价过程中，仍按一般情况报价，或表示对工程兴趣不大，等到投标截止期来临之时，来一个突然降价，使竞争对手措手不及，从而解决标价保密问题，提高竞争能力和中标机会。

第五章 工程计量

第一节 工程计量的基础知识

一、工程计量的概念与计量工作的依据、原则

1. 工程计量的概念和内涵

工程计量是按照《公路工程标准施工招标文件》(2018 年版)第八章《工程量清单计量规则》(以下简称《计量规则》)所规定的方法,对承包人已经完成的、符合要求的实际工程数量所进行的测量、计算、核查和确认的过程。计量是监理人的基本职责和基本权力,也是公路工程费用目标控制(以下简称费用监理)的基本环节。没有准确、合理的计量,就会破坏工程承包合同中的经济关系,影响承包合同的正常履行。

工程计量的任务是确认实际工程数量的多少。工程量有预估工程量和实际工程量之分,工程量清单的工程量仅是估算工程量,是承包人投标报价的依据,不能作为承包人应予完成的工程之实际和确切的工程量。这是因为工程量清单中的数量是在制订招标文件时,在图纸和技术规范的基础上估算出来的,与实际工程量相比存在或多或少的误差甚至计算错误。它只能作为投标报价的基础,而不能作为结算的依据。实际工程量的多少只有通过计量才能揭示和确定。按实际完成的工程量付款可以减少工程量的估计误差给双方带来的风险,增强工程费用结算结果的公平性与合理性,这正是单价合同的优点之一。

工程的计量必须以净值为准。《公路工程标准施工招标文件》(2018 年版)第 17.1.2 条明确规定:工程的计量应以净值为准,除非项目专用合同条款另有约定。工程量清单中各个子目的具体计量方法按合同文件技术规范中的规定执行。无论通常和当地的习惯如何(除非合同中另有规定),工程计量必须以净值为准。

计量必须准确、真实、合法和及时。准确指计量结果是正确地按照规定的计量方法和工程量计算原则而得出的,方法正确、结果准确无误,使已完工程的实际数量得到了正确的确定,没有漏计和错计。真实指被计量的工程内容真实可靠,没有虚假的部分,即被计量的工程中没有质量不符合要求的,也没有重复计量,隐蔽工程的数量没有弄虚作假,工程量中没有虚报成分。合法指计量是按规定的程序合法地进行的。因为计量结果是支付的直接基础和依据,直接关系到发包人和承包人双方的经济利益。监理组织机构会制订严格的计量管理程序和指定专人按分级管理的原则进行分工负责,明确谁负责现场计量、谁复核、谁审查、谁审定等各项工作。只有通过了程序严格审查产生的计量结果才是合法的。及时指计量必须按合同约定的时间进

行,不得无故推延,否则会干扰承包人的正常施工,影响承包人的施工组织计划与工程进度。

工程计量不解除合同中约定的承包人应尽的义务和责任。监理人对工程的计量是确认承包人完成的工程量,仅是支付的依据,并不表示发包人和监理人接收了该工程,也不表示承包人对已经被计量的工程完全履行了合同义务,解除了承包人对被计量工程的维修及缺陷修复责任。《公路工程标准施工招标文件》(2018年版)第3.1.3条明确规定:合同约定应由承包人承担的义务和责任,不因监理人对承包人提交文件的审查或批准,对工程、材料和设备的检查和检验,以及为实施监理作出的指示等职务行为而减轻或解除。

2. 计量工作的依据

计量的依据一般有质量合格证书、工程量清单说明、合同条件中的计量规则规定、技术规范中有关计量支付的内容(或独立的计量支付说明)和设计图纸及各种测量数据。也就是说,计量时必须以这些资料为依据。

(1)质量合格证书。

计量的基本条件和前提是质量合格,质量不合格部分不予计量。因此,计量工程师进行计量时,一定要同质量工程师配合,只有通过了质量监理,被质量监理人签发了质量合格证书的工程内容,才能进行计量。

(2)合同条款、工程量清单说明和计量规则。

工程量清单说明和计量规则规定了清单中每一项工程的计量方法,同时还规定了按规定的计量方法确定的单价即包括的工作内容和范围。例如关于路面面层的计量,计量规则规定:路面面层的计量单位为平方米(m^2),该项目应按图纸上所示的该层顶面的平面面积计量并包括图5-1所示该层断面内所有的材料及工作。

图5-1中A为面层顶面宽度,B为底面宽度。根据上述的规定,计量面层的数量时,只能以顶面宽A进行计算,以底面宽B或以$A+B$的平均值计量都是不允许的。因为投标时,承包人根据规定,应当把该层断面内所有的材料及工作发生的费用,都包括在以顶面面积所确定的单价内。

(3)设计图纸。

工程量清单的数量是该工程的估算工程量,但是被计量的工程数量,并不一定是承包人实际施工的数量,因为计量的几何尺寸应当以设计图纸为准。图5-2为就地灌注桩施工实测图。根据计量规定:对就地灌注桩的支付计量,应根据图纸所示由监理人确定的从设计基础表面到下方桩底间的长度考虑。因此,图中实际施工的灌注桩的长度虽然为L_1+L_2,但是被计量支付的长度为L_1。

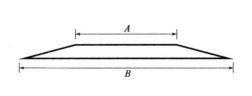

图5-1 路面工程计量示意图

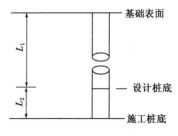

图5-2 桩基计量示意图

(4) 测量数据。

与计算有关的测量数据有原始地面线高程的测量数据、土石分界线的测量数据、基础高程的测量数据、竣工测量数据等。测量数据的准确性严重影响计量结果的准确性。

3. 计量工作的原则

工程计量不仅直接涉及发包人与承包人双方的经济利益,而且是监理人的重要权力和监理手段,在工程计量中遵守有关基本原则,是做好监理工作的有效保障。

(1) 合同原则。

监理人在进行工程计量时,必须全面理解合同条件、技术规范、设计图纸和工程量清单等合同文件的各组成部分。如技术规范的每一章节都有计量方法的规定,详细说明了各工程细目的内容及要求,对哪些内容不单独计量和支付,其价值如何分摊,都具体作了规定。工程量清单中的单价是承包人按招标文件的要求和合同条件的规定填报的,是支付的单价依据。因此监理人必须严格遵守合同中的有关规定来进行计量,使每一项工程的计量都符合合同要求。监理人要始终牢记:他无权违反合同规定!

(2) 公正性原则。

监理人在工程计量环节中拥有广泛的权力,承包人与发包人的货币收支是否合理,取决于监理人签认的工程量是否准确和真实。只有监理人保持公正的立场和恪守公正的原则,才能使他在计量与支付工作中正确地使用权力,准确地计量,实事求是地处理好发包人与承包人之间的有关纠纷,合理地确定工程费用。如果监理人不公正,他就无法做出正确的判断。特别是当施工过程中发生工程变更、工程索赔和各种特殊风险时,就更要求监理人公正而独立地做出判断和估价。因此,监理人在工程计量中,必须认真负责,以实事求是的精神和客观公正的态度做好每一项工作,确保发包人与承包人之间的交易公平。唯有公正,才能分清发包人和承包人各自的权利和责任,才能准确地协调好双方之间的利益关系,才能保证工程计量的准确、真实和合法。

(3) 时效性原则。

工程计量具有严格的时间要求,时效性极强。计量不及时,会影响承包人的施工进度;支付不及时,也会影响承包人的施工进度,并可能直接产生合同纠纷。《公路工程标准施工招标文件》(2018年版)在第17条中对计量与支付规定了严格的时间限制,同时也规定了计量与支付复核的时间限制。因此,监理人一定要按时进行计量和支付。

(4) 程序性原则。

为了保证工程计量准确、真实和合法,合同条款和各项目的监理组织都规定了严格的程序。这些程序规定了各项工程细目和各项工程费用进行计量与支付的条件、办法以及计算、复核、审批的环节,是从合同上、组织上和技术上对计量与支付加以严格管理,以确保准确和公正。如计量必须以质量合格为前提,支付必须以计量为基础等。因此,工程计量必须遵守严格的程序,通过按程序办事来提高数据的准确性、真实性和合法性,以保证工程计量准确、合理。

4. 工程计量的作用

工程计量一方面是施工合同中的关键内容,是经济利益关系的集中体现,在施工活动中有着极为重要的作用;另一方面也是监理工作的关键和核心,为确保监理人的核心地位提供手段。

(1) 调节合同中的经济利益关系,促使合同的全面履行。

工程计量是施工合同的重要内容,是合同中各类经济关系的全面反映,同时,还揭示了施工活动的经济本质。通过工程计量这个经济杠杆,调节合同双方利益,制约承包人严格遵守合同,准确地按设计图纸和技术规范进行施工;促使发包人履行其合同义务,及时向承包人支付款项,确保施工活动中资金运动与物质运动平衡地进行,使施工合同得到全面的履行。

(2) 确保监理人的核心地位。

工程建设项目管理中,在发包人与承包人之间引入了监理人,由他对工程的质量、进度、费用、安全、环境等进行全面控制。通过计量与支付来确保监理人的核心地位,对工程施工进行全面而有效地控制,对发包人和承包人的合同行为进行有效的调控。计量与支付为监理人开展监理工作提供最基本的手段。

监理人掌握了计量与支付权,就抓住了主要矛盾,掌握了控制施工活动和调控承包人施工行为最有效的基本手段,抓住了指挥棒。如果承包人的施工工艺不符合规范要求,监理人可要求其自费改正;如果所用材料不合格,监理人可以对材料拒收;如果工程质量不合要求,监理人将不予计量和支付,并要求承包人返工使其达到要求;如果承包人不执行有关指令,则将受到罚款或驱逐。计量支付权使监理人可以有效地从经济上制约承包人,严格按合同要求办,确保工程的质量目标。同样,如果承包人进度过慢,监理人将让他支付逾期竣工违约金和延误罚款,如果进度严重落后,监理人还可以提议驱逐承包人,这就有效地保证了监理人对工期的控制。

总之,计量与支付工作是控制工程造价的核心环节,是进行质量控制的主要手段,是进度控制和施工过程控制的基础,是保证发包人和承包人合法权益的重要途径。

二、监理人在计量工作中的职责与权限

要做好任何一项工作,首先必须明确职责,其次必须确定权限。有责无权或有权无责,必然无法达到目标。在公路工程施工监理活动中,必须明确作为监理活动主体的监理人的职责与权限,只有这样,才能确保监理工作达到预定的目标。

根据合同文件的约定,监理人在工程费用监理中的职责与权限主要体现在工程计量与工程费用支付两个方面。为了真正做好费用监理工作,必须明确监理人在工程计量和工程费用支付中的职责并赋予相应的权力,若监理人对工程计量不负责任或无权过问,实际完成的工程量就无法准确掌握,工程价值就无从确定。同样,若他对工程费用支付不负责任或无权过问,就无法保证工程费用支付符合合同要求,无法利用经济杠杆协调发包人和承包人在施工活动中的关系,从而不仅不能完成和做好工程费用监理,而且还直接影响监理人对工程进度和工程质量进行监理,最终导致无法对承包合同实现监理。总之,明确规定监理人在工程计量和工程费用支付中的职责和权限,是进行工程费用监理的基本条件和前提。

1. 计量的职责

计量的根本职责就是按照合同文件的有关约定,按时准确测定已完工程的实际工程量。由于公路工程施工中一般采用单价合同,工程量的多少直接关系到某次付款的金额,涉及发包

人和承包人双方之间的直接经济利益,而工程量清单中的工程量只是一种估算的工程量,所以完成某一工程细目的实际工程量必须由监理人按照清单前言和技术规范中有关计量规定来确定。因此,计量既是监理人的一项基本职责,也是费用监理最重要的一个方面。

2. 计量的权力

合同条件中明确约定计量工作由监理人负责。在监理人独自计量、承包人独自计量以及监理人与承包人联合计量这三种方式中,无论采用哪一种计量方式,最终确认工程量多少的权力归监理人。因此监理人的计量权力实际上是对计量结果的确认权。具体说来,监理人有权拒绝对质量不合格部分的计量,同样他有权审查和核实承包人的计量记录,删除那些不合理的部分。所谓不合理是指虽然质量合格,但没有按规范指定的计量规则和计量方法计量,或者有多计、冒计部分,或者大多数工程是合格的,但其中混有不合格的部分等。总之,要按技术规范、工程量清单前言关于计量的规定及合同条件中的约定来判定是否合理。

3. 权力的限制

尽管合同文件中没有直接给出有关权力限制的内容,但这一思想已隐含其中。由于监理人拥有工程量的确认权,因而,承包人会想方设法地让监理人尽可能多批工程量,最终达到多获得工程进度款的目的。为了防止监理人与承包人串通,合同文件中对监理人总的工作原则作出了明确约定,例如,他不得损害发包人的利益,必须公正独立地进行工作,认真地行使职权,这就是对这种权力的一种约束和限制。同时,还可由政府机关按有关法律和条例对监理人的工作加以监督。除此之外,《公路工程标准施工招标文件》(2018年版)第17条中赋予监理人计量权力的同时,也对这种权力的应用给予了一定的约束。

三、工程计量的条件、组织方式与计量周期(时间)

1. 工程计量的条件

工程计量一方面是准确地测定和计算已完工程的数量,另一方面也是对已完工程进行综合评价,因此,对进行计量的工程,必须满足以下条件:

(1)计量的项目应符合合同要求。

合同约定计量的项目包括以下三个方面:

①清单中的工程细目。

清单中的工程细目全部需要进行计量,合同文件约定,没有填写单价与金额的项目,其费用已包括在清单的其他单价或款项中,因此对于清单中没有填写单价与金额的项目,仍需进行计量,以确认承包人是否按合同条件完成了该项工程。

②合同文件中约定的项目。

除了清单中的工程细目外,在合同文件中通常还约定了一些包干项目,对于这些项目也必须根据合同文件约定进行计量。

③工程变更项目。

工程变更中一般附有工程变更清单,工程变更清单同工程量清单具有相同的性质,因此对于工程变更清单项目亦必须按合同有关要求进行计量。

上述合同约定以外的项目,例如承包人为完成上述项目而进行的一些辅助工程,监理人没有进行计量的义务。因为这些辅助工程的费用已包括在上述项目的单价中。

（2）质量必须达到合同规范标准的要求。

一项工程的全过程的监理分为质量监理和工程费用监理两个阶段。承包人所完成的工程细目的质量必须经监理人检查并达到合同规范的标准后，才能由监理人签发中间交工证书，在此基础上进行计量。工程质量没有达到合同规范标准的任何工程或工序，一律不得进行计量。

（3）验收手续必须齐全。

对一项工程或一道工序的验收应有以下资料和手续：

①监理人批准的开工申请单；

②承包人自检的各种资料和试验数据，同时各种试验的频率要符合合同约定；

③监理人检验的各种试验数据；

④中间交工证书。

总之，上述验收手续和资料齐全后才能进行计量。

2. 工程计量的组织方式

工程计量的组织方式，一般地分为监理人独立计量、承包人独立计量、监承联合计量三种方式。这三种计量方式各有特点，但无论如何，计量必须符合合同的要求，其结果必须由监理人确认。

（1）监理人独立计量方式。

监理人独立计量时，可以由监理人完全控制被计量的工程部位，质量不合格的工程肯定不会被计量，也很少出现多计的情况，能够确保记录结果的准确性。但监理人的工作量较大，且容易引起承包人的异议而延误计量工作时间。

（2）承包人独立计量方式。

这种方式可以减轻监理人的工作量，但由于是承包人自行计量，可能会出现多估冒算和超前计量、非计量项目也填报计量单的问题，甚至计量细目、计算方法、算术性计算错误也时有发生，或者质量不合格的分项工程也可能被计量。因此，在这种情况下，监理人一定要认真细致地审查计量结果，并对承包人的测量工作进行检查，最好派有经验的计量人员经常检验及控制承包人的计量工作，即当由承包人独立计量时，监理人一定要对计量结果的准确性和测量方法及计算规则进行严格审查。

（3）监承联合计量方式。

监承联合计量方式就是监理人和承包人共同进行计量的方式，针对需要计量的项目由承包人邀请监理人一起进行计量。这种方式有利于消除双方的疑虑，当场解决分歧，减少争议，又能较好地保证计量结果的公正性和准确性，简化程序，节约时间。

公路工程合同管理过程中，一般采用监承联合计量的方式完成计量工作。

3. 工程计量的周期（时间）

《公路工程标准施工招标文件》（2018年版）合同通用条款第17.1.3条"计量周期"中规定：除专用合同条款另有约定外，单价子目已完成工程量按月计量，总价子目的计量周期按批准的支付分解报告确定。

每月进行计量可以便于掌握工程进度情况及核定月进度款（即期中支付证书），为此，监理人一般须按月填制和审定"中间计量单"。对于隐蔽工程，则须在工程覆盖之前进行计量。否则，在覆盖后再进行计量将使工作更复杂和更困难。

实际工作中，各公路工程项目的建设单位或者总监办会给出计量周期的起止时间。多数工程项目约定工程计量从上个月的26日至本月的25日为一个计量周期，计量该时间段内实际完成的合格的分项工程项目和总额子目，即在这一个计量周期内填写并经监理人审定的工程计量单有可能全部进入本月的支付证书。

四、工程计量的合同规定程序与计量方法

1. 计量的合同规定程序

根据《公路工程标准施工招标文件》(2018年版)合同通用条款第17.1条的规定，对于单价子目的计量应按照以下程序进行：

(1) 承包人应对已经完成的工程进行计量，并向监理人提交工程量报表和有关计量资料。

(2) 监理人复核承包人提交的工程量报表，以确定实际完成的工程量。对有异议的计量项目和计量数量可以要求承包人按照第8.2条的规定进行共同复核和抽样复测。承包人未按照监理人要求参加复核的，监理人复核或修正的工程量视为承包人实际完成的工程量。

(3) 监理人认为有必要时，可通知承包人共同进行联合测量、计量。

(4) 为核实最终结算工程量，监理人应要求承包人派员共同对每个子目的历次计量报表进行汇总。承包人未派员参加或未达到监理人要求的，以监理人最终核实的工程量为承包人完成该子目的准确工程量。

(5) 监理人应在收到承包人提交的工程量报表后7天内进行复核，监理人未在约定时间内复核的，承包人提交的工程量报表中的工程量视为承包人实际完成的工程量，据此计算工程价款。

对于总价子目的计量，应按照以下程序进行：

(1) 总价子目的分解和计量应按照合同约定进行。

(2) 承包人在每个计量周期对已经完成的总价子目进行分解计量，并向监理人提交分解表所表示的阶段性或分项计量的支持性资料，以及所达到工程形象目标或分阶段需完成的工程量和有关计量资料。

(3) 监理人进行复核，以确定分阶段实际完成的工程量和工程形象目标。

(4) 对其有异议的，监理人可要求承包人共同复核和抽样复测。

2. 计量的方法

工程量的计量方法，一般有以下几种：

(1) 凭据法。如工程量清单第100章的保险费等。

(2) 均摊法。如工程量清单第100章的"总价子目"应按照合同约定的阶段性目标分解表进行分解计量，一般采用按月均摊的方法计量，如竣工文件费、承包人驻地建设和施工标准化费用等项目。

（3）图纸计算法。对于钢筋混凝土结构物的钢筋、钻孔灌注桩的桩长、路面工程的铺筑面积等，一般采用图纸计算法。

（4）现场断面测量计算法。如路基土石方开挖和填筑工程的计量需要现场断面测量计算法。

（5）现场点数计算法。如场地清理的砍伐树木按照"棵"计数，桥梁的盆式支座按照"个"计数，道路交通标志按照"个"计数，计日工按现场记录的"工日"计算等。

一般工程量的计算由承包人负责，工程量审核由监理人负责。通常，一个工程项目的计量往往是多种方法综合运用。不论采用何种方法，其结果都须经监理人和承包人双方同意，共同签字，有争议时，应协商解决。

3. 计量的管理

在一个项目监理机构中，一般配有项目工程师，如道路工程师、结构工程师、测量工程师、合同工程师、计量工程师等。

计量工程师专门负责计量与支付，为了控制本合同段的工程费用，他不仅应认真尽职地做好计量支付，承担起本合同段的计量与支付职责；而且应将不同细目的计量支付控制目标明确，在工程费用预算和本段工程费用分析的基础上，找出计量支付的重点，并责任到人，将本段支付额较好地控制在合同价款的范围内。他应该同驻地的所有监理人员一道，互相协作，共同搞好工作。

除了职责分工明确、目标具体落实外，监理人还应加强对计量的管理工作。计量工作既重要，又需要大量资料和表格，工作很烦琐，因此，监理人必须建立起行之有效的管理办法，建立计量与支付档案，不断改进管理工作。

（1）落实计量职责。

为使计量的责任分明，监理机构中一般设有专门负责计量的工作团队，并在每个驻地办事机构中设一名计量工程师。驻地计量工程师主要负责各细目的工程计量。在组织计量工作时，采用按专业分工，分别进行计量，做到计量职责分明。具体工程内容的计量应落实到人，以免重复计量和漏计。

通过对计量工作的分工，使工程计量责任到人，并通过对计量的复核、审定等程序和制定计量人员的岗位责任制，对计量工作进行有效管理。

（2）作好计量记录。

计量记录与档案是计量管理中的一个重要内容，对于公路工程这样大型的复杂项目，要进行多次计量，将形成一系列的计量资料，只有在完善计量记录的基础上加强对计量的档案管理，才能使项目的计量工作顺利完成。

为了便于合同管理，正确评价工程和查询监理计量工作，必须加强工程计量（中间计量）档案管理。

计量应根据合同的要求作好记录。符合要求的记录应能说明哪些已经计量，哪些尚未计量，哪些已经签发支付证书，哪些尚未签发证书。计量时监理人还应完成以下工作：

①应有一套图纸（最好挂在墙上），用彩笔将所进行的工程的位置在图纸上标示出来，并在适当的位置作详细补充说明，如工程的开始、结束及几何尺寸等数据，这将有助于作好计量记录。

②应有一套档案。包括计量证书的号码及所计量的数量。所有计量证书必须是承包人和监理人共同签署的,只有这样才能作为支付的凭证。

③记录工程量清单中所列出的分类细目的数量与计量后数量的差异及双方同意的任何进度支付证书应付的款额。

④对计日工应记录在有号码的计量证书上,并由承包人代表及监理人代表共同签名。计日工应详细记录如下内容:

a. 记录已指令进行的这项计日工的估计数量和付款额已获同意,记录计日工已完成的数量及付款金额;

b. 如果计日工的时间超过一个月,应在暂时计量单上记账,并在计量证书上另立系列号码,这些记录应与累计账册一同归档;记录已同意的计日工单价、付款的金额、付款报表号码。

⑤工程变更应记录已下达的变更指令依据,已同意的单价和价格调整,增加费用的计量证书应另编系列号码分开存档。

⑥对于现场存放的材料应每月计量记录一次,其计量表中应记录已发到现场的材料的种类和数量及这些材料的发票面值;已计量的数量应记录每一次报表中的预付金额及回收金额,材料计量证书应另编系列号码,并应与发票的复印件或扫描件及所有材料的累计账册一同归档。

(3)计量分析。

为了做好计量的管理工作,除落实职责和加强记录与档案的管理外,还应加强计量分析,一方面及时发现计量工作中的问题,另一方面及时掌握工程进度,为进度监理和费用支付提供基础。

为了便于计量的分析与管理,对计量的表格应统一,使其标准化和规范化。监理人应设计好表格请承包人和具体从事计量的人员按此填写,这便于采用计算机辅助计量和进行计量分析。

计量分析时一方面应对照原工程量清单和设计图纸进行分析,将实际工程量与原设计的工程量进行对比,发现偏差并分析偏差的原因。另一方面以计量的工程量为依据,计算出实际进度,将实际进度与批准的进度比较,发现进度偏差,并找出原因从而采取措施改进。

计量分析也应对计量的方法是否恰当、计量的结果是否准确以及是否有质量不合格的工程等进行分析,通过分析找出是否有多计、错计的部分。

除以上所述三项基本内容外,计量管理还包括计量争端的协调与处理,因为计量是费用支付的直接基础,也是对承包人工作的一种基本评价,因此,在计量工作中难免发生争端与分歧,监理人必须协调各方,尽快解决争端。

计量是一项综合性极强的工作,必须在质量管理的基础上进行综合管理,涉及内容多,处理复杂,并且承包人在申请时要申报大量的报表和资料。另外,计量工作的计算和资料管理工作都很繁重。应推行表格和报表的标准化管理,尽力争取用计算机来处理报表,以提高计量支付工作的准确性和工作效率,使监理人从资料整理工作中解脱出来,更好地做好计量支付工作。

五、工程计量的单位、精度和计量内容

1. 计量的单位与计量精度

《公路工程标准施工招标文件》(2018年版)合同通用条款第17.1.1条规定,计量采用国

家法定的计量单位。

计量单位分两类,一类是物理计量单位,一类是自然计量单位。物理计量单位以公制单位计量,自然计量单位通常采用十进位自然数计算。

对于物理计量单位长度常用米、延米、千米、公里,面积常用平方米、千平方米、公顷;体积常用立方米、千立方米;质量常用克、千克、吨。自然计量单位常用个、片、座、棵;时间单位常用日、星期、月、年等。

对于精度,为方便起见,浮点数须四舍五入至小数点后恰当的位数。应对不同的细目分别作出规定。

虽然这是一个简单问题,但实际工作中,常常出现计量名称、符号及取位错误和不规范。同时,监理人还应注意的是各细目的计量单位必须与工程量清单中所用单位一致。另外还应注意,所有计量都以净值为准。

2. 计量的内容

理论上,所有工程事项均应加以计量,以便获得完整的记录;实际上,只是对所有需要支付的细目加以计量,这是计量工作范围的最低要求。除了对已完成的工程细目进行计量和记录外,监理人最好对那些涉及付款的工程细目在施工中发生的一切问题进行详尽的记录,以便发生索赔时有据可查。

工程计量的内容主要包括第100章总则的计量、第200章路基工程的计量、第300章路面工程的计量、第400章桥梁涵洞工程的计量、第500章隧道工程的计量、第600章安全设施及预埋管线的计量和第700章绿化及环境保护设施的计量。

第二节 工程计量规则的说明

一、单价子目、总价子目的计量规则说明

《公路工程标准施工招标文件》(2018年版)合同通用条款第17.1条中规定了单价子目的计量和总额子目的计量两类计量规则。

1. 单价子目的计量规则

单价子目的计量规则包括:①已标价工程量清单中的单价子目工程量为估算工程量。结算工程量是承包人实际完成的,并按合同约定的计量方法进行计量的工程量。②承包人对已完成的工程进行计量,向监理人提交进度付款申请单、已完成工程量报表和有关计量资料。③监理人对承包人提交的工程量报表进行复核,以确定实际完成的工程量。对数量有异议的,可要求承包人按第8.2款约定进行共同复核和抽样复测。承包人应协助监理人进行复核并按监理人要求提供补充计量资料。承包人未按监理人要求参加复核时,监理人复核或修正的工程量视为承包人实际完成的工程量。④监理人认为有必要时,可通知承包人共同进行联合测量、计量,承包人应遵照执行。⑤承包人完成工程量清单中每个子目的工程量后,监理人应要求承包人派员共同对每个子目的历次计量报表进行汇总,以核实最终结算工程量。监理人可

要求承包人提供补充计量资料,以确定最后一次进度付款的准确工程量。承包人未按监理人要求派员参加的,监理人最终核实的工程量视为承包人完成该子目的准确工程量。⑥监理人应在收到承包人提交的工程量报表的7天内进行复核,监理人未在约定时间内复核的,承包人提交的工程量报表中的工程量视为承包人实际完成的工程量,据此计算工程价款。⑦承包人未在已标价工程量清单中填入单价或总额价的工程子目,将被认为其已包含在本合同的其他子目的单价和总额价中,发包人将不另行支付。

2. 总价子目的计量规则

总价子目亦称总额子目。

总价子目的计量规则包括:除专用合同条款另有约定外,总价子目的分解和计量按照下述约定进行。①总价子目的计量和支付应以总价为基础,不因第16.1款中的因素而进行调整。承包人实际完成的工程量,是进行工程目标管理和控制进度支付的依据。②承包人在合同约定的每个计量周期内,对已完成的工程进行计量,并向监理人提交进度付款申请单、专用合同条款约定的合同总价支付分解表所表示的阶段性或分项计量的支持性资料,以及所达到工程形象目标或分阶段需完成的工程量和有关计量资料。③监理人对承包人提交的上述资料进行复核,以确定分阶段实际完成的工程量和工程形象目标。对其有异议的,可要求承包人按第8.2款约定进行共同复核和抽样复测。④除按照第15条约定的变更外,总价子目的工程量是承包人用于结算的最终工程量。

二、工程量清单计量规则的说明

1. 一般要求

工程量计量必须遵循有关的规则。《公路工程标准施工招标文件》(2018年版)第一次明确地将工程量的计量规则单列为一章,即第八章"工程量清单计量规则"。在《公路工程标准施工招标文件》(2018年版)的"使用说明"中第十一条明确:第七章"技术规范"和第八章"工程量清单计量规则"应由招标人根据《公路工程标准施工招标文件》、招标项目的特点和实际需要编制。

(1)计量规则各章节是按《公路工程标准施工招标文件》第七章"技术规范"的相应章节编号的,因此,各章节工程子目的工程量计量规则应与"技术规范"相应章节的施工规范结合起来理解、解释和应用。

(2)所有工程项目,除个别注明者外,均采用我国法定的计量单位,即国际单位及国际单位制导出的辅助单位进行计量。

(3)规则的计量与支付,应与合同条款、工程量清单以及图纸同时阅读,工程量清单中的支付项目号和本规则的章节编号是一致的。

(4)任何工程项目的计量,均应按本规则规定或监理人书面指示进行。

(5)按合同提供的材料数量和完成的工程数量所采用的测量与计算方法,应符合本规则规定。所有这些方法,应经监理人批准或指示。承包人应提供一切计量设备和条件,并保证其设备精度符合要求。

(6)除非监理人另有准许,一切计量工作都应在监理人在场情况下,由承包人测量、记录。

有承包人签名的计量记录原本,应提交给监理人审查和保存。

(7)工程量应由承包人计算,由监理人审核。工程量计算的副本应提交给监理人并由监理人保存。

(8)除合同特殊约定单独计量之外,全部必需的模板、脚手架、装备、机具、螺栓、垫圈和钢制件等其他材料,应包括在工程量清单中所列的有关支付项目中,均不单独计量。

(9)除监理人另有批准外,凡超过图纸所示的面积或体积,都不予计量与支付。

(10)承包人应严格标准计量基础工作和材料采购检验工作。沥青混凝土、沥青碎石、水泥混凝土、高强度等级水泥砂浆的施工现场必须使用电子计量设备称重。因不符合计量规定引发质量问题,所发生的费用由承包人承担。

(11)第104节"承包人驻地建设"与第105节"施工标准化"属选择性工程子目,由发包人根据工程项目管理实际情况选择使用或同时使用。

2. 质量

(1)凡以质量计量或以质量作为配合比设计的材料,都应在精确与批准的磅秤上,由称职合格的人员在监理人指定或批准的地点进行称重。

(2)称重计量时应满足以下条件:监理人在场;称重记录;载明包装材料、支撑装置、垫块、捆束物等质量的说明书在称重前提交给监理人作为依据。

(3)钢筋、钢板或型钢计量时,应按图纸或其他资料标示的尺寸和净长计算。搭接、接头套筒,焊接材料,下脚料和固定、定位架立钢筋等,不予另行计量。钢筋、钢板或型钢应以千克计量,四舍五入,不计小数。钢筋、钢板或型钢由于理论单位质量与实际单位质量的差异而引起材料质量与数量不相匹配的情况,计量时不予考虑。

(4)金属材料的质量不得包括施工需要加放或使用的灰浆、楔块、填缝料、垫衬物、油料、接缝料、焊条、涂敷料等的质量。

(5)承运按质量计量的材料的货车,应每天在监理人指定的时间和地点称出空车质量,每辆货车还应标示清晰易辨的标记。

(6)对有规定标准的项目,例如钢筋、金属线、钢板、型钢、管材等,均有规定的规格、质量、截面尺寸等指标,这类指标应视为通常的质量或尺寸;除非引用规范中的允许偏差值加以控制,否则可用制造商的允许偏差。

3. 面积

除非另有规定,计算面积时,其长、宽应按图纸所示尺寸线或按监理人指示计量。对于面积在 $1m^2$ 以下的固定物(如检查井等)不予扣除。

4. 结构物

(1)结构物应按图纸所示净尺寸线,或根据监理人指示修改的尺寸线计量。

(2)水泥混凝土的计量应按监理人认可的并已完工工程的净尺寸计算,钢筋的体积不扣除,倒角不超过 $0.15m \times 0.15m$ 时不扣除,体积不超过 $0.03m^3$ 的开孔及开口不扣除,面积不超过 $0.15m \times 0.15m$ 的填角部分也不增加。

(3)所有以米(m)计量的结构物(如管涵等),除非图纸另有表示,应按平行于该结构物位置的基面或基础的中心方向计量。

5. 土方

(1)土方体积可采用平均断面面积法计算,但与似棱体公式计算结果比较,如果误差超过±5%时,监理人可指示采用似棱体公式。

(2)各种不同类别的挖方与填方计量,应以图纸所示界线为限,而且应在批准的横断面图上标明。

(3)用于填方的土方量,应按压实后的纵断面高程和路床面为准来计量。承包人报价时,应考虑在挖方或运输过程中引起的体积差。

(4)在现场钉桩后56d内,承包人应将设计和进场复测的土方横断面图连同土方的面积与体积计算表一并提交监理人批准。所有横断面图都应标有图题框,其大小由监理人指定。一旦横断面图得到最后批准,承包人应交给监理人原版图及三份复制图。

6. 运输车辆体积

(1)用体积计量的材料,应以经监理人批准的车辆装运,并在运到地点进行计量。

(2)用于体积运输的车辆,其车厢的形状和尺寸应使其容量能够容易而准确地测定并应保证精确度。每辆车都应有明显标记。每车所运材料的体积应于事前由监理人与承包人相互达成书面协议。

(3)所有车辆都应装载成水平容积高度,车辆到达送货点时,监理人可以要求将其装载物重新整平,对超过定量运送的材料将不支付。运量达不到定量的车辆,应被拒绝或按监理人确定减少的体积接收。根据监理人的指示,承包人应在货物交付点,随机将一车材料刮平,在刮平后如发现货车运送的材料少于定量时,从前一车起所有运到的材料的计量都按同样比率减为目前的车载量。

7. 质量与体积换算

(1)如承包人提出要求并得到监理人的书面批准,已规定要用立方米(m^3)计量的材料可以称重,并将此质量换算为立方米(m^3)计量。

(2)将质量计量换算为体积计量的换算系数应由监理人确定,并应在此种计量方法使用之前征得承包人的同意。

8. 沥青和水泥

(1)沥青和水泥应以千克为单位计量。

(2)如用货车或其他运输工具装运沥青材料,可以按经过检定的质量或体积计算沥青材料的数量,但要对漏失量或泡沫进行校正。

(3)水泥可以以袋作为计量的依据,但一袋的标准应为50kg。散装水泥应称重计量。

9. 成套的结构单元

如规定的计量单位是一成套的结构物或结构单元(实际上就是按"总额"或称"一次支付"计的工程子目),该单元应包括了所有必需的设备、配件和附属物及相关作业。

10. 标准制品项目

(1)如规定采用标准制品(如护栏、钢丝、钢板、轧制型材、管子等),而这类项目又是以标准规格(单位重、截面尺寸等)标识的,则这种标识可以作为计量的标准。

(2)除非所采用标准制品的允许误差比规范的允许误差要求更严格,否则,生产厂确立的制造允许误差不予认可。

第三节　工程量清单项目的计量规则

一、第100章总则的计量规则

根据《公路工程标准施工招标文件》(2018年版)第八章"工程量清单计量规则"第100章的规定。保险、竣工文件、施工环保费、安全生产费、信息化系统(暂估价)、临时工程与设施(包括临时道路修建、养护与拆除、临时占地、临时供电设施架设、维护与拆除、电信设施的提供、维修与拆除、临时供水与排污设施)、承包人驻地建设和施工标准等主要工程内容的计量特点是均以总额为单位计量。具体计算,参照技术规范包括的工程内容进行。其中,安全生产费按投标价的1.5%(若招标人公布了最高投标限价时,按最高投标限价的1.5%),以总额为单位计量。

二、第200章路基工程的计量规则

根据《公路工程标准施工招标文件》(2018年版)第八章"工程量清单计量规则"第200章的规定。路基工程的工程内容主要有:场地清理;挖方路基;填方路基;特殊地区路基处理;路基整修;坡面排水;护坡、护面墙;挡土墙;锚杆、锚定板挡土墙;加筋土挡土墙;喷射混凝土和喷浆边坡防护;预应力锚索边坡加固;抗滑桩;河道防护等。

(一)场地清理

1. 清理与掘除

清理现场的工程量应依据图纸所示位置及范围(路基范围以外临时工程用地清场等除外),按路基开挖线或填筑边线之间的水平投影面积,以平方米(m^2)为单位计量。

清理现场工程内容包括:灌木、竹林、胸径小于10cm树木的砍伐及挖根,清除场地表面0~30cm范围内的垃圾、废料、表土(腐殖土)、石头、草皮,与清理现场有关的一切挖方、坑穴的回填、整平、压实,适用材料的装卸、移运、堆放及非适用材料的移运处理,现场清理。

砍伐树木和挖除树根的工程量可依据图纸所示路基范围内胸径10cm以上(含10cm)的树木,按实际砍伐或挖除树根数量以棵为单位计量。

砍伐树木的工程内容包括:砍伐,截锯,装卸、移运至指定地点堆放,场地清理等。

挖除树根的工程内容包括:挖除树根,装卸、移运至指定地点堆放,场地清理等。

2. 挖除旧路面

挖除旧路面的工程量应按不同的路面结构类型,如沥青路面、水泥混凝土路面等的水平面积,同时考虑挖除厚度,以立方米(m^3)为单位计量。

工程内容包括:挖除、装卸、移运处理,场地清理、平整。

3. 拆除结构物

拆除钢筋混凝土、混凝土、砖、石及其他砌体等圬工工程量应依据图纸所示位置,拆除路基范围内原有的不同类型的结构物,包括钢筋混凝土结构、混凝土结构、砖、石及其他砌体结构的体积,以立方米(m^3)为单位计量。

拆除圬工工程内容包括:挖除、装卸、移运处理、场地清理、平整。

拆除金属结构物应依据图纸所示位置,拆除路基范围内原有的金属结构,应以千克为单位计量,金属回收须按合同有关约定办理。

拆除金属结构物工程内容包括:切割、挖除、装卸、移运、堆放、场地清理、平整。

4. 植物移栽

在植物移栽工程中,工程量应依据图纸所示位置,起挖路基范围内原有的乔(灌)木或草皮并移栽,移栽各类乔(灌)木时按成活的数量以棵为单位计量,移栽草皮时按成活的草皮面积以平方米(m^2)为单位计量。

工程内容包括:起挖,植物保护、装卸、运输,坑(穴)开挖、种植、支撑、养护、场地清理。

(二)挖方路基

挖方路基的工程内容主要包括路基挖方工程,以及改河、改渠、改路挖方工程两大分项,两大分项工程的工程量计量规则相同,均包含挖土方、挖石方、挖除非适用材料(不含淤泥、岩盐、冻土)、挖淤泥、挖冻土、挖岩盐等工程内容,计量规则如下。

1. 挖土、石方

路基挖方工程和改河、改渠、改路挖方工程中,挖土、石方工程量应依据图纸所示地面线、路基设计横断面图、路基土石比例,采用平均断面面积法计算,如图5-3所示,包括边沟、排水沟、截水沟的土、石方,按照天然密实体积(土方)或天然体积(石方)以立方米(m^3)为单位计量。需注意,路床顶面以下挖松深300mm再压实作为挖土方的附属工作,不另行计量。取弃土场的绿化、防护工程、排水设施在相应章节内计量。

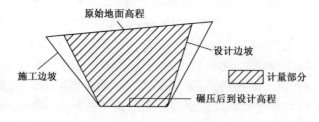

图5-3 路基挖方计量示意图

挖土方工程内容包括:挖、装、运输、卸车、填料分理、弃土整形、压实,施工排水处理、边坡整修,路床顶面以下挖松深300mm再压实、路床清理。

挖石方工程内容包括:石方爆破,挖、装、运输、卸车,填料分理、弃土整形、压实,施工排水处理,边坡整修,路床顶面凿平或填平压实、路床清理。

2. 挖除非适用材料(不含淤泥、岩盐、冻土)

路基挖方工程和改河、改渠、改路挖方工程中,挖除此类材料时应依据图纸所示位置,挖除路基范围内非适用材料(不含淤泥、岩盐、冻土)以立方米(m^3)为单位计量工程量。取弃土场的绿化、防护工程、排水设施在相应章节内计量。

工程内容包括:施工排水处理,挖除、装载、运输、卸车、堆放,现场清理。

3.挖淤泥

路基挖方工程和改河、改渠、改路挖方工程中,挖淤泥应依据图纸所示位置,以立方米(m^3)为单位计量工程量。取弃土场的绿化、防护工程、排水设施在相应章节内计量。

工程内容包括:施工排水处理,挖除、装载、运输、卸车、堆放,现场清理。

4.挖岩盐、冻土

路基挖方工程和改河、改渠、改路挖方工程中,挖岩盐、冻土的工程量应依据图纸所示地面线、路基设计横断面图、路基土石比例,按平均断面面积法计算,按照天然体积以立方米(m^3)为单位计量。取弃土场的绿化、防护工程、排水设施在相应章节内计量。

挖岩盐工程内容包括:石方爆破或机械开挖,挖、装、运输、卸车,填料分理,施工排水处理,路床顶面岩盐破碎、润洒饱和卤水、碾压整平、路床清理。

挖冻土工程内容包括:爆破或机械开挖,挖除、装卸、运输、卸车、堆放,施工排水处理,现场清理。

(三)填方路基

填方路基的工程内容主要包括路基填筑(包括填前压实)工程,以及改河、改渠、改路填筑工程两大分项,两大分项工程的工程量计量规则相同,均包含利用土方、利用石方、利用土方混填、借土填方、粉煤灰及矿渣路堤、吹填砂路堤、EPS路堤、结构物台背回填、锥坡及台前溜坡填土等工程内容,计量规则如下。

1.利用土、石方或土石混填

路基填筑工程或改河、改渠、改路填筑工程中,利用土、石方时应依据图纸所示地面线、路基设计横断面图,按平均断面面积法计算压实的体积,以立方米(m^3)为单位计量,如图5-4所示。

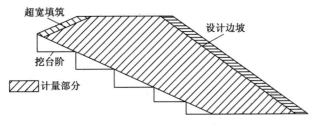

图5-4 路基填方计量示意图

当填料中石料含量小于30%时,应按利用土方算。
当填料中石料含量大于70%时,应按利用石方算。
当填料中石料含量大于30%、小于70%时,应按利用土石混填算。
填前压实、地面下沉增加的填方量按填料来源计量。需注意的是,满足施工需要,预留路基宽度宽填的填方量不另行计量。

利用土方填筑工程内容包括：基底翻松、压实、挖台阶、临时排水、翻晒、分层摊铺、洒水、压实、刷坡、整形。

利用石方填筑工程内容包括：基底翻松、压实、挖台阶、临时排水、翻晒、边坡码砌、分层摊铺、小石块（或石屑）填缝、找补、洒水、压实、整形。

利用土石混填工程内容包括：基底翻松、压实、挖台阶、临时排水、翻晒、边坡码砌、分层摊铺、洒水、压实、刷坡、整形。

2. 借土填方、粉煤灰及矿渣路堤、吹填砂路堤

路基填筑工程或改河、改渠、改路填筑工程中，借土填方时依据图纸所示地面线、路基设计横断面图，按平均断面面积法计算压实的体积，以立方米（m^3）为单位计量。地面下沉增加的填方量按填料来源计量。满足施工需要，预留路基宽度宽填的填方量作为路基填筑的附属工作，不另行计量。借土场绿化、防护工程、排水设施、临时用地则在相应章节内计量。

借土填方工程内容包括：借土场场地清理、清除不适用材料、简易便道、基底翻松、压实、挖台阶、挖、装、运输、卸车、分层摊铺、洒水、压实、刷坡、施工排水处理、整形。

粉煤灰及矿渣路堤工程内容包括：材料选择、基底翻松、压实、挖台阶、挖、装、运输、卸车、分层摊铺、洒水、压实、土质护坡、施工排水处理、整形。

吹填砂路堤工程内容包括：吹砂设备安设、吹填、施工排水处理（排水沟、反滤层设置）、封闭及整形。

3. EPS 路堤

路基填筑工程或改河、改渠、改路填筑工程中，EPS 路堤工程量依据图纸所示，按铺筑的 EPS 体积，以立方米（m^3）为单位计量。

工程内容包括：下承层处理、铺设垫层、EPS 块加工及铺装。

4. 结构物台背回填、锥坡及台前溜坡填土

路基填筑工程或改河、改渠、改路填筑工程中，结构物台背回填以及锥坡及台前溜坡填土的工程量应依据图纸所示数量，按照压实的体积以立方米（m^3）为单位计量。须注意的是，结构物台背回填工程中，挡土墙墙背回填不另行计量。

工程内容包括：基底翻松、压实、挖台阶、填料的选择、临时排水、分层摊铺、洒水、压实、整形。

(四) 特殊地区路基处理

1. 软土路基处理

(1) 抛石挤淤、爆炸挤淤应依据图纸所示位置和范围，按照抛石体积的片石数量，以立方米（m^3）为单位计量。

抛石挤淤工程内容包括：临时排水、抛填片石、小石块、石屑填塞垫平、重型压路机压实。

爆炸挤淤工程内容包括：超高填石、爆炸设计、布置炸药、爆破、填石、钻探（或物探）检查。

(2) 各类垫层，如砂垫层、碎石垫层等应依据图纸所示位置和断面尺寸，按图示中各类垫层的密实体积以立方米（m^3）为单位计量。需注意因换填而挖除的非适用材料应按挖方路基

中挖除非适用材料(不含淤泥、岩盐、冻土)的计量规则进行计量。

工程内容包括:基底清理、临时排水、分层铺筑、分层碾压,灰土垫层还包括石灰购置、运输,碎石垫层包括路基边部片石砌护。

(3)土工合成材料,主要包括反滤土工布、防渗土工膜、土工格栅等工程量,应依据图纸所示位置和规格,按土层中分层铺设各类土工合成材料的累计净面积,以平方米(m^2)为单位计量。接缝的重叠面积和边缘的包裹面积不予计量。

工程内容包括:清理下承层、铺设及固定、接缝处理(搭接、缝接、粘接)、边缘处理。

(4)真空预压依据图纸所示的沿密封沟内缘线密封膜覆盖的路基面积以平方米(m^2)为单位计量。

工程内容包括:场地清理及埋设沉降观测设施,铺设砂垫层及密封薄膜,施工密封沟,安装真空设备,抽真空、沉降观测,拆除、清理场地,围堰及临时排水。

(5)超载预压依据图纸所示预压范围(宽度、高度、长度)预压后体积以立方米(m^3)为单位计量。

工程内容包括:场地清理及埋设沉降观测设施,指标试验,围堰及临时排水,挖运、堆载、整修及碾压,沉降观测,卸载。

(6)袋装砂井依据图纸所示位置和断面尺寸,按不同直径袋装砂井的长度以米(m)为单位计量。

工程内容包括:场地清理,(轨道铺、拆)装砂袋,桩机定位,打钢管,下砂袋,拔钢管,起重机(门架)桩机移位。

(7)塑料排水板依据图纸所示位置和断面尺寸,按图示不同类型的塑料排水板长度,以米(m)为单位计量,但需注意,不计伸入垫层内的塑料排水板长度。

工程内容包括:场地清理,(轨道铺、拆)桩机定位,穿塑料排水板,安桩靴,打拔钢管,剪断排水板,起重机(门架)桩机移位。

(8)粒料桩工程量依据图纸所示位置和断面尺寸,按图示不同桩径的各类桩的长度,以米(m)为单位计量。

工程内容包括:场地清理、成桩设备安装与就位、成孔、灌砂(碎石)、桩机移位。

(9)加固土桩工程量依据图纸所示位置和断面尺寸,按图示不同桩径的各类桩的长度,以米(m)为单位计量。

粉喷桩工程内容包括:场地清理,钻机安装与就位,钻孔,喷(水泥)粉、搅拌、复喷、二次搅拌,桩机移位。

浆喷桩工程内容包括:场地清理,钻机定位,钻进,上提喷浆、强制搅拌,复搅,提杆出孔,钻机移位。

(10)CFG桩工程量依据图纸所示位置和断面尺寸,按图示不同桩径的CFG桩的长度,以米(m)为单位计量。

工程内容包括:场地清理、钻机定位、钻进成孔、CFG桩混合料拌制、灌注及拔管、桩头处理、钻机移位。

(11)Y形沉管灌注桩工程量依据图纸所示位置和断面尺寸,按图示不同规格的Y形沉管灌注桩的长度,以米(m)为单位计量。

工程内容包括：场地清理、打桩机定位、沉管、混合料拌制、灌注及拔管、桩头处理、打桩机移位。

(12)薄壁筒型沉管灌注桩工程量依据图纸所示位置和断面尺寸,按图示不同规格的薄壁筒型沉管灌注桩的长度,以米(m)为单位计量。

工程内容包括：场地清理、打桩机定位、沉管、混合料拌制、灌注及拔管、桩头处理、打桩机移位。

(13)静压管桩工程量依据图纸所示位置和断面尺寸,按图示不同规格的静压管桩的长度,以米(m)为单位计量。

工程内容包括：场地清理、管桩制作、静力压桩机定位、压桩、桩身连接、桩头处理、压桩机移位。

(14)强夯及强夯置换,强夯的工程量应依据图纸所示位置和处理面积,按图示路堤底面积以平方米(m^2)为单位计量。强夯置换的工程量应依据图纸所示位置,按图示置换的体积以立方米(m^3)为单位计量。

强夯工程内容包括：场地清理,拦截、排除地表水,防止地表水下渗等防渗措施,强夯处理,路基整型,压实,沉降观测。

强夯置换工程内容包括：场地清理,拦截、排除地表水,防止地表水下渗等防渗措施,挖除材料,铺设置换材料,强夯,路基整型,承载力检测。

2.红黏土及膨胀土路基处理

红黏土及膨胀土路基处理的工程量应依据图纸所示位置和断面尺寸,对不良填料改良处理,主要有两种处理方式:掺石灰改良处理和掺水泥改良处理。按不同掺灰量、水泥量的压实体积,以立方米(m^3)为单位计量。

工程内容包括：原状土开挖、翻松及晾晒、石灰(水泥)消解、掺灰(水泥)拌和。

3.滑坡处理

滑坡处理的主要工程内容为清除滑坡体,应按照清除滑坡体土方与石方的天然体积分别以立方米(m^3)为单位计量。

工程内容包括：地表水引排、防渗、地下水疏导引离,挖除、装载,运输到指定地点堆放,现场清理。

4.岩溶洞处理

岩溶洞处理主要包含的工程内容为回填,工程量应依据图纸要求的回填材料的密实体积以立方米(m^3)为单位计量。

工程内容包括：清除覆土,炸开顶板,地下水疏导引离,挖除充填物,分层回填,碾压、夯实。

5.湿陷性黄土路基处理

(1)陷穴处理工程量应按照灌砂和灌水泥砂浆的体积,以立方米(m^3)为单位计量。

灌砂工程内容包括：施工排水处理、开挖、灌砂、压实。

灌水泥砂浆工程内容包括：施工排水处理、开挖、水泥砂浆拌制、灌水泥砂浆。

(2)强夯应依据图纸所示位置和处理面积,按图示路堤底面积以平方米(m^2)为单位计量。

强夯置换应按图示置换的体积以立方米(m^3)为单位计量。工程内容同前所述。

(3)石灰改良土的工程量依据图纸所示位置和断面尺寸,对不良填料进行掺石灰改良处理,按不同掺灰量的压实体积,以立方米(m^3)为单位计量。

工程内容包括:原状土开挖、翻松及晾晒,石灰消解,掺灰拌和。

(4)灰土桩的工程量应依据图纸所示位置和断面尺寸,按图示不同直径的灰土桩的长度以米(m)为单位计量。

工程内容包括:场地清理,钻机安装与就位,钻孔,喷(水泥)粉、搅拌、复喷、二次搅拌,桩机移位。

6.盐渍土路基处理

(1)对于垫层处理,砂垫层或砂砾垫层的工程量依据图纸所示位置和断面尺寸,按图示砂垫层密实体积或砂砾垫层密实体积以立方米(m^3)为单位计量。

工程内容包括:基底清理、临时排水、分层铺筑、分层碾压。

(2)若采用土工合成材料,防渗土工膜、土工格栅的工程量应依据图纸所示位置和规格,按土层中分层铺设防渗土工膜的累计净面积以平方米(m^2)为单位计量。

工程内容包括:清理下承层、铺设及固定、接缝处理(搭接、缝接、粘接)、边缘处理。

7.风积沙路基处理

采用土工合成材料时,土工格栅、土工格室、蜂窝式塑料网的工程量应依据图纸所示位置和规格、型号,按各类材料累计净面积以平方米(m^2)为单位计量。工程内容同前所述。

8.冻土路基处理

(1)若隔热层采用 XPS 保温板,工程量应依据图纸所示位置和断面形状、尺寸,按图示粘贴的 XPS 保温板面积,以平方米(m^2)为单位计量。

工程内容包括:备保温板、运输,裁剪保温板,清理粘贴面,涂刷或批刮黏结胶浆,贴到图示墙面或地面。

(2)若隔热层采用通风管,工程量应依据图纸所示位置和断面形状、尺寸,按设置的通风管长度以米(m)为单位计量。

工程内容包括:基础开挖、通风管制作、通风管安装、回填砂砾、压实。

(3)若隔热层采用热棒,工程量应依据图纸所示位置和尺寸,按图示设置的热棒数量以根为单位计量。

工程内容包括:场地清理,备水电、材料、机具设备,钻机定位、钻进、成孔,起吊安装热棒,热棒四周灌砂密实,钻进移位。

(五)坡面排水

1.边沟、排水沟、截水沟、跌水与急流槽

(1)浆砌片(块)石或干砌片石的工程量应按浆砌片(块)石或干砌片石的体积,以立方米(m^3)计量。

浆砌片(块)石工程内容包括:场地清理,地基平整夯实,断面补挖,铺设垫层,砂浆拌制,浆砌片(块)石、勾缝、抹面、养生,回填。

干砌片石工程内容包括:场地清理、地基平整夯实、断面补挖、铺设垫层、铺砌片石、回填。

(2)现浇或预制安装混凝土的工程量需按照面尺寸,按照不同强度等级的混凝土浇筑或预制的边沟、排水沟、截水沟、跌水与急流槽的体积,以立方米(m^3)为单位计量。

现浇混凝土工程内容包括:场地清理,地基平整夯实,断面补挖,铺设垫层,模板制作、安装、拆除,钢筋制作与安装,混凝土拌和、运输、浇筑、养生,回填。

预制安装混凝土工程内容包括:场地清理,地基平整夯实,断面补挖,铺设垫层,模板制作、安装、拆除,预制件预制、运输、装卸,预制件安装,回填。

(3)预制安装混凝土盖板的工程量需按照不同强度等级混凝土预制的盖板体积,以立方米(m^3)为单位计量。

工程内容包括:场地清理,模板制作、安装、拆除,钢筋制作与安装,预制件预制、运输、装卸,预制件安装。

2. 渗沟

渗沟的工程量应根据断面尺寸,分不同类型及规格,按长度以米(m)为单位计量。

工程内容包括:基础开挖、进出水口处理、铺设防渗材料、铺设透水管及泄水管、填料填筑及夯实、设置反滤层、设置封闭层、现场清理。

3. 蒸发池

(1)挖土(石)方的工程量应依据图纸所示地面线、断面尺寸、土石比例,按开挖的天然密实体积以立方米(m^3)为单位计量。

工程内容包括:场地清理,开挖、集中、装运,施工排水处理,弃方处理。

(2)圬工工程量应分不同类型及强度等级,按圬工体积以立方米(m^3)为单位计量。

工程内容包括:场地清理,基础开挖及弃方处理,地基平整夯实,断面补挖,浆砌片石,勾缝、抹面、养生,回填。

4. 涵洞上下游改沟、改渠铺砌

(1)浆砌片石铺砌的工程量应依据图纸所示位置及断面尺寸,按照不同强度等级水泥砂浆铺砌的片石体积,以立方米(m^3)为单位计量。

工程内容包括:场地清理,地基平整夯实,沟、渠断面补挖,铺设垫层,砂浆拌制,浆砌片石、勾缝、抹面、养生,回填。

(2)现浇或预制混凝土铺砌的工程量应依据图纸所示位置及断面尺寸,按照不同强度等级的混凝土浇筑或预制的沟、渠铺砌体积,以立方米(m^3)为单位计量。

现浇混凝土工程内容包括:场地清理,地基平整夯实,沟、渠断面补挖,铺设垫层,模板制作、安装、拆除,混凝土拌和、运输、浇筑、养生,回填。

预制混凝土铺砌工程内容包括:场地清理,地基平整夯实,沟、渠断面补挖,铺设垫层,模板制作、安装、拆除,预制件预制、运输、装卸,预制件安装,回填。

5. 现浇、预制混凝土坡面排水结构物

混凝土坡面排水结构物的工程量需按照不同强度等级的混凝土浇筑或预制的结构物体积,以立方米(m^3)为单位计量。

现浇混凝土工程内容包括:场地清理,地基平整夯实,坡面排水结构物断面补挖,铺设垫层,模板制作、安装、拆除,混凝土拌和、运输、浇筑、养生,回填。

预制混凝土工程内容:包括场地清理,地基平整夯实,坡面排水结构物断面补挖,铺设垫层,模板制作、安装、拆除,预制件预制、运输、装卸,预制件安装,回填。

6. 仰斜式排水孔

钻孔工程量需依据图纸所示位置及孔径,按照不同孔径排水孔长度,以米(m)为单位计量。

排水管及软式透水管的工程量依据图纸所示位置及排水管材质,按照不同孔径排水管长度,以米(m)为单位计量。

钻孔工程内容包括:搭拆脚手架,安拆钻机,布眼、钻孔、清孔,现场清理。

排水管工程内容包括:搭拆脚手架,管体制作、包裹渗水土工布,安装排水管,排水口处理,现场清理。

软式透水管工程内容包括:搭拆脚手架,管体制作、包裹渗水土工布(反滤膜),安装透水管,排水口处理,现场清理。

(六)护坡、护面墙

1. 护坡垫层

护坡垫层的工程量应依据图纸所示位置和密实厚度,按照不同材料类别的垫层体积以立方米(m^3)为单位计量。

工程内容包括:坡面清理、修整,垫层材料铺筑,压实、捣固,弃渣处理。

2. 干砌片石护坡

此类护坡的工程量应依据图纸所示位置和铺砌厚度,以立方米(m^3)为单位计量。需注意此清单工程量包含碎落台、护坡平台满铺干砌片石数量,但是需扣除急流槽所占部分。

工程内容包括:清理边坡、坡面夯实、基础开挖、铺砌片石、回填、清理现场。

3. 浆砌片石护坡

(1)满铺浆砌片石护坡工程量需依据图纸所示位置和铺砌厚度、水泥砂浆强度,按照铺砌体积以立方米(m^3)为单位计量,包括碎落台、护坡平台满铺浆砌片石数量,但是需扣除急流槽所占面积。

工程内容包括:清理边坡,坡面夯实,基础开挖,浆砌片石,勾缝、抹面、养护,回填,清理现场。

(2)浆砌骨架护坡工程量除考虑铺砌厚度及水泥砂浆强度外,同时还需考虑骨架形式,按照护坡体体积以立方米(m^3)为单位计量。此工程量同样包括碎落台、护坡平台浆砌骨架数量,但是需扣除急流槽所占面积。

工程内容包括:清理边坡,坡面夯实,基础开挖,浆砌片石,勾缝、抹面、养护,回填,清理现场。

(3)现浇混凝土的工程量须依据图纸所示位置及断面尺寸,按照不同强度等级混凝土浇筑的现浇混凝土体积以立方米(m^3)为单位计量。

工程内容包括:清理边坡,坡面夯实,基础开挖,模板制作、安装、拆除,混凝土拌和、运输、浇筑、养护、回填、清理现场。

4. 混凝土护坡

（1）混凝土满铺护坡和骨架护坡均分现浇和预制两种，工程量须依据图纸所示位置，现浇护坡需同时考虑断面尺寸，预制件护坡需同时考虑构造尺寸，按照不同强度等级混凝土浇筑（或预制件铺砌）的实体体积，以立方米（m³）为单位计量。

现浇混凝土护坡工程内容包括：清理边坡，坡面夯实，基础开挖，模板制作、安装、拆除，混凝土拌和、运输、浇筑、养护，回填，清理现场。

预制混凝土护坡工程内容包括：清理边坡，坡面夯实，基础开挖，预制场建设，预制件预制、运输、装卸，预制件安装，回填，清理现场。

（2）浆砌片石护坡的工程量须依据图纸所示位置和铺砌厚度，按照不同强度等级水泥砂浆砌筑的浆砌片石护坡体积，以立方米（m³）为单位计量。

工程内容包括：清理边坡，坡面夯实，基础开挖，浆砌片石、勾缝、抹面、养护，回填，清理现场。

5. 护面墙

护面墙工程主要分为三种，预制安装混凝土护面墙、现浇混凝土护面墙、浆砌片（块）石护面墙，工程量需依据图纸所示位置及断面尺寸，分别按照不同强度等级混凝土预制件体积、混凝土体积、水泥砂浆砌片（块）石的体积，以立方米（m³）为单位计量，且均不扣除沉降缝、泄水孔、预埋件所占体积。

浆砌片（块）石护面墙工程内容包括：基础开挖、地基平整夯实、废方弃运，边坡清理夯实，浆砌片石，设泄水孔及其滤水层，接缝处理，勾缝、抹面、墙背排水设施设置、填料分层填筑，清理现场。

现浇混凝土护面墙工程内容包括：场地清理，基础开挖、地基平整夯实、废方弃运，边坡清理夯实，模板制作、安装、拆除，混凝土拌和、运输、浇筑、养护，泄水孔及其滤水层、沉降缝设置，墙背排水设施设置、填料分层填筑，清理现场。

预制安装混凝土护面墙工程内容包括：预制场建设，预制件预制、运输、装卸，预制件安装，墙背排水设施设置、填料分层填筑，清理现场。

6. 封面、捶面

封面及捶面的工程量须依据图纸所示位置及断面尺寸，按照不同厚度的封面或捶面的面积，以平方米（m²）为单位计量。

工程内容包括：坡面清理、封（捶）面施工、清理现场。

7. 坡面柔性防护

坡面柔性防护主要分为主动防护系统及被动防护系统两种，工程量须依据图纸所示，按不同类型的防护系统防护的坡面面积，以平方米（m²）为单位计量。

主动防护系统工程内容包括：坡面清理，脚手架安设、拆除、完工清理和保养，支撑绳穿绳、张拉、固定，挂网、网片连接、缝合、固定，钻孔、清孔、套管装拔、锚杆制作、安装、锚固、锚头处理，浆液制备、注浆、养护，网面调整。

被动防护系统工程内容包括：坡面清理，基础及立柱施工，支撑绳穿绳、张拉、固定，挂网、网片连接、缝合、固定,钻孔、清孔、套管装拔、锚杆制作、安装、锚固、锚头处理、浆液制备、注浆、养护,网面调整。

(七)挡土墙

1. 垫层

挡土墙工程中垫层的工程量应根据垫层密实厚度,按照不同材料的垫层体积,以立方米(m^3)为单位计量。

工程内容包括:基底清理、临时排水、铺筑垫层、夯实。

2. 基础

挡土墙基础部分主要为浆砌片(块)石基础或混凝土基础,工程量应依据图纸所示位置和断面尺寸,按图示不同强度等级的水泥砂浆砌石体积或混凝土体积,以立方米(m^3)为单位计量。

浆砌片(块)石基础工程内容包括:基坑开挖、清理、平整、夯实、废方弃运,拌、运砂浆,砌筑、养护、回填。

混凝土基础工程内容包括:基坑开挖、清理、平整、夯实,混凝土制作、运输、浇筑、振捣、养护、回填、清理现场。

3. 干砌、砌体、混凝土挡土墙

砌体、干砌、混凝土挡土墙墙体的工程量应依据图纸所示位置和断面尺寸,分别按图示的干砌体积、不同强度等级水泥砂浆砌石、混凝土的体积,以立方米(m^3)为单位计量,且均不扣除沉降缝、泄水孔、预埋件所占体积。

混凝土挡土墙所含的钢筋须依据图纸所示及钢筋表所列钢筋质量以千克(kg)为单位计量,固定钢筋的材料、定位架立钢筋、钢筋接头、吊装钢筋、钢板、铁丝作为钢筋作业的附属工作,不另行计量。

浆砌片(块)石挡土墙工程内容包括:基坑开挖、清理、平整、夯实,浆砌片(块)石,设泄水孔及其滤水层,接缝处理,勾缝、抹面、墙背排水设施设置,填料分层填筑,清理、废方弃运。

干砌挡土墙工程内容包括:基坑开挖、清理、平整、夯实,砌筑片(块)石,设泄水孔及其滤水层,接缝处理,抹面,墙背排水设施设置,填料分层填筑,清理、废方弃运。

混凝土挡土墙工程内容包括:基坑开挖、清理、平整、夯实,模板制作、安装、拆除,混凝土制作、运输、浇筑、振捣、养护,泄水孔及其滤水层、沉降缝设置,墙背填料分层填筑,清理、废方弃运。

钢筋工程内容包括:钢筋的保护、储存及除锈,钢筋整直、接头,钢筋截断、弯曲,钢筋安设、支撑及固定。

(八)锚杆、锚定板挡土墙

1. 锚杆挡土墙

锚杆挡土墙包括现浇混凝土立柱、预制安装混凝土立柱、预制安装混凝土挡板,工程量均应依据图纸所示位置及断面尺寸,按照不同强度等级混凝土体积以立方米(m^3)为单位进行计量。

现浇混凝土立柱工程内容包括：基坑开挖、清理、平整、夯实，模板制作、安装、拆除，混凝土制作、运输、浇筑、振捣、养护，锚头制作、防锈及防水封闭，清理现场。

预制安装混凝土立柱工程内容包括：基坑开挖，预制场建设，预制件预制、运输、装卸，预制件安装，锚头制作、防锈及防水封闭，清理现场。

预制安装混凝土挡板工程内容包括：沟槽开挖，预制场建设，预制件预制、运输、装卸，预制件安装，墙背回填及墙背排水系统施工，清理、废方处理。

2. 锚定板挡土墙

锚定板挡土墙包括现浇混凝土肋柱、预制安装混凝土肋柱、预制安装混凝土锚定板，工程量均应依据图纸所示位置及断面尺寸，按照不同强度等级混凝土体积以立方米（m^3）为单位进行计量。

现浇混凝土肋柱工程内容包括：基坑开挖、清理、平整、夯实，模板制作、安装、拆除，混凝土制作、运输、浇筑、振捣、养护，锚头制作、防锈及防水封闭，清理现场。

预制安装混凝土肋柱工程内容包括：基坑开挖，预制场建设，预制件预制、运输、装卸，预制件安装，锚头制作、防锈及防水封闭，清理现场。

预制安装混凝土锚定板工程内容包括：沟槽开挖，预制场建设，预制件预制、运输、装卸，预制件安装，墙背回填及墙背排水系统施工，清理、废方处理。

3. 现浇墙身混凝土、附属部位混凝土、现浇桩基混凝土

以上挡土墙混凝土工程量均应依据图纸所示位置及断面尺寸，按照不同强度等级混凝土体积以立方米（m^3）为单位进行计量。护壁混凝土作为桩基的附属工作，不另行计量。

现浇墙身混凝土工程内容包括：模板制作、安装、拆除，混凝土拌和、运输、浇筑、养护，墙背回填及墙背排水系统施工，清理现场。

现浇附属部位混凝土工程内容包括：模板制作、安装、拆除，混凝土拌和、运输、浇筑、养护，清理现场。

现浇桩基混凝土工程内容包括：钻孔，模板制作、安装、拆除，护壁及桩身混凝土拌和、运输、浇筑、养护，墙背回填、压实、排水措施施工，清理现场。

4. 锚杆、拉杆

（1）挡土墙中钢筋的工程量应依据图纸所示及钢筋表所列钢筋质量以千克（kg）为单位计量，且固定钢筋的材料、定位架立钢筋、钢筋接头、吊装钢筋、钢板、铁丝作为钢筋作业的附属工作，不另行计量。

工程内容包括：钢筋的保护、储存及除锈，钢筋整直、接头、钢筋截断、弯曲，钢筋安设、支撑及固定。

（2）在锚杆、锚定板挡土墙中锚杆及拉杆的工程量均应依据图纸所示位置，按照其设计长度和规格计算质量，以千克（kg）为单位计量。

锚杆工程内容包括：坡面清理、钻孔、制作安放锚杆、灌浆、拉拔试验、锚固、锚头处理。

拉杆工程内容包括：拉杆沟槽开挖，废方弃运，拉杆制作、防锈处理、安装，拉杆与肋柱、锚定板连接处的防锈处理，锚头制作、防锈处理、防水封闭、养护。

（九）加筋土挡土墙

1. 基础

基础部分主要为浆砌片石基础或混凝土基础，工程量应依据图纸所示位置和断面尺寸，按图示不同强度等级的水泥砂浆砌石体积或混凝土体积，以立方米（m³）为单位计量。

浆砌片石基础工程内容包括：基坑开挖、清理、平整、夯实、废方弃运，拌、运砂浆、砌筑、养护，回填。

混凝土基础工程内容包括：基坑开挖、清理、平整、夯实，混凝土制作、运输，浇筑、振捣、养护，回填，清理现场。

2. 现浇混凝土帽石

现浇混凝土帽石工程量应依据图纸所示断面尺寸，按不同强度等级的混凝土体积，以立方米（m³）为单位计量。

工程内容包括：模板制作、安装、拆除，混凝土拌和、运输，浇筑、养护，清理现场。

3. 预制安装混凝土墙面板

预制安装混凝土墙面板工程量应依据图纸所示位置与断面尺寸，按不同强度等级的混凝土体积，以立方米（m³）为单位计量。

工程内容包括：沟槽开挖，预制场建设，预制件预制、运输、装卸，预制件安装，墙背回填（不含路基填料的回填）及墙背排水系统施工，清理现场。

4. 加筋带

加筋带部分分为扁钢带、钢筋混凝土带、塑钢复合带、塑料土工格栅、聚丙烯土工带等。

扁钢带、塑钢复合带、聚丙烯土工带、钢筋的工程量依据图纸所示位置与断面尺寸，以铺设数量换算为质量，以千克（kg）为单位计量。

塑料土工格栅的工程量应依据图纸所示位置和规格、型号，按土层中分层铺设土工格栅的累计净面积以平方米（m²）为单位计量，但接缝的重叠面积和边缘的包裹面积不予计量。

钢筋混凝土带的工程量应依据图纸所示位置与断面尺寸，按不同强度等级的混凝土体积，以立方米（m³）为单位计量，混凝土中的钢筋作为加筋带的附属工作，不另行计量。

工程内容包括：场地清理、铺设加筋带、填料摊平、分层压实。

5. 钢筋

钢筋的工程量应依据图纸所示及钢筋表所列钢筋质量以千克（kg）为单位计量，固定钢筋的材料、定位架立钢筋、钢筋接头、吊装钢筋、钢板、铁丝作为钢筋作业的附属工作，不另行计量，加筋带中的钢筋不另行计量。

工程内容包括：钢筋的保护、储存及除锈，钢筋整直、接头，钢筋截断，弯曲，钢筋安设、支撑及固定。

（十）边坡防护

1. 喷浆防护、喷混凝土防护

（1）挂网土工格栅喷浆防护、挂网锚喷混凝土防护。

边坡各部位进行喷浆防护、喷混凝土防护的工程量应依据图纸所示位置,同时考虑砂浆强度等级或混凝土强度等级,按照不同厚度的喷射防护面积,以平方米(m^2)为单位计量。

工程内容包括:岩面清理、设备安装与拆除、水泥砂浆(混凝土)拌制、喷射、养护、沉降缝设置。

(2)铁丝网、钢筋网。

铁丝网、钢筋网工程量依据图纸所示位置,安装设计数量以千克(kg)为单位计量。因搭接而增加的铁丝网(钢筋网)不予计量。

工程内容包括:清理坡面,铁丝网(钢筋网)安设、支撑、固定。

(3)土工格栅。

土工格栅工程量应依据图纸所示位置和规格、型号,按分层铺设土工格栅的累计净面积以平方米(m^2)为单位计量,但接缝的重叠面积和边缘的包裹面积不予计量。

工程内容包括:清理坡面,铺设,接缝处理(搭接、缝接、粘接)。

(4)锚杆。

锚杆工程量应依据图纸所示位置,按照其设计长度和规格计算质量,以千克(kg)为单位计量。

工程内容包括:清理坡面、钻孔、制作安放锚杆、灌浆。

2. 土钉支护

(1)钻孔注浆钉工程量应按图示不同直径的土钉钻孔桩长度,以米(m)为单位计量。

工程内容包括:清理坡面、钻孔,制作安放土钉钢筋,浆体配制、运输、注浆。

(2)击入钉的工程量应按图示金属击入钉的质量,以千克(kg)为单位计量。

工程内容包括:清理坡面、土钉制作、土钉击入。

(3)钢筋的工程量应依据图纸所示及钢筋表所列钢筋质量以千克(kg)为单位计量,固定钢筋的材料、定位架立钢筋、钢筋接头、吊装钢筋、钢板、铁丝作为钢筋作业的附属工作,不另行计量,土钉用钢材不予计量。

工程内容包括:钢筋的保护、储存及除锈,钢筋整直、接头,钢筋截断、弯曲,钢筋安设、支撑及固定。

(十一)预应力锚索边坡加固

1. 预应力钢绞线、无黏结预应力钢绞线

预应力钢绞线、无黏结预应力钢绞线的工程量应依据图纸所示位置和钢绞线规格,按照各类锚索锚固端底至锚具外侧的长度,以米(m)为单位计量。

工程内容包括:坡面清理,脚手架安设、拆除、完工清理和保养,钻孔、清孔、锚索成束、支架及导向头制作安装、锚固、浆液制备、注浆、养护、锚头防腐处理、封锚。

2. 锚杆

锚杆,包括钢筋锚杆、预应力钢筋锚杆,工程量应依据图纸所示位置和规格、型号,按照安装的锚杆质量以千克(kg)为单位计量。

钢筋锚杆工程内容包括:坡面清理,脚手架安设、拆除、完工清理和保养,钻孔、清孔、套管装拔,锚杆制作、安装、锚固、锚头处理、浆液制备、注浆、养护。

预应力钢筋锚杆工程内容包括:坡面清理,脚手架安设、拆除、完工清理和保养,钻孔、清孔、套管装拔,锚杆制作、安装,浆液制备、一次注浆、锚固,张拉、二次注浆。

3.混凝土框格梁、混凝土锚固板

混凝土框格梁、混凝土锚固板的工程量应依据图纸所示位置及断面尺寸,按照不同强度等级混凝土浇筑体积,以立方米(m^3)为单位计量。

工程内容包括:边坡清理,模板制作、安装、拆除,混凝土制作、运输、浇筑、养护,清理现场。

4.钢筋

钢筋的工程量应依据图纸所示及钢筋表所列钢筋质量以千克(kg)为单位计量。

固定钢筋的材料、定位架立钢筋、钢筋接头、吊装钢筋、钢板、铁丝作为钢筋作业的附属工作,不另行计量。

工程内容包括:钢筋的保护、储存及除锈,钢筋整直、接头,钢筋截断、弯曲,钢筋安设、支撑及固定。

(十二)抗滑桩

1.现浇混凝土桩

混凝土工程量应依据图纸所示位置及断面尺寸,按照不同强度等级混凝土体积,以立方米(m^3)为单位计量。护壁混凝土及护壁钢筋为桩基混凝土的附属工作,不另行计量,声测管为现浇混凝土桩的附属工作,不另行计量。

工程内容包括:场地清理,钻孔,模板制作、安装、拆除,护壁及桩身混凝土制作、运输、浇筑、养护,桩的无损检测,清理现场。

2.桩板式抗滑挡墙

(1)挡土板。

挡土板工程量应依据图纸所示位置及断面尺寸,按照不同强度等级混凝土体积,以立方米(m^3)为单位计量。

工程内容包括:沟槽开挖,预制场建设,预制件预制、运输、装卸,预制件安装,墙背回填及墙背排水系统施工,清理现场。

(2)钢筋。

钢筋的工程量应依据图纸所示及钢筋表所列钢筋质量,以千克(kg)为单位计量。固定钢筋的材料、定位架立钢筋、钢筋接头、吊装钢筋、钢板、铁丝作为钢筋作业的附属工作,不另行计量。抗滑桩的护壁钢筋不予计量。

工程内容包括:钢筋的保护、储存及除锈,钢筋整直、接头,钢筋截断、弯曲,钢筋安设、支撑及固定。

(十三)河道防护

1.河床铺砌、导流设施

导流设施包括护岸墙、顺坝、丁坝、调水坝、锥坡,河床与导流设施修建所用的浆砌片石、混凝土的工程量均应依据图纸所示位置及断面尺寸,按照不同强度等级水泥砂浆、混凝土铺筑或浇筑的体积以立方米(m^3)为单位计量。

导流设施工程中所含的石笼的工程量应依据图纸所示位置和构造类型、结构尺寸,按照实际铺筑的石笼防护体积,以立方米(m^3)为单位计量。

浆砌片石铺砌的工程内容包括:临时排水,基坑开挖,拌、运砂浆,砌筑,养护,清理现场,对于导流设施工程内容还包括围堰。

混凝土铺砌的工程内容包括:临时排水,基坑开挖,模板制作、安装、拆除,混凝土拌和、运输、浇筑、养护,清理现场,对于导流设施工程内容还包括围堰。

石笼工程内容包括:准备材料及补救设施,编制网片,装入块石,封闭成石笼,抛到图纸指定处,石笼间连接牢固。

2. 抛石防护

抛石防护的工程量应依据图纸所示位置和断面尺寸,按照抛填石料体积,以立方米(m^3)为单位计量。

工程内容包括:移船定位、抛填、测量检查。

三、第 300 章路面工程的计量规则

根据《公路工程标准施工招标文件》(2018 年版)第八章"工程量清单计量规则"第 300 章的规定,路面工程的工程量计量结构层包括垫层、底基层、基层、沥青透层和黏层、封层和沥青混凝土面层,以及水泥混凝土面板和路肩培土、中央分隔带回填土、土路肩、路缘石等。

(一) 垫层

垫层包括碎石垫层、砂砾垫层、水泥稳定土垫层和石灰稳定土垫层,均依据图纸所示压实厚度,按照铺筑的顶面面积,以平方米(m^2)为单位计量。

工程内容包括:检查、清除路基上的浮土、杂物,洒水湿润,拌和、运输、摊铺,整平、整型,洒水、碾压、整修,初期养护。

(二) 底基层、基层

底基层、基层的材料包括石灰稳定土、水泥稳定土、石灰粉煤灰稳定土、级配碎(砾)石和沥青稳定碎石。

除各类材料的搭板、埋板下的底基层均依据图纸所示尺寸、范围,按照铺筑体积以立方米(m^3)为单位计量之外,其他各类材料的底基层、基层,均依据图纸所示压实厚度,按照铺筑的顶面面积以平方米(m^2)为单位计量,如图 5-5 所示。

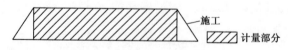

图 5-5 路面计量示意图

石灰稳定土、水泥稳定土、石灰粉煤灰稳定土底基层、基层的工程内容包括:检查、清理下承层、洒水,拌和、运输、摊铺,整平、整型,洒水、碾压、初期养护。

级配碎(砾)石底基层、基层的工程内容包括:检查、清理下承层、洒水,铺筑材料拌和、运输、摊铺、整平、整型、洒水、碾压。

沥青稳定碎石基层(ATB)工程内容包括:检查和清理下承层,拌和设备安装、调试、拆除,沥青铺筑材料加热、保温、输送、配运料、矿料加热烘干、拌和、出料,运输、摊铺、压实、成型、接缝、初期养护。

(三)透层和黏层

透层和黏层均依据图纸所示沥青品种、规格、喷油量,按照洒布面积以平方米(m^2)为单位计量。

工程内容包括:检查和清扫下承层,材料制备、运输,试洒,沥青洒布车均匀喷洒并检测洒布用量,初期养护。

(四)面层

1. 热拌沥青混合料面层

包括细粒式、中粒式和粗粒式沥青混凝土,均依据图纸所示级配类型及铺筑压实厚度,按照铺筑的顶面面积以平方米(m^2)为单位计量,如图5-5所示。

工程内容包括:检查和清理下承层,拌和设备安装、调试、拆除,沥青加热、保温、输送、配运料、矿料加热烘干、拌和、出料,运输、摊铺、碾压、成型、接缝、初期养护。

2. 沥青表面处治和封层

(1)沥青表面处治,依据图纸所示沥青种类、厚度、喷油量,按照沥青表面处治面积以平方米(m^2)为单位计量。

工程内容包括:检查和清理下承层,安拆除熬油设备,熬油,运油,沥青洒布车洒油,整型、碾压、找补,初期养护。

(2)封层,依据图纸所示沥青种类、厚度,按照封层面积以平方米(m^2)为单位计量。

工程内容包括:检查和清理下承层,试验段施工,专用设备撒布或施工封层,整型、碾压、找补,初期养护。

3. 改性沥青及改性沥青混合料

计量规则同热拌沥青混合料面层。

工程内容包括:检查和清理下承层,拌和设备安装、调试、拆除,改性沥青混合料生产,混合料运输、摊铺、碾压、成型、接缝、初期养护。

4. 水泥混凝土面板

面板依据图纸所示厚度和混凝土强度等级,按照铺筑体积以立方米(m^3)为单位计量。钢筋依据图纸所示水泥混凝土路面钢筋按图示质量以千克(kg)为单位计量。因搭接而增加的钢筋作为附属工作,不另行计量。

水泥混凝土面板工程内容包括:检查和清理下承层,洒水湿润,模板制作、架设、安装、修理、拆除,混凝土拌合物配合比设计、配料、拌和、运输、浇筑、振捣、真空吸水、抹平、压纹或刻纹,养护,切缝、灌缝,初期养护。滑模摊铺机铺筑水泥混凝土面板时,没有真空吸水内容,但应包括摊铺机的运输、安装、就位调试(试铺)和使用、维修、移机、拆卸、移出场地等。

钢筋工程内容包括:钢筋的保护、储存及除锈,钢筋整直、连接,钢筋截断、弯曲,钢筋安设、支承及固定。

(五)路面工程其他结构物

1. 路肩培土、中央分隔带回填土、土路肩加固及路缘石

(1)路肩培土或中央分隔带回填土依据图纸所示断面尺寸,按照压实体积或压实后体积以立方米(m^3)为单位计量。

工程内容包括:挖运土,路基整修、培土、整型,分层填筑压实,培土路肩还包括整修路肩横坡。

(2)现浇混凝土加固土路肩或混凝土预制块加固土路肩和混凝土预制块路缘石依据图纸所示断面尺寸和混凝土强度等级,按照浇筑体积或预制安装体积以立方米(m^3)为单位计量。

现浇混凝土加固土路肩工程内容包括:路基整修,模板制作、安装、拆除、修理、涂脱模剂,混凝土拌和、制备、摊铺、养护。

混凝土预制块加固土路肩工程内容包括:预制场地平整,硬化处理,预制块预制、装运,路基整修,预制块铺砌、勾缝。

混凝土预制块路缘石工程内容包括:预制场地平整,硬化处理,预制块预制、装运,路基整修,基槽开挖及回填,废方弃运,基槽夯实,路缘石铺砌、勾缝,路缘石后背回填夯实。

2. 路面及中央分隔带排水

包括排水管、纵向雨水沟(管)、集水井、中央分隔带渗沟、沥青油毡防水层、路肩排水沟和拦水带。

(1)排水管、纵向雨水沟(管)、中央分隔带渗沟、路肩排水沟和拦水带依据图纸所示位置,分不同类型及规格,按埋设长度或设置长度以米(m)为单位计量。

排水管工程内容包括:基槽开挖填筑、废方弃运,垫层(基础)铺筑,排水管制作,安放排水管,接头处理,回填、压实,出水口处理。

纵向雨水沟(管)工程内容包括:基槽开挖、废方弃运,垫层(基础)铺筑,模板制作、安装、拆除、修理,钢筋制作与安装,盖板预制与安装,混凝土拌和、运输、浇筑、养护,安放排水管,接头处理,回填、压实,出水口处理。

中央分隔带渗沟工程内容包括:基槽开挖、废方弃运,垫层(基础)铺筑,制管、打孔,安放排水管,接头处理,填碎石、铺镀土工布,回填、压实。

路肩排水沟工程内容包括:场地清理,地基平整夯实,排水沟断面补挖,铺设垫层,模板制作、安装、拆除,钢筋制作与安装,混凝土拌和、运输、浇筑、养护,预制件预制(现浇)运输、装卸、安装,回填、清理。

拦水带工程内容包括:混凝土制作、运输、浇筑、振捣、养护、拆模、刷漆、开槽,预制块装运、安装、接缝、防漏处理,沥青混凝土配运料、拌和、运输、摊铺、压实、成型、初期养护,清理。

(2)集水井依据图纸所示位置,分不同类型及规格,按设置的集水井数量,以座为单位计量。

工程内容包括:基坑开挖及废方弃运,地基平整夯实,垫层及基础施工,模板制作、安装、拆

除、修理,钢筋制作与安装,混凝土拌和、运输、浇筑、养护,井壁外围回填、夯实。

(3)沥青油毡防水层依据图纸所示位置,按铺设的防水层面积以平方米(m^2)为单位计量。工程内容包括:下承层清理、喷涂黏结层、铺油毡、接缝处理。

(六)其他路面

贫混凝土基层、水泥混凝土预制块路面、避险车道制动坡床路面依据图纸所示尺寸、范围、厚度或混凝土强度等级等,分不同材料按照铺筑体积以立方米(m^3)为单位计量。除此之外,其他各类材料路面,均依据图纸所示压实厚度、混凝土强度等级、分不同材料的不同品种和规格,按照铺筑的顶面面积以平方米(m^2)为单位计量。

沥青贯入式碎石路面工程内容包括:检查和清理下承层,主层集料摊铺碾压,沥青洒布车洒油,铺撒嵌缝料,整型、碾压、找补,初期养护。石油沥青贯入式路面还包括安设熬油设备,熬油、运油。

上拌下贯入式沥青碎石路面工程内容包括:检查和清理下承层,安设熬油设备,熬油、运油,下层集料摊铺、整平,沥青洒布车洒油,整型、碾压、找补,上层沥青混合料施工,拌和、运输、摊铺、碾压、整修,初期养护。

贫混凝土基层工程内容包括:检查和清理下承层、洒水,混凝土拌和、运输、摊铺、整平、整型、碾压、设置纵缝、横缝并灌入填缝料,初期养护。

天然砂砾、级配碎(砾)石路面工程内容包括:检查和清理下承层、洒水,摊铺、整平、整型,洒水、碾压、找补。

泥结碎(砾)石路面工程内容包括:清理下承层、洒水,铺筑材料拌和、运输、摊铺、整平,撒嵌缝材料、整型、洒水、碾压、找补,初期养护。

水泥混凝土预制块路面工程内容包括:清理下承层,水泥混凝土预制块制备、养生、运输,找平层水泥砂浆制备、运输、铺筑,人工铺砌预制块、找平,灌注嵌缝砂浆或石屑,初期养护。

砖块、块石路面工程内容包括:清理下承层,砖块(块石)制备、运输,找平层水泥砂浆制备、运输、铺筑,人工铺砌砖块(块石)、找平,灌注嵌缝砂浆或石屑,初期养护。

避险车道工程内容包括:检查和清理下承层、洒水,摊铺、整平、整型、找补。

四、第400章桥梁、涵洞工程的计量规则

根据《公路工程标准施工招标文件》(2018年版)第八章"工程量清单计量规则"第400章的规定,桥梁、涵洞工程的工程量计量包括通则、模板、拱架和支架、钢筋、基坑开挖及回填、桩基、沉井、混凝土工程、预制件的安装、砌石工程、桥梁支座、桥梁伸缩缝、防水工程、桥面铺装和涵洞工程等。

(一)桥梁

1.通则

通则包括:桥梁荷载试验、桥梁施工监控和地质钻探及取样。

(1)桥梁荷载试验依据图纸及桥梁荷载试验委托合同中约定的试验项目以暂估价形式按总额为单位计量。

工程内容包括:选择有资质的单位签订桥梁荷载试验委托合同,按图纸所示及合同约定的测试项目现场试验,采集数据、分析、编写提交试验报告。

(2)桥梁施工监控依据图纸及桥梁施工监控委托合同中约定的监控量测项目以暂估价形式按总额为单位计量。

工程内容包括:选择有资质的单位签订桥梁施工监控委托合同,按图纸所示及合同约定的测试项目及量测频率对现场实施监控量测,采集数据、分析、编写提交监控量测报告。

(3)地质钻探及取样是以实际发生的地质钻探及取样试验分不同钻径以米(m)为单位计量。

工程内容包括:场地清理,钻机安拆、钻探、取样、试验。

2. 钢筋

钢筋包括:基础钢筋(含灌注桩、承台、桩系梁、沉桩、沉井等)、上部结构钢筋、下部结构钢筋和附属结构钢筋。

(1)基础钢筋、上部结构钢筋和下部结构钢筋均依据图纸所示及钢筋表所列钢筋质量以千克(kg)为单位计量,固定钢筋的材料、定位架立钢筋、钢筋接头、吊装钢筋、钢板、铁丝作为钢筋作业的附属工作,不另行计量。

工程内容包括:钢筋的保护、储存及除锈,钢筋整直、连接,钢筋截断、弯曲,钢筋安设、支承及固定。

(2)附属结构钢筋还包括缘石、人行道、防撞墙、栏杆、桥头搭板、枕梁、抗震挡块、支座垫块等构造物,其所用钢筋以及伸缩缝预埋的钢筋,均列入本子目计量。

3. 基础工程

(1)基坑挖方及回填。

基坑挖方及回填包括:干处挖土方、水下挖土方、干处挖石方和水下挖石方。

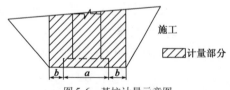

图5-6 基坑计量示意图

基坑挖方及回填均根据图示,取用底、顶面间平均高度的棱柱体体积,分别按干处、水下及土、石,以立方米(m^3)为单位计量;在地下水位以上开挖的为干处挖方;在地下水位以下开挖的为水下挖方;基坑底面、顶面及侧面的确定应符合下列规定,见图5-6。

①基坑开挖底面:按图纸所示的基底高程线计算。
②基坑开挖顶面:按设计图纸横断面上所标示的原地面线计算。
③基坑开挖侧面:按顶面到底面,以超出基底周边0.5m的竖直面为界。

基坑开挖及回填的工程内容包括:场地清理、围堰、排水,基坑开挖,基坑支护,基坑检查、修整,基坑回填、压实,弃方清运。开挖基坑石方还包括钻爆、出渣。

(2)沉井。

沉井一般是钢筋混凝土沉井。钢筋混凝土沉井包括:井壁混凝土、封底混凝土、填芯混凝土和顶板混凝土。

井壁混凝土、封底混凝土、填芯混凝土和顶板混凝土均依据图纸所示位置及尺寸,按图示混凝土体积分不同强度等级以立方米(m^3)为单位计量。

井壁混凝土工程内容包括:制作场地建设,配、拌、运混凝土,刃脚制作,浇筑、振捣、养生井壁混凝土,浮运、定位、下沉、助沉、接高、拼接、井内土石开挖、弃运。

封底、填芯和顶板混凝土工程内容包括:场地清理,搭拆作业平台,配、拌、运混凝土,浇筑、养生。

(3)钻孔灌注桩和挖孔灌注桩。

钻孔灌注桩和挖孔灌注桩均包括:灌注桩(钻孔、挖孔)、钻取混凝土芯样检测和破坏荷载试验用桩。

①灌注桩依据图纸所示桩长及混凝土强度等级,按照不同桩径的桩长以米(m)为单位计量,桩长为桩底高程至承台底面或系梁底面高程,见图 5-7。对于与桩连为一体的柱式墩台,如无承台或系梁时,则以桩位处原始地面线为分界线,地面线以下部分为灌注桩桩长。若图纸有标示的,按图纸标示为准。施工图设计水深小于 2m(含 2m)的为陆上钻孔灌注桩;大于 2m 的为水中钻孔灌注桩。

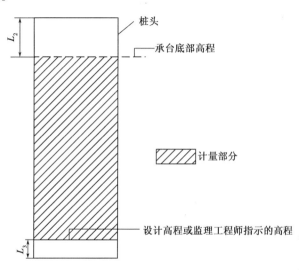

图 5-7　桩基础计量示意图

钻孔灌注桩工程内容包括:安设护筒及设置钻孔平台,钻机安、拆,就位,钻孔、成孔、成孔检查,安装声测管,混凝土制拌、运输、浇筑,破桩头,按技术规范 405.11 的规定进行桩基检测,水中桩基的工程内容还包括搭设水中工作平台、筑岛或围堰、横向便道。

挖孔灌注桩工程内容包括:设置支撑与护壁,挖孔、清孔、通风、钻探、排水,安装声测管,混凝土制拌、运输、浇筑,破桩头,按技术规范 405.11 的规定进行桩基检测。

②钻取混凝土芯样检测按实际钻取的混凝土芯样长度,分不同钻径以米(m)为单位计量;如混凝土质量合格,钻取的芯样给予计量,否则,不予计量。

工程内容包括:场地清理,钻机安拆、钻芯、取样、试验。

③破坏荷载试验用桩依据图纸所示桩长及混凝土强度等级,按照不同桩径的桩长以米(m)为单位计量。

钻孔灌注桩破坏荷载试验用桩工程内容包括:钻孔平台搭设、筑岛或围堰,钻机安、拆,就位,钻孔、成孔、成孔检查,安装声测管,混凝土制拌、运输、浇筑,破桩头。

挖孔灌注桩破坏荷载试验用桩工程内容包括：设置支撑与护壁、挖孔、清孔、通风、钻探、排水、安装声测管、混凝土制拌、运输、浇筑、破桩头。

(4) 沉桩。

沉桩包括：钢筋混凝土沉桩、预应力混凝土沉桩和试桩。均依据图纸所示桩长及混凝土强度等级，按照不同桩径的桩长以米(m)为单位计量。

工程内容包括：桩的预制、养生、移运、沉入、桩头处理、锤击、射水、接桩。

(5) 桩的垂直静荷载试验。

桩的垂直静荷载试验包括：桩的检验荷载试验和桩的破坏荷载试验。

桩的垂直静荷载试验均依据图纸及桩的垂直静荷载试验委托合同，在图纸所示位置现场进行桩的垂直静荷载试验，按实际进行垂直静荷载试验的桩数，分不同的桩径、桩长、混凝土强度等级、垂直静荷载等级以每一试桩(根)为单位计量；桩的垂直静荷载试验仅指荷载试验工作；桩的工程量在对应工程结构中计量。

工程内容包括：选择有资质的单位签订桩的垂直静荷载试验委托合同，按图纸所示及合同约定的内容现场进行桩的垂直静荷载试验(包括清理场地、搭设试桩工作台、埋设观测设备、加载、卸载、观测)、数据采集、分析、编写提交桩的垂直静荷载试验报告。

4. 结构混凝土工程

结构混凝土工程包括：混凝土基础、混凝土下部结构、混凝土上部结构(现浇、预制)、桥梁上部结构现浇整体化混凝土和混凝土附属结构(现浇、预制)。

混凝土下部结构包括：桥台混凝土、桥墩混凝土、盖梁混凝土和台帽混凝土。

结构混凝土工程均依据图纸所示体积分不同强度等级以立方米(m^3)为单位计量；直径小于200mm的管子、钢筋、锚固件、管道、泄水孔或桩所占混凝土体积不予扣除。混凝土附属结构(现浇、预制)还应包括缘石、人行道、防撞墙、栏杆、护栏、桥头搭板、枕梁、抗震挡块、支座垫石等项目。

混凝土基础工程内容包括：场地清理，搭拆作业平台，安拆套箱或模板，安设预埋件，混凝土配运料、拌和、运输、浇筑、振捣、养生，施工缝、沉降缝设置处理，混凝土的冷却管制作安装，通水、降温，防水、防冻、防腐措施。

混凝土下部构造工程内容包括：场地清理，搭拆作业平台、支架，安拆模板，安设预埋件(包括支座预埋件、防震锚栓及套筒等)，混凝土配运料、拌和、运输、浇筑、振捣、养生，防水、防冻、防腐措施，桥台还包括施工缝、沉降缝设置处理。

现浇混凝土上部构造工程内容包括：平整场地，搭拆工作平台，支架搭设、预压与拆除，安拆模板，安设预埋件，混凝土配运料、拌和、运输、浇筑、养生，施工缝、沉降缝设置处理。

预制混凝土上部构造(含附属结构)工程内容包括：搭拆工作平台，安拆模板，安设预埋件(吊环、预埋连接件)，混凝土配运料、拌和、运输、浇筑、养生，构件预制、运输、安装。

上部构造现浇整体化混凝土(含附属结构)工程内容包括：工作面清理，搭拆作业平台，安拆支架、模板，混凝土配运料、拌和、运输、浇筑、养生。

5. 预应力混凝土工程

预应力混凝土按施工工艺可分为先张法预应力混凝土和后张法预应力混凝土；按施工方

法可分为现浇预应力混凝土上部结构和预制预应力混凝土上部结构。

(1) 先张法预应力钢丝、钢绞丝、钢筋均依据图纸所示构件长度计算的预应力钢材质量，分不同材质以千克(kg)为单位计量。除上述计算长度以外的锚固长度及工作长度的预应力钢材列入相应预应力钢材报价之中，不另行计量。

工程内容包括：制作安装预应力钢材，制作安装管道，安装锚具、锚板，张拉，放张，封锚头。

(2) 后张法预应力钢丝、钢绞丝、钢筋均按图示两端锚具间的理论长度计算的预应力钢材质量，分不同材质以千克(kg)为单位计量。除上述计算长度以外的锚固长度及工作长度的预应力钢材列入相应预应力钢材报价之中，不另行计量。

工程内容包括：制作安装预应力钢材，制作安装管道，安装锚具、锚板，张拉，压浆，封锚头。

(3) 现浇预应力混凝土上部结构和预制预应力混凝土上部结构均依据图纸所示体积分不同强度等级以立方米(m^3)为单位计量；钢筋、钢材所占体积及单个面积在 $0.03m^2$ 以内的孔洞不予扣除。除预制预应力混凝土上部结构，后张法预应力混凝土梁封端混凝土工程量也列入本子目。

现浇预应力混凝土上部结构工程内容包括：平整场地，搭拆工作平台，支架搭设、预压与拆除，安拆模板，混凝土配运料、拌和、运输、浇筑、养生，施工缝、沉降缝设置处理。

预制预应力混凝土上部结构工程内容包括：搭拆工作平台，安拆模板，混凝土配运料、拌和、运输、浇筑、养生，构件预制、运输、安装。

6. 砌石工程

砌石工程包括：浆砌片石、浆砌块石、浆砌料石和浆砌预制混凝土。

砌石工程均依据图纸所示位置及尺寸，按砌筑体积分不同砂浆强度等级以立方米(m^3)为单位计量。

工程内容包括：基础清理，基底检查，选修石料，铺筑基础垫层，搭、拆脚手架，配、拌、运砂浆，砌筑、勾缝、抹面、养生，沉降缝设置。

7. 桥面铺装

桥面铺装包括桥面铺装(混凝土沥青、水泥混凝土)、防水层、桥面排水。

(1) 桥面铺装(混凝土沥青、水泥混凝土)依据图纸所示位置、尺寸，按照铺筑体积以立方米(m^3)为单位计量。

沥青混凝土桥面铺装工程内容包括：清理下承层，拌和设备安装、调试、拆除，沥青混合料拌和、运输、摊铺、压实、成型、接缝，初期养护。

水泥混凝土桥面铺装工程内容包括：场地清理，混凝土配运料、拌和、运输、浇筑、振捣、养生，施工缝、沉降缝设置。

(2) 防水层包括桥面混凝土表面处理和铺设防水层。桥面混凝土表面处理按图示处理的桥面混凝土表面净面积以平方米(m^2)为单位计量；铺设防水层依据图纸所示位置及尺寸，在桥面铺装前铺设防水材料，按图示铺装净面积分不同材质以平方米(m^2)为单位计量。

桥面混凝土表面处理工程内容包括：场地清理，混凝土面板铣刨(喷砂)拉毛，铣刨(喷砂)拉毛后清理、平整。

铺设防水层工程内容包括：场地清理、桥面清洁、铺设防水材料、安拆作业平台、安设排水设施。

(3)桥面排水包括竖、横向集中排水管和桥面边部碎石盲沟。竖、横向集中排水管依据图纸所示位置及尺寸,在桥面安设泄水孔,按图示数量分不同材质、管径计量,铸铁管、钢管以千克(kg)为单位计量,PVC 管以米(m)为单位计量,接头、固定泄水管的金属构件不予计量,铸铁泄水孔为附属工作,不另计量;桥面边部碎石盲沟依据图纸所示位置及尺寸,按照盲沟体积以立方米(m^3)为单位计量。

竖、横向集中排水管工程内容包括:场地清理、安拆作业平台、钻孔安设排水管锚固件、安设排水设施。

桥面边部碎石盲沟工程内容包括:边部切割、清理、盲沟设置。

8. 桥梁支座

桥梁支座包括:板式橡胶支座、盆式支座、隔震橡胶支座和球型支座。

盆式、隔震橡胶和球形支座均依据图纸所示位置及尺寸,按照图纸所示类型及规格,按图示数量分不同型号、支座反力,以个为单位计量;板式橡胶支座按图示体积分不同材质及形状,以立方分米(dm^3)为单位计量。

板式橡胶支座、隔震橡胶支座的工程内容包括:清洁整平混凝土表面,砂浆配运料、拌和,接触面抹平,钢板制作与安装,支座定位安装。

盆式支座、球型支座的工程内容包括:清洁整平混凝土表面,砂浆配运料、拌和,接触面抹平,钢板制作与安装,吊装设备安装,支座定位安装,支座焊接固定。

9. 桥梁接缝和伸缩装置

桥梁接缝和伸缩装置包括:橡胶伸缩装置、模数式伸缩装置、梳齿板式伸缩装置和填充式材料装置。

桥梁接缝和伸缩装置均依据图纸所示位置及尺寸,按图示的橡胶条伸缩装置长度、模数式伸缩装置长度、梳齿板式伸缩装置长度和填充式材料伸缩装置长度(包括人行道、缘石、护栏底座与行车道等全部长度),以米(m)为单位计量。

橡胶伸缩装置工程内容包括:切割清理伸缩装置范围内混凝土,设置预埋件,伸缩装置定位、安装。

模数式伸缩装置、梳齿板式伸缩装置的工程内容包括:切割清理伸缩装置范围内混凝土,设置预埋件,伸缩装置定位、安装,混凝土拌和、运输、浇筑、压纹、养生。

填充式材料装置工程内容包括:切割清理伸缩装置范围内混凝土,跨缝板安装,材料填充、养护。

10. 其他

模板、拱架和支架的设计制作、安装、拆卸施工等有关作业作为有关工程的附属工作,均不作计量;预制构件的起吊、运输、装卸、储存和安装,不另行计量;除钢筋及预应力钢筋以外的小型构件的供应、制造、保护和安装,无特殊说明的均不作计量;混凝土和砌体表面的沥青或油毛毡防水层均不作计量。

(二)涵洞

涵洞工程部分包括圆管涵及倒虹吸管涵、盖板涵、箱涵、拱涵等分项工程,基底软基处理的工程量均可参照路基部分的特殊地区路基处理部分的计量规则进行计量。

1. 圆管涵及倒虹吸管涵

圆管涵及倒虹吸管涵包括:单孔钢筋混凝土圆管涵、双孔钢筋混凝土圆管涵和钢筋混凝土圆管倒虹吸管涵。

圆管涵及倒虹吸管涵均依据图纸所示,按不同孔径的涵身长度(进出口端墙外侧间距离)计算,以米(m)为单位计量。

工程内容包括:基坑排水,挖基、基底清理,基座砌筑或浇筑,垫层材料铺筑,钢筋制作安装,预制或现浇钢筋混凝土管,铺涂防水层,安装、接缝,砌筑进出口(端墙、翼墙、八字墙井口),防水、防冻、防腐措施,回填。

2. 盖板涵、箱涵

盖板涵、箱涵包括:钢筋混凝土盖板涵、钢筋混凝土箱涵、钢筋混凝土盖板通道涵和钢筋混凝土箱形通道涵。

盖板涵、箱涵均据图纸所示,按不同跨径的盖板涵、箱涵、盖板通道涵和箱形通道涵长度计算,以米(m)为单位计量。

盖板涵工程内容包括:场地清理,围堰、排水,基坑开挖,基坑支护,基础及涵台施工,施工缝设置、处理,盖板预制、运输、安装,砂浆制作、填缝,防水、防冻、防腐措施,回填,盖板通道涵还包括铺设通道路面,砌筑边沟。

箱涵工程内容包括:围堰、排水,基坑开挖,垫层、基础施工,搭拆作业平台,模板安设、加固、检查,钢筋安设、支撑、固定,混凝土配运料、拌和、运输、浇筑、养生,施工缝设置、处理,防水、防冻、防腐措施,回填,箱形通道涵还包括铺设通道路面,砌筑边沟。

3. 拱涵

拱涵包括拱涵(石拱涵、混凝土拱涵)和拱形通道涵。

(1)石拱涵、混凝土拱涵均依据图纸所示,按不同跨径的石拱涵、混凝土拱涵长度,以米(m)为单位计量。

(2)拱形通道涵包括石拱通道涵和混凝土拱通道涵。均依据图纸所示,按不同跨径的石拱通道涵、混凝土拱通道涵长度,以米(m)为单位计量。

石拱涵工程内容包括:场地清理,围堰、排水,基坑开挖,基坑支护,基础及涵台施工,搭拆作业平台,安拆支架、拱盔,选修石料,配砂浆,砌筑、勾缝、抹面、养生,防水、防冻、防腐措施,回填。石拱通道涵还包括铺设通道路面、砌筑边沟。

混凝土拱涵工程内容包括:场地清理,围堰、排水,基坑开挖,基坑支护,基础及涵台施工,搭拆作业平台,安拆支架、拱盔,配拌运混凝土、浇筑、养生,防水、防冻、防腐措施,回填。混凝土拱通道涵还包括铺设通道路面、砌筑边沟。

五、第 500 章隧道工程的计量规则

根据《公路工程标准施工招标文件》(2018 年版)第八章"工程量清单计量规则"第 500 章的规定,隧道工程的工程量计量包括通则、洞口与明洞工程、洞身开挖、洞身衬砌、防水与排水、防火与装饰工程、风水电作业及通风防尘、监控量测、洞内机电工程和消防工程等。

隧道工程所涉及钢筋工程量计量均依据图纸所示及钢筋表所列钢筋质量,以千克(kg)为单位计量;固定钢筋的材料、定位架立钢筋、钢筋接头、吊装钢筋、钢板、铁丝作为钢筋作业的附属工作,不另行计量。

工程内容包括:钢筋的保护、储存及除锈,钢筋整直、连接,钢筋截断、弯曲,钢筋安设、支承及固定。

(一)洞口与明洞工程

1. 洞口、明洞开挖

洞口、明洞开挖依据设计图纸所示位置及尺寸,按图示开挖的体积,不分土、石的种类,只区分为土方和石方,以立方米(m^3)为单位计量。

工程内容包括:石方爆破,挖、装、运输、卸车,填料分理、弃土整型、压实,坡面临时支护及排水,坡面修整。

2. 防水与排水

防水与排水包括:石砌截水沟与排水沟、混凝土沟槽(现浇、预制安装)、预制安装混凝土沟槽盖板、土工合成材、渗沟和钢筋。

(1)石砌截水沟与排水沟、混凝土沟槽(现浇、预制安装)和预制安装混凝土沟槽盖板均依据图纸所示位置及尺寸,按图示砌体、混凝土、预制安装混凝土体积,分不同强度等级,以立方米(m^3)为单位计量。

石砌截水沟、排水沟工程内容包括:沟槽开挖,基底检查,铺设垫层,砂浆拌制,浆砌片石、勾缝、抹面、养护,回填,场地清理。

现浇混凝土沟槽工程内容包括:沟槽开挖,基底检查,铺设垫层,模板制作、安装、拆除,混凝土拌和、运输、浇筑、养护,回填,场地清理。

预制安装混凝土沟槽工程内容包括:沟槽开挖,基底检查,铺设垫层,预制场建设,混凝土沟槽预制、安装,回填,场地清理。

预制安装混凝土沟槽盖板工程内容包括:预制场建设,混凝土沟槽盖板预制、安装,回填。

(2)土工合成材料依据图纸所示的位置及规格,按图示铺设的土工合成材料面积,分不同材质以平方米(m^2)为单位计量;接缝的重叠面积和边缘的包裹面积不予计量。

工程内容包括:场地清理,土工合成材料铺设、固定,接缝处理(搭接、缝接、粘接),边缘处理。

(3)渗沟依据设计图纸所示位置及尺寸,按图示渗沟体积以立方米(m^3)为单位计量。

工程内容包括:开挖渗沟槽,铺设土工材料,铺设渗沟填料,沟槽回填,场地清理。

3. 洞口坡面防护

洞口坡面防护包括:浆砌片石护坡、混凝土护坡(现浇、预制安装、喷射)、护面墙(浆砌、现浇混凝土)、混凝土挡土墙、地表注浆、钢筋、锚杆和防护系统(主动、被动)。

(1)浆砌片石护坡、混凝土护坡(现浇、预制安装、喷射)均依据图纸所示位置及尺寸,按图示砌体、混凝土、预制安装混凝土、喷射混凝土体积,分不同砂浆强度等级以立方米(m^3)为单位计量。

浆砌片石护坡工程内容包括:清理边坡,坡面夯实,基础开挖,铺设垫层,浆砌片石,勾缝、抹面、养护,回填。

现浇混凝土护坡工程内容包括:清理边坡,坡面夯实,基础开挖,模板制作、安装、拆除,混凝土拌和、运输、浇筑、养护,泄水孔及其滤水层、沉降缝设置,回填。

预制安装混凝土护坡工程内容包括:清理边坡、坡面夯实、基础开挖、预制件的预制、预制件安装、回填、清理现场。

喷射混凝土护坡工程内容包括:岩面清理、设备安装与拆除、混凝土拌制、喷射、沉降缝设置、养护。

(2)护面墙(浆砌、现浇混凝土)和混凝土挡土墙均依据图纸所示位置及尺寸,按图示砌体、混凝土体积,分不同砂浆强度等级以立方米(m^3)为单位计量;不扣除沉降缝、泄水孔、预埋件所占体积。

浆砌护面墙工程内容包括:基坑开挖、清理、整平、夯实,浆砌片(块)石,泄水孔及其滤水层,接缝处理,勾缝、抹面,墙背排水设施设置,填料分层填筑,清理、废方弃运。

现浇混凝土护面墙工程内容包括:场地清理,基坑开挖,地基平整夯实,废方弃运,边坡清理夯实,模板制作、安装、拆除,混凝土拌和、运输、浇筑、养生,泄水孔及其滤水层、沉降缝设置,墙背排水设施设置,填料分层填筑,清理现场。

混凝土挡土墙工程内容包括:基坑开挖、清理、整平、夯实,模板制作、安装、拆除,混凝土拌和、运输、浇筑、养生,泄水孔及其滤水层、沉降缝设置,填料分层填筑,清理、弃方处理。

(3)地表注浆依据设计图纸所示注浆量,按浆液体积分不同强度等级及材质以立方米(m^3)为单位计量。

工程内容包括:场地清理、钻孔、安装注浆管、安拆注浆机、浆液制备、注浆。

(4)锚杆依据设计图纸所示位置及尺寸,按锚杆长度分不同直径以米(m)为单位计量。

工程内容包括:搭、拆、移作业平台,锚杆及附件制作、运输,布眼、钻孔、清孔,浆液制备、注浆,锚杆就位、顶进、锚固。

(5)防护系统(主动、被动)依据图纸所示,按主动、被动防护系统防护的坡面面积以平方米(m^2)为单位计量;网片搭接部分作为附属工作,不另行计量。

主动防护系统工程内容包括:坡面清理,脚手架安设、拆除、完工清理和保养,支撑绳穿绳、张拉、固定,挂网、网片连接、缝合、固定,钻孔、清孔、套管装拔、锚杆制作、安装、锚固、锚头处理,浆液制备、注浆、养护,网面调整。

被动防护系统工程内容包括:坡面清理,基础及立柱施工,支撑绳穿绳、张拉、固定,挂网、网片连接、缝合、固定,钻孔、清孔、套管装拔、锚杆制作、安装、锚固、锚头处理,浆液制备、注浆、养护,网面调整。

4.洞门建筑

洞门建筑包括:现浇混凝土(现浇、预制安装)、浆砌片粗料石(块石)、洞门墙装修、钢筋和隧道铭牌。

(1)现浇混凝土(现浇、预制安装)、浆砌片粗料石(块石)均依据图纸所示位置及尺寸,按图示混凝土、预制安装混凝土、砌体体积,分不同强度等级以立方米(m^3)为单位计量。

现浇混凝土工程内容包括:基坑开挖、清理、整平、夯实,模板制作、安装、拆除,混凝土拌和、运输、浇筑、养护、清理现场。

预制安装混凝土块工程内容包括：基坑开挖、清理、整平、夯实，构件预制，构件安装，设置泄水孔及其滤水层，接缝处理，勾缝、抹面，场地清理。

浆砌片粗料石工程内容包括：基坑开挖、清理、整平、夯实，砌筑，设置泄水孔及其滤水层，接缝处理，勾缝、抹面，场地清理。

(2) 洞门墙装修依据设计图纸所示位置及尺寸，按图示装修面积分不同的材质以平方米(m^2)为单位计量。

工程内容包括：搭拆作业平台，墙面拉毛、清洁、湿润，装修材料加工制作，装修、养生，制作安装隧道铭牌，清理现场。

(3) 隧道铭牌依据设计图纸所示位置及规格，按图示每一洞口以处为单位计量。

工程内容包括：搭拆作业平台、铭牌制作、铭牌安装。

5. 明洞衬砌

明洞衬砌包括：现浇混凝土、钢筋。现浇混凝土依据图纸所示位置及尺寸，按图示混凝土体积分不同强度等级以立方米(m^3)为单位计量。

工程内容包括：搭拆作业平台，模板制作、安装、拆除，混凝土拌和、运输、浇筑、养护，接缝处理，场地清理。

6. 遮光棚(板)

遮光棚(板)依据图纸所示位置及规格，按照不同材质棚板的面积以平方米(m^2)为单位计量。

工程内容包括：安装、拆除工作平台，支架设置，遮光棚(板)制作，遮光棚(板)安装。

7. 洞顶回填

防水层、土工合成材料防水层均依据图纸所示位置及规格，按图示铺设防水材料的面积，分不同材质以平方米(m^2)为单位计量，接缝的重叠面积和边缘的包裹面积不予计量。

黏土防水层、回填均依据图纸所示的位置及规格，按图示铺设的防水层或回填体积，分不同材质以立方米(m^3)为单位计量。

防水层、土工合成材料防水层的工程内容包括：场地清理，防水材料铺设、固定，接缝处理(搭接、缝接、粘接)，边缘处理。

黏土防水层、回填的工程内容包括：场地清理，填筑、平整、夯实。

(二) 洞身和衬砌工程

1. 洞身开挖

洞身开挖包括：洞身开挖和洞身支护。

(1) 洞身(不含竖、斜井)、竖井、斜井开挖工程量，均依据图纸所示成洞断面(不计允许超挖值及预留变形量的设计净断面)计算开挖体积，不分围岩级别，只区分为土方和石方，以立方米(m^3)为单位计量，其中洞身开挖(不含竖、斜井)含紧急停车带、车行横洞、人行横洞以及设备洞室的开挖。

工程内容包括：钻孔爆破，风、水、电作业及通风防尘，风尘、有害气体、可热气体量监控及防护,临时支护及临时防排水,装渣、运输、卸车,填料分理、弃土整型、压实。

(2)洞身支护包括管棚支护、锚杆支护、喷射混凝土支护、钢支架支护和注浆小导管。

①管棚支护包括基础钢管桩、套拱混凝土、孔口管、套拱钢架、钢筋和管棚。

基础钢管桩、孔口管和管棚依据图纸所示位置和断面尺寸,按图示不同规格的钢管桩长度以米(m)为单位计量。

套拱混凝土依据图纸所示位置及尺寸,按图示混凝土体积分不同强度等级以立方米(m^3)为单位计量。

套拱钢架依据设计图纸所示位置及尺寸,按钢材质量以千克(kg)为单位计量。钢架纵向连接钢筋作为附属工作,不另行计量,连接钢板、螺栓、螺母、拉杆、垫圈为套拱钢架的附属工作,均不另行计量。

基础钢管桩工程内容包括:场地清理、打桩机定位、沉管、混凝土(水泥浆)拌制、灌注混凝土(水泥浆)、打桩机移位。

套拱混凝土工程内容包括:场地清理,模板制作、安装、拆除,混凝土拌和、运输、浇筑、养护。

孔口管工程内容包括:场地清理,搭拆工作平台,布眼、钻孔、清孔,钢管制作、运输、就位、顶进。

套拱钢架工程内容包括:场地清理、搭拆工作平台、钢架加工及安装、钢架安装、钢架固定。

管棚工程内容包括:场地清理,搭拆工作平台,布眼、钻孔、清孔,钢管制作、运输、就位、顶进,浆液制作、注浆、检查、堵孔。

②注浆小导管依据设计图纸所示位置及尺寸,按钢管长度分不同的规格以米(m)为单位计量。

工程内容包括:场地清理,搭拆工作平台,布眼、钻孔、清孔,钢管制作、运输、就位、顶进,浆液制作、注浆、检查、堵孔。

③锚杆支护包括砂浆锚杆、药包锚杆、中空注浆锚杆、自进式锚杆和预应力锚杆。均依据设计图纸所示位置及尺寸,按锚杆长度分不同直径以米(m)为单位计量。

工程内容包括:搭、拆、移作业平台,锚杆及附件制作、运输、布眼、钻孔、清孔、浆液制作、注浆、锚固,锚杆就位、顶进、锚固,药包锚固包括药包浸泡及安装入孔,预应力锚固包括预应力张拉、锚固,二次注浆,封锚。

④喷射混凝土支护包括钢筋网和喷射混凝土。钢筋网依据设计图纸所示位置及尺寸,按图示钢筋网质量以千克(kg)为单位计量。钢筋网锚固件为钢筋网的附属工作,不另行计量。喷射混凝土依据设计图纸所示位置及尺寸,按图示喷射混凝土体积,分不同强度等级以立方米(m^3)为单位计量。

钢筋网工程内容包括:搭、拆、移作业平台,布眼、钻孔、清孔、安装锚固件,挂网、绑扎、焊接、加固。

喷射混凝土工程内容包括:冲洗岩面,安、拆、移喷射设备,搭、拆、移作业平台,配、拌、运混凝土,上料、喷射、养生。

⑤钢支架支护包括型钢支架和钢筋格栅。均依据设计图纸所示位置及尺寸,按型钢、钢筋质量以千克(kg)为单位计量。型钢支架、钢筋格栅纵向连接钢筋作为附属工作,不另行计量;

连接钢板、螺栓、螺母、拉杆、垫圈为型钢支架、钢筋格栅的附属工作,均不另行计量。

工程内容包括:场地清理,搭拆工作平台,型钢支架(钢筋格栅)加工,型钢支架(钢筋格栅)成型,型钢支架(钢筋格栅)修整、焊接,安装就位、紧固螺栓,型钢支架(钢筋格栅)纵向连接。

2. 洞身衬砌

洞身衬砌包括:洞身衬砌、仰拱与铺底混凝土、边沟与电缆沟混凝土、洞室门和洞内路面。

(1)洞身衬砌包括现浇混凝土和钢筋。现浇混凝土依据图纸所示位置及尺寸,按图示混凝土体积分不同强度等级以立方米(m^3)为单位计量。

工程内容包括:场地清理,基底检查,模板制作、安装、拆除,混凝土拌和、运输、浇筑、养护,设置施工缝、沉降缝。

(2)仰拱与铺底混凝土包括现浇混凝土仰拱和现浇混凝土仰拱回填,均依据图纸所示位置及尺寸,按图示混凝土体积分不同强度等级以立方米(m^3)为单位计量。

现浇混凝土仰拱工程内容包括:场地清理,基底检查,模板制作、安装、拆除,混凝土拌和、运输、浇筑、养护,设置施工缝、沉降缝。

现浇混凝土仰拱回填工程内容包括:场地清理,基底检查,混凝土拌和、运输、浇筑、养护。

(3)边沟与电缆沟混凝土包括混凝土沟槽(现浇、预制安装)、预制安装混凝土沟槽盖板、钢筋和铸铁盖板。混凝土沟槽(现浇、预制安装)和预制安装混凝土沟槽盖板均依据图纸所示位置及尺寸,按图示混凝土、预制安装混凝土体积分不同强度等级以立方米(m^3)为单位计量;铸铁盖板按设计图纸所示位置及尺寸,按制作安设铸铁盖板的质量以千克(kg)为单位计量。

现浇混凝土沟槽工程内容包括:沟槽开挖,基底检查,模板制作、安装、拆除,混凝土拌和、运输、浇筑、养护,设置施工缝、沉降缝。

预制安装混凝土沟槽工程内容包括:沟槽开挖,预制场地建设,模板制作、安装、拆除,构件预制,构件安装,设置施工缝、沉降缝。

预制安装混凝土沟槽盖板工程内容包括:预制场地建设,模板制作、安装、拆除,构件预制、安装。

铸铁盖板工程内容包括:盖板的加工制作及防腐处理、盖板安装。

(4)洞室门按设计图纸所示位置及尺寸,按安装就位的洞室门数量以个为单位计量。

工程内容包括:洞室门制作、洞室门安装。

(5)洞内路面包括钢筋和现浇混凝土。现浇混凝土依据图纸所示位置及尺寸,按图示混凝土体积分不同强度等级以立方米(m^3)为单位计量。

工程内容包括:基底检查,模板制作、安装、拆除,混凝土拌和、运输、浇筑、养护,接缝处理。

(三)隧道附属工程

1. 防水与排水

防水与排水包括:防水与排水和保温。

(1)防水与排水包括金属材料、排水管、防水板、止水带、止水条、涂料防水层和注浆。

①金属材料依据图纸所示位置及规格,按金属材料的质量,分不同材质以千克(kg)为单位计量。接头、固定、定位材料作为附属工作,均不另行计量。

工程内容包括:金属材料的保护、储存及除锈,材料加工,整直、裁断、弯曲,接头,安设、支承及固定,盖板安装。

②排水管包括钢筋混凝土排水管、PVC 排水管、U 形排水管和 Ω 形排水管。均依据设计图纸所示位置,按图示排水管的长度,分不同管径以米(m)为单位计量。

钢筋混凝土排水管工程内容包括:管材预制、运输、布管、接缝、回填、现场清理。

其他排水管工程内容包括:场地清理,搭拆移作业平台,排水管制作,土工布包裹、绑扎,水管布设、连接,水管定位、锚固。

③防水板和涂料防水层均依据图纸所示位置及规格,按照铺设的不同材质防水板面积、防水层厚度以平方米(m^2)为单位计量。

防水板工程内容包括:场地清理,搭、拆、移作业平台,基面处理,下料、拼接就位、焊接拉紧、锚固。

涂料防水层工程内容包括:场地清理,搭拆移作业平台,基面拉毛、清洗,涂料制作、运输,喷涂,移动作业平台。

④止水带和止水条均依据图纸所示位置及规格,按照铺设的不同材质、型号止水带长度,以米(m)为单位计量。

止水带工程内容包括:缝隙设置,固定架安装,止水带安装、拉紧、固定,接头粘接。

止水条工程内容包括:预留槽设置,止水条安装、固定止水条,注浆。

⑤注浆包括水泥和水玻璃原液。水泥依据设计图纸位置,按图示掺加的水泥质量,分不同强度等级以吨(t)为单位计量;水玻璃原液依据设计图纸位置,按图示掺加的水玻璃原液体积以立方米(m^3)为单位计量。

工程内容包括:场地清理,搭拆移作业平台,钻孔,顶进注浆钢管,配、拌、运浆液,压浆、堵孔。

(2)保温包括保温层和洞口排水保温。

①保温层依据图纸所示位置、尺寸及保温材料类型,按图示保温层面积以平方米(m^2)为单位计量。保温板的重叠面积不予计量。

工程内容包括:选备保温板材(聚氨酯板等),保温板下料、拼接、就位、焊接、拉紧、锚固。

②洞口排水保温包括洞口排水沟保温层、保温出水口暗管和保温出水口。洞口排水沟保温层依据图纸所示位置、尺寸及保温材料类型,按图示保温层面积以平方米(m^2)为单位计量,保温板的重叠面积不予计量。保温出水口暗管依据图纸所示位置、材料、尺寸及埋设深度,按图示不同材料的保温出水口暗管长度以米(m)为单位计量;保温出水口依据图纸所示位置、结构、尺寸,分不同类型,按图示出水口形式以处为单位计量。

洞口排水沟保温层工程内容包括:选备保温板材(聚氨酯板等),保温板下料、拼接、就位、焊接、拉紧、锚固。

保温出水口暗管工程内容包括:场地清理,开挖管沟,边坡临时防护,铺设垫层,敷设排水管、连接、固定,砌(浇)筑检查井,回填土、覆盖表土护坡。

保温出水口工程内容包括:铲除地表腐殖质及植物,换填渗水性好的土壤,铺设碎石垫层,干砌、堆砌片石,做流水陡坡,出水口覆盖层护坡。

2. 洞内防火涂料和装饰工程

洞内防火涂料和装饰工程包括洞内防火涂料和洞内装饰工程。

(1) 洞内防火涂料依据设计图纸所示位置及尺寸,按图示面积分不同喷涂厚度以平方米(m^2)为单位计量。

工程内容包括:场地清理,搭拆移作业平台,基面拉毛、清洗,涂料制作,喷涂。

(2) 洞内装饰工程包括墙面装饰、喷涂混凝土专用漆和吊顶。均依据设计图纸所示位置及尺寸,按图示面积分不同材质以平方米(m^2)为单位计量。

墙面装饰工程内容包括:场地清理,搭拆移作业平台,基面拉毛、清洗,砂浆制作,贴面装饰材料,抹平、养生。

喷涂混凝土专用漆工程内容包括:场地清理,搭拆移作业平台,基面拉毛、清洗,涂料制作,喷涂。

吊顶工程内容包括:场地清理,搭拆移作业平台,吊顶骨架安设,吊顶面板安装。

3. 监控量测与地质预报

监控量测包括必测项目和选测项目,均依据图纸所示及《公路隧道施工技术规范》(JTG 3660—2020)规定的必测、选测项目进行监控量测,以总额为单位计量。地质预报依据需要预报的距离和内容,分不同的探测手段,以总额为单位计量。

监控量测工程内容包括:选择量测仪器和元件,埋设测试元件,数据采集,数据分析,后续数据分析、处理。

地质预报工程内容包括:按地质预报需要采用合适的探测手段进行探测、地质分析与推断、预报结果及施工建议。

4. 洞内机电设施预埋件和消防设施

洞内机电设施预埋件和消防设施包括预埋件和消防设施。

(1) 预埋件依据图纸所示位置和断面尺寸,按照材料表所列的金属结构预埋件质量以千克(kg)为单位计量。金属结构接头、螺栓、螺母、垫片、固定及定位材料作为金属结构预埋件的附属工作,不另行计量;非金属结构预埋件作为预埋件的附属工作,不另行计量。

工程内容包括:预埋件加工与涂装,预埋件安装、固定,工地涂装。

(2) 消防设施包括供水钢管、消防洞室防火门、集水池、蓄水池和泵房。

①供水钢管依据图示要求材料、尺寸,按供水管管道中心线长度以米(m)为单位计量,不扣除阀门、管件及各种组件所占长度。

工程内容包括:管道路定位、开挖、回填,钢管制作加工、防腐、运输、装卸,安装、就位、除锈、刷油、防腐,接头接续、定位、固定,管道吹扫,水压试验。

②消防洞室防火门依据图示要求,按满足设计功能要求的隧道消防洞室防火门数量,以套为单位计量(包含帘板、导轨、底座、电机、控制器、手动装置)。

工程内容包括:按配置要求提交隧道消防洞室防火门(含附件),防火门及附件搬运、就位,钻孔、螺栓固定,电机测试,安装规定,校位,电缆保护套安装固定,电力电缆连接,控制电缆引出至电缆沟,调试,指标测试。

③集水池依据图示结构、尺寸,按钢筋混凝土集水池数量以座计量(包含池内检查梯、池

顶棚、人孔盖)。

工程内容包括:水池基础土石方开挖,基坑临时支护,临时排水,垫层铺筑、碾压,模板、支架架设、拆除,钢筋加工、安装,混凝土制作浇筑,检查梯制作安装,各管道、管件、仪表的安装配合,堵洞,水池防渗处理,基坑回填,现场清理,弃方处理。

④蓄水池依据图示结构、尺寸,按蓄水池数量以座为单位计量。

工程内容包括:基坑开挖、混凝土或砂浆制作、基底垫层铺筑、施工排水、模板安设浇筑混凝土或池体砌筑、现场清理、基坑回填、弃方处理。

⑤泵房依据图示规格、功能,按水泵房建筑以座为单位计量(包含泵房防雷接地)。

工程内容包括:配置泵房全部结构、装饰、配电、排水、各种预埋件,场地硬化。

六、第600章安全设施及预埋管线的计量规则

根据《公路工程标准施工招标文件》(2018年版)第八章"工程量清单计量规则"的规定,其他工程的工程量计量内容包括第600章的安全设施及预埋管线工程、第700章的绿化及环境保护设施等。

(一)安全设施及预埋管线

1. 护栏

(1)混凝土护栏(护墙、立柱)。

①现浇混凝土护栏或预制安装混凝土护栏,依据图纸所示位置和断面尺寸,按图示浇筑或预制与安装的不同强度的混凝土体积,以立方米(m^3)为单位计量;不扣除混凝土沉降缝、泄水孔所占体积;桥上混凝土护栏(护墙、立柱)在410-6现浇混凝土附属结构、410-7预制混凝土附属结构中计量。

现浇混凝土护栏工程内容包括:基槽开挖,铺筑垫层,模板制作、安装、拆除,混凝土制作、运输、浇筑、养生,沉降缝、泄水孔预留,灌缝处理,基坑回填、夯实,清理,弃方处理。

预制安装混凝土护栏工程内容包括:混凝土护栏预制、运输,基槽开挖,铺筑垫层,结合面凿毛,混凝土护栏块安装,接缝处理,基坑回填、夯实,清理,弃方处理。

②现浇混凝土基础,依据图纸所示位置和断面尺寸,按图示浇筑混凝土体积以立方米(m^3)为单位计量。

工程内容包括:基槽开挖、清理,模板制作、安装、拆除,混凝土拌制、运输、浇筑、养生,基坑回填、夯实,清理,弃方处理。

③钢筋,依据图纸所示及钢筋表所列钢筋质量以千克(kg)为单位计量。固定钢筋的材料、定位架立钢筋、钢筋接头、吊装钢筋、钢板、铁丝作为钢筋作业的附属工作,不另行计量。

工程内容包括:钢筋的保护、储存及除锈,钢筋整直、连接,钢筋截断、弯曲,钢筋安设、支承及固定。

(2)石砌护墙。

石砌护墙,依据图纸所示位置和断面尺寸,按图示各类石砌体积以立方米(m^3)为单位计量;不扣除砌体沉降缝、泄水孔所占体积。

工程内容包括:基槽开挖,铺筑碎(砾)石垫层,砂浆制作、运输,石料清洗,块石修面,砌体

砌筑,沉降缝、泄水孔预留、灌缝处理、勾缝、抹面、基坑回填、夯实、清理、弃方处理。

(3)波形梁钢护栏。

波形梁钢护栏包括路侧波形梁钢护栏、中央分隔带波形梁钢护栏和波形梁钢护栏端头。

①路侧波形梁钢护栏和中央分隔带波形梁钢护栏,依据图纸所示位置、防撞等级、构造形式代号,按图示长度以米(m)为单位计量。

工程内容包括:基础施工(成孔、买入或预埋套筒或预埋地脚螺栓等),波形梁及其配件安装,场地清理,弃方处理,补涂防腐涂装。

②波形梁钢护栏端头,依据图纸所示位置、断面尺寸,按图示各型号端头数量,以个为单位计量;每个端头的长度为沿路线的长度,详见《公路交通安全设施设计细则》(JTG/T D81—2017)。

工程内容包括:基础开挖,混凝土制备、运输、埋设预埋件、浇筑、养生,安装波形梁钢护栏端头,场地清理,弃方处理,补涂防腐涂装。

(4)缆索护栏。

缆索护栏包括路侧缆索护栏和中央分隔带缆索护栏,二者均依据图纸所示位置和断面尺寸,分不同类型,按图示护栏长度(单柱)以米(m)为单位计量。

工程内容包括:基础开挖,基础施工,缆索及各种匹配件安装,张拉、固定,场地清理,弃方处理,补涂防腐涂装,中央分隔带缆索护栏还包括立柱及支架设置。

(5)中央分隔带活动护栏。

中央分隔带活动护栏包括钢质插拔式、钢质伸缩式和钢管预应力索防撞活动护栏,三者均依据图纸所示位置和断面尺寸,按图示活动护栏长度以米(m)为单位计量。

钢质插拔式、钢质伸缩式工程内容包括:基础开挖、护栏固定型钢及插口型钢基槽埋设、护栏及其匹配件连接、防盗及开启装置设施安装、表面反射体安装。

钢管预应力索防撞活动护栏工程内容包括:基础开挖,导向板埋设,混凝土拌制、运输、浇筑、养生,基础回填夯实,护栏单元框架匹配件安装,防盗及开启装置设施安装,表面反射体安装。

2. 隔离栅和防落网

(1)隔离栅。

隔离栅包括钢板网隔离栅、编织网隔离栅、焊接网隔离栅和刺钢丝网隔离栅。

各类隔离栅均依据图纸所示位置和断面尺寸,按图示隔离栅沿路线展开长度以米(m)为单位计量;不扣除钢管(型钢)(或混凝土立柱)所占沿路线长度,三角形起讫端按相应沿路线长度的1/2计量。(注:隔离栅高度指隔离栅上缘网面至地表面的铅直距离。)

工程内容包括:沿路线清理,基槽开挖,基础混凝土制作、运输,钢管(型钢)柱埋设、浇筑、振捣、养生,网框、网面安装,隔离栅门制作安装,场地清理,基坑回填,弃方处理,刺钢丝网隔离栅还包括预制场平整、硬化,立柱钢筋(挂钩)制作安装,立柱混凝土浇筑、养生,立柱埋设等。

(2)防落网。

防落网,按图纸设计以米(m)为单位计量。立柱、安装网片的支架,预埋件及紧固件、防雷接地等不另行计量。

工程内容包括:钢管(型钢)柱埋设,网框、网面安装,对防雷接地处理。

3. 道路交通标志

(1) 单柱式交通标志、双柱式交通标志、三柱式交通标志、门架式交通标志、单悬臂式交通标志、双悬臂式交通标志、附着式交通标志七类交通标志依据图纸所示位置和断面尺寸,分不同规格的标志板面,按安装就位的标志数量以个为单位计量。

工程内容包括:基槽开挖,基础施工(钢筋与预埋件安装、混凝土浇筑等),立柱、标志板、门架构件及各种匹配件制作安装,清理,弃方处理。

(2) 里程碑、公路界碑、百米桩、防撞桶、锥形桶五类交通标志,依据图纸所示位置和断面尺寸,按图示相关标志数量以个为单位计量。

里程碑工程内容包括:施工或设置连接件,里程碑制作与安装。

公路界碑工程内容包括:界碑制作,基槽开挖,基槽混凝土浇筑,界碑埋设,基坑回填、夯实,清理,弃方处理。

百米桩工程内容包括:百米桩制作、安装。

防撞桶、锥形桶工程内容包括:防撞桶、锥形桶安设,表面粘贴反光膜。

(3) 道路反光镜,依据图纸所示位置,分不同类型的反光镜数量,以个为单位计量。

工程内容包括:基础施工、反光镜安装、场地清理。

4. 道路交通标线

(1) 热熔型涂料路面标线、溶剂型涂料路面标线和预成型标线带,依据图纸所示位置和断面尺寸,分不同类型,按图示标线面积以平方米(m^2)为单位计量。

热熔型涂料路面标线工程内容包括:路面清扫、刮涂底油、涂料加热溶解、喷(刮)标线、撒布玻璃珠(反光标线)、初期养护。

溶剂型涂料路面标线工程内容包括:路面清扫、涂料拌和溶解、喷(刮)标线、撒布玻璃珠(反光标线)、初期养护。

预成型标线带工程内容包括:路面清扫、刮涂底油、粘贴标线、初期养护。

(2) 突起路标、轮廓标和锥形路标依据图纸所示位置,分不同类型,按图示数量以个为单位计量。

突起路标工程内容包括:路面清扫、底胶调和、粘贴突起路标、初期养护。

轮廓标工程内容包括:基础施工及连接件设置、轮廓标安装、发光型轮廓标调试。

锥形路标工程内容包括:锥形路标制作与安装。

(3) 立面标记,依据图纸所示位置,按图示立面标记以处为单位计量。减速带依据图纸所示位置,按图示减速带长度以米(m)为单位计量。铲除原有路面标线,依据图纸所示,按铲除的原有路面标线面积以平方米(m^2)为单位计量。

立面标记工程内容包括:表面清理、刮(涂)标。

减速带工程内容包括:钻孔及锚杆安设、橡胶减速带安装。

铲除原有路面标线工程内容包括:铲除原有标线、清理现场。

5. 防眩设施

防眩设施包括防眩板和防眩网。

(1) 防眩板依据图纸所示位置和断面尺寸,分不同类型,按图示防眩板数量以块为单位计量。

(2)防眩网依据图纸所示位置和断面尺寸,分不同类型,按图示防眩网长度以米(m)为单位计量且不扣除立柱所占长度。

防眩设施工程内容包括:钻孔及螺栓安设、支架安装、防眩板或网的安装、校位。

6. 通信和电力管道与预埋(预留)基础

(1)人(手)孔、紧急电话平台依据图纸所示位置和断面尺寸,按图示以个为单位计量。

人(手)孔工程内容包括:基槽开挖,铺筑碎(砾)石垫层,立模,混凝土制作,运输,构造钢筋和穿钉、管道支架、拉力环的加工制作、装卸运输、预埋、浇筑、振捣、养护、拆模,钢筋混凝土上腹盖板预制或现浇的全部工序,井孔口圈和井盖制作安装,基坑回填、夯实、清理、弃方处理。

紧急电话平台工程内容包括:基槽开挖,浆砌片石基础调整,铺筑碎(砾)石垫层,立模,混凝土制作,运输,钢管护栏加工制作、装卸运输、预埋、浇筑、振捣、接地母线预埋、养护、拆模,基坑回填、夯实、清理、弃方处理。

(2)管道工程依据图纸所示位置和断面尺寸,分不同类型及规格,按图示铺设的管道长度以米(m)为单位计量,且不扣除人孔、手孔所占长度。

工程内容包括:基槽开挖,铺筑细粒土找平层,硅芯管下料铺设、接头接续、定位、编码、包封,人孔和手孔封口,管口保护,土体回填、夯实,过桥管箱支架及管箱安装,清理,弃方处理。

7. 收费设施及地下通道

(1)收费亭,依据设计图纸所示位置和尺寸,分不同类型,按图示材料材质制作安装收费亭数量,以个为单位计量。

工程内容包括:收费亭制作、防腐,粘贴反光标识、就位、固定。

(2)收费天棚,依据图示位置和尺寸,按图示材料制作安装的收费天棚平面投影面积,以平方米(m^2)为单位计量。

工程内容包括:基础施工,立柱结构制作、架设,天棚支撑系统结构制作、安装、固定,刷防护油漆。

(3)收费岛,依据图纸所示位置和断面尺寸,分不同类型,按图示混凝土收费岛数量,以个为单位计量。

工程内容包括:模板制作、安装、拆除,钢筋制作、安装,混凝土拌和、运输、浇筑、养生,涂料拌制、刮涂底油、喷(刮)标线、初期养护,清理现场。

(4)地下通道,依据图纸所示位置和结构形式及断面尺寸,分不同类型,按地下通道中心量测的洞口间距离以米(m)为单位计量。

工程内容包括:支架、模板制作、安装、拆除,钢筋制作、安装,混凝土拌和、运输、浇筑、养生,预制梁板、运输、安装,清理现场。

(5)预埋管线或架设管线,依据图纸所示位置和断面尺寸,分不同类型,按图示预埋管线或架设管线长度以米(m)为单位计量。

工程内容包括:管线支架、运输、安装,管线现场就位、安装、焊接、防腐处理,进出口端封口处理。

七、第700章绿化及环境保护设施的计量规则

1. 铺设表土

铺设表土包括开挖并铺设表土和铺设利用的表土,二者均依据图纸所示位置和断面尺寸,按开挖并铺设或铺设利用的种植土体积,以立方米(m^3)为单位计量。

工程内容包括:填前场地清理,回填种植土,清除杂物、拍实、耙系整平、找坡、沉降后补填,路面清洁保护,场地清理,废弃物装卸运输。

2. 撒播草种和铺植草皮

(1)撒播草种(含喷播),撒播草种及花卉、灌木籽(含喷播),先点播灌木后喷播草种,铺植草皮四者均依据图纸所示位置,按图示种植的面积以平方米(m^2)为单位计量;扣除结构工程和密栽灌木所占面积,不扣除散栽苗木所占面积。

工程内容包括:场地清理、耙细,种植及覆盖,浇水、施肥、除虫、除杂草、修剪、补种,清除垃圾、杂物。先点播灌木后喷播草种还包括挖坑(穴)槽、灌木点播。

(2)三维土工网植草依据图纸所示位置,按图示种植的面积以平方米(m^2)为单位计量;扣除结构工程面积。

工程内容包括:地表整理、修整坡面,铺设三维土工网及锚钉固定,铺设表土,喷播草种(灌木籽),浇水、施肥、除虫、除杂草、修剪、补种,清除垃圾、杂物。

(3)客土喷播或植生袋依据图纸所示,按照客土喷播的面积或铺设面积以平方米(m^2)为单位计量。

客土喷播工程内容包括:坡面整理,安设锚杆,安设铁丝网(钢丝网),绿化基材制备,喷播绿化基材,浇水、施肥、除虫、除杂草、修剪、补种,清除垃圾、杂物。

植生袋工程内容包括:坡面整理,垫铺碎石,安放植生袋,浇水、施肥、除虫、除杂草、修剪、补种,清除垃圾、杂物。

(4)绿地喷灌管道,依据图纸所示,按敷设的不同管径的管道长度,以米(m)为单位计量。

工程内容包括:开挖与回填,管道敷设,管道连接,闸阀、洒水栓安装,通水及洒水调试。

3. 种植乔木、灌木和攀缘植物

人工种植乔木、灌木和攀缘植物,均依据图纸所示位置,按图示种植的不同规格的各类乔木、灌木和攀缘植物数量以棵为单位计量。

工程内容包括:开挖种植穴(槽),换填种植土,苗木栽植,支撑、浇水、施肥、除虫、除杂草、修剪、补种,场地清理,废弃物装卸运输。

4. 植物养护和管理

植物养护和管理包括从绿化植物开始种植到工程缺陷责任期结束的养护和管理。工作并入绿化植物种植的相关子目中,均不另行计量。

5. 声屏障

(1)吸、隔声板声屏障,依据图纸所示位置和断面尺寸,分不同类型,按图示吸、隔声板声

屏障的长度以米(m)为单位计量。

工程内容包括:场地清理、基础施工、声屏障制作、声屏障安装。

(2)吸声砖声屏障或砖墙声屏障依据图纸所示位置和断面尺寸,分不同类型,按图示吸声砖或砖墙的体积以立方米(m^3)为单位计量。基础作为附属工作,不另行计量。

工程内容包括:场地清理、基础施工、砌筑、压顶、装饰装修。

第六章　费用支付的分类与清单支付项目

第一节　费用支付的依据与基本原则

工程计量与支付是工程费用监理的两大工作，同时也是监理人员控制工程施工活动的重要环节。所谓支付是指工程施工单位、监理单位、建设单位按照有关规定对承包人申请的应得款项进行审核确认并办理付款手续的过程。

工程活动中同时存在着物质运动和资金运动，只有当物质运动与资金运动平衡地进行时，社会生产活动才能得以正常运转。另外，由于公路工程施工具有野外性、工期长、不可预见的风险多、投入的费用较大以及生产的连续性等特点，使得公路工程施工活动与一般商品生产存在较大区别，如果承包人投入的资金不能及时收回、全款收回，将会造成后续施工资金周转困难，同时也会影响工程施工顺利进展。因此，工程施工合同的全面履行，必然有工程费用支付的要求和任务。

一、费用支付的依据与基本原则

1. 费用支付的依据

中标工程的施工合同协议书和招标文件、施工图纸、技术规范、工程量清单以及合同条件是办理支付的重要合同依据。

(1) 技术规范。

该文件的每一章每一节都有支付的有关规定，它详细说明了各工程子目的工作内容以及支付要求，如哪些内容不单独计量和支付，其价值摊入哪一子目中，都具体作了规定；同时，技术规范还对每一工程项目的支付子目进行了划分。因此，技术规范既是承包人报价时的指导文件和依据，也是监理人支付工程费用的指导文件和依据，进行工程费用支付时，必须认真细致地阅读和理解。

(2) 工程量清单。

工程量清单经承包人填报价格后就成了报价单，发包人和承包人在合同签订前进行合同谈判，在报价单的基础形成合同价，承包人与发包人以合同价签订工程承包合同。合同价是工程费用支付时确定各支付子目单价的依据，合同履行中，合同价里的单价不能变动，除非发生工程变更。

对于费用已摊入其他工程子目单价中的工程内容,报价单中如没有填写单价,则其单价按零单价处理,相应的支付额为零。但承包人必须完成技术规范和图纸所约定的全部工作内容并达到合同约定的要求;对于有单价的工程子目,则以此单价支付工程费用,但应该注意其单价的包容程度,单价的包容程度一方面是指单价的价值构成,另一方面是指单价所包含的工作内容。例如,路基挖方与填方的单价中除了路基的压实和成型等主要费用外,还包含了人工挖土质台阶、修正边坡、路基整型和临时排水的内容,因此,在支付路基挖方和填方的工程费用时,必须等路基达到设计规定的要求才能支付。又如浇筑水下钻孔灌注桩时,需要搭设施工便桥或租用船只,但搭设便桥和租用船只的费用包括在钻孔灌注桩的单价中,不能另外单独支付。

(3)合同条件。

合同条件是办理支付的另一重要工作依据,该文件不仅规定了支付的程序和期限,而且对清单外的支付内容做了较为详细的规定。例如,价格调整、工程变更和施工索赔等支付内容在工程量清单中并未明确,而是通过合同条款来约定的,并且合同条款中也只给出了一些原则性的约定。因此,监理人员必须将合同条款约定的原则与工程实施中的日常记录结合起来,才能做好这方面的支付工作。

2. 费用支付的基本原则

工程费用支付的目标是组织和协调好发包人与承包人之间的收支行为,使双方发生的每一笔工程费用都符合合同的约定,并做到公平合理。监理人员在工程费用支付中责任重大,必须站在公正的立场上,客观、准确地评价承包人的施工活动,仔细、正确地计算各项工程费用,并及时签发付款证书,为了做好这一工作,监理人员必须遵循以下几个基本原则:

(1)必须以合同为依据。

招标文件中的合同条款、工程量计量规则、工程量清单是办理支付的合同依据。

(2)必须遵循规定的程序。

由于费用支付工作涉及各方面的利益,且又需要大量的资料和表格,工作十分繁杂,所以一方面必须加强对支付工作的管理,另一方面支付必须严格遵循规定的程序。

(3)必须以工程计量为基础。

对于单价合同,没有准确的计量就不可能有准确的支付,质量合格是工程计量的前提,而计量则是支付的基础,所以工程费用支付就必须在质量监理和准确计量的基础上进行。因此,在进行工程费用支付时,应当对这两个环节的工作进行严格检查和认真分析,以确保费用支付准确可靠。

(4)必须准确、及时。

及时支付工程费用是合同的基本要求。在《公路工程标准施工招标文件》(2018年版)合同通用条款中第17.3.3条规定了相应的支付期限,即发包人应在监理人收到承包人进度付款申请单后的28天内将进度应付款支付给承包人。发包人不按期支付的,应按照约定支付逾期付款违约金。另外,根据招标文件和现行《公路工程施工监理规范》(JTG G10)的规定,支付金额的数值必须做到准确无误,以确保发包人、承包人任何一方的合法权益不受到丝毫损害,例如费用计算应精确至元、角、分,累计扣回的金额应等于预付的总金额等。

二、费用支付的基本要求

1. 支付依据必须准确可靠

进行工程费用支付时,需要大量的凭证和依据,这些依据直接确定了支付费用的数额。监理人员在编制支付证书时,必须取得和分析这些数据,并对其可靠性进行评价判断。所支付的工程费用必须能够被这些凭证确切地说明,这些依据或凭证一方面必须在数量上准确,另一方面必须在程序上完备。数量上准确是不言而喻的,支付证书中的工程量必须按计量的规则和程序确认,价格调整采用的价格指数必须是法定部门公布的指数等。程序上的完备包括监理工作的管理程序和财务制度及合同方面所规定的程序,即通过这些程序确保凭证的合法性。

2. 支付期限必须符合合同约定

费用支付的期限是必须按合同约定的时间支付。《公路工程标准施工招标文件》(2018年版)通用合同条款规定,监理人在收到承包人进度付款申请单以及相应的支持性证明文件后的14天内完成核查,发包人应在监理人收到进度付款申请单后的28天内将进度应付款支付给承包人。发包人不按期支付的,按专用合同条款的规定支付逾期付款违约金。

《公路工程标准施工招标文件》(2018年版)通用合同条款第17.6.2款规定监理人收到承包人提交的最终结清申请单后的14天内,提出发包人应支付给承包人的价款送发包人审核并抄送承包人。发包人应在收到后14天内审核完毕,由监理人向承包人出具经发包人签认的最终结清证书。监理人未在约定时间内核查,又未提出具体意见的,视为承包人提交的最终结清申请已经监理人核查同意;发包人未在约定时间内审核又未提出具体意见的,监理人提出应支付给承包人的价款视为已经发包人同意。同时规定,发包人应在监理人出具最终结清证书后的14天内将应支付款支付给承包人。发包人不按期支付的,应将逾期付款违约金支付给承包人。

3. 支付的最低限额必须明确

公路招标项目在合同专用条件中约定每月支付的最低限额,可以是某一具体的金额,如50万元,或者是占合同价的比例。公路工程项目一般约定每月支付金额不低于签约合同价的2%,若没有达到,则暂缓支付,有利于监理人进行进度控制。

4. 支付范围必须全包括

监理人应对所有到期并符合合同要求的工作内容进行计价支付,包括工程量清单内的支付项目和工程量清单外的支付项目。

5. 支付计算必须分类进行

根据工程费用的特点和支付要求分项、分类计算,汇总后扣减承包人对发包人的支付。工程量清单内的内容应按各工程子目的支付项目分项计算;工程量清单外的各类附加支付则应分类计算,汇总各分项和各类金额。

承包人对发包人的支付包括开工预付款的抵扣、材料预付款的抵扣、质量保证金的扣留等。

6. 支付货币必须与招标文件一致

涉及世行、亚行等国际金融组织贷款或利用国外政府、外商投资的工程项目，工程费用中人民币与外汇的比例应按招标文件的投标函附录中规定的百分比确定。需要说明，投标函附录对工程费用支付有较大的参考价值，它不仅规定了外汇需求量，而且还有支付计划表、价格调整指数表等，这些资料直接关系到费用支付。因此，监理人进行费用支付时，应参照投标函附录中的有关内容。

第二节　费用支付项目的分类与支付程序

一、费用支付项目的分类

在工程费用监理工作中，监理人需要处理的费用支付种类很多，而不同种类的支付有不同的规定程序和计算办法，因此，监理人必须全面了解支付的分类。

1. 按时间分类

按照工程款支付时间的先后划分，可分为前期支付（如开工预付款）、中期支付（亦称期中支付、进度付款）、交工验收后的支付、竣工验收后的支付以及缺陷责任期结束后的最终结清支付五种情形。

2. 按支付内容分类

按照工程款支付内容是否为工程量清单的款项划分，可分为工程量清单内的支付项目和工程量清单外的支付项目。

工程量清单内的支付，就是监理人员首先按照招标文件、合同条件、技术规范和工程量清单的有关规定进行计量，确认已完的实际工程量，然后根据已确认的工程数量和合同价，计算和支付工程量清单中各项工程费用，业界习惯上称之为清单支付，如图6-1所示。

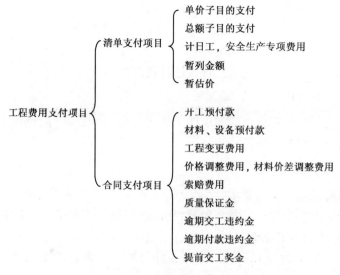

图6-1　费用支付项目

工程量清单外的支付,就是监理人员按照招标文件、合同条件、施工合同的约定,根据日常记录、现场实证资料和工程实际进展情况,审核确定并计算和支付工程量清单以外的各项费用,包括工程变更费用、费用索赔、价格调整、违约金等费用支付款项,业界习惯上称之为合同支付,如图6-1所示。

3. 按工程内容分类

对于清单支付项目,按照计量的工程不同划分,可分为路基土石方工程、路面工程、桥梁工程、隧道工程、排水防护工程、交通安全设施工程等支付内容。

4. 按合同执行情况分类

按照合同执行情况是否正常、顺利进行划分,可分为常规支付和违约支付、合同解除支付等。

常规支付,是指发包人与承包人双方共同努力使整个合同得以顺利履行而产生的支付结果。

违约支付,一种是发包人违约而向承包人支付的违约金,形式上可能是承包人向发包人提出费用索赔;另一种是承包人违约而向发包人缴纳的违约金(违约罚金),形式上可能是发包人向承包人提出费用索赔,内容上可能是发包人直接扣留承包人应得的工程款项。

合同解除支付,是指由于工程遇到战争、瘟疫、骚乱等合同约定的特殊风险,还有承包人违约以及发包人违约等方面的原因导致合同无法继续履行而出现的支付结果。无论何种原因导致合同解除,监理人员都应按照合同条件、技术规范、施工合同等有关文件的规定处理好各项费用的结清与支付工作。

二、费用支付的工作程序

费用支付的工作程序可以分为许多种程序,下面主要介绍期中进度付款的支付程序、交工验收后的支付程序、缺陷责任期终止后最终结清的支付程序三种。

(一)期中进度付款的支付程序

期中支付是合同在履行过程中每月所发生的付款申请、审查和支付工作。根据《公路工程标准施工招标文件》(2018年版)通用条款的规定,期中支付的程序见图6-2。

1. 承包人递交付款申请

承包人应在每个付款周期末,按监理人批准的格式和专用合同条款约定的份数,向监理人提交进度付款申请单(一般为月结账单),并附相应的支持性证明文件。除专用合同条款另有约定外,付款申请单应包括下列内容:

(1)自开工截至本期末止已完成的工程价款;
(2)自开工截至上期末止已完成的工程价款;
(3)本期完成的(应结算的)工程价款,即①-②;
(4)本期完成的应结算的计日工价款;
(5)本期应支付的暂列金额价款;
(6)本期应支付的材料设备预付款;

(7)根据合同约定本期应结算的其他款项;
(8)价格调整及法规变更引起的费用;
(9)本应扣留的保证金、材料设备预付款及开工预付款;
(10)根据合同约定,本期应扣除的其他款项。

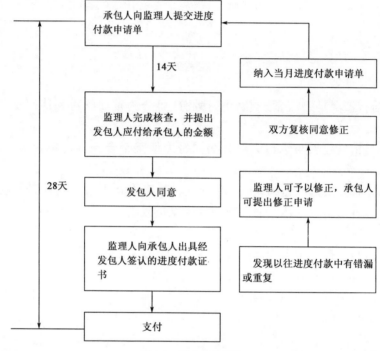

图6-2 期中支付程序

2. 监理人审查

监理人在收到承包人进度付款申请单以及相应的支持性证明文件后的14天内完成核查,提出发包人到期应支付给承包人的金额以及相应的支持性材料,经发包人审查同意后,由监理人向承包人出具经发包人签认的进度付款证书。监理人有权扣发承包人未能按照合同要求履行任何工作或义务的相应金额。

监理人审查的主要工作有:

(1)对承包人所完成的工程价款,应审查各工程子目所完成的工程量是否质量合格(有质量验收单或中间交工证书),是否有相应的计量证书,所采用的单价是否与清单中的单价相符,计算结果是否准确无误。

(2)对计日工付款申请,应审查计日工是否有监理人的书面指示,计日工数量是否有监理人的签字和认可,计日工单价是否与清单中的单价相符,计日工金额是否计算无误。

(3)对材料设备预付款付款申请,应审查是否是合同约定应给予预付款的主要材料和设备,到场材料和设备是否有监理人的现场计量和确认,是否提交了材料和设备的付款发票或费用凭证,支付百分率是否与投标函附录的规定相符,金额是否计算无误。

(4)对变更工程付款申请,应审查是否有监理人的书面变更指令,所完成的变更工程量是否已通过质量验收,所采用的单价是否符合合同条款第15条的约定,是否有相应的计量证书,计算结果是否准确无误。

(5)对价格调整付款申请,应审查调价方法是否符合合同约定,所调查的人工与材料价格指数是否准确,调整金额的计算结果是否正确无误。

(6)在审查其他款项的付款申请过程中,对逾期付款违约金(延迟付款利息),应审查其计算方法和计算结果是否正确;对费用索赔,应审查是否有相应的索赔审批证书。

以上是审查期中支付申请中应重点审查的主要内容。要求期中支付申请书做到:申请的格式和内容应满足合同要求;各项资料、证明文件手续齐全;所有款项计算与汇总无误。

审查中若发现各项资料、证明文件不齐全,则要求承包人补充;若发现所列出的数量不正确或者任何一个工程项目的质量不符合要求,则调整承包人的月报表;如各方面出入较大,计算有重大错误,则完全可以拒绝签发付款证书,退回给承包人重做或累计到下期付款申请中重新审查签证。

在审查完应付款项后,对应扣回的各种款项特别是开工预付款、材料和设备预付款以及质量保证金等应认真计算并及时从月结账单中扣回或扣留。

3.期中支付证书的签发

(1)监理人审核并修正承包人的支付申请后,计算付款净金额(计算付款净金额时,应将需扣留的保证金和扣回的预付款从承包人月报表中应得的金额中扣除)。

(2)并将付款净金额与合同中约定的支付最低限额比较。如果该付款周期应结算的价款经扣留和扣回后的款额少于项目专用合同条款数据表中列明的进度付款证书的最低金额,则该付款周期监理人可不核证支付,上述款额将按付款周期结转,直至累计应支付的款额达到项目专用合同条款数据表中列明的进度付款证书的最低金额为止。若净金额大于最低限额,监理人应向发包人签发期中支付证书,副本抄送承包人。

(3)除了特殊项外(如计日工、暂列金额和费用索赔等),监理人签发的《期中支付证书》中的支付数量应基本正确;对工程变更、费用索赔等支付项目,如一时难以确定,监理人可先确定一笔临时付款金额。

(4)监理人在签发期中支付证书时应做好分级审查工作,做到不重不漏、准确无误。

4.发包人的付款工作

根据《公路工程标准施工招标文件》(2018年版)合同通用条款第17.3.3款的有关规定,发包人应在监理人收到进度付款申请单后的28天内,将进度应付款支付给承包人。发包人不按期支付的,按项目专用条款数据表中约定的利率向承包人支付逾期付款违约金。承包人可向发包人发出通知,要求发包人采取有效措施纠正违约行为。发包人收到承包人通知后的28天内仍不履行付款义务,承包人有权暂停施工,并通知监理人,发包人应承担由此增加的费用和(或)工期延误,并支付承包人合理利润。暂停施工28天后,发包人仍不纠正违约行为的,承包人可向发包人发出解除合同通知。

(二)交工验收后的支付程序

《公路工程标准施工招标文件》(2018年版)通用条款规定,交工支付程序见图6-3。

1.承包人的交工支付申请

交工支付又称交工结算。根据《公路工程标准施工招标文件》(2018年版)通用条款第

17.5.1 款规定:工程接收证书颁发后,承包人应按专用合同条款约定的份数和期限向监理人提交交工付款申请单,并提供相关证明材料。除专用合同条款另有约定外,交工付款申请单应包括下列内容:①交工结算合同总价;②发包人已支付承包人的工程价款;③应扣留的质量保证金;④应支付的竣工付款金额。承包人向监理人提交交工付款申请单(包括相关证明材料)的份数在项目专用合同条款数据表中约定;期限:交工验收证书签发后42天内。

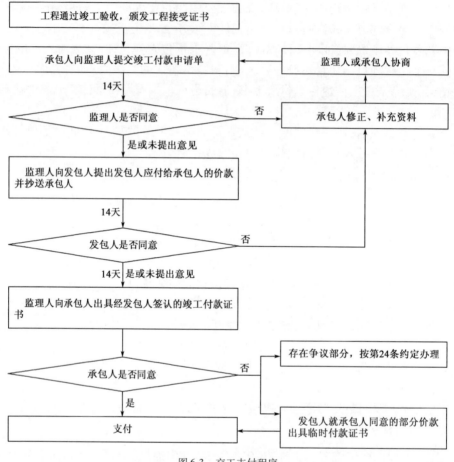

图6-3 交工支付程序

注:通用条款中"竣工"等同公路工程"交工"。

通常情况下,交工支付的付款内容和付款范围比期中支付更广泛。一方面,在所完成的工程价款中,合同中的全部工程子目都已发生,都需要办理结算;另一方面,有些工程变更、费用索赔等支付项目在期中支付中并未完全解决,需要全面清理;再者,有些交工支付中独有的支付项目需要专门处理,如逾期交工违约金(拖期损失偿金)的扣留、提前交工奖金的支付等。

2. 交工支付申请的审定与付款证书

监理人在收到承包人提交的交工付款申请单后的14天内完成核查,提出发包人到期应支付给承包人的价款送发包人审核并抄送承包人。发包人应在收到后14天内审核完毕,由监理人向承包人出具经发包人签认的交工付款证书。监理人未在约定时间内核查,又未提出具体意见的,视为承包人提交的交工付款申请单已经监理人核查同意;发包人未在约定时间内审核又未提出具体意见的,监理人提出发包人到期应支付给承包人的价款视为已经发包人同意。

发包人应在监理人出具交工付款证书后的 14 天内,将应支付款支付给承包人。发包人不按期支付的,按合同条款的约定,将逾期付款违约金支付给承包人。

监理人对交工付款申请单有异议的,有权要求承包人进行修正和提供补充资料。经监理人和承包人协商后,由承包人向监理人提交修正后的交工付款申请单。承包人对发包人签认的交工付款证书有异议的,发包人可出具交工付款申请单中承包人已同意部分的临时付款证书。存在争议的部分,按合同约定办理。

交工支付的审查要求与期中支付的审查要求相同,但其难度更大,也更复杂。如遗留下来的工程变更、费用索赔的处理,需要监理人在事过境迁的情况下进一步查实索赔(或变更)原因和核实索赔(或变更)金额,这本身就是一项难度很大的工作;又如,要确定拖期损失偿金的扣留或提前交工奖金的支付,首先需要根据合同约定工期以及合理延期,运用网络计划技术确定项目是提前完工还是推迟完工。

另外,交工支付的准确性要求更高。期中支付不准确,可通过下一期中支付纠正,而交工支付一旦出错,可能是无法挽回的。因此,对交工支付的审查,更应做到深入细致、一丝不苟、准确无误、不留尾巴。

(三) 最终结清的支付程序

《公路工程标准施工招标文件》(2018 年版)通用条款规定,最终支付程序见图 6-4。

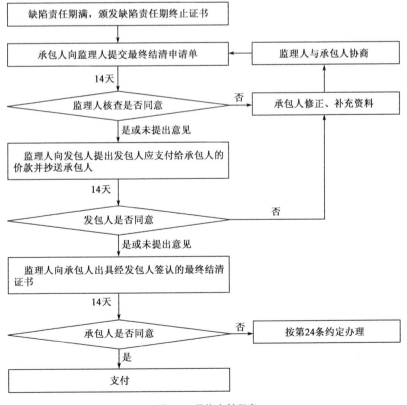

图 6-4　最终支付程序

1. 最终支付申请

根据《公路工程标准施工招标文件》(2018年版)通用条款第17.6.1款的规定：

(1) 缺陷责任期终止证书签发后，承包人可按专用合同条款约定的份数和期限向监理人提交最终结清申请单，并提供相关证明材料。

(2) 发包人对最终结清申请单内容有异议的，有权要求承包人进行修正和提供补充资料，由承包人向监理人提交修正后的最终结清申请单。

承包人向监理人提交最终结清申请单(包括相关证明材料)的份数在项目专用合同条款数据表中约定；期限：缺陷责任期终止证书签发后28天内。最终结清申请单中的总金额应认为是代表了根据合同约定应付给承包人的全部款项的最后结算。

2. 最终支付申请的审核与签证

监理人收到承包人提交的最终结清申请单后的14天内，提出发包人应支付给承包人的价款送发包人审核并抄送承包人。发包人应在收到后14天内审核完毕，由监理人向承包人出具经发包人签认的最终结清证书。监理人未在约定时间内核查，又未提出具体意见的，视为承包人提交的最终结清申请已经监理人核查同意；发包人未在约定时间内审核又未提出具体意见的，监理人提出应支付给承包人的价款视为已经发包人同意。

如果监理人不同意或者不核证最终结清申请单的任何一部分，承包人应按监理人要求提交进一步的资料，并对最终结清申请单作出他们之间协商同意的修改，然后由承包人编制，并向监理人提交双方同意的最终结清单。

在提交最终结清申请单时，承包人应给发包人一份书面清账书，并抄送监理人，确认最后结账单中的总金额代表了根据合同约定应付给承包人的全部款项的最后结算。

3. 发包人的付款工作

发包人应在监理人出具最终结清证书后的14天内，将应支付款支付给承包人。发包人不按期支付的，按合同条款的约定，将逾期付款违约金支付给承包人。承包人对发包人签认的最终结清证书有异议的，按合同条款的约定办理。

第三节 清单支付项目

清单支付是按合同条件和技术规范，通过监理人员进行的质量检查、计量，确认已完成的工程量，然后按确认的工程数量与报价单中的单价，结算和支付工程量清单中的各项工程费用。清单支付在工程费用支付中所占比重很大，包括单价子目支付、总额子目支付、计日工、暂列金额和暂估价五类。

一、单价子目的支付

工程量清单中的绝大部分工程内容是以单价子目计量和支付的，其费用约占工程总费用的85%，其支付条件和费用计算方法应满足下列要求：

(1) 支付条件是完成了技术规范和设计图纸所规定的工作内容，且质量合格，计量结果准确无误，并附相应的符合合同要求的支持性证明文件。

(2)单价子目支付一般按期(月)支付。每期(月)付款是根据承包人每期(月)实际完成的符合质量要求并经监理人计量确认的工程数量乘以相应的单价计算确定,即:

$$单价子目支付 = \sum_{1}^{n}本月实际完成的合格工程数量 \times 相应单价 \qquad (6-1)$$

如果某一项目是一次完成的,则十分简单;如果是分多次完成的,则应在计量单上列出设计数量、上期累计完成数量和本期完成数量并附上计算公式和简图。

二、总额子目的支付

工程量清单第100章中的工程项目多数是总额支付项目,其"工程数量"均为"1",计量的"单位"为"总额",例如保险费、竣工文件资料整理费用、施工环保费用、安全生产费用、承包人的驻地建设费用、施工标准化费用等都属于总额支付项目。这些项目的特点是总额包干,因此,在合同有关文件中被称为总额支付子目。为做好这些项目的支付工作,根据《公路工程标准施工招标文件》(2018年版)合同通用条件17.1.5项的规定,总额子目的计量和支付应以总额为其最终工程量。

承包人在合同约定的每个计量周期内对已完成的"总额子目"工程进行计量,即按照专用合同条款约定的分期支付比例,或者分期等量数额提出计量申请,并向监理人提交进度付款申请。

工程量清单第100章中的"安全生产费用"还应根据财政部、安全生产监督管理总局印发的《企业安全生产费用提取和使用管理办法》(财企〔2012〕16号)的规定执行,见本节的第四部分。

三、计日工的支付

计日工是指对零星工作采取的一种计价方式,按合同中的计日工子目及其单价计价付款。合同中通常含有计日工明细表,表中列有不同劳务、材料、施工设备的估计数量,计日工单价由承包人报价,然后将汇总的计日工价合计在投标总价中。工程实施中,按监理工程师的指令进行。

根据《公路工程标准施工招标文件》(2018年版)通用条款,发包人认为有必要时,由监理工程师通知承包人以计日工方式实施变更的零星工作。其价款按列入已标价工程量清单中的计日工计价子目及其单价进行计算。

采用计日工计价的任何一项变更工作,应从暂列金额中支付,承包人应在变更的实施过程中,每天将下列报表和有关凭证报送监理工程师审批:①工作名称、内容和数量;②投入该工作所有人员的姓名、工种、级别和耗用工时;③投入该工作的材料类别和数量;④投入该工作的施工设备型号、台数和耗用台时;⑤监理工程师要求递交的其他资料和凭证。

计日工由承包人汇总后,按合同的约定列入进度付款申请单,由监理人员复核并经发包人同意后列入进度付款。

四、安全生产费用(安全专项费用)的支付

根据财政部、安全生产监督管理总局印发的《企业安全生产费用提取和使用管理办法》

（财企〔2012〕16号）第三条规定，安全生产费用是指企业按照规定标准提取在成本中列支，专门用于完善和改进企业或者项目安全生产条件的资金。有时简称安全专项费用。安全生产费用按照"企业提取、政府监管、确保需要、规范使用"的原则进行管理。第七条规定建设工程施工企业以建筑安装工程造价为计提依据，公路工程计提标准为1.5%，提取的安全生产费用列入工程造价，在竞标时不得删减，列入标外管理。

《公路工程标准施工招标文件》（2018年版）公路工程专用合同条款第9.2.5条规定，安全生产费用应为投标价（不含安全生产费及建筑工程一切险及第三者责任险的保险费）的1.5%（若发包人公布了最高投标限价时，按最高投标限价的1.5%计）。安全生产费用是工程施工合同费用中的一项专项费用，应用于施工安全防护用具及设施的采购和更新、安全施工措施的落实、安全生产条件的改善，不得挪作他用。

在评标和合同谈判时，安全生产费用为不可竞争性费用。工程实施中，专款专用，分阶段按照一定的比例予以计量和支付。

目前，多数公路工程项目的发包人均公布最高投标限价，并要求投标人按照最高投标限价的1.5%列入工程量清单的第100章中，计入投标总报价中。

五、环保费用的支付

根据《公路工程标准施工招标文件》（2018年版）工程量清单第100章的规定，施工环保费用属于总额支付项目，属于清单支付项目，列在第100章中进行计量与支付。

六、标准化建设费用的支付

根据《公路工程标准施工招标文件》（2018年版）工程量清单第100章的规定，承包人的驻地建设费用、施工标准化费用等都属于总额支付项目，属于清单支付项目，均列在第100章中进行计量与支付。

七、暂列金额的支付

"暂列金额"是指已标价工程量清单中所列的暂列金额，用于在签订协议书时尚未确定或不可预见变更的施工及其所需材料、工程设备、服务等的金额，包括以计日工方式支付的金额。暂列金额下的项目具有如下特点：

①发生项目的不确定性。暂列金额所对应的支付项目并不确定。它们是某些新增的附属工程、零星工程等变更工程，也可能是提供货物、材料、设备或劳务等工作，还有可能是因不可预见因素引起的一些意外事件的费用（如索赔、价格调整等发生的费用）。

②发生金额的不确定性。暂列金额中的项目到底需要多少金额事先并不确定。因此，工程量清单中的相应金额是"暂列"的，有时与实际情况有较大差距。如计日工清单中的数量完全是假定的，实践中具体会发生多少事先根本不知道，因此，可能与实际情况有较大差距。

③承担单位的不确定性。暂列金额中的项目具体由谁承担，事先并不确定，可能由承包人承担，也可能由特殊分包人或其他第三者承担。

暂列金额只能按照监理工程师的指示使用，并对合同价格进行相应调整。暂列金额应由监理人报发包人批准后指令全部或部分地使用,或者根本不予动用。

对于经发包人批准的每一笔暂列金额,监理人有权向承包人发出实施工程或提供材料、工程设备或服务的指令。这些指令应由承包人完成,监理工程师应根据合同条款约定的变更估价原则和规定,对合同价格进行相应调整。

当监理工程师提出要求时,承包人应提供有关暂列金额支出的所有报价单、发票、凭证和账单或收据,除非该工作是根据已标价工程量清单列明的单价或总额价进行的估价。

八、暂估价的支付

"暂估价"指发包人在工程量清单中给定的用于支付必然发生但暂时不能确定价格的材料、设备以及专业工程的金额。

在工程招标阶段已经确定的材料、工程设备或工程项目,但又无法在当时确定准确价格,而可能影响招标效果时,发包人在工程量清单中给定一个暂估价。因此,暂估价是用于支付必然发生但暂时不能确定价格的材料、设备以及专业工程的金额。

暂估价在工程实施过程中,对于不同类型的材料与专业工程采用不同的计价方法。

发包人在工程量清单中给定暂估价的材料、工程设备和专业工程属于依法必须招标的范围并达到规定的规模标准的,由发包人和承包人以招标的方式选择供应商或分包人。发包人和承包人的权利义务关系在专用合同条款中约定。中标金额与工程量清单中所列的暂估价的金额差以及相应的税金等其他费用列入合同价格。

发包人在工程量清单中给定暂估价的材料和工程设备不属于依法必须招标的范围或未达到规定的规模标准的,应由承包人按第5.1款的约定提供。经监理工程师确认的材料、工程设备的价格与工程量清单中所列的暂估价的金额差以及相应的税金等其他费用列入合同价格。

发包人在工程量清单中给定暂估价的专业工程不属于依法必须招标的范围或未达到规定的规模标准的,由监理工程师按照第15.4款进行估价,但专用合同条款另有约定的除外。经估价的专业工程与工程量清单中所列的暂估价的金额差以及相应的税金等其他费用列入合同价格。

第四节 合同支付项目的支付管理

合同支付项目是指清单外的支付项目,即那些没有包括在工程量清单以内,但是一旦发生就应根据合同条款的约定审核支付的费用项目。虽然合同支付项目在工程费用支付中所占比重不大,但其偶发性、多样性、复杂性比清单支付项目又大得多,比较难以把握和控制,是监理人员在费用监理工作中的重点和难点。

合同支付项目包括预付款的支付与扣回、质量保证金的扣留与退回,包括工程变更费用、价格调整费用、索赔费用、逾期交工违约金、提前交工奖金和逾期付款违约金(迟付款利息)等项目。

一、预付款的支付与扣回

现阶段,工程预付款包括开工预付款和材料预付款、设备预付款。开工预付款和材料预付款多用在公路工程特别是高速公路工程的施工过程中。设备预付款多指用于永久性工程的设备需要支付预付款,而不是支付工程施工机械设备的预付款。

招标工程项目是否实行预付款制度,取决于合同工程的规模大小、合同工期的长短以及发包人在招标文件中的约定。

1. 开工预付款的支付和扣回

开工预付款是一项由业主提供给承包人用作开办费用的提前付款(又称前期付款),用于承包人为合同工程施工购置材料、工程设备、施工设备、修建临时设施以及组织施工队伍进场等。根据合同约定,承包人有权得到发包人提供的一笔相当于合同价值一定比例的无息开工预付款,用于支付开工初期各项准备工作的款项。

(1) 开工预付款的支付条件。

开工预付款的支付条件包括施工项目中标人与发包人签订了施工合同协议书,承包人提交了履约保函、开工预付款保函,承包人承诺的主要设备已经进场等。开工预付款保函的担保金额应与开工预付款的金额相等。保函的担保金额可根据预付款扣回的金额相应递减。

预付款必须专用于合同工程。承包人不得将该开工预付款用于与本工程无关的支出,监理工程师有权监督承包人对该项费用的专款专用,如经查实承包人滥用开工预付款,发包人有权立即向银行索赔履约保证金,并解除合同。

(2) 开工预付款的担保。

根据《公路工程标准招标文件》(2018年版)给出的公路工程专用合同条款第17.2.2条规定,承包人无须向发包人提交预付款保函,承包人提交的履约保证金对预付款的正常使用承担保证责任。

(3) 开工预付款的额度规定、计算公式和支付的时间。

开工预付款的预付比例在合同工程的专用条款数据表中约定,一般为 5% ~ 30%,通常约定为有效合同价的 10%。所谓有效合同价是指工程量清单第 100 章至第 700 章的合计金额,不包括计日工、暂列金额、暂估价等费用。

开工预付款的预付总金额计算公式:

$$B = H \times \alpha \tag{6-2}$$

式中:H——有效合同价(元);

α——开工预付款的比例,如 7%。

有的工程项目的招标文件或合同专用条件约定,开工预付款在施工准备阶段分两次支付,如第一次支付开工预付款的 70%,第二次支付 30%。不论如何,承包人都应向监理机构提交开工预付款的支付申请,监理机构应在召开第一次工地会议之前编制完成支付证书报送发包人支付。

(4) 开工预付款的扣回规定、计算公式。

开工预付款属于发包人的预付,因此要在进度付款中扣回,扣回办法在专用合同条款中约定。根据《公路工程标准招标文件》(2018年版)给出的公路工程专用合同条款第17.2.3条规定,开工预付款在进度付款证书的累计金额未达到签约合同价的 30% 之前不予扣回,在达到签约合同价 30% 之后,开始按工程进度以固定比例分期从各月的进度付款证书中扣回,全部金额在进度付款证书的累计金额达到签约合同价的 80% 时扣完。即采用固定比例法扣回,每完成签约合同价的 1%,扣回开工预付款的 2%。

扣回的货币种类和比例,应与预付款时的货币种类和比例相一致。

采用固定比例扣回法的特点是按照完成的工作量的一定百分率扣款,较按月等额扣回法有利于施工单位保持一定的流动资金进行工程施工。

开工预付款采用固定比例法扣回,扣回时间开始于期中支付证书中工程量清单累计支付金额超过合同价值的30%的当月,但止于支付金额达合同价值的80%的当月。在此期间,按期中支付证书当期完成的工程款占合同价值50%的比例予以扣回,其计算公式有两种。

计算公式(一):

$$G_t = \frac{\sum M_t - \sum M_{t-1}}{H \times 50\%} \times (H \times \alpha) = \frac{\sum M_t - \sum M_{t-1}}{50\%} \times \alpha \qquad (6-3)$$

式中:G_t——第 t 个月开工预付款的扣回金额(元);

M_t——第 t 个月末的累计完成金额,$M_t \leq 80\% H$(元);

M_{t-1}——第 $t-1$ 个月末的累计完成金额,$M_{t-1} \geq 30\% H$(元)。

[例6-1] 某工程的有效合同价为1500万元,开工预付款在投标函附录中规定的额度为10%,5月份完成200万元的工程量,且到第5个月末累计支付工程金额为600万元,试计算该月应扣回开工预付款的金额。

解: 该工程开工预付款的预付总金额 $B = 1500 \times 10\% = 150$(万元)

第5个月末累计支付工程金额600万元,已超过合同价的30%(1500×30% = 450),5月份应该扣回的开工预付款金额 G_t:

$$G_t = \frac{\sum M_t - \sum M_{t-1}}{50\%} \times \alpha = \frac{600 - 450}{50\%} \times 10\% = 30(万元)$$

因此,5月份开工预付款的扣回金额为30万元。

计算公式(二):

$$\sum G_t = \left[\left(\frac{\sum M_t}{H} \times 100\% - 30\% \right) \div 1\% \right] \times 2\% \times B = 2B \left(\frac{\sum M_t}{H} \times 100\% - 30\% \right) \qquad (6-4)$$

其中, $$30\% \leq \frac{\sum M_t}{H} \times 100\% \leq 80\%$$

式中:$\sum G_t$——第 t 个月末开工预付款的累计扣回金额(元),$\sum G_t \leq B$;第 t 个月内开工预付款的扣回金额为 $G_t = \sum G_t - \sum G_{t-1}$。

[例6-2] 某公路工程的有效合同价为3000万元,开工预付款在投标函附录中规定的额度为10%。每一个月完成的工作量如表6-1所示。合同约定在期中进度付款证书的累计金额达到有效合同价的30%之后,开始按工程进度以固定比例分期从各月的进度付款证书中扣回,全部金额在进度付款证书的累计金额达到有效合同价的80%时扣完。试计算开工预付款的扣回金额。

某公路工程的月完成工作量表　　　表6-1

月份	1	2	3	4	5	6	7	8	9	10	11
工作量(万元)	100	100	200	200	300	300	600	500	300	300	100

解:(1)开工预付款的预付总金额 $B = 3000 \times 10\% = 300$(万元)。

(2)每个月末完成的累计工作量及其百分比计算,如表6-2所示。

某公路工程的月完成工作量计算表 表6-2

月份	1	2	3	4	5	6	7	8	9	10	11
工作量(万元)	100	100	200	200	400	200	600	500	300	300	100
累计工作量(万元)	100	200	400	600	1000	1200	1800	2300	2600	2900	3000
累计百分比	3%	6%	13%	20%	33%	40%	60%	76%	86%	96%	100%

可见,第5个月末的累计完成金额$\sum M_5 \geq 30\% H$,应从第5个月末开始扣回已经支付的开工预付款。第5个月末及其以后各月末开工预付款的累计扣回金额计算如下:

$$\sum G_5 = 2B \times \left(\frac{\sum M_t}{H} \times 100\% - 30\% \right) = 600 \times \left(\frac{1000}{3000} \times 100\% - 30\% \right) = 19.8(万元);$$

$$\sum G_6 = 600 \times \left(\frac{1200}{3000} \times 100\% - 30\% \right) = 60(万元), G_6 = 60 - 19.8 = 40.2(万元);$$

$$\sum G_7 = 600 \times \left(\frac{1800}{3000} \times 100\% - 30\% \right) = 180(万元), G_7 = 180 - 60 = 120(万元);$$

$$\sum G_8 = 600 \times \left(\frac{2300}{3000} \times 100\% - 30\% \right) = 280(万元), G_8 = 280 - 180 = 100(万元);$$

$$\sum G_9 = 600 \times \left(\frac{2600}{3000} \times 100\% - 30\% \right) = 340(万元) \geq B, G_9 = B - \sum G_8 = 20(万元)。$$

验算:各月实际扣回金额合计 $= 19.8 + 40.2 + 120 + 100 + 20 = 300(万元) = B$。

2. 材料、设备预付款的支付和扣回

材料、设备预付款是由发包人预先支付给承包人的一定比例的材料、设备款项,以供购进将用于和安装在永久工程中的各种设备、材料之用。材料、设备预付款按项目专用合同条款数据表中所列主要材料、设备单据费用(进口的材料、设备为到岸价,国内采购的为出厂价或销售价,地方材料为堆场价)的百分比支付。该费用支付和扣回应严格按合同文件的约定进行。甲方(建设单位)供应的材料(简称甲供材料)不予支付材料预付款。

(1)材料、设备预付款的支付条件。

《公路工程标准招标文件》(2018年版)给出的公路工程专用合同条款第17.2.1条规定材料、设备预付款的预付条件为:

①材料、设备已经在施工现场交货;
②材料、设备的质量符合规范要求并经监理人员检查认可;
③承包人已出具了采购材料、设备的费用凭证或支付单据的原件、复印件(或扫描件);
④存储良好,存储方法符合规范要求并经监理人员检查认可等。

则监理人应将此项金额作为材料、设备预付款计入下一次的进度付款证书中。

(2)材料、设备预付款的预付。

对承包人已经到场并经监理人员检验合格的工程材料、设备,在没有形成工程实体的情况下结算一部分款项,即材料、设备预付款,监理人应将此项金额计入这些材料、设备到场后下一次的进度付款证书中,即当月进度付款申请截止日期前进场并经监理人检验合格的材料、设备的预付款应当计入当月的进度付款证书中。

工程材料、设备预付款的预付比例,一般不低于60%,按照合同工程项目的专用合同条款的约定执行。多数高速公路工程项目的专用合同条款约定,预付的比例为70%~75%。

材料、设备的预付款计算公式:

$$C = \sum H \times \alpha \tag{6-5}$$

式中:C——材料、设备预付款的金额;

$\sum H$——进场材料、设备的费用凭证的汇总金额;

α——材料、设备预付款的比例,如75%。

《公路工程标准招标文件》(2018年版)给出的公路工程专用合同条款第17.2.1条规定,在预计交工前3个月,将不再支付材料、设备预付款。

(3)材料、设备预付款的扣回。

《公路工程标准招标文件》(2018年版)给出的公路工程专用合同条款第17.2.3条规定,当材料、设备已用于或安装在永久工程之中时,材料、设备预付款应从进度付款证书中扣回,扣回期不超过3个月。多数高速公路工程项目规定为3个月内等额扣回。已经支付材料、设备预付款的材料、设备的所有权应属于发包人。

对于材料预付款的扣回方式,工程实践中常采用下列两种方法。

①按月等额扣回法。

按月等额扣回法是指按照工程进度月份自材料、设备进场的次月起,在3个月内等额扣回的方法。该方法意味着在支付申请截止日期前到现场的材料、设备,在当月支付预付款,从下一个月开始扣回预付款,在最近的连续3个月内扣完。监理人应注意核对扣回的金额,应做到不差一角一分。为便于计算,监理人可以和承包人达成"取整"的一致意见,即预付款的金额计算至元,扣回时前两个扣回月的金额取整,第3个月内核对扣回总金额,使得扣回的预付款金额等于已经支付的预付款金额。

[例6-3] 某工程合同工期为10个月,合同约定材料预付款的支付额度为材料、设备价值的75%,分3个月等额扣回。经监理人每月对现场材料的盘点和审核,每月现场材料价值如表6-3左侧所示。计算出每月材料预付款的支付金额列于表6-3右侧。

某工程项目的材料预付款支付与扣回金额计算示例(单位:元) 表6-3

月份	预付情况		扣回情况									
	凭证金额	预付金额	1	2	3	4	5	6	7	8	9	10
1	100	75	0	25	25	25						
2	224	168		0	56	56	56					
3	300	225			0	75	75	75				
4	551	413				0	137	137	139			
5	600	450					0	150	150	150		
6	400	300						0	100	100	100	
7	400	300							0	100	100	100
8	260	0								0	0	0
9	200	0									0	0
10	177	0										0
	/	/	0	25	81	156	268	362	389	350	200	100
合计		1931	1931									

②起扣点扣回法。

起扣点扣回法是指从未完工程尚需的材料价值相当于已经预付的材料款金额时起扣,按照材料占比从工程后期每次期中进度付款中抵扣材料预付款,直至公路工程交工前全部扣完的方法,亦称工程后期起扣点扣回法。

起扣点的计算公式:

$$P = H - \frac{C}{\beta} \tag{6-6}$$

式中:P——起扣点,即开始扣回预付款时累计完成的工程款金额;
H——有效合同价格;
C——材料预付款的总额;
β——材料占有效合同价的比例。

扣还预付款的金额计算公式:

当第 t 个月末累计完成的工程款金额超过起扣点金额时,开始扣还预付款(第1次扣回),计算公式如下:

$$G_{t1} = (\sum h_t - P) \times \beta \tag{6-7}$$

式中:G_{t1}——第 t 个月末应扣回的材料预付款金额(元);
$\sum h_t$——第 t 个月末累计完成的工程款金额,$\sum h_t \geq T$(元)。

第 m 次($m \geq 2$,第 $t+m-1$ 个月末)扣还的预付款金额计算公式:

$$G_{(t+m-1)m} = h_{t+m-1} \times \beta \tag{6-8}$$

式中:$G_{(t+m-1)m}$——第 $t+m-1$ 个月应扣回的材料预付款金额(元);
h_{t+m-1}——第 $t+m-1$ 个月内完成的工程款金额(元)。

[例6-4] 某沥青混凝土路面工程的有效合同价为610万元,沥青材料预付款额度为有效合同价的25%,假定沥青材料占合同价的比例为60%,此工程各月实际完成施工产值如表6-4所示。问:如何扣回材料预付款?

各月实际完成的施工产值(单位:万元) 表6-4

2月	3月	4月	5月	6月	7月
69	181	200	98.54	41.46	20

解:①材料预付款:$C = 610 \times 25\% = 152.50$(万元);
②起扣点金额:$P = 610 - 152.50 \div 60\% = 356$(万元),将从4月份开始扣还;
③第4个月末(第1次)应扣回的材料预付款金额:
$G_{41} = (450 - 356) \times 60\% = 56.40$(万元);
④第5个月末(第2次)应扣回的材料预付款金额:
$G_{52} = 98.54 \times 60\% = 59.12$(万元)。
⑤第6个月末(第3次)应扣回的材料预付款金额:
$G_{63} = 41.46 \times 60\% = 24.87$(万元)。
⑥第7个月末(第4次)应扣回的材料预付款金额:
$G_{74} = 20 \times 60\% = 12.00$(万元)。

监理人应注意检查核对实际扣回的预付款金额的累计值是否等于已经实际支付的预付款

总金额,即用减法核对最后一次扣回的金额是否准确。本例题中,经核对,第 7 个月末实际应扣回的材料预付款金额为 12.11 万元,因为:

$$G_7 = 12.00 + (152.50 - 56.40 - 59.12 - 24.87 - 12.00) = 12.11(万元)。$$

二、质量保证金的扣留与返还

《公路工程标准施工招标文件》(2018 年版)合同通用条款第 17.4 条规定了质量保证金的扣留与返还方式。质量保证金是指发包人与承包人在工程承包合同中约定,从应付的工程款中预留,用以保证承包人在缺陷责任期内对工程出现的缺陷进行维修的资金。

质量保证金的计算额度不包括预付款的支付、扣回以及价格调整的金额。

1. 质量保证金的扣留

《公路工程标准施工招标文件》(2018 年版)公路工程专用合同条款第 17.4.1 条规定交工验收证书签发后 14 天内,承包人应向发包人缴纳质量保证金。质量保证金可采用银行保函或现金、支票的形式缴纳。

质量保证金的金额是按项目专用合同条款数据表规定的百分比扣留。监理人应从第一个付款周期开始,在发包人的进度付款中扣留质量保证金,直至扣留的质量保证金总额达到项目专用合同条款数据表规定的限额为止。

承包人应得的款项应计算质量保证金的款项 = 本月完成的工程价款 + 本月完成的计日工 + 本月应支付的暂列金额 + 根据合同规定本月应结算的其他款额 + 费用和法规的变更发生的款额。

缺陷责任期内,承包人应认真履行合同约定的责任,由承包人原因造成的缺陷,承包人应负责维修,并承担鉴定及维修费用。如承包人不维修也不承担费用,发包人可按合同约定扣除保证金,并由承包人承担违约责任。承包人维修并承担相应费用后,不免除对工程的一般损失赔偿责任。由他人原因造成的缺陷,发包人负责组织维修,承包人不承担费用,且发包人不得从质量保证金中扣除费用。

缺陷责任期满时,承包人没有完成缺陷责任的,发包人有权扣留与未履行责任剩余工作所需金额相应的质量保证金余额,并有权根据约定要求延长缺陷责任期,直至完成剩余工作为止。

[例 6-5] 某施工合同约定质量保证金的扣留比例为 3%,设承包人在该月完成的工程价款为 400 万元,完成的计日工价款为 20 万元,发生的暂列金额为 60 万元,设备、材料预付款为 80 万元,其他应付费用为 20 万元。求本月应扣的质量保证金。

解:本月应扣的质量保证金为:$(400 + 20 + 60 + 20) \times 3\% = 15(万元)$。

2. 质量保证金的返还

《公路工程标准施工招标文件》(2018 年版)公路工程专用合同条款第 17.4.2 条规定,在缺陷责任期满,且质量监督机构按照规定对工程质量检测鉴定合格,承包人应向发包人申请到期应返还承包人剩余的质量保证金金额,如无异议,发包人应当在核实后返还承包人。

逾期支付的,从逾期之日起,按照同期银行贷款利率计付利息,并承担违约责任。发包人在接到承包人返还质量保证金申请后14日内不予答复,经催告后14日仍不答复,视同认可承包人的返还质量保证金申请。

三、工程变更、索赔、价格调整、合同违约与解除后的支付

(见第七章)

四、违约罚金的扣除

1. 逾期交工违约罚金的审核与扣除

逾期交工违约金是指承包人未能按合同工期的约定完成全部工程施工,或在监理人批准的延期内完成全部工程的施工,延误了交工时间,影响了发包人的使用,应给予发包人的补偿,也称违约罚金。

《公路工程标准施工招标文件》(2018年版)合同通用条款第11.5款规定:由于承包人原因,未能按合同进度计划完成工作,或监理人认为承包人施工进度不能满足合同工期要求的,承包人应采取措施加快进度,并承担加快进度所增加的费用。由于承包人原因造成工期延误,承包人应支付逾期交工违约金。逾期交工违约金的计算方法在项目专用合同条款中约定。时间自预定的交工日期起到工程接收证书中写明的实际交工日期止(扣除已批准的延长工期),按天计算。逾期交工违约金累计金额最高不超过项目专用合同条款数据表中写明的限额,一般为合同价的10%。

发包人可以从应付或到期应付给承包人的任何款项中或采用其他方法扣除此违约金。承包人支付逾期交工违约金,不免除承包人完成工程及修补缺陷的义务。

如果在合同工作完工之前,已对合同工程内按时完工的单位工程签发了工程接收证书,则合同工程的逾期交工违约金,应按已签发工程接收证书的单位工程的价值占合同工程价值的比例予以减少,但本规定不应影响逾期交工违约金的规定限额。

2. 逾期付款违约金的支付

逾期付款违约金是指发包人的违约,即发包人超过合同条款约定的支付期限支付承包人应得的工程款项而发生的迟付款利息。这是合同赋予承包人的权利,即承包人有权在合同约定的时间期限内从发包人处得到支付。如果发包人不按合同约定时间付款,则应支付承包人迟付款额的利息。

《公路工程标准施工招标文件》(2018年版)合同通用条款第17.3.3款规定:发包人应在监理人收到进度付款申请单后的28天内,将进度应付款支付给承包人。发包人不按期支付的,按项目专用条款数据表中约定的利率向承包人支付逾期付款违约金。违约金计算基数为发包人的全部未付款额,时间从应付而未付该款额之日算起(不计复利)。

逾期付款违约金(迟付款利息)的计算公式(采用单利法):

$$迟付款利息 = P \times n \times r \tag{6-9}$$

式中:P——迟付的人民币或外币数额;

r——日利率;

n——迟付款天数,指发包人的实际付款时间超过规定的期中支付或最终支付的截止日期的天数。

[**例 6-6**] 某工程第 6 期支付证书中表明本月末应支付的净金额为 5600000 元,监理人提交支付证书的日期为 5 月 10 日,而发包人到 8 月 5 日才支付该证书的付款。合同专用条件规定期中支付证书应在 45 天内支付,且 $r=0.033\%$,那么这笔款项的逾期付款违约金为多少?

解:迟付款天数:$n=86-45=41$(天)。

逾期付款的违约金 $=5600000\times41\times0.033\%=75768.00$(元)。

五、提前交工奖金的支付

为了调动承包人的积极性,使其合理地加快工程进度,从而提前完成工程施工,使发包人提前受益,在合同条款中设立了与逾期违约金相对应的一个支付项目,即提前交工奖金。

发包人要求承包人提前交工,或承包人提出提前交工的建议能够给发包人带来效益的,应由监理人与承包人共同协商采取加快工程进度的措施和修订合同进度计划。发包人应承担承包人由此增加的费用,并向承包人支付专用合同条款约定的相应奖金。

发包人不得随意要求承包人提前交工,承包人也不得随意提出提前交工的建议。如遇特殊情况,确需将工期提前的,发包人和承包人必须采取有效措施,确保工程质量。

如果承包人提前交工,发包人支付奖金的计算方法在项目专用合同条款数据表中约定,时间自交工验收证书中写明的实际交工日期起至预定的交工日期止,按天计算。但奖金最高限额不超过项目专用合同条款数据表中写明的限额。

六、费用支付的计算案例

工程费用支付的案例分析题目,一般包括工程计量、支付的基本知识,包括分项工程单价的分析确定或因工程量变化超出一定范围引起的单价调整,包括开工预付款、材料预付款的支付和扣回以及月支付金额的计算,包括质量保证金的扣留,甚至包括索赔费用、价格调整等内容。有时可能用进度网络图的形式表示出每月完成的工程量情况或者工程变更、延期后的费用变化情况。

[**例 6-7**] 某工程项目发包人与承包人签订了施工承包合同。合同中估算工程量为 $5300\mathrm{m}^3$,合同单价为 180 元/m^3,合同工期为 6 个月,有关支付约定如下:

(1)开工前,发包人向承包人支付估算合同价 20% 的开工预付款;

(2)发包人从第 1 个月起,从承包人的工程款中按 5% 的比例扣留质量保证金;

(3)当累计实际完成工程量超过(或低于)估算工程量的 10% 时,合同单价应予调整,调价系数为 0.9(或 1.1);

(4)总监每月签发付款证书的最低金额为 15 万元;

(5)开工预付款从承包人获得累计工程款超过估算合同价的 30% 以后的下一个月起至第 5 个月末均匀扣回;

承包人每月实际完成并经签认认可的工程量,如表 6-5 所示。

承包人完成的工程量统计表 表 6-5

工程量	单位	1月	2月	3月	4月	5月	6月
月内完成	m³	800	1000	1200	1200	1200	500
月末累计完成	m³	800	1800	3000	4200	5400	5900

问题：

(1)估算合同总价是多少？

(2)开工预付款是多少？开工预付款从哪个月起扣留？每月扣预付工程款是多少？

(3)每个月应结算的工程量价款是多少？应签证的工程款为多少？应签发的付款证书金额是多少？

(4)应扣留的质量保证金是多少？

解：(1)估算合同总价：$5300 \times 180 = 95.4$(万元)。

(2)开工预付款：$95.4 \times 20\% = 19.08$(万元)。

因为第一、二期累计工程款为：$1800 \times 180 = 32.4$(万元) $> 95.4 \times 30\% = 28.62$(万元)，根据合同约定，累计工程款超过估算合同价的30%以后的下一个月起至第5个月末均匀扣除，可知预付款应从第三个月开始扣留。

每月应扣预付款金额：$19.08 \div 3 = 6.36$(万元)。

(3)第1个月的工程款：$800 \times 180 = 14.4$(万元)。

本月应扣留质量保证金：$14.40 \times 5\% = 0.72$(万元)。

本月应签证的工程款：$14.40 \times 0.95 = 13.68$(万元) < 15(万元)(本月不予付款)。

第2个月的工程款：$1000 \times 180 = 18$(万元)。

本月应扣留质量保证金：$18 \times 5\% = 0.90$(万元)。

本月应签证的工程款：$18 \times 0.95 = 17.10$(万元)。

本月应签发的工程款为：$17.01 + 13.68 = 30.78$(万元)。

第3个月的工程款：$1200 \times 180 = 21.60$(万元)。

本月应扣留质量保证金：$21.60 \times 5\% = 1.08$(万元)。

本月应扣预付款：6.36万元。

本月应签证的工程款：$21.60 \times 0.95 - 6.36 = 14.16$(万元) < 15(万元)(本月不予付款)。

第4个月的工程款：$1200 \times 180 = 21.60$(万元)。

本月应扣留质量保证金：$21.60 \times 5\% = 1.08$(万元)。

本月应扣预付款：6.36万元。

本月应签证的工程款：$21.60 \times 0.95 - 6.36 = 14.16$(万元)。

本月应签发的工程款：$14.16 + 14.16 = 28.32$(万元)。

第5个月末累计完成5400m³比原估算的工程量超过100m³，但未超过估算10%，仍按原价估算工程价款：$1200 \times 180 = 21.60$(万元)。

本月应扣留质量保证金：$21.60 \times 5\% = 1.08$(万元)。

本月应扣预付款：6.36万元。

本月应签证的工程款：$21.60 \times 0.95 - 6.36 = 14.16$(万元) < 15(万元)(本月不予付款)。

第 6 个月末累计完成 5900m³ 比原估算的工程量超过 600m³,已超过估算 10%,对超过部分应调整单价。应调整单价的工程量为:$5900-5300\times(1+10\%)=70(m^3)$。

本月完成的工程价款:$70\times180\times0.9+(500-70)\times180=8.874(万元)$。

本月应扣留质量保证金:$8.874\times5\%=0.4437(万元)$。

本月应签证的工程款:$8.874-0.4437=8.43(万元)$。

本月应签发的工程款为:$14.16+8.43=22.59(万元)$。

(4)应扣留的质量保证金:$0.72+0.90+1.08+1.08+1.08+0.4437=4.4037(万元)$。

第七章 合同其他费用支付

第一节 工程变更

一、工程变更的合同约定

根据《公路工程标准施工招标文件》(2018年版)通用合同条款第15条的约定,工程变更的基本约定如下:

1. 变更范围和内容

除专用合同条款另有约定外,在履行合同中发生以下情形之一,应按照通用合同条款第15条的约定进行变更。

(1)取消合同中任何一项工作,但被取消的工作不能转由发包人或其他人实施,由于承包人违约造成的情况除外;

(2)改变合同中任何一项工作的质量或其他特性;

(3)改变合同工程的基线、高程、位置或尺寸;

(4)改变合同中任何一项工作的施工时间或改变已批准的施工工艺或顺序;

(5)为完成工程需要追加的额外工作。

上述变更均不应使发包人与承包人签订的施工合同作废或无效。所有这类变更工程(如果有)的结果应该根据第15条规定予以作价。但是,如果发出本工程的变更指令(简称变更令)是因承包人过错、承包人违反合同或承包人责任造成的,则这种违约引起的任何额外费用应由承包人承担。

2. 变更指令

在履行合同过程中,经发包人同意,监理人可按通用合同条款第15.3款约定的变更程序向承包人作出变更指示,承包人应遵照执行。没有监理人的变更指示,承包人不得擅自变更。但如果工程量的增减是由于实际工程量超过或少于工程量清单中估算的数量而并非监理人指示的结果,则这类增减不需变更指令。

3. 变更程序

(1)变更的提出。

①在合同履行过程中,可能发生通用合同条款第15.1款约定变更情形的,监理人可向承包人发出变更意向书。变更意向书应说明变更的具体内容和发包人对变更的时间要求,并附必要的图纸和相关资料。变更意向书应要求承包人提交包括拟实施变更工作的计划、措施和

竣工时间等内容的实施方案。发包人同意承包人根据变更意向书要求提交的变更实施方案的,由监理人按合同约定发出变更指示。

②在合同履行过程中,发生通用合同条款第15.1款约定变更情形的,监理人应按照合同条款的约定向承包人发出变更指示。

③承包人收到监理人按合同约定发出的图纸和文件,经检查认为其中存在合同条款约定变更情形的,可向监理人提出书面变更建议。变更建议应阐明要求变更的依据,并附必要的图纸和说明。监理人收到承包人书面建议后,应与发包人共同研究,确认存在变更的,应在收到承包人书面建议后的14天内作出变更指示。经研究后不同意作为变更的,应由监理人书面答复承包人。

④若承包人收到监理人的变更意向书后认为难以实施此项变更,应立即通知监理人,说明原因并附详细依据。监理人与承包人和发包人协商后确定撤销、改变或不改变原变更意向书。

(2)变更估价。

①除专用合同条款对期限另有约定外,承包人应在收到变更指示或变更意向书后的14天内,向监理人提交变更报价书,报价内容应根据合同条款约定的估价原则,详细开列变更工作的价格组成及其依据,并附必要的施工方法说明和有关图纸。

②变更工作影响工期的,承包人应提出调整工期的具体细节。监理人认为有必要时,可要求承包人提交要求提前或延长工期的施工进度计划及相应施工措施等详细资料。

③除专用合同条款对期限另有约定外,监理人收到承包人变更报价书后的14天内,根据合同条款约定的估价原则,按照通用合同条款第3.5款的规定商定或确定变更价格。通用合同条款第3.5款约定如下:

a.合同约定总监理工程师应按照3.5款对任何事项进行商定或确定时,总监理工程师应与合同当事人协商,尽量达成一致。不能达成一致的,总监理工程师应认真研究后审慎确定。如果这项商定或确定导致费用增加和(或)工期延长,或者涉及确定变更工程的价格,则总监理工程师在发出通知前,应征得发包人的同意。

b.总监理工程师应将商定或确定的事项通知合同当事人,并附详细依据。对总监理工程师的确定有异议的,构成争议,按照第24条(争议的解决)的约定处理。在争议解决前,双方应暂按总监理工程师的确定执行,按照第24条的约定对总监理工程师的确定作出修改的,按修改后的结果执行。

(3)变更指示。

①变更指示只能由监理人发出,而且变更指示必须是书面形式,变更指示应在合同约定的期限内送达承包人,并办理签收手续。

②变更指示应说明变更的目的、范围、变更内容以及变更的工程量及其进度和技术要求,并附有关图纸和文件。承包人收到变更指示后,应按变更指示进行变更工作。

③在紧急情况下,总监理工程师或被授权的监理人员现场签发临时书面变更指示,承包人应遵照执行。承包人应在收到上述临时书面变更指示后24小时内,向监理人发出书面确认函。监理人在收到书面确认函后24小时内未予答复的,该书面确认函应被视为监理人的正式指示。

(4)设计变更。

设计变更程序应执行《公路工程设计变更管理办法》的相关规定。

4. 变更的估价原则

除项目专用合同条款另有约定外，因变更引起的价格调整按照通用合同条款 15.4 的约定处理。

（1）如果取消某项工作，则该项工作的总额价不予支付。

（2）已标价工程量清单中有适用于变更工作的子目的，采用该子目的单价。

（3）已标价工程量清单中无适用于变更工作的子目，但有类似子目的，可在合理范围内参照类似子目的单价，由监理人按第 3.5 款商定或确定变更工作的单价。

（4）已标价工程量清单中无适用或类似子目的单价，可在综合考虑承包人在投标时所提供的单价分析表的基础上，由监理人按第 3.5 款商定或确定变更工作的单价。

（5）如果本工程的变更指示是因承包人过错、承包人违反合同或承包人责任造成的，则这种违约引起的任何额外费用应由承包人承担。

5. 承包人的合理化建议

在履行合同过程中，承包人对发包人提供的图纸、技术要求以及其他方面提出的合理化建议，均应以书面形式提交监理人。合理化建议书的内容应包括建议工作的详细说明、进度计划和效益以及与其他工作的协调等，并附必要的设计文件。监理人应与发包人协商是否采纳建议。建议被采纳并构成变更的，应由监理人按合同约定向承包人发出变更指示。

承包人提出的合理化建议缩短了工期，发包人按合同约定给予提前竣工奖金。承包人提出的合理化建议降低了合同价格或者提高了工程经济效益的，发包人按项目专用合同条款数据表中约定的金额给予奖励。

二、工程变更的单价分析与计算

对变更工程的计价，通常在确定变更工程单价的基础上，对变更工程的工程量进行计量的量价分离原则。根据合同有关约定，变更工程单价的确定方法有四种。

1. 采用工程量清单中相应工程子目的单价

这是确定变更工程单价的首要依据。即工程量清单中有相应工程子目者，原则上应按工程量清单中相应的工程子目单价来确定变更工程的单价。由于工程量清单的价格是承包人投标时填报的，用于变更工程，容易为发包人、承包人及监理人所接受，而且从合同意义上来说也比较公平合理。

[**例 7-1**] 某工程项目由于发包人进行设计变更，使得利用土方填方增加 $10000m^3$，且增加直径 1m 的圆管涵 2 道共 60m。合同中，利用土方填方的单价为 16.8 元/m^3，直径 1m 的圆管涵（含基础）的单价是 2678 元/m。求以上两项变更工程子目的单价。

上述变更由于工程量清单中有相应子目单价，因此，应采用工程量清单中的相应子目单价作为计价依据。

采用工程量清单中相应工程子目的单价作为计价依据，能充分体现单价合同的作用，减少变更工程承包人和发包人协商定价的分歧，尽快确定变更工程单价，及时办理变更工程的计量支付。所以，只要变更工程数量不大，都可以采用工程量清单中相应工程子目的单价作为计价依据。

实践中,采用工程量清单的子目单价一般分三种情形,一是直接套用,即直接采用工程量清单中相应子目的价格;二是间接套用,即依据工程量清单子目单价,经换算后采用;三是部分套用,即依据工程量清单,取用其价格中的某一部分。

[例7-2] 某高速公路项目的原设计中虽然考虑了沿线乡村交通的需要,设置了一些人行通道,但由于间距较大,沿线村民抱怨会带来生活不便。应当地政府的要求,发包人决定在适当的地方增设几条人行通道,在处理这个工程变更时考虑到承包人原报价中有几十条类似的通道的报价,现只增加几座,故可采用工程量清单中的单价。监理人综合分析通道长度、断面尺寸、地理位置以及施工条件等各种情况后,在清单中几十条通道的价格中,选择了最接近新增工程情况的通道价格,作为确定此项变更工程子目的价格依据。

[例7-3] 在某合同新增加的附属工程项目中,需要浇筑C25混凝土,在工程量清单中,虽然可以找到C25混凝土的价格,但在不同的构造物中,由于几何尺寸、地理位置和施工条件不尽相同,尽管混凝土强度等级相同,单价却不一样,并且没有明显可与新增的附属工程情况靠近的单价。监理人在处理这项变更的定价问题时,首先将工程量清单中所有C25混凝土价格取出,然后计算其平均值,并以此平均值作为新增工程中C25混凝土的单价。

[例7-4] 在某合同工程中要使用的钻孔灌注桩有如下3种:直径为1.0m的桩共计桩长1501m,直径为1.2m的共计长8178m,直径为1.3m的共计长2017m,原合同约定选择直径为1.0m的钻孔灌注桩做静载破坏试验。显而易见,如果选择直径为1.2m的钻灌注孔桩做静载破坏试验,对工程更具有代表性和指导意义。因此,监理人决定进行变更。但在原工程量清单中仅有直径1.0m静载破坏试验的价格,没有可以直接套用的价格。经过认真分析,监理人认为钻孔灌注桩静载破坏试验的费用主要由两部分组成,其一为试验费用,其二为桩的费用,而试验方法及设备并未因试验桩直径的改变而发生变化。因此,费用增减主要是由钻孔灌注桩直径的变化而引起的,而试验费用可认为没有变化。由于普通钻孔灌注桩的单价在工程量清单中可以找到,故改用直径为1.2m钻孔灌注桩进行静载破坏试验的费用=直径1.0m桩静载破坏试验费+直径1.2m钻孔灌注桩的清单价格。

2. 采用计日工单价作计价依据

如果工程量清单中无相应的单价作计价依据,则当变更工程是一些小型变更工程时,可根据监理人的指示使用计日工单价作为计价的依据。

例如,某项目因设计变更增加一道盲沟,合同中,无相应单价。此时,可根据监理人指示使用计日工单价作为计价依据。即监理人根据盲沟施工要求,指示承包人安排相应的人工、材料、机械进行施工,并及时对人工、材料、机械的数量进行清点和确认,然后按工程量清单中计日工的相应单价来计价。

在使用计日工单价作计价依据时,应注意变更工程是一些小型工程,且即使对其分解,工程量清单中也无相应工程子目的单价。由于使用计日工作计价依据,不利于促进施工单位加快施工进度,提高资源的使用效率。因此,对大型变更工程,使用计日工单价作计价依据是不合适的,该方法不适于大型变更工程的计价。

3. 对工程量清单中的相应单价进行变更

如果变更工程的性质和数量,关系到整个工程或其任何部分的性质或数量,使涉及的工程子目原有单价或总额价因此而不合理或不适应,在具体工程项目的"项目专用合同条款"中一般会约定,当该变更满足下列条件时,应对工程量清单中的相应单价进行调整:

(1)单项工程。

项目专用合同条款约定,如果合同的工程量清单中某一个支付子目所列的"金额"或"合价"超过签约时合同价格的2%(或合同约定的另一数值),而且该支付子目变更后的工程实际数量超过或少于工程量清单中所列数量的25%(或合同约定的另一数值),则该支付子目的单价或总额价应予以调整。

(2)整个工程项目。

项目专用合同条款约定,如果在签发交工证书时,发现合同价格的增加或减少总共超过"签约合同价"的15%(或合同约定的另一数值)。

如果发生以上两种情况,一般在项目专用合同条款中会约定工程量清单相应单价调整的规定和方法,在实际工作中按照合同条款的规定进行调整。但也有些合同在项目专用条款中没有具体约定单价调整的规定和方法,就需要监理人与发包人和承包人协商后确定一笔费用调整额,从合同价格中扣除或加到合同价格上。

该调整规定实际上是单价合同履行中公平性与可操作性的有机统一。就合同的严肃性及可操作性而言,变更工程原则上应按合同中的相应单价来办理结算,但如果工程变更太大,尤其合同中存在不平衡报价,则单价可能与成本相比会显得偏高或偏低。此时,当工程变更太大超出某一范围时,继续采用原单价结算会有悖公平性甚至出现显失公平的现象,所以此时单价应进行修订或调整。下面通过例7-5来进行说明。

[**例7-5**] 设某合同的利用填方工程量为100万 m^3,在施工过程中,由于设计变更而使得其实际数量达到150万 m^3,试问增加的50万 m^3怎样办理结算。

解:根据合同的单价确定原则,增加的50万 m^3首先原则上应按合同中的相应单价来办理结算,除非该变更工程符合上述单价变更原则。

现假定合同中利用填方工程的金额为1500万元,该合同的总价为1.5亿元。则通过分析可知,该变更工程符合上述单价变更的有关条件:

第一,利用填方工程子目的合同金额为1500万元,达到合同价的10%,已超出合同总价(1.5亿元)的2%;

第二,利用填方工程子目由于变更使得工程量增加了50万 m^3,其增幅为50%,已超出工程量清单中该子目工程量(100万 m^3)的25%。

所以利用填方的单价可以进行调整。但是否一定要进行调整,则应分析工程量清单中其单价是否真实地反映了承包人为完成工程所需要的成本和利润。

从成本和利润分析可知,承包人完成100万 m^3土方的合理单价为15.5元/m^3。其价格组成是:①直接成本12.8元/m^3;②间接成本2元/m^3;③利润0.7元/m^3。

但由于多种原因,承包人的报价可能出现以下三种情况:

第一种情况:15.5元/m^3及以上,即报价等于或高于合理单价。

第二种情况:14.8元/m^3,即报价中采取了让利策略,利润为0。

第三种情况:13元/m^3甚至更低,即在第二种报价的基础上采用了不平衡报价法或将管理费分摊到其他工程子目的报价中,此时的单价为亏损价。

对于第一种报价。由于工程量的增加,承包人会增大规模效益,其增加的工程量部分的直接成本和间接成本均会降低,因此,在对超出 25% 部分的增加工程量计价时,原有合同单价应予以降低,当单价因不平衡报价而超出 15.5 元/m³ 时更应如此。

对于第二种报价。尽管承包人并未承诺对变更工程继续向发包人让利,但由于规模经济性会使得承包人的平均施工成本下降,承包人在完成变更工程中,可以从规模效益的增加中获利,因此其单价可维持不变。

对于第三种报价。由于其单价为亏损价,因此继续使用合同单价对超出 25% 部分的增加工程量计价是不公平的,宜采用 15.5 元/m³ 或 14.8 元/m³ 的价格对超出 25% 部分的变更工程计价。

本例中,从已知数据可知,合同中的利用填方单价为 15 元/m³,即承包人在报价中采取了让利策略,其利润较低。但由于规模经济性可使承包人从中获利,因此,其单价应维持不变。

基于以上分析可知,之所以出现单价变更,其主要原因在于:

第一,工程量清单中可能存在不平衡报价现象,因而对变更工程按不平衡单价办理结算显得不合理。

第二,即使不存在不平衡报价现象,施工规模的经济性及规模效益的变化也会使得在实施变更工程过程中,其发生的管理费等费用并不一定与变更后的工程量成正比的变化。当工程量增加时,承包人的施工成本并不一定成比例增加,而当工程量减少时,承包人的成本不一定成比例减少,因而对变更工程按原单价办理结算时会使得变更工程部分的管理费等费用考虑得不准确。

但即使出现上述情况,原则上首先得维护合同的严肃性和可操作性,保持单价不变。只有当变化太大,即超出上述两个条件所列范围而使得当事人一方难以承受时,才考虑对超出部分带来的影响进行调整或考虑。此时,如原单价偏高,应予以降低,反之,应予以提高。其新的单价可根据现行《公路工程预算定额》(JTG/T 3832)及现行《公路工程建设项目概算预算》编制办法(JTG 3820)来确定。

4. 协商确定新工程子目的单价

如果工程量清单中没有相应工程子目的单价,且又不宜采用计日工单价作计价依据,则监理人应按照 3.5 款的规定,与发包人和承包人协商确定新的工程子目单价。在协商过程中,下列文件是协商确定变更工程单价的依据:

(1)公路工程预算定额及概预算编制办法;
(2)承包人投标时提交的单价分析资料及工程量清单中相关子目的单价。

实践中新单价的确定有以下方法:

(1)以合同单价为基础定价。

该方法的特点是简单且有合同依据。但如果原清单子目单价偏低,则得出的新单价也会偏低,反之,原单价偏高,则得出的新单价也会偏高。所以其确定的单价只有在原单价是合理情况下才会相对合理,当原单价不合理(有不平衡报价)时,该方法对增加的工程量部分的定价是不合理的。

[例 7-6] 设某合同中沥青路面原设计为厚 4cm,其单价为 58 元/m²。由于设计变更,使得其厚度增加到 5cm。求设计变更后的沥青路面单价。

解:根据原合同路面单价,可求出变更后路面的单价为:

$$5 \div 4 \times 58 = 72.5(元/m^2)$$

因此,按上述方法,得出变更后的沥青路面单价为 72.5 元/m²,与原单价相比增加了 14.5 元/m²(见下文)。但是,由于承包人在该项目投标时采用了不平衡报价法,使得路面的报价偏低,因而,按此方法求出的新设计的路面单价也偏低。本例中,对于新增加的 1cm 部分,只计算了 14.5 元/m² 的费用,而实际上应为 20.63 元/m²(见下文)才比较合理。

(2)以预算方法为基础定价。

该方法的优点是以现行《公路工程预算定额》(JTG/T 3832)及《公路工程建设项目概算预算编制办法》(JTG 3820)作定价依据,产生的价格相对合理,能真实的反映完成变更工程的成本和利润。其缺点是不同的施工方案、施工方法会有不同的单价,另外该方法无法反映投标竞争产生的原有招标成果的作用,特别是当承包人有不平衡报价时,该方法会加剧总造价的不合理性。使用该方法时,应先确定沥青路面的施工方案和施工方法,进行资源价格的预算,之后按现行《公路工程预算定额》(JTG/T 3832)及相应的编制办法,确定其预算单价。

例如,假定本项变更发生后沥青路面(5cm)的预算单价为 82.5 元/m²,即比前述方法确定的单价(72.5 元/m²)高出 10 元/m²,它表明原合同中沥青路面(4cm)的单价 58 元/m² 偏低。其偏低的原因可能是承包人的报价普遍较低(即合同总价偏低),也有可能是承包人在该单价上采用了不平衡报价法(即合同总价不低,但单价偏低)。

对于前一种情况,采用预算单价后会使投标竞争所产生的积极成果不能有效地发挥作用,使合同的结算价回复到预算价。对于后一种情况则不仅不能使投标竞争所产生的积极成果发挥作用,反而提高了合同的结算价格,使合同的总结算价超过预算总价。下面以示例说明。

[例 7-7] 设某项目有挖方、填方以及路面三项工程,其工程量和标底价格如表 7-1 所示。当承包人采用平衡报价或不平衡报价时,其报价结果有所不同(承包人采用不平衡报价是基于路基工程开工早,适当报高有利于资金周转及提前受益)。现假定路面在施工中由 4cm 变更为 5cm,则采用不同的定价方法时会有不同的结算结果。

变更工程造价分析表 表 7-1

工程子目	单位	数量(万)	标底 单价(元)	标底 金额(万元)	平衡报价 单价(元)	平衡报价 金额(万元)	不平衡报价 单价(元)	不平衡报价 金额(万元)	备注
挖方	m²	100	14.5	1450	14.0	1400	15.5	1550	
填方	m²	100	6.5	650	6.2	620	7.0	700	投标时价格
路面(4cm)	m²	26	70.0	1820	63.0	1638	58.0	1508	
合计				3920		3658		3758	
变更路面(5cm)	m²	26	82.5	2145	78.75	2047.5	72.5	1885	以第一种方法定价时
合计				4245		4067.5		4135	
变更路面(5cm)	m²	26	82.5	2145	82.5	2145	82.5	2145	以第二种方法定价时
合计				4245		4165		4395	
变更路面(5cm)	m²	26	82.5	2145	79.5	2067	74.5	1937	以加权定价法定价时
合计				4245		4087		4187	

从表 7-1 中可以看出,如果未采用不平衡报价,则依据第一种方法定价时其结算总价为 4067.5 万元。该价格的不合理之处在于,对增加的路面(1cm)工程量,同样要求承包人向发包人让利(10%),而承包人在投标及签约时并未作此承诺。而采用第二种方法结算时,其结算总价为 4165 万元。该价格的不合理之处在于,由于采用路面的预算单价作结算价,使得承包人在投标及签约时作出的让利 10% 的承诺没有真实执行(承包人的路面报价是 63 元/m²,标底是 70 元/m²,故让利 10%)。

如果合同单价是一种不平衡报价,则采用第一种方法结算时其结算总价为 4135 万元。其不合理之处在于,对增加的路面(1cm)工程量同样要求承包人以低于标底 12% 的水平结算,而承包人在投标时并未作此承诺,当采用第二种方法结算时,其结算总价为 4395 万元,结算总价已大大高于预算(标底)总价(4245 万元)。其不合理之处在于原合同路面(4cm)的降价和不平衡报价因素使得路面单价偏低的现象被新确定的路面单价完全消除,而挖方和填方报价偏高的现象仍在继续执行。

(3)加权定价法。

针对以上两种方法均存在不足,合理的定价方法是在考虑路面(5cm)的单价时,在保持原有报价不受实质影响的前提下,对新增工程部分按概预算方法定价以此加权确定路面的单价。

就例 7-6 而言,其合理的单价应为:

$$58 + 82.5 \div 5 = 74.5 (元/m^2)$$

以上介绍了变更工程单价确定的四种方法。通过协商确定单价是基于工程量清单中没有或者虽有但不合适的情况所采取的一种方法。在这种情况下,监理人应与发包人和承包人就变更工程的价格及费率进行协商,但如果他们的意见不一致,监理人将决定变更工程的单价(除非合同另有约定)。特别要注意的是,一旦监理人决定的价格不太合理,或缺乏说服承包人的依据,那么承包人有权就此向发包人提出费用索赔。因此,监理人在协商和决定变更价格时,要充分熟悉和掌握工地情况和基础技术资料,并通过综合分析,合理判断,做到心中有数。如果按上述步骤处理,变更单价或总额价一时仍不能议定,监理人可以确定暂时的单价或总额价,作为暂付账款列入根据第 17.3 条规定签发的期中支付证书中,待议定后再在其后的支付证书中调整。

对于报价单中没有参考单价的变更项目,为了加快工程进程,减少矛盾,避免纠纷和索赔,应尽量采用既有真实性和代表性,又有权威性的价格参考资料。京津塘高速公路项目在决定变更价格时采用部委和省市一级颁布的定额及文件,作为协商单价的依据,例如北京市城乡建设委员会颁发的《北京市市政工程单位估价汇总表》。

[例 7-8] 某项目的路堤土方工程完工后,发现原设计在排水方面考虑不周,为此,发包人同意在适当位置增设排水管涵。虽然在工程量清单中有 100 多道类似的管涵,但承包人却拒绝直接从中选择合适的子目单价作为参考依据。理由是变更设计提出的时间较晚,其土方已经完成并准备开始路面施工,新增工程不但打乱了其进度计划,而且二次开挖土方难度较大,特别是重新开挖用石灰土处理过的路堤,与开挖天然表土不能等同。监理人认为承包人的意见可以接受,不宜直接套用清单中的管涵价格。经与发包人和承包人协商,决定采用工程量清单中在几何尺寸、地理位置等条件相近管涵价格作为新增工程的基本单价,但对其中的"土方开挖"一项在原报价基础上,按某个系数予以适当提高,提高的费用叠加在基本单价上,由

此计算出新增工程的价格。

值得说明的一点是,在极其特殊的情况下,如果无论采用什么办法都找不到某种材料的合理参考价格,则监理人也可用实际发货票据作为定价依据之一。但是,由于市场价格变化太大,再加上地区差价和部门差价,监理人必须进行一定的市场调查,以验证发货票据的真实性和与实际发生费用的符合性。

三、加强变更工程费用监理的途径

1. 工程变更原因分析

按引发的原因不同,工程变更一般可归纳为如下几种情况:
(1)因设计不合理而引起的工程变更;
(2)发包人想扩大工程规模、提高设计标准或加快施工进度而出现的工程变更;
(3)为满足地方政府的要求而不得不进行的工程变更;
(4)为优化设计方案而出现的工程变更;
(5)因发包人风险或监理人责任等原因而引起的工程变更;
(6)因承包人的施工质量事故而引起的工程变更。

2. 监理人处理工程变更的注意事项

(1)工程变更的范围不能随意扩大。工程变更主要涉及的是设计图纸和技术规范文件的变更,而且在合同条款中对其范围作了清楚的说明。因此,超出这一范围,就不应该视为工程变更,而只能作为其他形式的合同变更去处理,也就是说,此时不能按合同条款15条的约定由监理人去处理,而只能由发包人、承包人去协商解决。

(2)工程变更通常伴随工程数量的改变,但工程数量的改变并不意味着一定有工程变更的发生。例如,施工过程中,经常出现实际工程量与工程量清单中的估算工程量不一致现象,如果设计图纸不发生修改,则这种现象完全是由于估算误差造成的,这时的工程量增减并不属于工程变更的范围。

(3)承包人在执行工程变更前,必须以监理人的书面变更令为依据,即使紧急情况下执行监理人口头指令的工程变更,也应在执行过程中要求监理人尽快予以书面确认,否则这样的变更视为是无效变更,即使对发包人有利,也不一定能得到认可或补偿。工程变更的提出可以是发包人、监理人、设计单位、承包人及当地政府,但不管属于何种情况,最后须由监理人组织实施。

(4)尽管工程变更情况很多,但变更后的工程一般应该是原合同中已有的同类型工程,否则承包人的施工质量(或履行能力)无法保证,而且可能引起复杂的施工索赔,并增大工程结算和费用监理的难度。

3. 加强变更工程费用监理的途径

(1)严格按合同中约定的变更估价确定原则来确定变更工程的造价。
(2)加强变更工程的计量工作,尤其是要加强变更工程开、竣工测量工作,工程隐蔽部位的计量工作。
(3)对采用计日工形式计价的变更工程项目,监理人应及时对发生的计日工数量进行检查和清点,以保证计日工数量的准确性。另外对大型变更工程应避免使用计日工形式计价,因为该方式不利于促进施工效率的提高,甚至增大工程造价,降低投资效益。

(4)当工程量清单中没有相应工程子目的单价而需要监理人和承包人协商确定新的单价时,监理人应参照公路工程预算定额及编制办法,尽量依据承包人在投标时的报价分析资料和工程量清单中的单价来协商确定其价格。

(5)当整个过程项目的工程造价出现合同专用条款约定的合同价格调整现象时,监理人应本着公平合理原则,在全面分析承包人的施工成本和利润的基础上,确定出需要增加或减少的合同款额。

(6)在变更工程的造价管理过程中,应严格按管理程序执行分级审批制度,加强内部监督,做到层层把关,以杜绝利用工程变更钻空子的行为。

(7)对有不平衡报价的合同,应加强单价分析,并对与此相关的工程子目和工程量,加强全面综合控制。以下是一些在造价管理中应加强控制的工程变更:

①工程规模扩大的工程变更;
②因工程性质改变的工程变更;
③单价偏高的工程子目其工程量会增大的工程变更;
④单价偏低的工程子目其工程量会减小的工程变更。

四、工程变更案例

[**例 7-9**] 某项目第一合同中于中心桩号 K×× 处有一座下穿铁路的顶进桥,由于原设计考虑不周,不能满足工程施工及铁路部门的需要,因此发包人提出对原设计进行变更。变更的内容涉及几何尺寸、顶力设备和其他工程等 4 个方面的变化。该顶进桥变更前后的主要工程数量如表 7-2 所示。鉴于原铁路顶进桥在工程量清单中仅为一项,为估算变更后的费用,采用商定的加权系数法。试计算该桥变更后的费用。

顶进桥变更前后主要工程数量　　　　　　表 7-2

原 设 计			新 设 计	
项目	工程量	单价	项目	工程量
A_1 混凝土	1383 m³	620 元/m³	A_2 混凝土	1632 m³
B_1 钢筋	124200 kg	6.31 元/kg	B_2 钢筋	202300 kg
C_1 钢板	6132 kg	6.86 元/kg	C_2 钢板	4486 kg
D_1 开挖	6459 m³	16.17 元/m³	D_2 开挖	7520 m³
E_1 填方	2880 m³	8.32 元/m³	E_2 填方	2880 m³
F_1 顶力	6300 t	625097 元	F_2 顶力	6300 t

解:

1. 计算原设计各项目金额及总价

$A_1 = 1383 \times 620 = 857460$(元)

$B_1 = 124200 \times 6.31 = 783702$(元)

$C_1 = 6132 \times 6.86 = 42065.52(元)$

$D_1 = 6459 \times 16.17 = 104442.03(元)$

$E_1 = 2880 \times 8.32 = 23961.6(元)$

$F_1 = 625097(元)$

合计：2436728.15 元。

说明：在以上的计算中，A_1 的单价是由清单有关项平均后得出；$B_1 \sim E_1$ 的单价均取自清单对应项；F_1 代表除 $A_1 \sim E_1$ 以外的因素，包括临时工程、施工方法、铁路特殊需要和设计单位要求以及其他的不可预见因素等的综合影响。

原清单总价：$C_{原} = A_1 + B_1 + C_1 + D_1 + E_1 + F_1 = 2436728.15(元)$

2. 计算新设计的总价

(1) 与原设计项目工程数量相对应的新设计费用。

$A_2 = 1632 \times 620 = 1011840(元)$

$B_2 = 202300 \times 6.31 = 1276513(元)$

$C_2 = 4486 \times 6.86 = 30773.96(元)$

$D_2 = 7520 \times 16.17 = 121598.4(元)$

$E_2 = 2880 \times 8.32 = 23961.6(元)$

$F_2 = F_1 = 625097(元)$

$C_{新1} = A_2 + B_2 + C_2 + D_2 + E_2 + F_2 = 3089783.96(元)$

在上述变更中，钢筋数量由原来的 124200kg 增加到 202300kg，增加 63%（超过 25%），但由于该子目的合同金额并未超过合同价的 2%，因此，其单价不予变更；同样，对钢板一项，尽管其数量减少 27%（超过 25%），但该子目的合同金额并未超过合同价的 2%，因此，其单价也不予变更。

(2) 变更后的设计增加以下新内容的费用。

①直径 2.0m 桩共计 168m。

参考原清单单价，按直径 1.8m 桩价格 2166 元/m 进行换算，桩基单价主要包括两部分施工内容，即成孔和混凝土，直径 1.8m 和直径 2.0m 的桩成孔的成本虽然有差别，但相差不大，忽略不计，直径 2.0m 的桩与直径 1.8m 的桩相比较而言，增加混凝土的费用，混凝土的价格按混凝土的平均价格计算，即 620 元/m³，直径 2.0m 的桩每米单价计算如下：

2.0m 桩的单价：$2166 + 620 \times (\pi \times 1.0^2 - \pi \times 0.9^2) = 2535.89(元/m)$

考虑完全是新增项目，需要组织新设备、人力等，监理人认为采用单价 2535.89 元/m 比较合理，故

$C_{新2} = 168 \times 2535.89 = 426029.52(元)$

②沥青路面新增的费用。

$C_{新3} = 114188(元)$

(3) 求新设计总价。

$C_{新} = C_{新1} + C_{新2} + C_{新3} = 3089783.96 + 426029.52 + 114188 = 3630001.48(元)$

因此，变更后净增费用：$3630001.48 - 2436728.15 = 1193273.33(元)$。

第二节 价格调整

一、价格调整的基本规定

1. 价格调整的必要性

价格调整是指合同履行过程中,当物价变化导致人工、材料等出现价格涨落,从而使得施工成本发生变化时进行的调价工作。

价格调整是国际竞争性招标项目的通行做法,也是《公路工程标准施工招标文件》(2018年版)的基本规定。合同中列明的价格调整条款,体现了物价变化的意外风险在发包人和承包人之间的公平、合理分配,从而既能使承包人报价时能合理计算标价并免除其中标后因劳力或原材料上涨而带来的风险,又能保证发包人能获得较真实和可靠的报价以及在工程决算时能在一个合理的价格水平上承受工程费用。

从兼顾合同的公平性及简化合同管理的要求出发,对于工期较短(一年甚至更短)的项目,可不考虑设立价格调整条款,由承包人在报价中去考虑相关风险费用(通常,一个有经验的承包人能对短期内可能出现的物价上涨进行预测),以简化费用监理工作。但是,对于工期较长的合同,则应随劳动力、设备、原材料、燃料和运输价格等影响工程成本的因素变化进行价格调整。因此,凡是允许价格调整的施工项目,其合同价并不是一成不变的,只要符合合同条件的约定就可以进行价格调整。

2. 价格调整的一般方法

世界银行采购指南对合同价格的调整,一般采用两种方法。

第一种方法:根据地方劳动力和规定的材料等基本价格与现行价格之差来进行调整,通常称之为价差法或票证法。

第二种方法:根据各类资源在合同造价中所占的比例及各类资源价格指数的变化来计算综合调价系数及调价额,通常称之为价格指数法或公式法,《公路工程标准施工招标文件》(2018年版)规定公路工程项目的价格调整采用价格指数法。

(1)票证法。

票证法是以施工过程中各种资源的价格(称为现行价格)与投标基准日期各种资源的价格(称为基本价格)差额为基础进行价格调整的一种方法。施工过程中的价格调整额根据其资源消耗量与资源价格变化量的乘积来确定。即:

价格调整额 = 资源消耗量 ×(现行价格 − 基本价格)

在采用票证法时应解决好如下几个问题:

①对哪些资源的价格进行调整;

②资源消耗量怎样确定;

③基本价格怎样确定;

④现行价格怎样确定。

对于第一个问题,为简化工作,通常只对占合同价格比例较大的几种资源(如人工费、几种主要材料费等)进行调整,以简化价格调整工作。为保持合同的可操作性,在专用条款中应详细列明拟调整价格的资源名称。

对于第二个问题(即资源消耗量的确定),可根据实际需要的到场材料和其他资源的数量来确定,但监理人将为到场材料数量的确定特别是合理使用量的确定等管理工作花费很大的精力,实践中也难于管理。为简化工作,实践中可根据概预算中人工、主要材料、机械台班数量汇总表中的数据来确定。

对于第三个问题(即基本价格的确定),有两种方法:一是由承包人在投标时填报基本价格;另一种方法是根据各地造价(定额)站颁发的同期价格信息(如有的话)来确定。

对于第四个问题(即现行价格的确定),有三种方法:第一种方法是由监理人通过调查来确定现行价格,但往往由于价格信息的不充分及价格的波动而引起监理人、发包人和承包人对现行价格的分歧;第二种方法是根据各地造价(定额)站颁发的现行价格信息(如有的话)来确定;第三种方法是根据承包人的实际已到场材料的价格(发票)来确定,其缺点是发票的真伪不易辨认,且不利于承包人加强材料采购,降低材料价格。

总之,实践中要解决好以上四个问题,都有一定的难度。票证法看上去直观、简单,但操作起来却很困难,即可操作性差。

(2)价格指数法。

价格指数法是以基本价格指数为基础来进行价格调整的一种方法。基本价格指数,是指基准日期的各可调因子的价格指数。基准日期和基本价格指数及其来源在投标函附录价格指数和权重表中约定。基准日期一般为投标截止日期前28天,价格指数应首先采用有关部门(物价局或统计局)提供的价格指数,缺乏上述价格指数时,可采用有关部门提供的价格代替。

我国世行贷款项目及国内招标项目在合同专用条件关于调价公式的约定,大都采用如下计算通式:

$$ADJ = LCP(或 FCP) \times (C_0 + \sum C_i D_i - 1) \tag{7-1}$$

式中: ADJ——合同价格调整的净值;

$LCP(或 FCP)$——调价阶段所完成合同金额(人民币或外币),例如我国世行贷款项目中 LCP 为人民币元、FCP 为外汇美元;

C_0——非调价因数,即支付中不进行调整的金额权重系数,不进行调整的金额指固定的间接费和利润、保险费和各类税收以及发包人以固定价格提供的材料和按现行价格支付的项目等。国际上一般取 5%~15%,少数合同低限取 0%,高限取 25%、甚至 55%,取值越大对发包人越有利,对承包人而言则要承担大部分物价风险;

i——1,2,3,…,n 代表要进行价格调整的各种资源;

C_i——参与调价的第 i 个工、料、机指标(如水泥)的费用占合同价的百分比(权重系数);

D_i——第 i 个工、料、机指标的现价指数与基价指数的比值,其值大于 1 说明物价上涨,反之说明物价下跌,$D_i = E_{1i}/E_{0i}$(现价指数/基价指数),其中,E_{1i} 为现价指数,即各种资源在进行价格调整时适用的现行价格指数;E_{0i} 为基价指数,即基准日期的基本价格指数。

3.价格调整的合同规定

《公路工程标准施工招标文件》(2018年版)通用合同条款第16条对价格调整的约定如下：

(1)物价波动引起的价格调整。

①除项目专用合同条款另有约定外,因物价波动引起的价格调整应按项目专用合同条款数据表的规定,按照通用合同条款第16.1.1项或第16.1.2项约定的原则处理；

②在合同在执行期间(包括工期拖延期间)由于人工、材料和设备价格的上涨而引起工程施工成本增加的风险由承包人自行承担,合同价格不会因此而调整。

(2)价格调整公式。

因人工、材料和设备等价格波动影响合同价格时,根据投标函附录中的价格指数和权重表约定的数据,按式(7-2)计算差额并调整合同价格：

$$\Delta P = P_0 \left[A + \left(B_1 \times \frac{F_{t1}}{F_{01}} + B_2 \times \frac{F_{t2}}{F_{02}} + B_3 \times \frac{F_{t3}}{F_{03}} + \cdots + B_n \times \frac{F_{tn}}{F_{0n}} \right) - 1 \right] \quad (7\text{-}2)$$

式中： ΔP——需调整的价格差额；

P_0——第17.3.3项、第17.5.2项和第17.6.2项约定的付款证书中承包人应得到的已完成工程量的金额。此项金额应不包括价格调整、不计质量保证金的扣留和支付、预付款的支付和扣回。第15条约定的变更及其他金额已按现行价格计价的,也不计在内；

A——定值权重(即不调部分的权重), $A = 1 - (B_1 + B_2 + B_3 + \cdots + B_n)$；

$B_1, B_2, B_3, \cdots, B_n$——各可调因子的变值权重(即可调部分的权重)为各可调因子在投标函投标总报价中所占的比例；

$F_{t1}, F_{t2}, F_{t3}, \cdots, F_{tn}$——各可调因子的现行价格指数,指第17.3.3项、第17.5.2项和第17.6.2项约定的付款证书相关周期最后一天的前42天的各可调因子的价格指数；

$F_{01}, F_{02}, F_{03}, \cdots, F_{0n}$——各可调因子的基本价格指数,指基准日期的各可调因子的价格指数。

在采用价格调整公式进行调价时,还应遵守以下规定：

①以上价格调整公式中的各可调因子、定值权重,以及基本价格指数及其来源由发包人在投标函附录价格指数和权重表中约定。价格指数应首先采用国家或省(自治区、直辖市)价格部门或统计部门提供的价格指数,缺乏上述价格指数时,可采用上述部门提供的价格代替。

②价格调整公式中的变值权重,由发包人根据项目实际情况测算确定范围,并在投标函附录价格指数和权重表中约定范围；承包人在投标时在此范围内填写各可调因子的权重,合同实施期间将按此权重进行调价。

(3)暂时确定调整差额。

在计算调整差额时得不到现行价格指数的,可暂用上一次价格指数计算,并在以后的付款中再按实际价格指数进行调整。

(4)权重的调整。

按第15.1款约定的变更导致原定合同中的权重不合理时,由监理人与承包人和发包人协商后进行调整。

(5)承包人工期延误后的价格调整。

由于承包人原因未在约定的工期内竣工的,则对原约定竣工日期后继续施工的工程,在使用价格调整公式时,应采用原约定竣工日期与实际竣工日期的两个价格指数中较低的一个作为现行价格指数。

(6)采用造价信息调整价格差额。

施工期内,因人工、材料、设备和机械台班价格波动影响合同价格时,人工、机械使用费按照国家或省(自治区、直辖市)建设行政管理部门、行业建设管理部门或其授权的工程造价管理机构发布的人工成本信息、机械台班单价或机械使用费系数进行调整;需要进行价格调整的材料,其单价和采购数应由监理人复核,监理人确认需调整的材料单价及数量,作为调整工程合同价格差额的依据。

(7)法律变化引起的价格调整。

在基准日后,因法律变化导致承包人在合同履行中所需要的工程费用发生除第16.1款约定以外的增减时,监理人应根据法律、国家或省(自治区、直辖市)有关部门的规定,按第3.5款商定或确定需调整的合同价款。

二、价格调整费用的计算

1. 确定调值因子 i

就公路建设项目而言,施工中所需资源除人工和机械外,需要投入材料主要有:水泥、木材、钢材、钢绞线、沥青、普通碎石、中砂、粗砂、石灰、粉煤灰、汽油、柴油、砖、料石、片石以及各种预制件等等。为了平衡物价风险,必须选择对工程投资、工程成本影响较大且投入数量较多的主要材料作为代表。一般来说,参与调价的调值因子取 5~10 个为宜,这样便于计算。

世行贷款公路项目如京津塘、西山、成渝、济青线的招标文件中都规定 8 个,即劳力、设备供应与维修、沥青、水泥、木材、钢材、碎石等地材以及运输。如果指标中的某几种材料由发包人以固定的价格提供给承包人,就不参与调价,则 $i<8$。

《公路工程标准施工招标文件》(2018年版)通用条款第 16 条中规定,可调因子由发包人在投标函附录价格指数和权重表中约定,见表 7-3。

价格指数和权重表 表 7-3

名称		基本价格指数		权重			价格指数来源
		代号	指数值	代号	允许范围	投标人建议值	
定值部分				A			
变值部分	人工费	F_{01}		B_1	___至___		
	钢材	F_{02}		B_2	___至___		
	水泥	F_{03}		B_3	___至___		
	……	……		……	……		
合计						1.00	

2. 确定可调因子的变值权重系数 B_i

可调因子的变值权重系数是指各类调价因子在造价中的权重,权重系数一般取至两位小数,其测算方法有指标费用计算法和百分比计算法两种,下面只介绍一种。所谓指标费用计算法,即由发包人根据招标控制价资料中所包含的劳力、材料、设备、运输等费用进行初步计算,确定可调因子的变值权重系数的范围,投标人根据投标资料中的签约合同价 CP 中所包含的劳力、材料、设备、运输等费用进行计算,确定可调因子的变值权重系数。其计算公式为:

$$B_i = \frac{W_i}{CP}, A = 1 - \sum B_i \tag{7-3}$$

式中:B_i——第 i 种资源的权重系数;

W_i——第 i 种资源的总金额,如沥青材料等;

CP——签约合同价总金额;

A——定值权重系数。

[**例 7-10**] 某高速公路 E 标段签约合同价为 24187 万元,参与调价的因子有 8 个,求可调因子的变值权重系数。

解:以劳动力、钢材为例测算权重系数。经分析签约合同价格构成中劳动力费用占 1208.4 万元,钢材费用占 3036.2 万元,因而有:

$$B_1 = \frac{W_1}{CP} = 1208.4 \div 24187 = 0.05$$

$$B_2 = \frac{W_2}{CP} = 3036.2 \div 24187 = 0.13$$

经全面测算,包括其他 6 个指标在内的汇总权重系数为 0.84,则定值权重系数为:

$$A = 1 - \sum C_i = 1 - 0.84 = 0.16$$

根据《公路工程标准施工招标文件》(2018 年版),可调因子的变值权重系数的范围由发包人测算确定,在招标文件发出前填写;承包人在投标时在此范围内填写各可调因子的变值权重系数,合同实施期间将按此权重系数进行调价,见表 7-3。

3. 确定基本价格指数

基本价格指数及其来源由发包人在投标函附录价格指数和权重表中约定,见表 7-3。价格指数应首先采用国家或省(自治区、直辖市)价格部门或统计部门提供的价格指数,缺乏上述价格指数时,可采用上述部门提供的价格代替。

4. 确定现行价格指数

现行价格指数是指各类付款证书相关周期最后一天的前 42 天的各可调因子的价格指数;现行价格指数应首先采用国家或省(自治区、直辖市)价格部门或统计部门提供的价格指数,缺乏上述价格指数时,可采用上述部门提供的价格代替。现行价格指数按指数选择基期的不同分为定基物价指数和环比物价指数。

定基物价指数以某一固定期为基期所计算的相对价格指数,而环比物价指数是以计算期的前一时期为基期所计算的相对价格指数,并规定以一个年度期限编制的环比指数为年度环比指数。

国际上习惯使用定基物价指数,并且以香港统计局公布的为准,如其每月公布的钢材价格指数都是以 1975 年 12 月为基期,1989 年 12 月钢材价格指数为 573,是指相对于 1975 年 12 月钢材价格指数为 100 而推测的。

我国每年公布一次本年度相对于上年度的各种物价指数,即环比物价指数,公布时间一般为次年3月,采用时应注意。如2019年3月公布的钢材现价指数为110,是指2018年钢材价格以2017年度为100推算为110。

设第i个调价因子发包人在投标函附录规定的基本价格指数为F_{i0}($F_{i0}=100$),次j年国家公布的相对于($j-1$)年的现价环比指数为F_{ij},则次j年第i个指标相对于招标当年的定基物价指数D_{ij}的计算式是:

$$D_{ij} = \Pi \frac{F_{ij}}{F_{i0}} = \Pi F_{ij} \times 100^{-j} \qquad (7\text{-}4)$$

[**例7-11**] 某项目2016年开工,工程所在地的省统计局公布的2017年、2018年、2019钢材价格指数分别为107.9、112、116.4。求各年度的定基指数。

分析:该项目2016年开工,基期年即为2016年,钢材基本物价指数为100。2017年的钢材价格指数为107,即相对于2016年上涨了7%。2018年的钢材价格指数为112,即相对于2017年上涨了12%。2019年的钢材价格指数为116.4,即相对于2018年上涨了16.4%。

解:根据式(7-4),2017年相对于2016年的钢材定基指数为:

$D_{ij} = \Pi F_{ij} \times 100^{-j} = 107.9 \times 100^{-1} = 1.079$

2018年相对于2016年的钢材定基指数为:

$D_{ij} = \Pi F_{ij} \times 100^{-j} = 107.9 \times 112 \times 100^{-2} = 1.2085$

2019年相对于2016年的钢材定基指数为:

$D_{ij} = \Pi F_{ij} \times 100^{-j} = 107.9 \times 112 \times 116.4 \times 100^{-3} = 1.4067$

即2019年相对于2016年的钢材价格,上涨了40.67%。

以上讨论了价格调整中调价因子选取、调价因子权重系数确定、价格指数计算等工作。实践中,监理人进行价格调整的步骤是:

(1)熟悉合同条件、投标函及其附录约定的各调价因子、基本价格指数、投标人确定的各调价因子的权重系数;

(2)合理确定各期付款证书中承包人应得到的已完成工程量的金额;

(3)动态调查收集各调价因子的年度价格指数;

(4)按公式规定的应用范围和方法计算调整金额。

三、价格调整的计算案例

[**例7-12**] 某省一世行贷款高速公路项目是投标截止日期2015年6月30日,钢材为其第4个调价指数。该省统计局每年3月以上年度现价指数为100推算,公布的钢材现价环比指数如表7-4所示,试计算各年度定基物价指数。

钢材现价环比指数　　　　　表7-4

年度	2016	2017	2018	2019
序号(j)	1	2	3	4
环比指数E_{4j}	112.4	117.3	125.6	129.8

解:世界银行贷款项目规定基准日期为投标截止日期前28天,即投标截止日期前28天所在年份为2015年,因此应以2015年为基准日期计算2016年后的定基物价指数。

2016 年相对于 2015 年的定基指数为：

$D_{41} = E_{41}/E_{40} = 112.4 \div 100 = 1.124$

2017 年相对于 2015 年的定基指数为：

$D_{42} = E_{41}/E_{40} \times E_{42}/E_{40} = 1.124 \times 117.3 \times 100^{-1} = 1.318$

同理可计算 2018 年、2019 年相对于 2015 年的定基指数：

$D_{43} = 1.656 \quad D_{44} = 2.149$

[**例 7-13**] 某项目 2018 年 9 月完成工程价款为 100 万元。其组成为：土方工程费 10 万元，占 10%；砌体工程费 40 万元，占 40%；钢筋混凝土工程费 50 万元，占 50%。这三个组成部分的人工费和材料费占工程价款 85%，人工材料费中各项费用比例如下：

(1) 土方工程：人工费 50%、机具折旧费 26%、柴油 24%。

(2) 砌体工程：人工费 53%、钢材 5%、水泥 20%、集料 5%、片石 12%、柴油 5%。

(3) 钢筋混凝土工程：人工费 53%、钢材 22%、水泥 10%、集料 7%、木材 4%、柴油 4%。

根据合同约定，该工程的其他费用不调整（即不调值的费用）占工程价款的 15%，求 2018 年价格调整金额。

解：计算出各项参与调值的费用占工程价款的比例如下：

人工费：$(50\% \times 10\% + 53\% \times 40\% + 53\% \times 50\%) \times 85\% \approx 45\%$

钢材：$(5\% \times 40\% + 22\% \times 50\%) \times 85\% \approx 11\%$

水泥：$(20\% \times 40\% + 10\% \times 50\%) \times 85\% \approx 11\%$

集料：$(5\% \times 40\% + 7\% \times 50\%) \times 85\% \approx 5\%$

柴油：$(24\% \times 10\% + 5\% \times 40\% + 4\% \times 50\%) \times 85\% \approx 5\%$

机具折旧：$26\% \times 10\% \times 85\% \approx 2\%$

片石：$12\% \times 40\% \times 85\% \approx 4\%$

木材：$4\% \times 50\% \times 85\% \approx 2\%$

具体的人工费及材料费的调值公式为：

$$\Delta P = P_0 \left[A + \left(B_1 \times \frac{F_{t1}}{F_{01}} + B_2 \times \frac{F_{t2}}{F_{02}} + B_3 \times \frac{F_{t3}}{F_{03}} + \cdots + B_n \times \frac{F_{tn}}{F_{0n}} \right) - 1 \right]$$

$$= P_0 \times \left[0.15 + \left(0.45 \times \frac{F_{t1}}{F_{01}} + 0.11 \times \frac{F_{t2}}{F_{02}} + 0.11 \times \frac{F_{t3}}{F_{03}} + 0.05 \times \frac{F_{t4}}{F_{04}} + 0.05 \times \frac{F_{t5}}{F_{05}} + 0.02 \times \frac{F_{t6}}{F_{06}} + 0.04 \times \frac{F_{t7}}{F_{07}} + 0.02 \times \frac{F_{t8}}{H_{08}} \right) - 1 \right]$$

假定该合同的原始报价基准日期为 2017 年 4 月 5 日，2018 年 9 月完成的工程量价款为 100 万元，有关月报的工资、材料物价指数如表 7-5 所示。

工资、材料物价指数表 表 7-5

费用名称	代号	2017 年 4 月 5 日指数	代号	2018 年 9 月指数
人工费	F_{01}	100.0	F_{t1}	116.0
钢材	F_{02}	153.4	F_{t1}	187.6
水泥	F_{03}	154.8	F_{t1}	175.0
集料	F_{04}	132.6	F_{t1}	169.3
柴油	F_{05}	178.3	F_{t1}	192.8

续上表

费用名称	代号	2017年4月5日指数	代号	2018年9月指数
机具折旧	F_{06}	154.4	F_{t1}	162.5
片石	F_{07}	160.1	F_{t1}	162.0
木材	F_{08}	142.7	F_{t1}	159.5

则2018年9月的工程款经过调值后其调值金额为:

$$\Delta P = P_0 \times \left[0.15 + \left(0.45 \times \frac{F_{t1}}{F_{01}} + 0.11 \times \frac{F_{t2}}{F_{02}} + 0.11 \times \frac{F_{t3}}{F_{03}} + 0.05 \times \frac{F_{t4}}{F_{04}} + 0.05 \times \frac{F_{t5}}{F_{05}} + 0.02 \times \frac{F_{t6}}{F_{06}} + 0.04 \times \frac{F_{t7}}{F_{07}} + 0.02 \times \frac{F_{t8}}{H_{08}}\right) - 1\right]$$

$$= 100 \times \left(0.15 + 0.45 \times \frac{116}{100} + 0.11 \times \frac{187.6}{153.4} + 0.11 \times \frac{175.0}{154.8} + 0.05 \times \frac{162.3}{132.6} + 0.05 \times \frac{192.8}{178.3} + 0.02 \times \frac{162.5}{154.4} + 0.04 \times \frac{167.0}{160.1} + 0.02 \times \frac{159.5}{142.7} - 1\right)$$

$$= 13.3 (万元)$$

[例7-14] 某省一条高速公路全长318km,合同工期为36个月,1989年获得世行贷款1.1亿美元,并于当年8月30日开标,9月28日总监理工程师下达开工令。发包人在招标文件的《投标须知》中声明本工程投资随物价变化而进行合同价格调整,投标人报价时以1989年市场物价为基础不考虑物价风险,并在合同专用条件中约定了人民币调价公式:

$$ADJ = LCP \times \left(0.20 + 0.15 \times \frac{LL_1}{LL_0} + 0.10 \times \frac{PL_1}{PL_0} + 0.12 \times \frac{CE_1}{CE_0} + 0.05 \times \frac{TI_1}{TI_0} + 0.12 \times \frac{ST_1}{ST_0} + 0.10 \times \frac{BI_1}{BI_0} + 0.06 \times \frac{LT_1}{LT_0} + 0.10 \times \frac{LM_1}{LM_0} - 1\right)$$

已知,该高速公路第5合同段合同价为20337.6万元,外汇比例为27.19%,1989年完成工作量818万元,1990年完成6471万元,1991年完成9345万元,1992年完成3665万元。工程所在省统计局公布的8个指标各年度相对于上年度环比指数如表7-6所示。试计算各年度应调整金额的人民币部分的净值。

各指标现价环比指数   表7-6

序号	指标名称	1990年	1991年	1992年
1	劳力 LL	112	126	128
2	设备 PL	135	127	128
3	水泥 CE	106	114	123
4	木材 TI	101	108	110
5	钢材 ST	123	141	129
6	沥青 BI	105	115	120
7	运输 LT	111	124	129
8	地材 LM	107	113	122

解:根据招标文件规定,招标当年完成的工作量不予调价,所以1989年完成的818万元不参与调价。根据给定的人民币调价公式及现价指数、定基指数计算公式就可计算人民币净调整额。

(1) 1990 年度净调价金额。

$$ADJ_{1990} = 6471 \times (1 - 27.19\%) \times (0.20 + 0.15 \times \frac{112}{100} + 0.10 \times \frac{135}{100} + 0.12 \times \frac{106}{100} + 0.05 \times \frac{101}{100} +$$
$$0.12 \times \frac{123}{100} + 0.10 \times \frac{105}{100} + 0.06 \times \frac{111}{100} + 0.10 \times \frac{107}{100} - 1)$$
$$= 503.6631(万元人民币)$$

(2) 1991 年度净调价金额。

$$ADJ_{1991} = 9343 \times (1 - 27.19\%) \times (0.20 + 0.15 \times 112 \times 126 \times 100^{-2} + 0.10 \times 135 \times$$
$$127 \times 100^{-2} + 0.12 \times 106 \times 114 \times 100^{-2} + 0.05 \times 101 \times 108 \times 100^{-2} + 0.12 \times$$
$$123 \times 141 \times 100^{-2} + 0.10 \times 105 \times 115 \times 100^{-2} + 0.06 \times 111 \times 124 \times 100^{-2} +$$
$$0.01 \times 107 \times 113 \times 100^{-2} - 1)$$
$$= 2142.8311(万元人民币)$$

(3) 1992 年度净调价金额。

$$ADJ_{1992} = 3665 \times (1 - 0.2719) \times (0.20 + \sum_{j=1}^{3} C_i D_{ij} - 1) = 3665 \times 72.81\% \times 0.59617 = 1590.8716$$
(万元人民币)

(4) 总调价金额。

本合同工程自开工至竣工承包人共获得物价调整金额为：

$$ADJ_{总} = ADJ_{1990} + ADJ_{1991} + ADJ_{1992}$$
$$= 503.6631 + 2142.8311 + 1590.8716 = 4237.3658(万元人民币)$$

第三节 索赔与反索赔

一、费用索赔的基本规定

1. 索赔的概念和基本特征

FIDIC 条款和《公路工程标准施工招标文件》(2018 年版) 合同条款并不希望承包人在其投标报价中将不可预见到的风险因素和大笔应急费用全部包括进去，而是主张如果确实发生了此类事件，则应由发包人赔偿或支付这类费用，这就构成了索赔的理论基础。

所谓"索赔"，顾名思义有索取赔偿之意，是指在合同的履行过程中，作为合同中合法的权利一方，因对方不履行或未能正确履行合同所约定的义务而受到损失，向对方提出赔偿要求的过程。

在合同执行过程中，如果当事人一方认为另一方没能履行或不完全履行合同既定的义务或妨碍了自己履行合同义务，或是发生了合同中约定由另一方承担的风险事件，结果造成经济损失，则受损失方通常可提出索赔要求。显然，索赔对另一方不具任何惩罚性质，它是合同双方各自应该承担的义务或享有的合法权利，是发包人与承包人之间在工程风险责任上进一步分配的具体体现，是一种经济行为，也是一项管理业务，对发包人和承包人而言，这种经济行为是双向的，只是索赔的出发点和对象各不相同罢了，按国际惯例经常使用"索赔"与"反索赔"

的说法以示区别。

因此,广义的索赔从主体上包括承包人向发包人的索赔(索赔)及发包人向承包人的索赔(反索赔),从内容上包括费用索赔和工期索赔,《公路工程标准施工招标文件》(2018年版)第23条规定的索赔包括承包人的索赔和发包人的索赔,索赔内容包括时间索赔和费用索赔。

从《公路工程标准施工招标文件》(2018年版)通用条款的规定中可以看出,索赔具有以下几个本质特征:

(1)索赔是要求给予赔偿的权利主张;
(2)索赔的依据是合同文件及适用法律的规定;
(3)承包人自己没有过错;
(4)所索取的费用是承包人投标报价中没有包括且合同规定应由发包人另行承担的风险费用;
(5)承包人已发生实际损失(时间或费用);
(6)所索取的费用是一种损害赔偿(而不是违约罚款),必须以损害事实为依据。

2. 索赔成立的基本条件

根据法律法规规定及合同约定,索赔成立的基本条件是:

(1)有明确的合同依据(或法律依据)。即合同中明确约定其责任由发包人承担,应增加额外费用和(或)延长工期。如果合同中没有明确约定,承包人也可依据法律规定对发包人因过错不履行合同造成的损失进行索赔。
(2)有具体的损害事实。即承包人能提供确凿的证据,证明自身确实因此而受到了损害,如财产损失、成本增加、预期利益丧失等。
(3)索赔期限符合合同约定。即承包人已严格按照合同约定的期限(或监理人允许的期限)提出了索赔意向通知书和索赔通知书。
(4)索取的费用和(或)工期与损害事实相符。即索赔通知书中所报事实真实,资料齐全,计算方法公平合理,计算结果可信。

3. 索赔审批的基本原则

监理人在审批费用索赔时,应坚持以下原则:

(1)恪守合同原则。即监理人在审批索赔时应严格按合同办事,在确认索赔是否成立时,首先应查实承包人的索赔是否有合同依据,是否是合同约定发包人应另行承担的赔偿责任。
(2)尊重事实原则。即监理人在审批索赔时应严格以事实为依据,凡是既有合同依据、又有损害事实的索赔应据予以赔偿;否则,即使有合同依据,如损害事实不清甚至无损害事实,也不能予以认定。
(3)公平合理原则。即监理人在审批索赔时应客观公正,既要尊重承包人索赔的权利,保护承包人在索赔中的合法权益,又要严格审查,防止承包人滥用索赔、虚夸事实、高估冒算等现象,做到合同依据充分,损害事实清楚,计算方法公平合理,计算结果可信。
(4)分级审批原则。即监理人在审批索赔时,应严格遵守审批程序,逐级审查,分级把关,防止监理人员滥用权力的现象,保证索赔审批结果客观公正。在分级审批实践中,通常由监理人重点审查索赔数量和索赔价格,总监理工程师审查总的索赔费用。例如,在停工窝工费用索赔审查中,监理人重点审查停工窝工人员、机械的数量和索赔的人员、机械台班(或工日)单价,总监理工程师审查总索赔费用。

4. 索赔程序的合同规定

《公路工程标准施工招标文件》(2018 年版)第 23 条对索赔程序做了明确规定。具体如下:

(1)索赔的提出。

根据合同约定,承包人认为有权得到追加付款和(或)延长工期的,应按以下程序向发包人提出索赔:

①承包人应在知道或应当知道索赔事件发生后 28 天内,向监理人递交索赔意向通知书,并说明发生索赔事件的事由。承包人未在前述 28 天内发出索赔意向通知书的,丧失要求追加付款和(或)延长工期的权利。

②承包人应在发出索赔意向通知书后 28 天内,向监理人正式递交索赔通知书。索赔通知书应详细说明索赔理由以及要求追加的付款金额和(或)延长的工期,并附必要的记录和证明材料。

③索赔事件具有连续影响的,承包人应按合理时间间隔继续递交延续索赔通知,说明连续影响的实际情况和记录,列出累计的追加付款金额和(或)工期延长天数。

④在索赔事件影响结束后的 28 天内,承包人应向监理人递交最终索赔通知书,说明最终要求索赔的追加付款金额和(或)延长的工期,并附必要的记录和证明材料。

(2)索赔处理程序。

①监理人收到承包人提交的索赔通知书后,应及时审查索赔通知书的内容、查验承包人的记录和证明材料,必要时监理人可要求承包人提交全部原始记录副本。

②监理人应按第 3.5 款商定或确定追加的付款和(或)延长的工期,并在收到上述索赔通知书或有关索赔的进一步证明材料后 42 天内,将索赔处理结果答复承包人。如果承包人提出的索赔要求未能遵守第 23.1(2)~(4)项的规定,则承包人只限于索赔由监理人按当时记录予以核实的那部分款额和(或)工期延长天数。

③承包人接受索赔处理结果的,发包人应在作出索赔处理结果答复后 28 天内完成赔付。承包人不接受索赔处理结果的,按第 24 条的约定办理。

(3)提出索赔的期限。

①承包人按第 17.5 款的约定接受了交工付款证书后,应被认为已无权再提出在合同工程接收证书颁发前所发生的任何索赔。

②承包人按第 17.6 款的约定提交的最终结清申请单中,只限于提出工程接收证书颁发后发生的索赔。提出索赔的期限自接受最终结清证书时终止。

(4)索赔的支付。

监理人应对承包人根据上述各款规定提出的索赔证据和详细账目进行审查核实,应与发包人和承包人协商后,确定承包人有权得到的全部或部分的索赔款额,并按第 17 条规定列入核签的期中支付证书或最后支付证书内予以支付。监理人应将此决定通知承包人,并抄送发包人。

二、费用索赔的接受与审批

费用索赔的审批与计算主要包括三个方面,即索赔细目与数量的审定、单价与费率分析以及计算方法及总费用的审定。

1. 索赔细目与相应数量的审定

监理人应对承包人所申报的各个细目进行逐项分析和审查,以确认哪些细目确实与有效的索赔有关、哪些无关,对有关的细目应分析其内容和数量是否准确。主要步骤如下:

(1)仔细分析和阅读监理人的原始记录。例如,施工日志、监理日志、计量与支付报表及有关记录等。凡是没有事实依据,与有效的费用索赔无关以及承包人自身管理不善所造成损失的工程量均不予考虑。

(2)仔细分析承包人的记录。《公路工程标准施工招标文件》(2018年版)第23条要求承包人在提出索赔意向通知书后,对事件的发生进一步作好当时记录,因为这样的当时记录对承包人发出的索赔意向来说可能是合理的,且可能是相当重要的补充资料。因此,监理人应该对此进行全面分析。

(3)现场核查。根据上述两个方面的记录,监理人应指派合格人员到施工现场对重点内容进行核查,以便进一步做出判断。

(4)综合分析。根据两方面的记录和现场核查结果,按合同文件有关约定进行综合分析。应当注意的是,对那些已根据监理人指令采取措施的工程细目,其索赔费用应作必要的折减,特别是如果监理人曾经采取过正确合理的措施,而承包人没有执行,则该措施所涉及的索赔数量不予考虑。

2. 单价和费率分析与确定

报价单中的价格已经包含了管理费和利润,即利润和各种间接费在报价时已按一定的方式摊入了单价。在施工过程中,由于现场的实际情况可能不同于报价时的情况,所以必须在全面理解承包人在投标报价时各种费用的计算依据和所考虑的因素的基础上,分析承包人在计算索赔费用时所用费率的种类和大小与其在报价时所用费率的种类和大小的差别,从而做到心中有数。

根据我国高速公路项目的工程实践,一般采用如下四种方法确定单价与费率并计算索赔费用。

(1)利用工程量清单中的单价。

对应索赔费用中包括利润且费用索赔项目与工程量清单中某项目的性质一致或基本一致的情形来说,可采用工程量清单中的单价(计日工单价)或从工程量清单中有关单价推算出的价格来计算索赔费用。

(2)采用协商费率。

协商费率,即发包人、监理人、承包人三方共同协商,采用一个三方均认可的费率来计算索赔费用。这是较为常用的方法,但三方意见往往较难统一。

在京津塘高速公路项目中,监理人在处理某合同承包人提出的由于工程暂停而引起的费用索赔申请时,对其中闲置劳动力的费用,就是采用三方共同协商的方法来确定费率的。

(3)采用正式规定和公布的标准确定费率。

在索赔费用的计算中,如果工程量清单中的单价不适应,协商费率各方意见又不统一,这时就需要监理人来确定一个公平、合理的费率。实践证明,采用由省部级以上政府正式颁布的有一定法律效力的有关定额和标准来确定费率,是各方都基本能够接受的。例如,监理人经常采用交通运输部颁布的现行《公路工程预算定额》(JTG/T 3832)和《公路工程建设项目概算预算编制办法》(JTG 3830)等。

(4)按有关票据计算。

对于一些在费用索赔事件发生期间,承包人实际直接发生的、且不需要采用费率来计算的费用,可按承包人出示的正式票据(或合同)中的金额进行计算,如水电费、设备的租用费等。

上述四种确定单价与费率的方法,除第一种外,其余三种方法在计算索赔费用时往往共同使用。即可以通过协商确定的,应通过协商来确定;协商不能确定的,监理人应按正式规定和公布标准来确定;还有一部分费用应按承包人提供的正式票据等来确定。

3. 计算审查

在审定了索赔细目和相应的工程量以及确定了索赔费用计算的单价和费率后,确定赔偿金额的第三项工作就是对费用的计算进行审查。计算审查主要包括两个方面:一是分析和审查承包人的计算原则、计算方法;二是检查有无算术错误。计算审查的具体内容如下:

(1)人工费。

由于增加了合同以外的工程内容,或由于发包人原因造成工程拖延,致使承包人多用了人工或延长了工作时间,则承包人有权向发包人要求补偿人工费的损失。其计算方法是:工资单价(按合同约定或计日工,分别按合同工、普通工、技术工等计)×人工数(分别按合同工、普通工、技术工等计)×应赔偿(或延长)的天数。经累加后,即为要求赔偿的人工费。

在停工及窝工费的计算中应注意:

①合同中约定了计算方法的,原则上按合同中约定的计算方法计算;

②合同中未约定计算方法的,可以参考计日工单价或人工费预算单价以及当前的人工工资水平,在此基础上确定停工及窝工费的工日单价(对聘用的临时工可直接根据聘用合同来确定单价),并根据实际的停工及窝工时间进行计算。其中停工、窝工时间中应根据工程的不同性质扣除雨水天气所占用的时间。

[例7-15] 某项目因征地拆迁未及时解决,造成承包人一施工队被迫停工15天,该施工队有技术管理人员5人、技术工人10名、临时工10人,试计算人员的停工费赔偿额。

解:经分析,技术管理人员采用工资单价,为120元/工日,技术工人采用计日工单价,为150元/工日,临时工按聘用合同价格,为110元/工日;扣除5天因降雨而不能施工的时间。因此,其赔偿额为:

$$(120 \times 5 + 150 \times 10 + 110 \times 10) \times (15 - 5) = 32000(元)$$

(2)材料费。

如果因发包人应承担的风险责任致使材料用量增加,则承包人可向发包人提出材料费用索赔。其计算方法是:

材料费 =(实际使用的材料数量 - 原来材料数量)×所使用材料的单价

其中,材料单价可根据发票来确定,或采用工程量清单中计日工的材料单价,由此求出增加材料的费用。

在审查因停工导致的材料积压损失费时,应注意:

①合同中已支付材料预付款的,原则上不考虑材料积压损失费;

②合同中未支付材料预付款的,可根据材料费价格及积压材料的费用总额计算其利息;

③对于有龄期的材料,当材料积压时间太长时,应根据实际情况考虑材料超过龄期后报废的损失。

[例7-16] 某合同钻孔灌注桩基础施工中因不可预见的地质情况致使施工中增加钢护筒,由此增加的材料费按市场价格计算为30000元,另外因此停工10天,有价值200万元的材料积压。求给承包人的材料费赔偿额。

解:所积压的200万元材料中,有100万元材料为应支付预付款的主要材料,已按投标书附录规定支付了75%的费用。因此,材料积压损失的材料费为:

$$200 - 100 + (100 - 100 \times 75\%) = 125(万元)$$

其利息按利率0.0002计算,使用单利法,可得利息为:

$$125 \times 0.0002 \times 10 \times 10000 = 2500(元)$$

因此,总的材料费赔偿额为32500元。

(3)机械费。

首先计算机械工作时间的增加量或机械停置的时间,即:原有各种机械比预定计算所增加的工作时间(或台班);新增加各种机械和数量的工作时间(或台班);由于发包人原因造成各种机械停置的数量和工作时间(或台班)。其次,将求得的以上各种工作时间的增加量(或停置时间)乘以合同约定单价或台班单价(一般包括:机械人工费、燃料费、折旧费、检修费、维护费等)。最后,将不同种类机械费用累计,就可计算出机械的索赔金额。其中,机械台班的使用单价可使用工程量清单中计日工的单价或租赁机械的单价。在计算机械停置费损失时,其机械停置单价的计算方法是:

①合同中约定了计算方法的,原则上按合同中约定的计算方法计算;

②合同中未约定计算方法的,可参考下列公式计算:

机械停置费台班单价 = (折旧费 + 检修费) × % + 维护费 + 机上人员工资 + 车船使用税

其中,折旧费、检修费是指机械台班费用定额中每台班的折旧费和检修费,由于机械设备的年使用率一般为50%左右,所以在计费时可按50%考虑;维护费是指机械台班费用定额中每台班的维护费;机上人员工资按停工、窝工费的计算方法确定;车船使用税等费用可查有关定额或规定。

③施工单位的租赁机械,可在出具租赁合同后,根据租赁价格扣除燃料费后确定其停置费。

[例7-17] 某项目施工中因工地地下发现文物导致施工中断10天,使现场施工的10台自卸汽车、2台挖掘机、2台推土机、2台压路机、1台平地机停工10天,人工单价为100元/工日,试计算机械设备停置费赔偿额。

解:按机械台班费用定额(未计车船使用税)确定机械设备停置费赔偿额。得:

自卸汽车(20t):$10 \times [(289.96 + 34.26) \times 50\% + 116.32 + 1 \times 100] \times 10 = 37843(元)$

挖掘机($2m^3$):$2 \times [(332 + 86.72) \times 50\% + 185.99 + 2 \times 100] \times 10 = 11907(元)$

推土机(135kW):$2 \times [(209.63+123.21) \times 50\% + 325.62 + 2 \times 100] \times 10 = 13840.8$（元）

压路机(20t):$2 \times [(149.4+74.8) \times 50\% + 244.06 + 2 \times 100] \times 10 = 11123.2$（元）

平地机(150kW):$1 \times [(176.91+61.62) \times 50\% + 216.07 + 2 \times 100] \times 10 = 5353.35$（元）

所以，机械设备停置费赔偿额为：

$37843 + 11907 + 13840.8 + 11123.2 + 5353.35 = 80067.35$（元）

(4) 措施费、企业管理费、规费等管理费。

措施费包括冬季施工增加费、雨季施工增加费、夜间施工增加费、特殊地区施工增加费、行车干扰工程施工增加费、施工辅助费、工地转移费七项。

企业管理费包括基本费用、主副食运费补贴、职工探亲路费、职工取暖补贴及财务费用。

规费包括养老保险费、失业保险费、医疗保险费、工伤保险费及住房公积金。

措施费、企业管理费、规费通常可以按如下方法计算：

①可根据实际情况由发包人、承包人、监理人协商确定；

②按投标文件工程量清单的"单价分析表"中各项目的措施费、企业管理费及规费，测算措施费、企业管理费及规费占合同总价的比例，然后确定合同总价中的措施费、企业管理费及规费总额，再根据项目合同工期测算承包人每天的措施费、企业管理费及规费总额，最后根据增工、停工或窝工时间确定索赔事件期间所发生的措施费、企业管理费及规费总额。

③可以参照现行《公路工程建设项目概算预算编制办法》(JTG 3830)计算措施费、企业管理费及规费。

措施费 = 季施工增加费、雨季施工增加费、夜间施工增加费、特殊地区施工增加费、行车干扰工程施工增加费、工地转移费的费率之和(%) × 人工费与机械费的索赔额 + 施工辅助费费率(%) × 直接费的索赔额

规费 = 规费费率(%) × 人工费(含施工机械的人工费)的索赔额

企业管理费 = 企业管理费费率(%) × 直接费的索赔额

其中：直接费索赔额是指人工费、材料费和机械费索赔额的合计数值，措施费、规费和企业管理费的费率可根据投标文件中的"单价分析表"确定，或参照当地交通主管部门的规定计算。

(5) 利润。

在《公路工程标准施工招标文件》(2018年版)中规定了绝大多数的索赔都包括利润的索赔，在履行合同过程中，由于发包人的原因造成工期延误的，承包人有权要求发包人延长工期和(或)增加费用，并支付合理利润。如5.2.6条规定：发包人提供的材料和工程设备的规格、数量或质量不符合合同要求，或由于发包人原因发生交货日期延误及交货地点变更等情况的，发包人应承担由此增加的费用和(或)工期延误，并向承包人支付合理利润。又如8.3条规定：发包人应对其提供的测量基准点、基准线和水准点及其书面资料的真实性、准确性和完整性负责。发包人提供上述基准资料错误导致承包人测量放线工作的返工或造成工程损失的，发包人应当承担由此增加的费用和(或)工期延误，并向承包人支付合理利润。而由于出现专用合同条款约定的异常恶劣气候的条件导致工期延误的，则承包人只有权要求发包人延长工期，而没有费用和利润的补偿。《公路工程标准施工招标文件》(2018年版)中通用合同条款

中约定可以索赔利润的合同条款号见表7-7。

通用合同条款中可以索赔利润的合同条款表　　　　表7-7

序号	合同条款号	合同条款的主要内容
1	5.2.6	发包人提供的材料和工程设备不符合合同要求
2	8.3	发包人提供基准资料错误
3	11.3	发包人的原因造成工期延误
4	12.2	发包人原因引起的暂停施工造成工期延误
5	12.4.2	暂停施工后的复工,因发包人原因无法按时复工
6	13.1.3	发包人原因造成工程质量达不到合同约定验收标准
7	13.5.3	监理人对质量有疑问,要求重新检验,经检验证明工程质量符合合同要求
8	13.6.2	发包人提供的材料或工程设备不合格造成的工程不合格,需要承包人采取措施补救
9	14.1.3	监理人对承包人的试验和检验结果有疑问,要求重新试验和检验结果证明该项材料、工程设备和工程符合合同要求
10	18.4.2	发包人在全部工程竣工前,使用已接收的单位工程导致承包人费用增加
11	18.6.2	发包人的原因导致试运行失败的,承包人应当采取措施保证试运行合格
12	19.2.3	监理人和承包人应共同查清缺陷和(或)损坏的原因,经查验属发包人原因造成
13	22.2.2	发包人无法继续履行或明确表示不履行或实质上已停止履行合同,承包人可向发包人发出通知,要求发包人采取有效措施纠正违约行为。发包人收到承包人通知后的28天内仍不履行合同义务承包人有权暂停施工,并通知监理人

[例7-18]　某项目因设计图纸不能及时提供导致承包人停工10天,按正常进度该月应完成300万元工程的施工,由于停工实际只完成了200万元。求应给予承包人的管理费赔偿额。

解:经查阅承包人投标文件中的有关单价分析资料,并测算,估计管理费占20%,但停工期间的管理费比正常施工的要少,因此监理人和发包人、承包人协商和决定给予一半赔偿。其费用为:

$$(300 - 200) \times 20\% \times 50\% = 10(万元)$$

[例7-19]　某高速公路工程项目,发包人与承包人于5月10日签订了工程承包合同,合同约定的不含税合同价为6948万元,工期为300天;合同价中的管理费以直接费为计算基数,管理费率为12%,利润率为5%。在施工过程中,该工程的关键线路上某一分项工程的图纸延误导致承包人于8月27日至9月12日停工,确定图纸延误应予补偿的管理费为多少?

解:合同价中的管理费为$6948 \times (0.12 \div 1.12 \times 1.05) = 708.98$(万元)。所以,合同价中每天的管理费为$708.98 \div 300 = 2.36$(万元/天),图纸延误应补偿的管理费为:$15 \times 2.36 = 35.40$(万元)。

(6)延长工期后的费用。

①工程保险费追加可根据保险单或调查所得的保险费率来确定保险费用(当合同约定由承包人办理工程保险时);

②承包人临时设施维护费,如已包含在管理费中,则不另行计算,否则可根据延长时间由发包人、承包人、监理人协商确定维护费用;

③延长期间的临时租地费可根据租地合同或其他票据参考确定(当合同约定临时租地费由发包人承担时);

④临时工程的维护费可根据临时工程的性质及实际情况由发包人、承包人、监理人协商确定。

(7)延期付款利息。

根据投标书附件中规定的延期付款利率和延期付款时间按单利法进行计算。

(8)赶工费。

为抢工期而增加的周转性材料增加费、工效和机械效率降低费、职工的加班费、夜班津贴、不经济地使用材料等赶工费由发包人、承包人、监理人根据赶工的工程性质和当时当地的实际情况协商确定。

(9)其他费用。

根据实际情况由发包人、承包人及监理人协商确定。

4. 赔偿费用的确定

监理人在审核了索赔工程细目、所发生的数量、相应的单价和费率后,可按照所审核确定的计算方法对索赔费用的计算进行审核、汇总。在审核中,监理人还应对最后结果进行宏观上的审核和评价,以防止重算、漏算等现象的发生,并保证赔偿费用在整体上的公平合理性。

根据合同约定,监理人在确定最终审核结果前应和发包人、承包人协商甚至要取得发包人的批准,如果发包人、承包人的分歧较大,监理人可先确定意见一致的部分,或者确定暂时的赔偿额,留待以后进一步协商或根据合同条款第 24 条请仲裁机构裁决或向人民法院提起诉讼。

三、减少费用索赔的监理途径

1. 引起索赔的原因分析

按引发施工索赔的原因不同,施工索赔一般可归纳为如下几种情况:

(1)发包人应承担的责任而引起的索赔。主要包括发包人在施工过程中违约,或发包人未能完全履行合同义务,或属于发包人应承担的其他责任,如监理人违反合同规定、设计图纸错误或未及时提供等(具体见表 7-7),按《公路工程标准施工招标文件》(2018 年版)的规定,属于发包人应承担的责任引起的施工索赔,发包人应向承包人补偿工期、施工成本及利润等损失。

(2)不利物质条件引起的施工索赔。不利物质条件,除专用合同条款另有约定外,是指承包人在施工场地遇到的不可预见的自然物质条件、非自然的物质障碍和污染物,包括地下和水文条件,但不包括气候条件。按《公路工程标准施工招标文件》(2018 年版)的规定,不利物质条件引起的施工索赔,发包人应向承包人补偿工期和施工成本。

(3)异常恶劣气候引起的施工索赔。异常气候是指项目所在地 30 年以上一遇的罕见气候现象(包括温度、降水、降雪、风等),按《公路工程标准施工招标文件》(2018 年版)的规定,异常恶劣气候引起的施工索赔,发包人应向承包人补偿工期。

(4)不可抗力引起的施工索赔。不可抗力是指承包人和发包人在订立合同时不可预见,在工程施工过程中不可避免发生并不能克服的自然灾害和社会性突发事件。按《公路工程标准施工招标文件》(2018年版)的规定,不可抗力引起的施工索赔,原则上发包人和承包人各自承担由于不可抗力给各自造成的损失,不能按期竣工的,应合理延长工期,承包人不需支付逾期竣工违约金,发包人要求赶工的,承包人应采取赶工措施,赶工费用由发包人承担。

(5)承包人应承担的责任而引起的索赔。主要包括承包人在施工过程的停工、工期延误、质量缺陷或安全隐患等,以及施工过程中承包人的违约行为,按《公路工程标准施工招标文件》(2018年版)的规定,属于承包人应承担的责任引起的施工索赔,承包人的所有损失由承包人承担。

2. 加强索赔费用监理的途径

(1)全面、深入、细致地理解和掌握合同条款。在工程施工中,引起施工索赔的原因众多,所涉及的合同条款也多,就需要监理人全面、深入、细致理解和掌握合同条款,按照合同条款的约定,详细分析施工过程的具体情况及适用的合同条款,对施工索赔做出既满足合同要求,又可以维护合同双方当事人正当权益的处理意见。

(2)熟悉和掌握施工现场的详细情况。工程施工的现场情况千差万别,要熟悉和掌握施工过程的详细情况,包括气象、水温、地质、地貌等施工条件的现状,结合合同约定来处理施工索赔,即使施工中发生的同一事件,在不同的施工条件下,施工索赔的处理就会不同,要求监理人结合合同条款的约定和现场实际情况,对施工索赔做出合理的处理意见。

(3)熟悉和掌握施工进展情况和施工进度计划。施工过程中的索赔,往往许多施工索赔是时间索赔和费用索赔同时发生,监理人应详细分析施工进度及影响施工进度的原因,分析计算应补充的工期,然后根据需要补偿的工期,合理确定需补偿的工程费用。

(4)熟悉和掌握工程经济知识。如前所述,施工索赔发生的原因众多,承包人要求补偿的工程费用项目和数量也多,需要监理人全面熟悉和掌握合同条款,结合施工现场的实际情况,利用工程经济的专业知识和技能,详细分析承包人提出的费用索赔项目是否合理,费用计算是否正确,提出合理的处理意见。

四、反索赔的处理

1. 反索赔的概念

前面重点介绍了承包人向发包人的索赔。反之,若承包人给发包人造成了经济损失,或承包人不履行相应义务,或承包人承担的风险责任,发包人也有权向承包人要求补偿经济损失和(或)延长缺陷责任期提出索赔要求。这种索赔称为反索赔。根据《公路工程标准施工招标文件》(2018年版)通用合同条款约定,反索赔是通过监理人从拟支付给承包人的合同价款中扣除,或由承包人以其他方式支付给发包人来完成的。

反索赔的目的,一是保护发包人的合法权益,二是促使承包人认真履行合同义务。当承包人的施工质量不符合要求时,通过反索赔有利于促进施工质量的提高;当承包人的施工进度达不到合同要求时,通过反索赔有利于保证施工进度;当合同中某些费用或风险由承包人承担时,通过反索赔有利于合理控制工程造价。总之,反索赔是质量控制、进度控制、造价控制的重要手段。

由于反索赔工作依靠监理人的扣款来完成的,因此,监理人从客观、公正和加强费用监理的要求出发,应积极主动地加强反索赔的处理工作。

2. 反索赔的类型

根据《公路工程标准施工招标文件》(2018年版)通用合同条款的约定及我国许多高速公路项目实施的经验,反索赔可以分为以下几种类型:

(1)工程拖期反索赔。

工程施工过程中进度滞后是常见的现象,原因也是多方面的,关键是拖期以后,责任的确定。当工程拖期的责任在承包人一方,如开工拖后,设备材料进场不及时,施工人员安排不当,施工组织管理不善等,发包人则有权向承包人提出反索赔。如通用合同条款11.5款规定:由于承包人原因,未能按合同进度计划完成工作,或监理人认为承包人施工进度不能满足合同工期要求的,承包人应采取措施加快进度,并承担加快进度所增加的费用。由于承包人原因造成工期延误,承包人应支付逾期竣工违约金。逾期竣工违约金的计算方法在专用合同条款中约定。承包人支付逾期竣工违约金,不免除承包人完成工程及修补缺陷的义务。若工程拖期是由于客观原因引起的,不属承包人的责任,如地震、海啸、瘟疫、水灾、骚乱、暴动等不可抗力原因造成,则发包人不能向承包人提出反索赔,这类性质的拖期,一般称作"可原谅、但不给经济补偿的拖期",不能按期竣工的,应合理延长工期,承包人不需支付逾期竣工违约金。发包人要求赶工的,承包人应采取赶工措施,赶工费用由发包人承担。

(2)施工缺陷反索赔。

《公路工程标准施工招标文件》(2018年版)通用合同条款约定,如果承包人施工质量不符合施工技术规程的规定,或使用的设备和材料不符合合同约定,或者在缺陷责任期满以前未完成应进行修补的工程时,发包人有权向承包人追究责任,要求承担发包人所受的经济损失。如承包人在规定的期限内仍未完成应修补的缺陷工作,则发包人有权向承包人提出反索赔。

(3)其他损失反索赔

除上述两种之外,由于承包人未承担相应的义务及风险责任造成发包人的经济损失,向承包人提出反索赔。如承包人未履行保险义务而由监理人代办保险后的反索赔,由承包人承担的第三者责任引起的反索赔,因法规变更或物价下跌引起的反索赔,因工程变更引起的反索赔等等。表7-8列举了《公路工程标准施工招标文件》(2018年版)中可引用的部分反索赔条款。

《公路工程标准施工招标文件》中可引用的反索赔条款   表7-8

序号	合同条款号	索赔条款主题内容
1	1.9	严禁贿赂
2	1.10	发现文物后不及时报告或隐瞒不报,致使文物丢失或损坏的
3	5.4	承包人提供不合格材料或工程设备
4	7.5	道路、桥梁的损坏
5	9.2	承包人的安全责任
6	9.4	承包人的环境保护责任
7	11.5	承包人工期延误
8	12.4	承包人无故拖延和拒绝复工
9	13.1	工程质量不合格

续上表

序号	合同条款号	索赔条款主题内容
10	13.6	清除不合格工程
11	14.1	重新试验和检验的材料、工程设备或工程的质量不符合合同要求
12	18.5	在施工期运行中发现工程或工程设备损坏或存在缺陷的
13	18.7	承包人未按要求恢复临时占地，或者场地清理未达到合同约定的
14	19.3	缺陷责任期延长
15	22.1	承包人违约

五、费用索赔案例

如上所述，索赔项目的处理花费的时间长，涉及的内容复杂，因此，下面举出的几个实例都作了适当简化，以节省篇幅。

[例 7-20] 某一项目由于通行权地区内的电线杆、房屋和树木没有及时拆除，妨碍土方工程的进行，承包人根据《公路工程标准施工招标文件》通用条款第 23 条，提出如下索赔：

(1) 要求延长时间：26 天。

(2) 闲置（窝工）费用：62220 元。

针对该项索赔，监理人决定：

(1) 尽管通行权地区的问题没有完全解决好，但实际上仍可通行，因此工程无需停工。

(2) 由于没有及时拆除，确实给运土造成不便，引起了一定的阻延和额外开支。

(3) 结论：此项索赔有一部分是合理的，对合理部分计算索赔费用。

[例 7-21] 某合同由于没有解决土地使用者的补偿问题，农民阻挠小桥和涵洞工程进行。承包人提出如下索赔：

(1) 要求延长时间：19 天。

(2) 闲置费用：39869 元。

监理人决定：闲置费用太高，因为承包人机械停置费是用的机械台班费用，因此承包人必须提交实际费用文件，才能确定这笔索赔金额。

[例 7-22] 某工程在招标时所编的招标文件标明，部分工地所需施工设备及材料可以由沿河的河堤上运送。但投标结束后，新的法律允许省航运局向堤上的交通收费，并且，由于不知道这一新的法律，承包人已经利用河堤作为通道开始桥梁的打桩工程。航运部门封闭了河堤，不向承包人开放交通，并且要求承包人在为过去的交通付款的同时，交 4 万元人民币作押金以保证将来的付款。由此，打桩工程只得停止，直到两个月后，发包人同意付款，承包人才重新开始打桩。

承包人由于索赔意识不强，没有提出索赔要求。但是，若他提出要求，他将有权获得如下款项：

(1) 设备和人员闲置费。

(2) 遣散员工和重新动员，以及停工期间对工地的监视和保护等费用。

(3) 按原计划完成工程所需的赶工费。

此例讲的是后继法规的改变,分析了风险应由谁承担,以及由此而造成的各种费用细目。

[例7-23] 某公路工程项目的施工承包合同,签约合同价为8000万元人民币(其中直接费为5200万元),建设工期为18个月,在施工过程中,发生如下五项事件:

事件1:由于发包人原因提出对原设计修改,造成全场性停工45天。

事件2:在基础开挖过程中,个别部位实际土质与发包人在招标时提供的《参考资料》中给定地质资料不符,造成施工直接费增加2万元,相应工序的持续时间增加了4天。

事件3:在基础施工中,承包人除了按设计要求对基底进行了妥善处理外,承包人为了保证质量,扩大了基坑底面尺寸,还将基础混凝土强度由C15提高到C20,造成施工直接费增加11万元,相应工序的持续时间增加了5天。

事件4:在桥墩施工过程中,因发包人提供的施工图纸有误,造成施工直接费增加4万元,相应工序的持续时间增加了6天;

事件5:进入雨季施工,恰逢50年一遇的大暴雨,造成停工损失3万元,工期增加了8天。

在以上事件中,除第1和5项外,其余工序均未发生在关键线路上。

施工过程中,承包人在合同约定的期限内向监理人提出工期和费用索赔。承包人提出如下索赔要求:

(1)增加合同工期68天;

(2)增加费用137.19万元,计算如下:

①发包人变更设计,图纸延误,损失45天(1.5月)的管理费和利润:

管理费 = 合同价 ÷ 工期 × 管理费费率 × 延误时间
   = 8000万元 ÷ 18月 × 12% × 1.5月 = 80万元

利润 = (合同价 + 管理费) ÷ 工期 × 利润率 × 延误时间
   = (8000 + 80)万元 ÷ 18月 × 5% × 1.5月 = 33.67万元

合计113.67万元。

②地质资料不符、混凝土强度提高、桥墩图纸错误、暴雨等因素造成的费用增加,计算如下:

直接费20万元。

管理费 = 20万元 × 12% = 2.4万元;

利润 = (20 + 2.4)万元 × 5% = 1.12万元;

合计23.52万元。

问题:

(1)承包人针对施工过程中所发生的上述事件提出的费用索赔和工期索赔是否成立,为什么?

(2)承包人索赔计算方法是否正确?应如何计算?(计算以万元为单位,保留两位小数)

(3)如果在工程缺陷责任期间发生了由承包人原因引起的质量问题,在监理人多次书面指令承包人修复而承包人一再拖延的情况下,发包人另请其他承包人修复,则所发生的修复费用该如何处理?

解:问题(1):

事件1:由于发包人修改设计,监理人同意索赔。

事件 2：承包人针对事件 2 所提出的费用索赔和工期索赔均不成立。因为发包人提供的《参考资料》不构成合同文件，对于发包人提供的《参考资料》承包人应对他自己就该资料的解释、推论和使用负责，这是承包人应承担的风险。

事件 3：承包人针对事件 3 所提出的费用索赔和工期索赔均不成立。因为扩大基坑底面尺寸及提高混凝土强度等级并非监理人下达变更指令所致，该工作属于承包人采取的质量保证措施。

事件 4：承包人针对事件 4 所提出的费用索赔成立，因为这是由于发包人提供的施工图纸有误。工期索赔不成立，因该延误未发生在关键线路上，对总工期并无影响。

事件 5：承包人针对事件 5 所提出的费用索赔不成立，工期索赔成立。因为该事件是由于异常恶劣的气候条件造成的，承包人不应得到费用补偿。

问题（2）：

工期索赔为 53 天，即发包人修改设计和暴雨的影响可索赔工期；增加费用 78.58 万元，计算如下：

① 发包人变更设计，图纸延误，损失 45 天（1.5 月）的管理费和利润，计算基数应为直接费，不应为合同价；

管理费 = 直接费 ÷ 工期 × 管理费费率 × 延误时间
　　　　= 5200 万元 ÷ 18 月 × 12% × 1.5 月 = 52 万元

利润 = (直接费 × 延误时间 ÷ 工期 + 管理费) × 利润率
　　　= (5200 × 1.5 ÷ 18 + 52) 万元 × 5% = 24.27 万元

合计 76.27 万元。

② 桥墩图纸错误造成的费用增加为 4.70 万元，计算如下：

直接费 4 万元；

管理费 = 4 万元 × 12% = 0.48 万元；

利润 = (4 + 0.48) 万元 × 5% = 0.22 万元；

合计 4.70 万元。

问题（3）：所发生的维修费用应由承包人承担，发包人可从质量保证金中扣除。

[例 7-24] 某高速公路项目施工合同采用《公路工程标准施工招标文件》（2018 年版）合同条款。该工程在施工过程中，陆续发生如下索赔事件（索赔所提出的延期时间与补偿金额均符合实际）。

事件 1：施工期间，承包人发现施工图纸有误，经监理人确认后，发包人要求设计单位进行修改。由于图纸修改造成停工 20 天。承包方提出工程延期 20 天与费用补偿 2 万元的索赔要求。

事件 2：施工期间因下雨，为保证路基填筑质量，总监理工程师下达了暂停施工指令，共停工 10 天，其中连续 4 天出现低于工程所在地雨季平均降雨量的雨天气候，连续 6 天出现 50 年一遇特大暴雨。承包方提出工程延期 10 天与费用补偿 2 万元的索赔要求。

事件 3：施工过程中，现场周围居民称承包人施工噪声对他们的生活造成干扰，于是阻止承包人的混凝土浇筑工作而造成停工 5 天。承包人提出工程延期 5 天与费用补偿 1 万元的要求。

事件4：由于发包人要求，使原设计中的一座互通式立交桥长度增加了5m，监理人向承包人下达了变更指令。承包人收到变更指令后及时向该桥的分包人发出了变更通知，分包人及时向承包人提出了费用索赔要求。其中包括：

（1）由于增加立交桥长度，需增加费用20万元和分包合同工程延期30天的索赔。

（2）此设计变更前因承包人未按分包合同约定向分包人提供施工场地，导致工程材料到场二次倒运增加的费用1万元和分包合同工程延期10天的索赔。

承包人以已向分包人支付索赔21万元的凭证为索赔证据，向监理人提出要求补偿该笔费用21万元和延长工期40天的要求。

事件5：由于某路段路基基底是淤泥，根据设计文件要求，需进行换填。在招标文件中已提供了相关的地质技术资料。承包方原计划使用隧道出碴作为填料换填，但施工中发现隧道出碴级配不符合设计要求，需要进一步破碎以达到级配要求，承包人认为施工费用高出合同单价，如仍按原价支付不合理，需另外给予延期20天与费用补偿20万元的要求。

请分析是否同意承包人提出的上述索赔要求，为什么？

解：事件1：这是发包人原因造成的，故应同意承包人所提出的索赔要求。

事件2：由于异常恶劣气候（特大暴雨）造成的6天停工是承包人不可预见的，应同意延长工期6天的索赔要求，而不同意任何费用索赔的要求。

事件3：这是承包人自身原因造成的，故不应同意承包人的索赔要求。

事件4：应批准由于设计变更导致的20万元的费用索赔和延长工期30天的工期索赔要求，因其属于发包人责任（或不属于承包人责任）。但不应同意材料倒运增加的费用补偿1万元和工期补偿10天的索赔要求，因其属于承包人责任。

事件5：这是承包人应合理预见的，故不应同意承包人的索赔要求。

[**例7-25**] 某高速公路的某一合同，原设计为两边是高架桥，中间有980m路堤。在承包人施工期间，发包人对此合同设计方案进行变更，取消980m路堤段，改为高架桥，即为全桥方案。但发包人对此变更尚在研究，并未取得有关部门的正式认可，且在没有正式通知监理人的情况下，就向承包人提供了变更工程草图，承包人根据草图进行了施工。当监理人得知这一情况后，于2018年7月18日正式下文通知承包人：凡没有按正常渠道受理和批准的变更令，任何未按合同文件施工的工程不能予以支付，且承包人应承担由此带来的法律和经济后果。承包人接文后，暂停了这部分工程，并准备按原合同文件进行。此时，发包人正式通知监理人，将对此段工程进行变更，希望暂停这部分的工程。据此，监理人于7月28日正式下达停工令。9月20日在发包人变更方案获得批准后，监理人下达正式复工令。由于上述原因，承包人根据合同条款第23条的规定，8月10日向监理人发出索赔意向通知书，提出停工期间的费用索赔。

1. 证据

承包人随费用索赔通知书附上了有关文件、资料证据、票据和详细的费用计算书。

2. 停工时间

承包人称他7月18日收到监理人的文件后就停止了施工，至9月21日收到复工令，停工时间为65天。

3. 索赔总金额

索赔金额为 3187060.45 元,汇总如表 7-9 所示。

承包人索赔费用汇总表　　表 7-9

名称及规格	数量	单位	单价	金额(元)	备注
1. 误工费	1	天		21768.00	
2. 机械停置费	1	天		11409.20	
3. 水电费	1	天		157.50	
4. 贝雷租金	1	天		300.00	
5. 履约保函费	1	天		520.30	
6. 工程咨询费	1	天		3624.30	
7. 管理费用	1	天		5285.92	
日计	1	天		42544.92	
合计	65	天		2765419.80	
8. 其他工程费				21640.65	
9. 间接费用				400000.00	
总计				3187060.45	

具体计算结果如下:

(1)误工费 21768 元/天。

2018 年 8 月份我二分部实际支付的生产工人工资总额为人民币 674808 元,平均每人每天的工资费用为 674808÷240÷31 = 90.7(元/天)。每天的误工费为 90.7×240 = 21768(元)。

注:由于施工场地及计划安排的闲置,上述人员不能转移到别处工作。

(2)机械停置费:11409.20 元/天。

(3)水电费:157.50 元/天。

①水费:2018 年 6~12 月共缴纳 6630.40 元,平均每天为 6630.40÷214 = 30.98(元)。

②电费:2018 年 8 月支付数为 3277.97 元,平均每天为 3277.97÷31 = 105.74(元)。

③基地水电费:2018 年 8 月份为 644.05 元,平均每天为 20.78 元。

(4)贝雷租金。

根据口头协议,贝雷片每天的租金为 1 元/天,共租 300 片,故贝雷租金为 300 元/天。

(5)履约保函费。

为提供履约保函,一次性共支付手续费 33960 元,银行贷款押金为 6792500 元,月息为 0.45%。

我部提供履约保函的实际费用为 33960 + 67925000×0.45%×36 = 1134345.00(元),与工程量清单相比平均每天超支(1134345.00 - 10500.00)÷36÷30÷2 = 520.30(元)。

(6)工程咨询费。

根据合同附表 1 外汇需求明细表,某外国公司的咨询费用总额为 520824 美元,按合同协议,外国公司将负责 500 项桩基部分的技术工作,时间为 13 个月,这样,平均每天的费用为:

$520824 \times (1 - 4.3\%) \div 13 \div 30 \times 76\% = 971.30(美元) = 3624.30(元)$

这里4.3%为投标时的降价百分比,76%为该项费用的直接费部分。

(7)管理费用。

2018年8月份实际发生的管理费用如下:计算公式为:二分部管理费+经理部管理费÷2

① 工作人员工资 $18337.82 + 10766.02 \div 2 = 23720.83(元)$
② 工资附加费 $2383.92 + 699.79 \div 2 = 3083.71(元)$
③ 办公费 $6069.13 + 2536.50 \div 2 = 7337.38(元)$
④ 差旅费 $4960.00 + 1637.70 \div 2 = 5778.85(元)$
⑤ 固定资产使用费 $5241.35 + 10512.00 \div 2 = 10497.35(元)$
⑥ 工具、用具使用费 $7283.53 + 393.10 \div 2 = 7480.08(元)$
⑦ 劳动保护费 $7632.12 + 989.00 \div 2 = 8126.62(元)$
⑧ 房产车船税 $3000.00 + 700.00 \div 2 = 3350.00(元)$
⑨ 职工教育经费 $2839.50 + 1376.40 \div 2 = 3527.70(元)$
⑩ 利息支出 $26250.00(元)$
⑪ 其他费用(包括业务招待费)$3742.80 + 1936.50 \div 2 = 4711.05(元)$
⑫ 公司管理费 $= 60000.00(元)$

合计:$163863.57(元)$

平均每天:$163863.57 \div 31 = 5285.92(元)$

(8)其他工程费:21640.65元。

① 索赔准备费 900.00(元)。

② 1至7项索赔金额为2765419.80元,我们在2018年9月21日复工后即应得到赔偿。但至2018年10月21日仍没有得到赔偿,应按0.025%计算每天的利息,应付利息:

$2765419.80 \times 0.025\% \times 30 = 20740.65(元)$

(9)间接费用。

由于停工使得在停工期间本应完成的工作量200万元被迫推迟至2019年进行。预计通货膨胀率将在20%左右,那么推迟施工所造成的损失为:

$2000000 \times 20\% = 400000(元)$

解:监理人的评估:

1. 合同条款

按照合同通用条款第23条的规定,此项费用索赔可以成立,且承包人已按合同要求,在监理人书面下达停工令后的28天之内发出了索赔意向书,故此项费用索赔按合同要求被接受。

2. 停工期限

承包人主张停工时间应从2018年7月18日算起。但监理人认为,7月18日的指令是因为承包人未能按合同文件的要求进行施工才下发的,承包人应按合同所约定的图纸和监理人的指示进行施工。尽管承包人申述其未按合同约定的图纸施工是由于发包人的原因,但本项费用索赔是根据合同条件第12条的约定,以监理人的书面停工令为准。故停工时间应以承包人正式收到的停工令和复工令的时间计算。经确认,承包人于2018年7月29日收到正式停工令,2018 年 9 月 21 日收到正式复工令,因此,批准的停工期限为 55 天。

在书面停工令颁发之前的任何强制性停工不在本项费用索赔中考虑,承包人可以另案提出。

3. 索赔费用的确定

批准索赔金额为 382 272.55 万元,汇总如表 7-10 所示。

承包人索赔费用汇总表 表 7-10

名称及规格	数量	单位	金额(元)	备注
1. 误工费	1	天	18105.4	
2. 机械停置费	1	天	3250.75	
3. 水电费	1	天	131.51	
4. 贝雷租金	1	天	300.00	
5. 管理费用	1	天	1457.61	
日计	1	天	23245.27	
合计	55	天	1278489.85	

(1)误工费:18105.4 元/天。

2018 年 8 月份二分部实际支付生产工人工资额减去超产奖后加上基本工资额为 602062 元,平均每人每天的工资为 $602062 \div 240 \div 31 = 80.9$(元/人・天)

监理人现场实测人数为 227 人,即:$80.9 \times 227 = 18364.3$(元)。

扣除停工期间试桩和墩钻孔桩施工的人工费,即:

18364.3 天/人 $- [(1941.6 元 + 12296.8 元) \div 55 天] = 18105.4$ 元/天

(2)机械停置费:3250.75 元/天。

(3)水电费:131.51 元/天。

①水费:1988 年 6~12 月××中学共缴 3290.70 元。

平均每天为 $3290.70 \div 214$ 天 $= 15.36$(元)。

②电费:2018 年 8 月支付电费 3277.97 元。

平均每天为 $3277.97 \div 31$ 天 $= 105.74$(元)。

③基地水电费:2018 年 8 月份为 644.05 元,因经理部所用应除以 2,即平均每天为 $644.05 \div 31 \div 2 = 10.39$(元)。

合计:$15.38 + 105.74 + 10.39 = 131.51$(元/天)。

(4)贝雷租金:按实际支付为 300 元/天。

(5)管理费用:1457.61 元/天。

参照承包人单位提供的 2018 年 8 月份管理费用资料,计算方法为(二分部管理费 + 经理部管理费 ÷ 2) ÷ 31 天。

①工作人员工资 $15462.26 + 10455.02 \div 2 = 23689.77$(元)。

②工资附加费 $2010.09 + 1359.15 \div 2 = 2689.67$(元)。

③办公费 $6069.13 + 2536.50 \div 2 = 7337.38$(元)。

④差旅费 $4960.00 + 1637.70 \div 2 = 5778.85$(元)。

⑤职工教育经费$(59900.80+10766.02\div2)\times1.5\%=979.25$(元)。

⑥其他费用$3742.80+1936.50\div2=4711.05$(元)。

以上6项共计45185.97(元)。

平均每天:$45185.97\div31=1457.61$(元)。

第四节　合同违约、解除后的付款与结清

一、合同违约

1. 承包人违约

(1)承包人的违约情形。

《公路工程标准施工招标文件》(2018年版)通用条款第22.1款规定,在履行合同过程中发生的下列情况属承包人违约:

①承包人违反第1.8款或4.3款的约定,私自将合同的全部或部分权利转让给其他人,或私自将合同的全部或部分义务转移给其他人;

②承包人违反第5.3款或第6.4款的约定,未经监理人批准,私自将已按合同约定进入施工场地的施工设备、临时设施、材料或工程设备撤离施工场地;

③承包人违反第5.4款的约定使用了不合格材料或工程设备,工程质量达不到标准要求,又拒绝清除不合格工程;

④承包人未能按合同进度计划及时完成合同约定的工作,已造成或预期造成工期延误;

⑤承包人在缺陷责任期内,未能对工程接收证书所列的缺陷清单的内容或缺陷责任期内发生的缺陷进行修复,而又拒绝按监理人指示再进行修补;

⑥承包人无法继续履行或明确表示不履行或实质上已停止履行合同;

⑦承包人未能按期开工;

⑧承包人违反第4.6款或6.3款的规定,未按承诺或未按监理人的要求及时配备称职的主要管理人员、技术骨干或关键施工设备;

⑨经监理人和发包人检查,发现承包人有安全问题或有违反安全管理规章制度的情况;

⑩承包人不按合同约定履行义务的其他情况。

(2)对承包人违约的处理。

①承包人发生第22.1.1(6)目约定的违约情况时,发包人可通知承包人立即解除合同,并按有关法律处理。

②承包人发生除第22.1.1(6)目约定以外的其他违约情况时,监理人可向承包人发出整改通知,要求其在指定的期限内改正。承包人应承担其违约所引起的费用增加和(或)工期延误。

③经检查证明承包人已采取了有效措施纠正违约行为,具备复工条件的,可由监理人签发复工通知复工。

④承包人发生第22.1.1项约定的违约情况时,无论发包人是否解除合同,发包人均有权

向承包人索赔项目专用合同条款中约定的违约金,并由发包人将其违约行为上报省级交通主管部门,作为不良记录纳入公路建设市场信用信息管理系统。

2. 发包人违约

(1) 发包人违约的情形。

在履行合同过程中发生的下列情形,属发包人违约:

①发包人未能按合同约定支付预付款或合同价款,或拖延、拒绝批准付款申请和支付凭证,导致付款延误的;

②发包人原因造成停工的;

③监理人无正当理由没有在约定期限内发出复工指示,导致承包人无法复工的;

④发包人无法继续履行或明确表示不履行或实质上已停止履行合同的;

⑤发包人无正当理由不按时返还履约保证金、质量保证金或工人工资保证金的;

⑥发包人不履行合同约定其他义务的。

(2) 对发包人违约的处理。

发包人发生除第 22.2.1(4)、(5) 目以外的违约情况时,承包人可向发包人发出通知,要求发包人采取有效措施纠正违约行为。发包人收到承包人通知后的 28 天内仍不履行合同义务,承包人有权暂停施工,并通知监理人,发包人应承担由此增加的费用和(或)工期延误,并支付承包人合理利润。

发包人发生除第 22.2.1(5) 目的违约情况时,承包人可向发包人发出通知,要求发包人采取有效措施纠正违约行为。发包人收到承包人通知后的 28 天内仍不返还履约保证金、质量保证金或农民工工资保证金的,发包人应按项目专用合同条款的约定向承包人支付逾期返还保证金的违约金。

二、合同争议与仲裁

1. 争议的解决方式

发包人和承包人在履行合同中发生争议的,可以友好协商解决或者提请争议评审组评审。合同当事人友好协商解决不成、不愿提请争议评审或者不接受争议评审组意见的,可在专用合同条款中约定下列一种方式解决。

(1) 向约定的仲裁委员会申请仲裁;

(2) 向有管辖权的人民法院提起诉讼。

2. 友好解决

在提请争议评审、仲裁或者诉讼前,以及在争议评审、仲裁或诉讼过程中,发包人和承包人均可共同努力友好协商解决争议。

3. 争议评审

(1) 采用争议评审的,发包人和承包人应在开工日后的 28 天内或在争议发生后,协商成立争议评审组。争议评审组由 3 人或 5 人组成,专家的聘请方法可由发包人和承包人共同协商确定,亦可请政府主管部门推荐或通过合同争议调解机构聘请,并经双方认同。争议评审组成员应与合同双方均无利害关系。争议评审组的各项费用由发包人和承包人平均分摊。

（2）合同双方的争议，应首先由申请人向争议评审组提交一份详细的评审申请报告，并附必要的文件、图纸和证明材料，申请人还应将上述报告的副本同时提交给被申请人和监理人。

（3）被申请人在收到申请人评审申请报告副本后的28天内，向争议评审组提交一份答辩报告，并附证明材料。被申请人应将答辩报告的副本同时提交给申请人和监理人。

（4）除专用合同条款另有约定外，争议评审组在收到合同双方报告后的14天内，邀请双方代表和有关人员举行调查会，向双方调查争议细节；必要时争议评审组可要求双方进一步提供补充材料。

（5）除专用合同条款另有约定外，在调查会结束后的14天内，争议评审组应在不受任何干扰的情况下进行独立、公正的评审，作出书面评审意见，并说明理由。在争议评审期间，争议双方暂按总监理工程师的确定执行。

（6）发包人和承包人接受评审意见的，由监理人根据评审意见拟定执行协议，经争议双方签字后作为合同的补充文件，并遵照执行。

（7）发包人或承包人不接受评审意见，并要求提交仲裁或提起诉讼的，应在收到评审意见后的14天内将仲裁或起诉意向书面通知另一方，并抄送监理人，但在仲裁或诉讼结束前应暂按总监理工程师的确定执行。

4. 仲裁

（1）对于未能友好解决或未能通过争议评审的争议，发包人或承包人任一方均有权提交给第24.1款约定的仲裁委员会仲裁。

（2）仲裁可在交工之前或之后进行，但发包人、监理人和承包人各自的义务不得因在工程实施期间进行仲裁而有所改变。如果仲裁是在终止合同的情况下进行，则对合同工程应采取保护措施，措施费由败诉方承担。

（3）仲裁裁决是终局性的并对发包人和承包人双方具有约束力。

（4）全部仲裁费用应由败诉方承担，或按仲裁委员会裁决的比例分担。

5. 仲裁的执行

（1）任何一方不履行仲裁机构的裁决时，双方可以向有权管辖的人民法院申请执行。

（2）任何一方提出证据证明裁决有《中华人民共和国仲裁法》第五十八条规定情形之一的，可以向仲裁委员会所在地的中级人民法院申请撤销裁决。人民法院认定执行该裁决违背公共利益的，裁决不予执行。仲裁裁决被人民法院裁定不予执行的，当事人可以根据双方达成的书面仲裁协议重新申请仲裁，也可向人民法院起诉。

三、合同解除

1. 承包人违约解除合同

监理人发出整改通知28天后，承包人仍不纠正违约行为的，发包人可向承包人发出解除合同通知。合同解除后，发包人可派员进驻施工场地，另行组织人员或委托其他承包人施工。发包人因继续完成该工程的需要，有权扣留使用承包人在现场的材料、设备和临时设施。但发包人的这一行动不免除承包人应承担的违约责任，也不影响发包人根据合同约定享有的索赔权利。

2. 承包人违约合同解除后的估价、付款和结清

《公路工程标准施工招标文件》(2018年版)通用条款规定,在发包人解除合同之后,监理人应通过协商和调查询问之后,尽快地确定并认证:

(1)合同解除后,监理人按第3.5款商定或确定承包人实际完成工作的价值,以及承包人已提供的材料、施工设备、工程设备和临时工程等的价值。

(2)合同解除后,发包人应暂停对承包人的一切付款,查清各项付款和已扣款金额,包括承包人应支付的违约金。

(3)合同解除后,发包人应按第23.4款的约定向承包人索赔由于解除合同给发包人造成的损失。

(4)合同双方确认上述往来款项后,出具最终结清付款证书,结清全部合同款项。

(5)发包人和承包人未能就解除合同后的结清达成一致而形成争议的,按第24条的约定办理。

根据合同约定,在发包人因承包人违约而解除承包人在本合同项下的承包情况下,发包人将暂停向承包人支付任何款额;在本工程缺陷责任期满之后,再由监理人查清承包人实施和完成本工程与缺陷修复应结算的费用,应扣除的完工逾期竣工违约金(如有)以及发包人已实际支付给承包人的各项费用,并予以证实。

在监理人的查清证实后,承包人仅能得到原应支付给他的已完合格工程的款额,并扣除上述应扣款额之后的余额。如果应扣款额超过承包人应得到的原应支付给他的已完工程的款额,此超出部分款额应被视为承包人欠发包人的应还债务,由承包人支付给发包人。

3. 发包人违约解除合同

(1)发生第22.2.1(4)目的违约情况时,承包人可书面通知发包人解除合同。

(2)承包人按22.2.2项暂停施工28天后,发包人仍不纠正违约行为的,承包人可向发包人发出解除合同通知。但承包人的这一行动不免除发包人承担的违约责任,也不影响承包人根据合同约定享有的索赔权利。

4. 发包人违约解除合同后的付款

因发包人违约解除合同的,发包人应在解除合同后28天内向承包人支付下列金额,承包人应在此期限内及时向发包人提交要求支付下列金额的有关资料和凭证:

(1)合同解除日以前所完成工作的价款;

(2)承包人为该工程施工订购并已付款的材料、工程设备和其他物品的金额。发包人付款后,该材料、工程设备和其他物品归发包人所有;

(3)承包人为完成工程所发生的,而发包人未支付的金额;

(4)承包人撤离施工场地以及遣散承包人人员的金额;

(5)由于解除合同应赔偿的承包人损失;

(6)按合同约定在合同解除日前应支付给承包人的其他金额。

发包人应按本项约定支付上述金额并退还质量保证金和履约担保,但有权要求承包人支付应偿还给发包人的各项金额。

四、合同违约、解除的费用结清案例

[例 7-26]　某项目合同价为 5000 万元。承包人施工过程中质量低下、进度缓慢,后经查实承包人擅自转让合同,发包人因此解除与承包人的合同关系。求解除终止后的债权与债务。

解:(1)已经计量签证的承包人已完成的合格工程价值 2000 万元,发包人已支付 1500 万元;

(2)已经支付开工预付款为 500 万元,已扣回 100 万元;

(3)承包人到场的材料价值 200 万元、临时工程与临时房屋价值 300 万元(未付款);

(4)扣留的质量保证金有 100 万元;

(5)上述合计发包人还欠承包人的款项为:

2000 + 200 + 300 − 1500 − (500 − 100) = 600(万元)

(6)发包人和新的承包人(利用到场的材料、临时工程与临时房屋)完成剩余工程需要 3000 万元,因此比原来 5000 万完成工程多出:

2000 + 200 + 300 + 3000 − 5000 = 500(万元)

(7)承包人应承担的逾期竣工违约金按约定为合同价的 10%,即 500 万元;

(8)按合同条款约定承包人应支付的违约金为 100 万元。

(9)以上合计承包人欠发包人的费用为:

500 + 500 + 100 − 600 = 500(万元)

[例 7-27]　某工程项目由于发包人违约,合同被迫终止。终止前的财务状况如下:签约合同价为 1000 万元,利润目标为签约合同价的 5%。违约时已完成合同工程造价 800 万元。每月扣质量保证金为合同工程造价的 10%,质量保证金限额为签约合同价的 5%。开工预付款为签约合同价的 5%(未开始回扣)。承包人为工程合理订购材料 50 万元(库存量)。承包人已完成暂列金项目 50 万元,指定分包项目 100 万元,计日工 10 万元,其中指定分包管理费率为 10%。承包人设备撤回基地的费用为 10 万元(未单独列入工程量清单),承包人雇佣的所有人员的遣返费为 10 万元(未单独列入工程量清单)。已完成的各类工程及计日工均已按合同规定支付。假定该项工程实际工程量清单表中一致,且工程无调价。

问题:

(1)合同终止时,承包人共得到多少暂列金额付款?

(2)合同终止时,发包人已实际支付各类工程付款共计多少万元?

(3)合同终止时,发包人还需支付各类补偿款多少万元?

(4)合同终止时,发包人总共应支付多少万元的工程款?

解:(1)合同终止时,承包人共得暂列金额付款 = 对指定分包人的付款 + 承包人完成的暂列金项目付款 + 计日工 + 对指定分包人的管理费 = 100 + 50 + 10 + 100 × 10% = 170(万元)

(2)合同终止时,业主已实际支付各类工程付款 = 已完成的合同工程价款 − 保留金 + 暂列金额付款 + 开工员预付款 = 800 − 1000 × 5% + 170 + 1000 × 5% = 970(万元)

(3)合同终止时,业主还需支付各类补偿款 = 利润补偿 + 承包人已支付的材料款 + 承包人施工设备的遣返费 + 承包人所有人员的遣返费 + 已扣留的保留金

其中:

①利润补偿 = (1000 - 800) × 5% = 200 × 5% = 10(万元)。

②承包人已支付的材料款 = 50(万元),业主一经支付,则材料即归业主所有。

③承包人施工设备和人员的遣返费因在工程量清单表中未单独列项,所以承包人报价时,应计入总体报价。因此,业主补偿时只支付合理部分。

④承包人施工设备的遣返费 = (1000 - 800) ÷ 1000 × 10 = 2(万元)。

⑤承包人所有人员的遣返费 = 10 × 20% = 2(万元)。

⑥返还已扣保留金 = 1000 × 5% = 50(万元)。

业主还需支付各类补偿款共计 = 10 + 50 + 2 + 2 + 50 = 114(万元)

(4)合同终止时,业主总共应支付工程款 = 业主已实际支付的各类工程付款 + 业主还需支付的各类补偿付款 - 开工预付款 = 970 + 114 - 1000 × 5% = 1034(万元)。

第八章 工程计量与支付的常用表式

工程费用监理工作的最终结果体现在工程计量表格、费用支付表格(包括进度表格)里,也就是说工程费用监理工作的常用表格可以分为工程计量表格和费用支付表格两类。表格的设置数量尽量精简,表格的格式统一、内容全面、流程清晰、计算简单准确,是保证工程计量、支付工作程序化、准确化、标准化和规范化的关键。因此,工程费用监理工作过程应设计一系列与计量支付有关的表格,并通过这些表格的有效管理来完成计量支付工作。

公路工程建设领域实施监理制度三十多年的成功实践,各省(区、市)探索和总结出了一些科学、实用的工程计量与支付表格,1995年版的《公路工程施工监理规范》中结合世行贷款公路项目监理实践附录了工程施工、监理用表,包括计量和支付的表格,后来的2006年版、2016年版《公路工程施工监理规范》删去了计量支付表式。就一个具体的公路工程施工监理项目而言,监理机构或者总监理工程师可以结合项目业主的要求、施工单位的建议制定针对工程项目的、可行的一套表格。从另一个方面讲,工程费用管理的表格可以分为施工单位的计量支付申请表格、监理单位的计量审核确认、费用审核确认表格和建设单位审定后向施工单位支付工程款的表格,这一些表格可以独立使用,多数表格是为了简化流程而共同使用、联合使用。工程计量与支付表格、竣工决算表格都是竣工资料的重要组成部分,而且是永久存档的文件资料。

第一节 工程计量的常用表式

一、工程计量用表的组成、表式内容和监理审核重点

工程计量工作主要是针对分项工程的计量,包括工程数量的测量、计算、与施工图纸核对和汇总确认等工作过程。工程计量常用的表格包括工程计量单、工程计量单附表(工程量计算书)、工程计量汇总表、计量资料审查确认表、计日工计量表和工程计量单汇编存档封面6部分。

1. 工程计量单

工程计量单多称或者多数设计为工程计量确认单。工程计量确认单是施工单位、监理单位共同使用的格式化的联合用表,表格编号为"计表1"。由施工单位在相应的分项工程完成后或总额计量项目分期完成后随时计算数量并填写计量单,及时报送监理单位审核、签字确

认。世行、亚行贷款公路项目多使用三联式"托付证书"(等同于现在的计量单),而现阶段全部利用国有资金或者部分利用国有资金建设的高速公路工程项目多采用一联式计量单。计量单的主要内容包括施工合同段,说明需要计量的分项工程或总额项目名称及其完成情况、质量检验合格情况,还有工程量清单编号、计量单位、申请计量的数量和监理审核确定的数量,一般地给出计算图式、公式、计算过程,复杂的项目可以单独附图附表。

计量支付监理工程师应重点审核计量项目是否符合合同约定,(通过查看计量单后附的质量检验资料确认)工程质量是否已经专业监理工程师认定合格,审核计量项目的清单编号与项目名称、计量单位的对应性,审核施工单位报送的计量数据的准确性,计量依据的施工图纸是否准确,工程量的计算图式、公式是否正确等。对于隐蔽工程和有争议的工程计量,监理工程师应组织施工单位、建设单位、设计单位代表到施工现场实地进行确认。

2. 工程计量附表(工程量计算书)

工程量计算书是工程计量单的附表,表格编号为"计表1-1"。按照总额计量的项目以及按照延米计量的分项工程可以不再单独附表。由施工单位在相应的工程计量项目完成后随时填写、计算,并及时报送监理单位的专业监理工程师或其授权的监理员进行审核、签字确认。工程量计算书的主要内容包括工程名称、计算的简图、计算的公式和计算过程、计量的数量结果,必要时附现场照片、视频资料等。施工单位、监理单位有关计量工程师、专业监理工程师或现场监理员的签字及其填写日期、确认日期等。

计量支付监理工程师、专业监理工程师或其授权的监理员应重点审核工程量计算书依据的施工图纸是否准确,工程量的计算图式、公式是否正确,计算过程是否正确,计算的或汇总的结果是否准确,是否使用工程量清单规定的计量单位表示最终结果等。

3. 工程计量汇总表

工程量汇总表是工程计量单的汇总表或称明细表,是施工单位、监理单位共同使用的联合用表,表格编号为"计表2"。由施工单位在相应的工程计量单审核完成后的月底汇总填写、计算。监理单位审核、签字确认。

分项工程计量汇总表的主要内容包括分项工程的工程名称、清单编号、计量单位、计量单编号、申请计量数量和核定计量数量等,还有施工单位、监理单位有关计量工程师的签字及其填写日期、确认日期等。

计量支付监理工程师应重点审核计量项目的清单编号与项目名称、计量单位的对应性,审核施工单位报送的工程量汇总计算是否正确,是否有重复计算或者漏项计算等。

4. 计日工计量表

计日工计量表是针对《公路工程标准施工招标文件》(2018年版)规定的可以使用"计日工"单价支付的劳务、材料、机械等数量计量,可以分期据实计量。

实际工作中将计日工计量表设计为施工单位、监理单位共同使用的联合用表,表格编号为"计表3"。由施工单位在月底填写一份,监理单位审核、签字确认。

计量资料审查确认表的主要内容包括监理单位(两级监理机构设置时包括驻地办、总监办)的道路、桥梁、隧道、交通安全设施专业监理工程师、试验检测(监理)工程师等监理人员分别审查各自专业的资料,检查合格后签字确认同意该分项工程本月进行计量。还有施工单位、监理单位有关人员的签字及其填写日期、确认日期等。

计量支付监理工程师应重点审核使用计日工进行计量的依据文件,即申请、批准文件,审核计日工的有关记录资料和监理人员的确认记录资料。

5. 计量资料审查确认表

计量资料审查确认表是监理单位使用的表格,表格编号为"计表4",是工程计量工作的附表。实际工作中设计这个表格的目的是检查、督促分项工程的施工资料、监理资料的整理,质量合格但是资料不齐全、有错误的分项工程也可以不予计量确认。由监理单位在月底前集中审查相应的工程计量单的资料,审查合格后签字。

6. 工程计量单汇编存档的封面、目录

工程计量资料是工程费用控制的重要资料,是监理文件资料的主要组成部分,高速公路工程每月形成的与工程计量有关的资料较多,必须进行整理、汇编、装订、归档。

工程计量单汇编文件的封面内容包括施工合同段名称、计量的月份、期数以及本期计量单的册数、计量单流水编号的起止编号等。

工程计量单汇编文件的目录内容包括:①工程计量单及其附表(工程量计算书);②计量资料审查表;③分项工程计量汇总表;④安全生产费用分期计量表。由施工单位在月底填写,监理单位审核确认后再由施工单位复制规定的份数,供施工单位、监理单位、建设单位归档,供跟踪审计部门参考使用。

二、工程计量的常用表式

(1) 工程计量单汇编的封面、目录,如表8-1所示。

(2) 工程计量单(计表1),如表8-2所示。

(3) 工程量计算书(计表1-1),如表8-3所示。

(4) 分项工程计量汇总表(计表2),如表8-4或表8-5所示。

(5) 计日工计量表(计表3),如表8-6所示;安全生产费用计量支付一览表(列入费用支付表格,此处不做介绍)。

(6) 计量资料审查确认表,如表8-7所示。

工程计量单汇编存档的封面　　　　表8-1

××省××××工程(全称)

工程计量单汇编

施工合同段名称:××××
第××期计量(第×册共××册)

建设单位:××××××××××××××(全称)
施工单位:××××××××××××××(全称)
监理单位:××××××××××××××(全称)

20××年××月××日

×××××××工程(全称)   表 8-2

计表 1   工程计量单

施工单位：   合同段编号：

监理单位：   计量单编号：

施工单位填写的内容：				
下列工程已经完成，经自检工程质量合格、资料齐全，符合计量条件。请监理人员组织检查、验收和核定。				
清单编号：	工程名称：		计量单位：	申报数量：
附计算简图、公式和过程(或见附表)：				
施工单位计量工程师(签字)：				年 月 日
监理单位填写的内容：				
(监理审核情况说明,需要采取的整改措施等,审核确认的结果)				
清单编号：	工程名称：		计量单位：	审定数量：
监理单位计量工程师(签字)：				年 月 日
工程变更的说明：				

施工项目经理(签字)：   驻地监理工程师(签字)：

×××××××工程(全称)   表 8-3

计表 1-1   工程计量单的附表

施工单位：   合同段编号：

监理单位：   计量单编号：

工程量清单编号：	计量单位：
分项工程名称：	工程部位：
地点(桩号)：	施工图号：
工程结构尺寸简图、公式、过程及说明：	
申请计量数量：	核定计量数量：
施工单位计量工程师(签字)： 年 月 日	监理单位专监或监理员(签字)： 年 月 日
其他说明：	

×××××××工程(全称)   表8-4

计表2 分项工程计量汇总表

施工单位：　　　　　　　　　　　　　　　　　合同段编号：
监理单位：　　　　　　　　　　　　　　　　　计量日期：　年　月　日

清单编号	工程名称	计量单位	计量单号	桩号部位	确认数量	小计数量

施工单位计量工程师(签字)：　　　　　　　监理单位计量工程师(签字)：

×××××××工程(全称)   表8-5

计表2 分项工程计量汇总表

施工单位：　　　　　　　　　　　　　　　　　合同段编号：
监理单位：　　　　　　　　　　　　　　　　　计量日期：　年　月　日

清单编号	工程名称	单位	计量单号	桩号部位	确认数量	小计数量
204	填方路基					
204-1-a	利用土方	m³				777.77
			202001001	K11+000~K11+210	333.33	
			202001002	K11+500~K11+800	444.44	
204-1-b	利用石方	m³	202001007	K33+100~K33+300	555.55	555.55
204-1-c	利用土石混填	m³				888.88
			202001003	K22+050~K22+300	222.22	
			202001004	K22+500~K22+900	666.66	

施工单位计量工程师(签字)：　　　　　　　监理单位计量工程师(签字)：

×××××××工程(全称)   表8-6

计表3 计日工计量表

施工单位：　　　　　　　　　　　　　　　　　合同段编号：
监理单位：　　　　　　　　　　　　　　　　　计量日期：　年　月　日

一、劳务类计日工			
清单编号	子目名称	计量单位	计量数量

二、施工材料类计日工			
清单编号	子目名称	计量单位	计量数量

三、施工机械类计日工			
清单编号	子目名称	计量单位	计量数量

施工单位计量工程师(签字)：　　　　　　　监理单位计量工程师(签字)：

计表4	××××××××工程(全称) 计量资料审查确认表		表 8-7 合同段编号:
施工单位:			
监理单位:			

驻地监理办审查确认意见:		
□路基路面工程:	专业监理工程师(签字):	年　　月　　日
□桥涵工程:	专业监理工程师(签字):	年　　月　　日
□隧道工程:	专业监理工程师(签字):	年　　月　　日
□试验检测:	试验检测师(签字):	年　　月　　日
□其他工程:	专业监理工程师(签字):	年　　月　　日
总监办审查确认意见:		
□路基路面工程:	专业监理工程师(签字):	年　　月　　日
□桥涵工程:	专业监理工程师(签字):	年　　月　　日
□隧道工程:	专业监理工程师(签字):	年　　月　　日
□试验检测:	试验检测师(签字):	年　　月　　日
□其他工程:	专业监理工程师(签字):	年　　月　　日

第二节　费用支付的常用表式

一、费用支付用表的组成、表式内容和监理审核重点

工程费用支付的常用表式,因《公路工程施工监理规范》(JTG G10—2016)没有给出具体的表式,在各省(区、市)或者不同的公路工程建设项目上就各有各的一套表格,经过多年的交流、修改、补充、完善,基本形成了一套内容大致统一的支付表格。

从建设单位、监理单位、施工单位等建设工程三方的单独使用或联合使用情况划分,可分为施工单位独立用表(如支付申请)、监理单位独立用表(如支付证书)和联合用表,除了支付证书签署确认表是监理单位和建设单位的联合用表外,其他多数支付表格是监理单位和施工单位的联合用表。

从支付表格的构成必要性划分,可分为支付主表和辅助用表,支付主表是指构成费用支付证据链必需的表格,辅助用表是指费用支付的数据计算流程或过程表格,有了辅助用表就使得支付主表简单明了。

工程费用支付常用的表格包括支付证书签署确认表,支付证书、支付申请表,工程投资及支付月报表,清单支付月报表,计日工支付月报表,工程变更支付月报表、单价变更一览表、费用索赔月报表,价格调整差额计算表(采用价格指数法)、永久性材料价格调整差额计算表(采用造价信息法),永久性材料达到现场计量及预付款计算表,扣回材料预付款月报表,开工预付款支付、扣回月报表,质量保证金的扣留、退还月报表,安全生产专项费用计量、支付月报表等十几个表格。

1. 支付证书签署确认表

支付证书签署确认表是监理单位、建设单位共同使用的一个联合用表,表格编号为"支表00"。主要用于建设单位确认应该给施工单位拨付工程款的金额和时间。主要内容包括监理单位审核确定的应支付施工单位的款项金额,报送建设单位审批并按时拨付给施工单位的款项金额,意在督促建设单位负责人确认后的签字支付。

计量支付监理工程师应重点审核本期应支付施工单位的工程款金额,督促驻地监理工程师或总监理工程师及时审签并报送建设单位。

2. 支付证书

支付证书表是监理单位使用的一个工程款支付流程表,表格编号为"支表01"。支付证书的主要内容包括工程量清单支付项目的支付金额、合同支付项目的支付金额、应扣款金额、本期应支付总金额和净金额等,以及总监理工程师或驻地监理工程师的确认签字及其日期等。

支付证书由计量支付监理工程师根据审核施工单位报送的支付申请的审核结果而编制,监理工程师应重点审核、计算到本期末应支付施工单位的工程款金额、到上期末应支付施工单位的工程款金额以及本期应支付给施工单位的净金额,即:

$$C - B = A \tag{8-1}$$

式中:C——到本期末应支付金额;

B——到上期末应支付金额;

A——本期应支付金额。

作为工程计量支付工程师应注意的是,施工准备阶段复核审定的工程量清单金额是工程计量与支付的"红线",一般不得突破,在每期的工程支付过程中应使用"减法"计算本期实际支付金额,而不得用"加法"计算本期末的累计完成。

3. 支付申请表

支付申请表是施工单位使用的一个工程款支付流程表,表格编号为"申表01"。支付申请表的主要内容同支付证书,包括工程量清单支付项目的支付金额、合同支付项目的支付金额、应扣款金额、本期应支付总金额和净金额等,以及项目经理的申请签字及其日期等。

支付申请表由施工单位项目经理部的计量支付工程师根据已经确认的工程计量单、工程变更等内容编制,重点计算到本期末累计完成的工程款金额、到上期末累计完成的工程款金额以及本期应申请建设单位支付的净金额。

4. 工程投资及支付月报表

工程投资及支付月报表也可简称为支付月报表,是施工单位、监理单位共同使用的一个工程款支付流程表,表格编号为"支表02"。支付月报表的主要内容同支付证书,包括工程量清单支付项目的支付金额、合同支付项目的支付金额、应扣款金额、本期应支付总金额和净金额等,以及施工单位项目经理、监理单位的驻地监理工程师的签字及其日期等。

支付月报表由施工单位的计量支付工程师根据已经确认的工程计量单、工程变更等内容编制,重点计算到本期末累计完成的工程款金额、到上期末累计完成的工程款金额以及本期应申请建设单位支付的净金额。由监理单位的计量支付监理工程师审核,提出修改意见并监督修改、再复审准确无误后,由施工单位的计量支付工程师、项目经理签字后随同支付系列表格一起报送监理单位;监理单位的计量支付监理工程师签字后报送驻地监理工程师审核签字。

清单支付月报表横向栏目中的到本期末完成金额、到上期末完成金额、本期完成金额的计算结果与竖向清单支付项目、合同支付项目、支付总金额、支付净金额的计算结果的一致性,精确到人民币单位的"分"的一致性,即支付金额的计算应该达到"一分钱也不差"的标准,这是监理审核的重点。支表03"清单支付月报表"的监理审核重点也是如此。

5. 清单支付月报表

清单支付月报表是施工单位、监理单位共同使用的一个工程款支付流程表,表格编号为"支表03"。清单支付月报表的主要内容同支付证书,包括工程量清单支付项目的支付金额、合同支付项目的支付金额、应扣款金额、本期应支付总金额和净金额等,以及施工单位项目经理、监理单位的驻地监理工程师的签字及其日期等。

清单支付月报表由施工单位的计量支付工程师根据已经确认的工程计量单、工程变更等内容编制,重点计算到本期末累计完成的工程款金额、到上期末累计完成的工程款金额以及本期应申请建设单位支付的净金额。由监理单位的计量支付监理工程师审核,提出修改意见并监督修改、再复审准确无误后由施工单位的计量支付工程师、项目经理签字后随同支付系列表格一起报送监理单位;监理单位的计量支付监理工程师签字后报送驻地监理工程师审核签字。

6. 计日工支付月报表

计日工支付月报表是施工单位、监理单位共同使用的一个工程款支付流程表,表格编号为"支表04"。计日工支付月报表的主要内容是使用计日工支付项目的支付金额,以及施工单位项目经理、监理单位的驻地监理工程师的签字及其日期等。由施工单位的计量支付工程师编制,经监理单位的计量支付监理工程师审核,提出修改意见并监督修改、再复审准确无误后由项目经理签字、驻地监理工程师审核签字。计日工项目的符合合同约定性、程序合规性、计日工金额的计算、批准使用计日工证据的齐全真实性等是监理审核的重点。

7. 工程变更支付月报表

工程变更支付月报表是施工单位、监理单位共同使用的一个工程款支付流程表,表格编号为"支表05"。并附单价变更一览表(支表05-1)。工程变更支付月报表的主要内容是工程变更项目的支付金额,以及施工单位项目经理、监理单位的驻地监理工程师的签字及其日期等。由施工单位的计量支付工程师编制,经监理单位的计量支付监理工程师审核,提出修改意见并监督修改、再复审准确无误后由项目经理签字、驻地监理工程师审核签字。工程变更项目的符合合同约定性、程序合规性、变更金额的计算、变更项目审批证据的齐全真实性等是监理审核的重点。

8. 费用索赔月报表

费用索赔月报表是施工单位、监理单位共同使用的一个工程款支付流程表,表格编号为"支表06"。费用索赔月报表的主要内容是工程索赔项目的支付金额,以及施工单位项目经理、监理单位的驻地监理工程师的签字及其日期等。由施工单位的计量支付工程师编制,经监理单位的计量支付监理工程师审核,提出修改意见并监督修改、再复审准确无误后由项目经理签字、驻地监理工程师审核签字。索赔项目的符合合同约定性、程序合规性、索赔金额的计算、索赔证据的齐全真实性等是监理审核的重点。

9. 价格调整差额计算表(采用价格指数法)

价格调整差额计算表是施工单位、监理单位共同使用的一个工程款支付流程表,表格编号为"支表07"。价格调整差额计算表(采用价格指数法)的主要内容是采用价格指数法对每年完成的工程款进行调价,以及施工单位项目经理、监理单位的驻地监理工程师的签字及其日期等。由施工单位的计量支付工程师编制,经监理单位的计量支付监理工程师审核,提出修改意见并监督修改、再复审准确无误后由项目经理签字、驻地监理工程师审核签字。参与调价的金额、调价系数的准确性、调价计算结果的准确性是监理审核的重点。

10. 永久性材料价格调整差额计算表(采用造价信息法)

永久性材料价格调整差额计算表是施工单位、监理单位共同使用的一个工程款支付流程表,表格编号为"支表08"。材料价格调整差额计算表的主要内容是参与调价的材料名称、采用造价信息法对每月或每年完成的工程款进行调价,以及施工单位项目经理、监理单位的驻地监理工程师的签字及其日期等。由施工单位的计量支付工程师编制,经监理单位的计量支付监理工程师审核,提出修改意见并监督修改、再复审准确无误后由项目经理签字、驻地监理工程师审核签字。参与调价的永久性材料名称、调价的现价、差额计算结果的准确性是监理审核的重点。

永久性材料达到现场计量表是永久性材料价格调整差额计算表的辅助用表。

11. 永久性材料达到现场计量及预付款计算表

永久性材料达到现场计量及预付款计算表是施工单位、监理单位共同使用的一个工程款支付流程表,表格编号为"支表09"。永久性材料达到现场计量及预付款计算表的主要内容包括永久性材料达到施工现场的数量计算、应据此支付的材料预付款金额,以及施工单位项目经理、监理单位的驻地监理工程师的签字及其日期等。由施工单位的计量支付工程师编制,经监理单位的计量支付监理工程师审核,提出修改意见并监督修改、再复审准确无误后由项目经理签字、驻地监理工程师审核签字。到达施工现场的材料是否为永久性材料、永久性材料的名称、到场数量、合计金额以及预付款金额的准确性是监理审核的重点。

永久性材料达到现场计量及预付款计算表是扣回材料预付款月报表的辅助用表。

12. 扣回材料预付款月报表

扣回材料预付款月报表是施工单位、监理单位共同使用的一个工程款支付流程表,表格编号为"支表10"。扣回材料预付款月报表的主要内容包括每月预付的材料预付款金额、每月扣回的材料预付款金额,以及施工单位项目经理、监理单位的驻地监理工程师的签字及其日期等。由施工单位的计量支付工程师编制,经监理单位的计量支付监理工程师审核,提出修改意见并监督修改、再复审准确无误后由项目经理签字、驻地监理工程师审核签字。材料预付款开始扣回的时间、全部扣回的时间、每月扣回的金额、累计扣回的金额(预付款扣回的归零)是监理审核的重点。

永久性材料达到现场计量及预付款计算表是扣回材料预付款月报表的辅助用表。

13. 开工预付款支付、扣回月报表

开工预付款支付、扣回月报表是施工单位、监理单位共同使用的一个工程款支付流程表,表格编号为"支表11"。开工预付款支付、扣回月报表的主要内容包括施工准备阶段建设单位应预付给施工单位的开工预付款金额(包括一次支付,或者分两次支付的情况)、达到扣回条件后每月应扣回的预付款金额,以及施工单位项目经理、监理单位的驻地监理工程师的签字及其日期等。由施工单位的计量支付工程师编制,经监理单位的计量支付监理工程师审核,提出修改意见并监督修改、再复审准确无误后由项目经理签字、驻地监理工程师审核签字。开工预付款的预付额度、开始扣回的时间、分期扣回的比例、每月扣回的金额、累计扣回的金额(预付款扣回的归零)是监理审核的重点。

14. 质量保证金的扣留、返还月报表

质量保证金的扣留、返还(或称退还)月报表是施工单位、监理单位共同使用的一个工程款支付流程表,表格编号为"支表12"。质量保证金的扣留、返还月报表的主要内容包括施工阶段建设单位应扣留施工单位的质量保证金的金额、交工验收合格后应退还的金额、缺陷责任期终止后应全部退还的金额,以及施工单位项目经理、监理单位的驻地监理工程师的签字及其日期等。由施工单位的计量支付工程师编制,经监理单位的计量支付监理工程师审核,提出修改意见并监督修改、再复审准确无误后由项目经理签字、驻地监理工程师审核签字。质量保证金扣留的比例、扣留的限额额度、开始扣留的时间、每月扣回的金额、开始退还的金额(保留金退还的归零)是监理审核的重点。

15. 安全生产专项费用计量、支付月报表

安全生产专项费用计量、支付月报表是施工单位、监理单位共同使用的一个计量、支付流程表,表格编号为"支表13"。《公路工程标准施工招标文件》(2018年版)规定安全生产专项费用应专款专用,不得挪作他用,可以分期计量。安全生产专项费用计量、支付月报表的主要内容包括安全生产专项费用的每月计量比例、支付金额计算,以及施工单位项目经理、监理单位的驻地监理工程师的签字及其日期等。由施工单位的计量支付工程师编制,经监理单位的计量支付监理工程师审核,提出修改意见并监督修改、再复审准确无误后由项目经理签字、驻地监理工程师审核签字。安全生产专项费用的规定比例(如业主招标限价的1.5%)、每月计量的比例、支付的金额、累计支付的金额是监理审核的重点。

根据《公路工程标准施工招标文件》(2018年版)的规定,关于标准化建设费用、环保水保费用的计量与支付属于工程量清单第100章总则中的内容,应按照中标工程量清单中的相应"总额"或者实际发生的数量分期计量与支付,没有必要单独进行计量与支付。如果有的建设单位要求单独计量与支付,监理单位应再单独编制标准化建设费用、环保水保费用的计量与支付月报表,月报表的主要内容包括该专项费用的每月计量比例、支付金额计算。标准化建设费

用、环保水保费用的报价比例或报价金额、每月计量的数量、支付的金额、累计支付的金额是监理审核的重点。

16. 工程进度 S 曲线表

工程进度 S 曲线表也称为工程进度表,是施工单位、监理单位共同使用的一个工程管理流程表,是计量支付表格的辅助表格,表格编号为"支表02-1"。工程进度 S 曲线表的主要内容包括工程量清单支付项目的合同金额、每月计划进度横道图、进度完成情况曲线等,以及施工单位项目经理、监理单位的驻地监理工程师的签字及其日期等。

本图表主要反映工程项目计划与实际完成情况,表中的单价占合同价(%)即单项工程投资与合同价之比,单项完成(%)即单项完成投资与本项合同金额之比,完成占合同价(%)即单项工程完成投资与合同价之比。

本表对按月计划与实际完成的情况,以单项工程进度与项目总进度两种图形表示。

(1)单项工程进度形象图(也称条形图):按施工组织设计绘出单项进度形象图,形象线上行数字表示单项工程按月计划完成百分数,形象线下行的数字表示实际完成百分数。

(2)项目总进度的形象图(又称 S 图):其中计划进度曲线形象图以时间为横坐标,根据施工组织设计,以每月计划完成投资与合同之比为纵坐标,绘出计划进度曲线图,在表中以实线表示;而实际完成曲线形象图同样以时间为横坐标,以每月实际完成投资与合同总价之比为纵坐标来绘出,以虚线表示。

实际栏与计划栏:实际栏分上下两行,下行填写本月实际完成占合同总价百分数,上行填写累计实际完成占合同总价百分数。计算栏也分两行,上行填写本月计划完成投资占合同价百分数,下行填写累计计划完成投资占总合同价百分数。

工程进度 S 曲线表由施工单位的计量支付工程师根据已经确认的工程计量单、完成的工作量等内容编制,重点计算到本期末累计完成的工程款金额占有效合同价的百分比,包括计划完成的、实际完成的。由监理单位的计量支付监理工程师审核,提出修改意见并监督修改、再复审准确无误后由施工单位的计量支付工程师、项目经理签字后随同支付系列表格一起报送监理单位;监理单位的计量支付监理工程师签字后报送驻地监理工程师审核签字。

二、费用支付的常用表式

(1)支付证书签署确认表(支表00),如表8-8所示;

(2)支付证书(支表01),如表8-9所示;支付申请表(支表01-1),如表8-10所示;

(3)工程投资及支付月报表(支表02),如表8-11所示;工程进度 S 曲线表(支表02-1),如表8-12所示;

(4)清单支付月报表(支表03),如表8-13所示;

(5)计日工支付月报表(支表04),如表8-14所示;

(6)工程变更支付月报表(支表05),如表8-15所示;单价变更一览表(支表05-1),如表8-16所示;

(7)费用索赔月报表(支表06),如表8-17所示;

(8)价格调整差额计算表(采用价格指数法)(支表07),如表8-18所示;

（9）永久性材料价格调整差额计算表（采用造价信息法）（支表08），如表8-19所示；

（10）永久性材料达到现场计量及预付款计算表（支表09），如表8-20所示；

（11）扣回材料预付款月报表（支表10），如表8-21所示；

（12）开工预付款支付、扣回月报表（支表11），如表8-22所示；

（13）质量保证金的扣留、返还月报表（支表12），如表8-23所示；

（14）安全生产专项费用计量、支付月报表（支表13），如表8-24所示。

×××××工程（全称） 表8-8

支表00　　　　　　　　支付证书签署确认表

施工单位：　　　　　　　　　　　　　　　　合同段编号：SG02

监理单位：　　　　　　　　　　　　　　　　支付证书编号：ZF02-03

关于第二合同段第3期支付证书的签署确认意见
总监办：   （××施工单位名称）第二合同段项目经理部编制的第××期支付申请表，我办已经审核完毕，并编制了第××期支付证书。本期支付证书确认本期末累计支付金额为××××××元，本期净支付金额为××××××元（大写：人民币×××××××××××××元××角××分）。请予以审核批准。   附件：第××期支付证书。   计量支付工程师（签字）：　　　　　驻地监理工程师（签字）：   　　　　　　　　　　　　　　　　　　　　　　　　　年　月　日 　　　　　　　　　　　　　　　　　　　　　　　（加盖监理机构公章）
总监办审核意见：   　　经审核，同意（××施工单位名称）第×合同段项目经理部本期末累计支付金额为×××××××元，本期净支付金额为××××××元（大写：人民币××××××××××××元××角××分）。请建设单位审定批准并及时拨付施工单位。   计量支付工程师（签字）：　　　　　总监理工程师（签字）：   　　　　　　　　　　　　　　　　　　　　　　　　　年　月　日 　　　　　　　　　　　　　　　　　　　　　　　（加盖监理机构公章）
建设单位（项目办）审批意见：   合同部负责人（签字）： 　　　　　　　　　　　　　　　　　　　　　　　　　年　月　日   计划财务部负责人（签字） 　　　　　　　　　　　　　　　　　　　　　　　　　年　月　日   项目分管领导（签字）： 　　　　　　　　　　　　　　　　　　　　　　　　　年　月　日   建设单位负责人（签字）： 　　　　　　　　　　　　　　　　　　　　　　　　　年　月　日 　　　　　　　　　　　　　　　　　　　　　　　（加盖建设单位公章）

表 8-9

××××××××工程(全称)

支付证书(期中/交工/缺陷责任终止)

支表 01

施工单位：
监理单位：
本期支付起止日期：　　年　月　日至　　年　月　日

合同段编号：SG02
支付证书编号：ZF02-01

序　号	支付项目名称	支 付 金 额
(1)	第100章　总则	人民币元_____
(2)	第200章　路基	人民币元_____
(3)	第300章　路面	人民币元_____
(4)	第400章　桥梁、涵洞	人民币元_____
(5)	第500章　隧道	人民币元_____
(6)	第600章　安全设施及预埋管线	人民币元_____
(7)	第700章　绿化及环境保护	人民币元_____
(8)	收费站及服务区建设	人民币元_____
(9)	其他(如交通组织及临时保通)	人民币元_____
(10)	计日工	人民币元_____
(11)	暂定金额	人民币元_____
(12)	小计(有效合同价支付小计)	人民币元_____
(13)	工程变更	人民币元_____
(14)	工程索赔	人民币元_____
(15)	价格调整	人民币元_____
(16)	材料价格差价调整	人民币元_____
(17)	截至本期末已完成的工程总值	人民币元_____
(18)	开工预付款的支付(+)　　人民币元_____	
(19)	开工预付款的扣回(-)　　人民币元_____	
(20)	材料预付款的支付(+)　　人民币元_____	
(21)	材料预付款的扣回(-)　　人民币元_____	
(22)	本期证书总值	人民币元_____
(23)	质量保证金的扣留(-)　　人民币元_____	
(24)	质量保证金的返还(+)　　人民币元_____	人民币元_____
(25)	违约罚金	人民币元_____
(26)	拖期损失补偿金	人民币元_____
(27)	截至本期末总支付	人民币元_____
(28)	回扣上期支付证书(编号　)第(26)项金额	人民币元_____
(29)	本期证书支付金额	人民币元_____
(30)	迟付款利息	人民币元_____
(31)	本期证书应支付的安全生产专项费用	人民币元_____
(32)	本期证书应支付的净金额	人民币元_____

计量支付监理工程师(签字)：　　　　　　　驻地监理工程师(签字)：

　　　　　　　　年　月　日　　　　　　　　　　　　　　　　年　月　日

×××××××工程(全称)　　　　　　表 8-10

支付申表 01　　　　　支付申请(期中/交工/缺陷责任终止)

施工单位：　　　　　　　　　　　　　　　　　　　　合同段编号：SG02

监理单位：　　　　　　　　　　　　　　　　　　　　支付证书编号：ZF02-01

本期支付起止日期：　　年　月　日至　　年　月　日

序号	支付项目名称	支付金额
(1)	第 100 章　总则	人民币元_____
(2)	第 200 章　路基	人民币元_____
(3)	第 300 章　路面	人民币元_____
(4)	第 400 章　桥梁、涵洞	人民币元_____
(5)	第 500 章　隧道	人民币元_____
(6)	第 600 章　安全设施及预埋管线	人民币元_____
(7)	第 700 章　绿化及环境保护	人民币元_____
(8)	收费站及服务区建设	人民币元_____
(9)	其他(如交通组织及临时保通)	人民币元_____
(10)	计日工	人民币元_____
(11)	暂定金额	人民币元_____
(12)	小计	人民币元_____
(13)	工程变更	人民币元_____
(14)	工程索赔	人民币元_____
(15)	价格调整	人民币元_____
(16)	材料价格差价调整	人民币元_____
(17)	截至本期末已完成的工程总值	人民币元_____
(18)	开工预付款的支付(+)　　人民币元_____	
(19)	开工预付款的扣回(-)　　人民币元_____	
(20)	材料预付款的支付(+)　　人民币元_____	
(21)	材料预付款的扣回(-)　　人民币元_____	
(22)	本期申请总值	人民币元_____
(23)	质量保证金的扣留(-)　　人民币元_____	
(24)	质量保证金的返还(+)　　人民币元_____	人民币元_____
(25)	违约罚金	人民币元_____
(26)	拖期损失补偿金	人民币元_____
(27)	截至本期末总支付	人民币元_____
(28)	回扣上期支付申请(编号　)第(26)项金额	人民币元_____
(29)	本期申请支付金额	人民币元_____
(30)	迟付款利息	人民币元_____
(31)	本期申请支付的安全生产专项费用	人民币元_____
(32)	本期申请支付的净金额	人民币元_____

计量支付工程师(签字)：　　　　　　项目经理(签字)：

　　　　　　　　　　　　年　月　日　　　　　　　　　　　　　　　　年　月　日

上篇／第八章　工程计量与支付的常用表式

支表 02　　　表 8-11

××××××工程（全称）工程投资及支付月报表（期中／交工／缺陷责任终止）

施工单位：　　　　　　　　　　　　　　　　　截止日期：　年　月　日　　　　　　　　　　　　　　　　合同段编号：SG02
监理单位：　　　　　　　　　　　　　　　　　金额单位：人民币元　　　　　　　　　　　　　　　　　　报表编号：ZF02-03

清单编号	项目名称	合同价及变更金额			到本期末完成		到上期末完成		本期完成	
		原合同价金额	变更金额	变更后合同总价	金额	占合同总价百分比（%）	金额	占上期末合同总价百分比（%）	金额	占合同总价百分比（%）
(1)	第100章	总则								
(2)	第200章	路基								
(3)	第300章	路面								
(4)	第400章	桥梁、涵洞								
(5)	第500章	隧道								
(6)	第600章	安全设施及预埋管线								
(7)	第700章	绿化及环保								
(8)		收费站及服务区								
(9)		交通组织及临时保通								
(10)		计日工								
(11)		暂定金额								
(12)		清单支付金额小计								
(13)		工程变更								
(14)		费用索赔								
(15)		价格调整								
(16)		材料价差调整								
(17)		违约罚金								
(18)		迟付款利息								
(19)		开工预付款								
(20)		材料、设备预付款								
(21)		合计								
(22)		扣回开工预付款								
(23)		扣回材料、设备预付款								
(24)		质量保证金								
(25)		拖期违约补偿金								
(26)		扣款小计								
(27)		本期支付安全生产专项费用								
(28)		本期支付净金额								

驻地监理工程师：　　　　　　　　计量支付监理工程师：　　　　　　　　项目经理：　　　　　　　　计量支付工程师：

表 8-12

×××××××工程(全称)
工程进度 S 曲线表

支表 02-1(支表辅表 1)

施工单位：
监理单位：
截止日期：　年　月　日
金额单位：人民币元

合同段编号：SG02
报表编号：ZF02-03

清单号	名　称	合同金额(元)	单价占合同价(%)	单项完成(%)	完成占合同价(%)	按月计划与实际完成(%)																						
						年						年																
						8	9	10	11	12	1	2	3	4	5	6	7	8	9	10	11	12	1	2	3	4	5	6	7	8
第100章	总则																														100%
第200章	路基																														90%
第300章	路面																														80%
第400章	桥梁、涵洞																														70%
第500章	隧道																														60%
第600章	安全设施与预埋管线																														50%
第700章	绿化与环境保护																														40%
	收费站与服务区项目																														30%
	其他(如高速公路改扩建工程的交通组织及临时保通)																														20%
	计日工																														10%
	暂定金额																														0%
	总计																														
实际进度	月计 %																														
	累计 %																														
计划进度	月计 %						1	2	3	4	5	6	7	8	9	10	11	12	13	14	15	16	17	18	19	20	21	22	23	24	25
	累计 %																														

驻地监理工程师：　　　　　　　　计量支付监理工程师：　　　　　　　　项目经理：　　　　　　　　计量支付工程师：

表 8-13

×××××工程(全称)
清单支付月报表

支表03
施工单位:
监理单位:
截止日期: 年 月 日
金额单位:人民币元
合同编号:SG02
合同段编号:ZF02-03
报表编号:

清单编号	项目名称	单位	单价	合同数量			到本期末完成			本期完成	
				原合同数量	修正后数量	变更数量	变更后总数量	数量	占总数量%	金额	数量	金额

驻地监理工程师:　　　　计量支付监理工程师:　　　　项目经理:　　　　计量支付工程师:

表 8-14

×××××工程(全称)
计日工支付月报表

支表04
施工单位:
监理单位:
截止日期: 年 月 日
金额单位:人民币元
合同编号:SG02
合同段编号:ZF02-03
报表编号:

使用计日工的方式	编号	子目名称	单位	单价	到本期末完成		本期完成		使用计日工批准的文号
					数量	金额	数量	金额	
(一)劳务	101	班长	h						
	102	普通工	h						
(二)材料									
(三)施工机械									

驻地监理工程师:　　　　计量支付监理工程师:　　　　项目经理:　　　　计量支付工程师:

支表 05
施工单位：
监理单位：

×××××工程(全称)
工程变更支付月报表
截止日期： 年 月 日
金额单位：人民币元

合同段编号：SG02
报表编号：ZF02-03
表 8-15

清单编号	变更项目名称	单位	原合同数量	单价	变更工程量（增减+/-）	工程变更完成情况（增减+/-）						工程变更的批准文号
						到本期末完成		到上期末完成		本期完成		
						数量	金额	数量	金额	数量	金额	

驻地监理工程师：　　　　　计量支付监理工程师：　　　　　计量支付工程师：　　　　　项目经理：

支表 05-1（支付辅表 2）
施工单位：
监理单位：

×××××工程(全称)
单价变更一览表
截止日期： 年 月 日
金额单位：人民币元

合同段编号：SG02
报表编号：ZF02-03
表 8-16

清单编号	项目名称	单位	数量	变更前单价	变更后单价	单价变更增减（+/-）	单价变更前后的费用增减（+/-）			工程变更的批准文号
							到本期末完成	到上期末完成	本期完成	

驻地监理工程师：　　　　　计量支付监理工程师：　　　　　计量支付工程师：　　　　　项目经理：

支表 06

××××××工程（全称）
费用索赔月报表

表 8-17

施工单位：
监理单位：
截止日期：　年　月　日
金额单位：人民币元

合同段编号：SG02
报表编号：ZF02-03

索赔项目序号	索赔项目名称	索赔事由简述	索赔费用增减情况（+/−）			费用索赔的批准文号
			到本期末完成	到上期末完成	本期完成	
1						
2						
3						
4						
5						
费用索赔金额合计						—

驻地监理工程师：　　　　　计量支付监理工程师：　　　　　项目经理：　　　　　计量支付工程师：

支表07

××××××××工程（全称）
价格调整差额计算表（采用价格指数法）

表8-18

施工单位：
监理单位：
截止日期： 年 月 日
金额单位：人民币元

合同段编号：SG02
报表编号：ZF02-03

价格调整公式：

$$\Delta P = P_0 \left[A + \left(B_1 \times \frac{F_{t1}}{F_{01}} + B_2 \times \frac{F_{t2}}{F_{02}} + B_3 \times \frac{F_{t3}}{F_{03}} + \cdots + B_n \times \frac{F_{tn}}{F_{0n}} \right) - 1 \right] = P_0 \times \Sigma D_i$$

式中：ΔP——价格调整差额；
P_0——支付证书中"小计"栏的金额（加上非申用现价进行的工程变更、费用索赔金额）；
"0"——价格指数；
"t"——现价指数；
ΣD_i——综合调价系数。

	符号	符号说明	编号	加权系数 B_i	基价指数 F_{0i}	现价指数 F_{ti}	调价系数 $\Sigma(B_i \times \Pi F_{ti}/F_{0i})$
1	A	非调整因子	X	C_0	/	/	C_0
2	B_1	当地劳务	1	B_1			$B_1 \times \Pi F_{t1}/F_{01} =$
3	B_2	沥青	2	B_2			$B_2 \times \Pi F_{t2}/F_{02} =$
4	B_3	钢材	3	B_3			$B_3 \times \Pi F_{t3}/F_{03} =$
5	B_4	木材	4	B_4			$B_4 \times \Pi F_{t4}/F_{04} =$
6	B_5	水泥	5	B_5			$B_5 \times \Pi F_{t5}/F_{05} =$
7	B_6	碎石等地方材料	6	B_6			$B_6 \times \Pi F_{t6}/F_{06} =$
8		固定价			/	/	
9					/	/	
10					/	/	1.00
11		合计	/	1.00	/	/	$\Sigma D_i = C_0 + \Sigma(B_i \times \Pi F_{ti}/F_{0i}) - 1 =$
12	本期价格调整差额 $\Delta P = P_0 \times \Sigma D_i =$						
13	到上期末价格调整差额： 元；						
14	到本期末价格调整差额： 元。						

驻地监理工程师：　　　　　计量支付监理工程师：　　　　　项目经理：　　　　　计量支付工程师：

表 8-19

合同段编号:SG02
报表编号:ZF02-03

××××××工程(全称)
永久性材料价格调整差额计算表(采用造价信息法)

截止日期: 年 月 日
金额单位:人民币元

支表 08
施工单位:
监理单位:

序号	材料名称	单位	基本价格 A(元/吨)	现行价格 B(元/吨)	本期使用数量 Q(吨)	价差金额 $\Delta P=Q(B-A)$	备注
1	国产基质沥青						
2	进口基质沥青						
3	普通钢筋						
4	钢绞线						
5	水泥						
6							
7							
8	本期调差金额合计						
9	到上期末调差金额						
10	到本期末调差金额						

说明:《公路工程标准施工招标文件》(2018年版)第16.1.2项规定,施工期内因人工、材料、设备和施工机械台班价格波动,可以按照国家或省(自治区、直辖市)建设行政管理部门、行业建设管理部门或其授权的工程造价管理机构发布的造价信息进行调整。永久性材料是指用于本工程永久性工程施工的材料(不包括不单独计量的钢材),调差条件是当年现行价格与基准价格相比,变化幅度超过10%及以上,视合同专用条款或施工招标补遗书的不同而不同。

驻地监理工程师: 计量支付监理工程师: 计量支付工程师: 项目经理:

表 8-20

合同段编号:SG02
报表编号:ZF02-03

××××××工程(全称)
永久性材料到达现场计量、材料预付款计算表

截止日期: 年 月 日
金额单位:人民币元

支表 09
施工单位:
监理单位:

序号	材料名称	单位	单价 A	本月进场数量 Q	费用金额 $P=A\times Q$	本月预付金额 $B=P\times 75\%$	材料来源	采购票据号	存放地点
1	水泥	t				270		/	/
2	碎石	M³						/	/
3								/	/
4								/	/
5								/	/
	本月内材料预付款金额合计								

驻地监理工程师: 计量支付监理工程师: 计量支付工程师: 项目经理:

支表 10
表 8-21

×××××××工程（全称）
扣回材料预付款月报表（附示例数据）

施工单位：　　　　　　　　　　　　截止日期：2020年1月30日　　　　　　　　　　　　合同段编号：SG02
监理单位：　　　　　　　　　　　　金额单位：人民币元　　　　　　　　　　　　　　　　报表编号：ZF02-03

预付的材料、设备款			按月扣回的材料、设备款金额 （按照《公路工程标准施工招标文件》（2018年版）专用条款第17.2.3项的规定，扣回期不超过3个月，等额扣回，在工期结束前3个月不再预付）										
到上期末金额	本期金额		1月	2月	3月	4月	5月	6月	7月	8月	9月	10月	11月	12月
	预付月份	预付金额												
0	1月	100	0	33	33	34								
100	2月	270		0	90	90	90							
370	3月	60			0	20	20	20						
430	4月	360				0	120	120	120					
790	5月	660					0	220	220	220				
1450	6月	500						0	160	170	170			
1950	7月	400							0	130	130	140		
2350	8月	360								0	120	120	120	
2710	9月	150									0	50	50	50
2860	10月	0										0	0	0
2860	11月	0											0	0
2860	12月	0												0
预付金额合计，或者月扣回金额小计		2860	0	33	123	144	230	360	500	520	420	310	170	50
月扣回金额累计			0	33	156	300	530	890	1390	1910	2330	2640	2810	2860

到本期末金额
100
370
430
790
1450
1950
2350
2710
2860
2860
2860
2860

驻地监理工程师：　　　　　　　计量支付监理工程师：　　　　　　　项目经理：　　　　　　　计量支付工程师：

表 8-22

××××××工程（全称）
开工预付款支付、扣回月报表

支表 11

施工单位：　　　　　　　　　　　截止日期：　年　月　日　　　　　合同段编号：SG02
监理单位：　　　　　　　　　　　金额单位：人民币元　　　　　　　　报表编号：ZF02-03

1	开工预付款的支付规定： 根据《公路工程标准施工招标文件》(2018 年版)专用条款的规定，本工程的开工预付款的预付比例为有效合同价的 7%。 开工预付款的支付时间：　年　月　日　　开工预付款总额 $B=$ 有效合同价 $H \times 7\% =$
2	开工预付款的扣回规定： 《公路工程标准施工招标文件》(2018 年版)规定，开工预付款在进度付款证书的累计金额 $\sum M_t$ 未达到签约合同价的 30% 之前不予扣回，在达到签约合同价的 30% 之后，开始按工程进度以固定比例分期从各月的进度付款证书中扣回，全部金额在进度付款证书的累计金额达到签约合同价的 80% 时扣完，即每完成签约合同价的 1%，扣回开工预付款的 2%。 每月扣回开工预付款金额的计算公式： $$\sum G_t = \left[\left(\frac{\sum M_t}{H} \times 100\% - 30\%\right) \div 1\%\right] \times 2\% \times B = 2B\left(\frac{\sum M_t}{H} \times 100\% - 30\%\right)$$ 式中：$30\% \leq \frac{\sum M_t}{H} \times 100\% \leq 80\%$ $\sum G_t$——第 t 个月末开工预付款的累计扣回金额（元），$\sum G_t \leq B$； 第 t 个月内开工预付款的扣回金额为 $G_t = \sum G_t - \sum G_{t-1}$
3	进度付款证书的累计金额 $\sum M_t \geq H \times 30\%$ 的时间为　年　月　日，进度付款证书的累计金额 $\sum M_t \leq H \times 80\%$ 的时间为　年　月　日。
4	到上期末累计扣回开工预付款的金额 $\sum G_{t-1}$　　　　　　　　　　本期扣回的开工预付款 G_t

	$\sum G_{t-1}$		$G_t = \sum G_t - \sum G_{t-1}$	
5	$\sum G_t \leq B$			
6	金额	占预付款总额的比例	金额	占预付款的比例
7		100%		

驻地监理工程师：　　　　计量支付监理工程师：　　　　项目经理：　　　　计量支付工程师：

支表 12

表 8-23

×××××× 工程（全称）
质量保证金的扣留、返还月报表

施工单位：　　　　　截止日期：　年　月　日　　　　　合同段编号：SG02
监理单位：　　　　　金额单位：人民币元　　　　　　　报表编号：ZF02-03

	质量保证金的扣留比例： 每期支付时扣留完成金额的 5%，扣至有效合同价的 3% 为止。 质量保证金的限额 K = 有效合同价×3% = （元）				质量保证金的返还比例： 质量保证金的返还时返还一半，通过缺陷责任期验收时返还 另一半	
1	质量保证金的扣留				质量保证金的返还	
2	到本期末扣留		本期扣留		退还阶段与时间	返还金额
3	金额	达到限额 K 为止	完成工程金额	扣留金额		
4			A	$B = A \times 5\%$	1. 交工验收时，年 月 日	—
5	ΣB	$\leqslant K$			2. 缺陷责任期结束时，年 月 日	—
6						—
7						—
8						—
9						—
10					退还合计	—

驻地监理工程师：　　　　　计量支付监理工程师：　　　　　项目经理：　　　　　计量支付工程师：

支表 13

表 8-24

×××××× 工程（全称）
安全生产专项费用分期计量、支付月报表

施工单位：　　　　　截止日期：　年　月　日　　　　　合同段编号：SG02
监理单位：　　　　　金额单位：人民币元　　　　　　　报表编号：ZF02-03

	根据施工合同约定，安全生产专项费用的总额为：		本期计量		备注
	到本期末累计支付金额	占总额度的比例（%）	到上期末累计支付金额	本期支付金额	
1			本期计量比例（%）		
2	累计支付金额				
3					
4					

驻地监理工程师：　　　　　计量支付监理工程师：　　　　　项目经理：　　　　　计量支付工程师：

下篇

工程进度监理(目标控制)

第九章　进度监理及施工组织概述

第一节　进度监理的作用和任务

一、进度监理

为了加强公路工程基本建设项目管理,合理控制工程质量、工期和费用,提高投资效益与工程管理水平,必须进行工程承包合同条件下的施工监理,代表建设单位对公路工程施工质量、安全、环保、费用和进度等进行控制。工程进度是工程承包合同规定工期中施工活动的时间安排,是履行工程承包合同的重要内容,是合同能否顺利执行的关键,进度涉及建设单位和施工单位的重大利益,因此,进度监理是合同管理的重要内容之一。工程进度监理应在保证工质量和安全的基础上以监督施工单位进度计划控制为主线,为此一定要把计划进度与实际进度之间的差距作为进度控制的关键环节;除满足合同工期要求外,还应满足合同规定的工程质量、安全及费用要求,从而达到高效、经济的施工目的。

二、工期、质量、费用三者的关系

工期是由工程项目从开工到竣工的一系列施工活动所需的持续时间之和构成的;工程质量是施工过程中生产出来的产品结果;工程费用则是施工过程中所产生的消耗。所以,工程项目施工过程中,工期、质量、费用三者构成了相互联系、互相制约的密切关系,其关系曲线如图9-1所示。

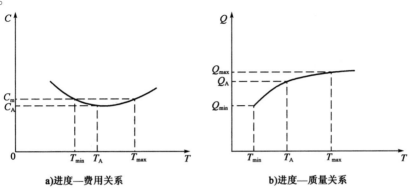

图9-1　进度、质量、费用的关系

由图 9-1 知,工程进度的加快与减慢对工程质量及费用都产生直接影响。设 T_A 为正常工期,其质量 Q_A 也正常,此时费用 C_A 最低;当放慢施工进度,即 $T>T_A$ 时,费用也上升,而质量有可能提高;当加快施工进度,即 $T<T_A$ 时,费用仍然增加,而质量有可能下降。因此,工程进度监理不仅仅是单纯进度计划管理和时间控制问题,而且还要同时考虑工程质量的好坏及工程费用消耗的高低问题。

三、进度监理的作用

目前,我国要求列入基本建设计划的公路工程项目必须实行监理制度,这些公路工程项目的特点是投资大和建设周期长。大型公路工程项目投资常常十几亿元到百亿元,建设周期往往长达几年时间,因而很有必要实施施工进度监理,使其尽可能按预定工期完成,力争早日通车而获取较大的投资效益。因此,可以说进度监理的作用就是在考虑了工程施工管理的三个因素(工期、施工质量和经济性)的同时,针对工程施工的全过程,通过计划、组织、协调、检查与调整等手段,调动一切积极因素,努力实现施工过程中的各个阶段目标,从而确保总的工期目标的实现。

实行工程施工期进度监理的作用主要表现在:

(1)合理控制工期、质量和费用,使项目管理达到综合优化;

(2)通过审查施工进度计划及控制实际进度与计划进度差异情况,从而完善施工进度计划管理;

(3)除充分考虑时间控制问题外,同时还考虑劳动力、材料、机械设备、施工场地等所必需的资源问题,使其得到有效、合理、经济的配置与利用;

(4)保证施工期进度适合建设单位提供的资金、施工场地等条件;

(5)通过计划、组织、协调、检查与调整等手段,调动施工活动中的一切积极因素,努力实现施工过程中各个阶段的进度目标,以确保工程施工总工期目标的实现。

四、进度监理的任务与控制目标

1. 建设各方进度控制的主要任务

与进度有关的单位很多,但影响最大的单位是建设单位、施工单位及监理单位,所以参与项目管理的三方只有大力配合,才能确保工程进度的合理控制,保证总工期目标的实现。

(1)建设单位应按工程承包合同要求及时提供施工场地和图纸,并尽可能地改善施工环境,为工程施工的顺利进行开创条件。

(2)编制进度计划是对进度计划进行控制的前提,没有计划,就谈不上控制,编制施工进度计划,就是确定一个控制工期的计划值,施工单位的任务是编制施工进度计划,并在计划执行过程中定期地、经常地通过实际进度与计划进度的检查、比较并实施调整。

(3)监理工程师的任务是审批施工单位编制的施工进度计划是否符合施工合同工期管理约定,阶段性施工进度计划是否满足总体进度目标控制要求;主要工程项目是否有遗漏,劳动力、材料、机械设备等是否满足进度要求;是否适合建设单位提供的资金、施工场地等条件,并对批准的施工进度计划执行情况进行监督,从全局出发控制实际进度与计划进度的差距,根据差距情况及时发布调整施工进度计划的命令,并向建设单位报告工期延误风险。

2. 施工过程中各阶段的进度控制目标

施工过程中进度计划一般包括三个阶段,即编制计划、执行检查、调整计划;各个阶段进度控制的目标分别为:计划工期、偏差情况、调整内容。

编制及审批施工进度计划阶段,施工单位编制及监理工程师审批施工进度计划最重要的工作就是确定工程施工的合理计划工期。计划工期应依据以下资料:

(1)本项目工程承包合同中有关工期的规定,是确定计划工期的基本依据;合同规定的工程开工、竣工日期,必须通过进度计划落到实处。

(2)材料和设备的供应计划,如果已经编制了材料和设备的供应计划,那么施工进度计划必须与其相协调。

(3)已建成的同类工程或相似项目的实际工程进度情况是编制本项目施工进度计划的重要参考资料。

(4)投标书中确定的项目施工方案及工程进度计划。

(5)施工单位的施工人员技术素质及其机具设备能力。

(6)施工现场的特殊环境及其气候条件等。

具体制订施工进度计划时,应根据上述资料编制并对其进行优化后,方可予以实施。

在实施施工进度计划的过程中,总是希望实际进度按计划进度执行,直到工程项目按计划工期完成。但工程实际中,计划的不变是相对的,实际进度的改变是绝对的。因为在拟订施工进度计划时,不可能把施工中所有可能出现的情况都考虑进去,而且施工过程中由于自然条件等因素的影响,打破原有施工进度计划是司空见惯的事情,尤其是公路工程项目施工在露天进行,受气候影响严重。因此,公路工程施工过程中,进度计划不可能完全按原计划执行,其实际进度与计划进度经常出现差距。进度控制的过程中,重点就是要掌握进度的实际值,定期与计划值进行比较找出偏差,并作出合理的进度计划调整。

进度计划调整应符合下列规定:

(1)当总体进度起控制作用的分项工程实际进度严重滞后时,监理机构应签发监理指令单,要求施工单位采取措施保证工程进度,并向建设单位报告工期延误风险。需要调整进度计划的应重新审批。

(2)由于施工单位原因造成工程进度延误,且在监理机构签发监理指令后未有明显改进以及工程在合同工期内难以完成的,监理机构应及时向建设单位报告,并按合同约定处理。

(3)建设单位或施工单位提出工程进度重大调整时,应按合同或签订的补充合同执行。

在施工进度计划开始实施以后,监理工程师必须经常评估和监督进度计划的实际执行情况;如果出现工期延误及实际进度的其他变化,则应将执行中的进度计划予以部分或全部地修改与调整。调整的工作内容及其调整期限,应依据工程项目实际情况确定。调整进度计划的目的是使其符合变化后的实际情况,以保证施工进度计划的顺利实现。

3. 进度监理的具体工作及要求

(1)要求施工单位在合同规定的时间内编制并提交进度计划。

(2)在合同规定的期限内审批施工单位提交的进度计划。

（3）根据审批的进度计划检查施工单位的实际进度；并通过实际进度与计划进度的比较，对施工单位的进度进行比较、分析和评价，对滞后的工程项目提出具体的改进进度的措施，定期向建设单位提交分析报告。

（4）及时对滞后于计划进度的工程进行调整，若存在重大调整或调整将影响合同总工期的项目，需向建设单位提交书面报告。需延期的工程项目必须报建设单位批准。

（5）对总体工程进度起控制作用的分项工程的实际工程进度明显滞后时，签发监理指令单。

（6）施工单位获得延期批准后，应要求施工单位根据延期批复调整工程进度计划。调整后的进度计划应报监理工程师审批。

（7）由于施工单位自身原因造成工程进度延误，且在签发监理指令后未有明显改进，工程在合同工期内难以完成的，及时向建设单位报告，并按合同约定处理。

（8）建设单位或施工单位提出工程进度重大调整时，督查其签订补充合同。

4. 进度控制工作流程图

进度控制工作流程如图 9-2 所示。

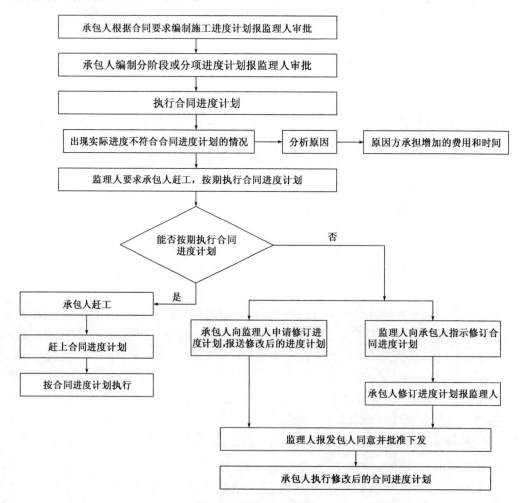

图 9-2　进度控制工作流程图

第二节 公路工程施工组织方法和特点

一、施工过程及其组织原则

1. 施工过程

施工过程就是施工中出产品的过程,也是劳动力利用劳动工具作用于劳动对象,按照预定的目标完成社会所需的公路工程产品的过程。施工过程由一系列相联系的施工活动组成,为了合理地组织施工生产,必须了解施工过程的内容。

施工过程的基本内容包括劳动过程和自然过程,公路工程系野外施工生产,就是劳动过程和自然过程的结合。因此,公路工程施工组织不仅要考虑劳动生产过程,而且还要考虑自然因素对施工产生的影响。

根据施工过程所需的劳动资料及其对产品所起的作用,将公路工程施工划分为施工准备过程、主体工程施工过程、辅助工程及临时工程施工过程、服务施工过程。各阶段的主要内容如下:

施工准备过程:在项目正式开工之前,由监理工程师主持召开的第一次工地会议上,施工单位陈述施工准备情况。主要内容包括:项目施工组织机构及其人员配备与主要机械的计划与名单,是否进场或将于何日进场;用于工程的进口材料及机械、仪器和设备是否进场或将于何日进场,是否会影响施工进度,并提交进场计划及清单;用于本工程所在地的材料来源是否落实,并提交料源分布图及供料计划清单;施工驻地及临时工程建设进展如何,应提交驻地规划及平面布置图;工地试验室和流动试验室及其设备是否准备就绪或将于何日安装就绪,应提交试验室布置图、流动试验室分布图及仪器设备清单;施工测量的基础资料是否已经落实并经过复核,施工放线是否进行或将于何日完成,并提交施工测量计划及有关资料;履约保函和动员预付款保函及各种保险是否已经办理或将于何日办理完毕,应提交有关已办手续的副本;为驻地监理提供的住房、交通、通信、办公等设备及服务设施是否具备或将于何日具备,并提交有关计划安排及清单;其他与项目开工有关的内容及事项。

主体工程施工过程:是指完成产品而进行的一系列施工活动,它是建设项目中单位、分部及分项工程的统称。

辅助工程及临时工程施工过程:辅助工程虽不构成永久性工程的实体,只是辅助其形成,但也有它的具体要求和一定的适用范围及其施工规定。辅助工程无统一的工程数量计算标准,必须根据工程项目实际情况,分析研究确定其内容及工程数量。临时工程与辅助工程的性质相似,但不同点在于临时工程一般不单作专一的服务对象。现行标准规定公路工程项目临时工程内容有:汽车便道、临时便桥、临时码头、轨道铺设、输电线路和通信线路等六项。辅助工程和临时工程在永久性工程完工后都必须拆除,恢复生态环境。值得注意的是,办公室、宿舍、仓库、加工房、机械工棚等临时房屋,生活区内的汽车便道、便桥、变压器或发电机房以及施工现场和生活用电的输电线路,架子车和机动翻斗车行驶的便道,施工机械搁置场地,以及现场临时围墙等均属于施工现场临时设施。

服务施工过程:是指为施工生产过程和辅助工程及临时工程施工过程进行的各种服务工

作,如物资、料具的采购、运输及保管等。

2.施工过程中的层次划分

单位、分部及分项工程施工中,按施工工艺的特点和施工组织的要求,可将施工过程进一步分解为综合过程、操作过程、工序、操作、动作等层次。

(1)动作与操作。

动作是指工人在劳动时一次完成的最基本的生产活动。若干个相互关联的动作就组成操作。如"钢筋除锈"这一操作,由拿起钢筋、插入沙盘、来回拖拉、取出钢筋等有关的动作组成。动作和操作并不能完成产品,在技术上也不能独立存在,但它们是制订定额的重要原始资料。

(2)工序。

工序是指在劳动组织上不可分,施工技术上相同的施工过程,它由若干个操作组成。如"水泥混凝土路面面层"就由安装模板、安置钢筋、混凝土摊铺、切缝、养生等工序组成。其中"混凝土摊铺"这一工序就由拌和混凝土、运输混凝土、摊铺、振捣、抹平等操作组成。施工组织往往以工序为对象。

(3)操作过程。

操作过程是由几个在技术上相互关联的工序组成,可以相对独立地完成某一种细部工程,上述"混凝土面层"就是一例。对整个路面工程而言,包括路槽、路肩、垫层、基层、面层等操作过程。

(4)综合过程。

由若干个在产品结构上密切联系的,能最终获得一种产品的施工过程的总和。相当于上述的分部工程或分项工程中的目。如挖路基或其中某一段落、一座桥梁、一条隧道等。

但有些分项工程的施工过程不能分解为上述各个层次,但至少能分解到工序,所以工序是施工组织的基本单位。为此,研究施工过程中层次划分的目的在于正确划分工序,确定合理的工序持续时间,以便编制切合实际的施工进度计划,科学地组织施工生产。

3.施工组织研究对象及其任务

公路工程施工组织与其他建筑工程施工组织一样,涉及劳动力、材料、施工机具设备、资金,以及施工方法、政策法规、公共关系等诸多方面的问题。因此,施工组织的主要研究对象是,施工过程中的时间问题,即施工进度计划编制;空间问题,即组织管理机构及场地布置;资源问题,即劳动力、材料、机具设备等的供应;经济问题,即工程造价、工程成本控制及资金合理利用等。

公路工程施工组织的基本任务是,密切结合我国现行经济政策,充分考虑公路工程施工特点,运用科学的方法和手段组织施工,合理地安排施工过程中的劳动力、材料、机具设备、资金、进度、工期、安全等要素,以提高施工单位的经济效益为中心,使施工工期短、占用资金少、生产效率高、工程质量好,保证按合同工期完成项目施工,实现有计划、有组织、有秩序地进行项目施工管理,达到项目施工的整体效益最佳。

4.公路施工过程的组织原则

科学有序组织高效率施工是非常重要的,同时必须留有余地,以便充分发挥管理者和工人的积极性和创造性。在工程项目质量、进度、成本、安全等诸目标中,需统筹安排,综合考虑。

这就要求在遵循施工组织基本原则的基础上,求得最佳方案,完成施工任务。影响施工过程组织的因素很多,如施工性质、施工类型、机械设备条件、施工规模大小、自然条件等等,因而施工过程组织变化因素多,困难较大。尽管如此,还是应当尽力合理组织施工过程,其原则可归纳为:

(1)连续性原则。

施工过程的连续性是指施工过程各阶段、各工序的进行,在时间上是紧密衔接的,不发生各种不合理的中断。如在施工中,施工的对象——土路基、构造物等始终处于被加工,或在进行检验的状态,或处于自然过程中。保持和提高施工过程的连续性,具有很大的经济意义,它可以缩短建设周期,节约流动资金,避免不必要的等待及窝工,从而提高劳动生产率。施工过程的连续性,同生产技术水平有关,采用先进的科学技术,提高机械化、自动化水平,就比较容易实现连续性。同时,它还同施工组织工作的水平有关,施工组织得好,采用先进的施工组织形式,就能提高连续性,相反就会影响施工过程的连续性。

(2)协调性原则。

施工过程的协调性,是指施工各阶段、各工序之间在施工能力上要保持一定的比例关系,各施工环节的劳动力、生产效率、设备数量等都必须互相协调,不发生脱节和比例失调的现象。具有协调性的施工组织,可以充分地利用整个施工过程中的人力和设备,避免在各个施工阶段和工序之间出现停顿和等待,可缩短施工周期。施工过程的协调性在很大程度上取决于施工组织设计的正确性。在施工过程中,由于各方面因素的影响,会使施工过程各个环节之间的实际施工能力的比例发生变化,因此,施工组织工作必须根据变化后的情况,采取措施及时调整各种比例关系,保证施工过程的协调性。

(3)均衡性原则。

施工过程的均衡性是指施工中的各个环节都应按照施工计划的要求,在一定的时间内完成相等或相等递增数量的工作量,使各工段的负荷保持相对稳定,不发生时紧时松、前松后紧等现象。均衡施工能充分利用机械设备和工时,避免由于突击赶工所造成的损失,因而有利于保证施工质量和劳动力、机械设备的调配。

(4)经济性原则。

施工过程的经济性是指施工过程组织除应满足技术要求外,还必须讲求经济效益,要用尽可能小的劳动消耗取得尽可能大的施工生产成果。施工组织的根本在于尽可能降低工程造价,而又不影响工程的进度和质量,所以连续性、协调性和均衡性这三项原则最终要以是否经济可靠来作为衡量的标准。

上述四个方面是合理组织施工过程中相互制约、互为条件的,在进行施工组织时,必须保证全面符合上述四个方面的要求,不可有所偏废。

二、施工组织方法及其特点

1. 公路工程施工生产类型

公路工程施工生产类型既可按产品特点和工艺特点划分,也可按产品生产的重复性划分。前者可分为建筑性施工生产与加工装配性施工生产,建筑性生产也叫固定性施工生产,装配性施工生产又称为流动性施工生产;后者可分为大量生产、成批生产及单件生产。

公路工程呈线性分布,工作面狭长,具有固定性和分散性双重特点。公路沿线路基工程的工程量分布极不均匀,既有集中性的高路堤、深路堑、大型挡土墙等,又有分散性的沿线土石方等;路面工程为线性分布;大中桥、通道、立体交叉及隧道工程则属于集中性工程;小桥涵工程数量较多,有集中性特点,也有沿线分布特点。因此公路工程施工生产基本属于建筑性施工生产,也同时存在着结构物的加工装配性施工生产;主要是单件生产,少量的为成批生产。所以公路工程可以采用不同的施工组织方法。

2. 施工组织的基本方法

公路工程施工过程中的组织方法很多,其基本方法可归纳为顺序作业法、平行作业法和流水作业法三种。

(1) 顺序作业法。

顺序作业就是按固定的程序组织施工。有客观要求的工艺流程和施工顺序必须按先后次序进行顺序作业;也有人为施工组织安排的各工程项目之间的顺序作业。后者才是施工组织的顺序作业法,即当若干个工程项目由一个作业班按照一定的顺序,依次完成全部工程项目的作业方法称为顺序作业法。例如,某路段有3座同类型的涵洞,由一个施工班组依次完成第一、第二、第三座涵洞,此时的施工组织安排就是顺序作业法。其工期可用下列公式计算:

①假设每一道工序的持续时间为 t_i,某工程项目有 n 道工序,则该工程项目的施工期限 t 为:

$$t = t_1 + t_2 + \cdots\cdots + t_n = \sum_{i=1}^{n} t_i \tag{9-1}$$

②设施工段的数目为 m,则完成全部施工任务的总工期 T 等于各工程项目施工期限之和:

$$T = \sum_{i=1}^{n_1} t_{i,1} + \sum_{i=1}^{n_2} t_{i,2} + \cdots\cdots + \sum_{i=1}^{n_m} t_{i,m} = \sum_{j=1}^{m} \sum_{i=1}^{n} t_{i,j} \tag{9-2}$$

式中:t_{ij}——第 j 项工程的第 i 道工序的施工持续时间。

显然,这种顺序施工法用于工序相同的多个工程段的施工作业安排是不合适的。其缺点为:整个工期长,专业队施工不连续,造成窝工现象,大部分施工段上的工作面空闲,不能充分利用工作面。

(2) 平行作业法。

当有若干个工程项目,或者将工程项目划分几个施工段或几个作业点时,建立若干个施工班组,分别同时按工艺顺序施工的作业方法。例如,上述3座涵洞,同时建立3个作业班组,同时按涵洞施工顺序开工的施工组织则是平行作业法。其工期的计算可按下列公式进行:

①假设每一道工序的持续时间为 t_i,某工程项目有 n 道工序,则该工程项目的施工期限 t 为:

$$t = t_1 + t_2 + \cdots\cdots + t_n = \sum_{i=1}^{n} t_i \tag{9-3}$$

②设施工段数目为 m,则完成全部施工任务的总工期 T,就是施工时间最长的施工项目的施工期限 t,即:

$$T = \max\{t\}$$

平行作业法与顺序作业法比较,虽然整个工期缩短,工作面也得到充分利用,但是劳动力、施工机具是顺序作业法的 m 倍,而且专业队施工也是不连续的。

(3) 流水作业法。

当有若干个工程项目或将工程项目划分几个施工段时,再将它们按不同的工作内容划分为若干道工序或施工过程,依据工序或施工过程数建立专业班组,由各专业班组依照施工顺序完成各个施工段上的施工过程,即相同的工序顺序进行,不同的工序平行进行的一种作业方法称为流水作业法。例如,上述3座涵洞都可分解为挖基坑、砌基础、砌涵台、上部安装等4道工序,分别建立4个专业班组,依次在各座涵洞上完成各自的工序则为流水作业施工组织。

下面举例说明并比较3种基本作业方法的特点。例如,某路段需要修建同一类型的4座小桥,每座桥的施工过程可分解为挖基坑、砌基础、砌桥台、安装上部等4道工序。为了简化起见,例题中的比较范围仅限于施工工期和劳动力用量之间的关系,并假定4座小桥上每道工序所需的持续时间固定不变,且均为5d,由此绘制的顺序作业法、平行作业法及流水作业法的施工进度横道图和劳动力需要量调配图,如图9-3所示。

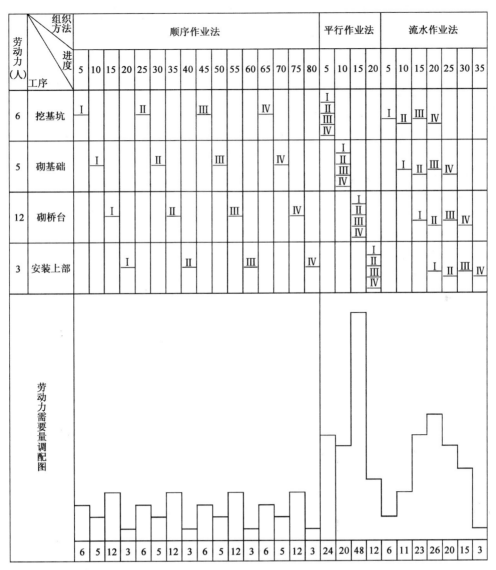

图9-3 3种作业方法施工进度及劳力调配图
(图注:4座桥用Ⅰ、Ⅱ、Ⅲ、Ⅳ表示)

由图 9-3 可以看出，顺序作业是 4 座小桥按先后顺序进行施工，第Ⅱ座小桥的施工，必须待第Ⅰ座小桥全部完工后才能进行，同理依次进行第Ⅲ、第Ⅳ座小桥施工。各座小桥的施工期限均为 20d，所以 4 座小桥的总工期为 80d；投入施工中的劳动力用量最多时为 12 人，最少时只有 3 人。

平行作业法是将 4 座小桥看作 4 个独立的项目，配以 4 组相等的劳动力同时开工。此时施工总工期不因施工对象数目的多少而变化，只取决于某座小桥的施工期限（当各座小桥施工期限不等时，应取施工期限最长的小桥作为平行作业的总工期）。本例中平行作业总工期为 20d，但所需的劳动力却按施工对象的倍数增加，最多时为 48 人，最少时为 12 人。

流水作业法与上述两种方法不同，它将各座小桥的全部施工过程，按相同的性质划分为挖基坑、砌基础、砌桥台、安装上部 4 道独立的工序，分别建立 4 个专业施工班组，依次在每座小桥上执行同一工序的施工，即相同的工序顺序作业，不同的工序平行作业。如本例中挖基坑专业施工班组由 6 人组成，首先在第Ⅰ座小桥上施工，再依次进行第Ⅱ、Ⅲ、Ⅳ座小桥顺序施工；砌基础专业班组由 5 人组成，他们开工必须在挖基坑专业班组在第Ⅰ座小桥上完成后进行，然后也依次完成相同工序砌基础，但此时第Ⅰ座小桥的砌基础与第Ⅱ座小桥挖基坑两道不同的工序在同一时间内平行作业。本例中流水作业施工总工期为 35d。劳动力需要量随着各专业班组的先后投入施工逐渐增加，当全部施工班组都投入后，就开始保持稳定，直到第一施工班组退出施工时才开始减少，最后全部施工班组退出施工现场。所以投入施工的劳动力最多时为 26 人，最少时则只有 3 人。

由此可见，3 种基本施工组织方法的特点分别是：

①顺序作业法的特点为：工期长、专业队施工不连续、大部分施工段上的工作面空闲，但资源用量均衡；

②平行作业法的特点为：工期短、工作面利用合理，但资源用量集中；

③流水作业是顺序作业和平行作业相结合的一种搭接的施工方法，保留前两种方法的优点，克服了它们的缺点，其特点为工期适中、工作面充分利用、专业队施工连续、资源用量均衡，在进行多施工段的施工组织中，其优点是显而易见的。

3. 施工组织其他方法

顺序作业法、平行作业法、流水作业法在施工过程中可以单独运用，也可以根据具体条件，将 3 种作业方法综合运用，从而形成平行流水作业法、平行顺序作业法以及立体交叉平行作业法等其他施工组织方法。

平行施工组织通常有 3 种方法，一是指不同工序的施工班组在不同施工段上平行作业；二是指同一工序的施工班组在不同施工段上平行作业；三是指不同工序的施工班组在同一施工段上平行作业。上述例题中图 9-3 的平行作业法属于以上第一种情况。桥梁工程上部结构的预制施工时，各台座上平行预制梁板构件则属于第二种情况；有时为了适应路基工程施工进度要求，常常组织几个路基施工组，同时并进或交叉施工，也属于第二种情况。第三种情况则是为了充分利用工作面，而出现的搭接平行施工情况。平行作业法的 3 种情况，均可采用流水作业法进行施工组织。

平行流水作业法具有平行作业法和流水作业法的优点，可以保证在施工期限要求紧的条件下，实现均衡施工，因此在工程实际中广泛运用。

平行顺序作业法实质是用增加资源供应来达到缩短工期的目的,使顺序作业法和平行作业法的缺点更加突出,所以仅适用于必须突击赶工的施工情况。

立体交叉平行流水作业法适用于大型结构物的施工。例如大桥工程、立体交叉工程等工序数很多,工程量大且特别集中,而施工作业平面又较小,按一般施工组织安排施工需要很长的工期。为了充分利用有限的作业面,在平行流水作业的基础上,采用上、下、左、右全面施工的方法,从而达到缩短工期的目的。

综上所述,公路工程施工中,主要的施工组织方法是流水作业法,下面简要介绍流水作业的施工组织原理。

三、流水施工组织原理

1. 流水作业参数的确定与计算

流水作业参数有空间参数、工艺参数、时间参数,以此表达空间和时间展开情况。

(1)空间参数的确定。

空间参数有施工段(m)和工作面(A)两种。施工段的划分一种是自然形成的,如几座桥、几个构件等;另一种是人为划分的,如路面工程分为若干施工段。施工段的数目过多会引起资源集中,数目划分过少会拖延工期。一般要求施工段数目大于或等于工序数(或专业队数),以利于同一时间能进入工作面流水作业。

工作面大小要求紧前工序结束后能为紧后工序提供工作面,且应满足施工技术规范和安全操作规程的要求。

(2)工艺参数的确定。

工艺参数包括工序数(n)和流水能力(v)。工序数的划分应与工程项目及施工组织分工相适应,对简单的施工过程,工序可划分得少些,对技术复杂的施工过程,工序可划分得多些。工序划分应使各道工序的持续时间相差不致太大,以利专业队分工比较合理。

单位时间完成的工程数量称为流水能力。流水能力等于专业队的工人数或机械台数与产量定额的乘积。

(3)时间参数的计算。

时间参数分为流水节拍(t_i)和流水步距(K)。流水节拍是指某道工序在施工段上完成工序操作的持续时间。其计算方法如下:

①根据施工单位投入的劳动力或机械数量计算,其计算式为:

$$t_i = \frac{Q_i}{S_i R_i} = \frac{P_i}{R_i} \tag{9-4}$$

式中:Q_i——某施工段上第i道工序的工程量;

S_i——该工序施工操作中每工日或每台班产量;

R_i——施工班组人数或施工机械台数;

P_i——该工序所需的劳动量(工日数或台班数)。

上式计算结果应取整天数或0.5天的整数倍,以利于施工作业安排。

②根据合同分解的阶段工期要求确定,其计算式为:

$$t_i = \frac{T_e - \sum t_g}{m + n - 1} \qquad (9\text{-}5)$$

式中：T_e——流水施工项目的合同分解工期；

$\sum t_g$——工序间停顿时间之和；

m——施工段数；

n——工序数。

③根据有关定额和施工经验或实际的劳动生产率确定。

(4)流水步距的计算。

流水步距是指相邻专业队相继投入同一施工段开始操作的时间间隔。流水步距的大小直接关系到施工中的连续性。流水步距 K 是对一个工程项目而言，所以有多个流水步距，它和工序数 n 存在这样的关系：流水步距数 = 工序数 -1。

确定流水步距的根本目的，是保证施工专业队进入流水线后，能连续不断地依次完成所有施工段的工程量，直到退出流水线为止，并使相邻专业队时间搭接紧凑、严密，施工组织合理，工期短。确定流水步距的要求为：

①始终保持两相邻施工工序的先后工艺顺序；

②保证各专业队连续、均衡有序的施工，而工作面则允许有一定的空闲；

③保证专业队连续施工的同时，还要使工程的工期最短，必须使前后两工序在施工时间上保持最大搭接，以此确定出最小流水步距。

其计算方法可按"累计数列错位相减取大差法"进行，即：采用相邻两施工工序在每个施工段的持续时间(即流水节拍)累加数列错位相减，取最大值作为流水步距的方法。具体计算步骤为：首先将相邻两道工序的流水节拍分别累计得到两个数列；然后将后一工序的累计数列向后错一位与前一工序累计数列对齐相减得到第三个数列；最后从第三个数列中取最大的正值即为流水步距。

2.流水作业分类及工期计算

流水作业按其参数的特性可分为有节拍流水作业和无节拍流水作业两大类。前者指相同的工序在各个施工段的流水节拍相等，但是不同工序的流水节拍相互之间不完全相等；后者不仅不同工序的流水节拍不完全相等，而且相同工序的流水节拍也不完全相等。

(1)有节拍流水作业工期计算。

有节拍流水可分为稳定流水、分别流水和成倍节拍流水。各种作业的特点及工期计算方法如下：

①稳定流水也称为全等节拍流水，是指各道工序的流水节拍在各个施工段上完全相等，且工序之间的流水节拍也完全相等。其特点为：$t_i = K_{i,i+1} =$ 常数。其工期计算式为：

$$\begin{aligned} T &= \sum K + T_n + \sum t_g \\ &= (n-1)t_i + mt_i + \sum t_g \\ &= (m+n-1)t_i + \sum t_g \end{aligned} \qquad (9\text{-}6)$$

式中：T——全等节拍流水施工的工期；

T_n——末道工序完成各个施工段上流水节拍之和；

$\sum t_g$——工序间停顿时间之和；

m、n——意义同前。

②分别流水是指各道工序本身的流水节拍在各个施工段上相等,不同工序之间的流水节拍相互不完全相等,其特点是,$t_i \neq t_{i+1}$,流水步距$K_{i,i+1}$是一个变数。其施工工期(T)的计算公式为:

$$T = \sum K + T_n + \sum t_g = \sum K + \sum t_g + mt_n \tag{9-7}$$

其中:当$t_i \leq t_{i+1}$时

$$K_{i,i+1} = t_i + t_g \tag{9-8}$$

当$t_i > t_{i+1}$时

$$K_{i,i+1} = mt_i - (m-1)t_{i+1} + t_g \tag{9-9}$$

式中:t_n——末道工序的流水节拍;

其他符号意义同前。

③成倍节拍的流水作业是指工序本身的流水节拍在各个施工段上完全相等,工序之间的流水节拍相互成倍数关系,显然它是分别于别的流水作业的特例。其施工工期的计算步骤为:计算各道工序流水节拍的最大公约数K,也称为公共流水步距;求各道工序所需的专业队数b_i($b_i = t_i/K$);把专业队总数$\sum b_i$看成工序数n,即$n = \sum b_i$,并将K看成流水步距;按全等节拍流水计算工期。工期(T)的计算公式为:

$$T = (m + \sum b_i - 1)K + \sum t_g \tag{9-10}$$

(2)无节拍流水作业工期计算。

相同工序在各个施工段上的流水节拍不完全相等,各工序之间的流水节拍也不完全相等,也不成一定的比例关系。这种流水作业方法比较切合公路工程施工实际情况。其施工工期计算公式为:

$$T = \sum K + T_n + \sum t_g \tag{9-11}$$

下面举例说明无节拍流水工期计算方法。某工程项目划分为4个施工段(Ⅰ、Ⅱ、Ⅲ、Ⅳ)和3道施工工序(A、B、C),各工序在各个施工段上的流水节拍列表如表9-1,试组织流水作业。

表9-1

施工工序	施工段上的流水节拍(工序持续时间)(d)			
	Ⅰ	Ⅱ	Ⅲ	Ⅳ
A	3	4	4	5
B	3	3	2	2
C	2	2	3	3

由上表知,$m = 4$,$n = 3$;流水步距K_{AB}、K_{BC}按"累计数列错位相减取大差法"计算,即:

```
  3,  7,  11,  16
-)    3,   6,   8,  10
  3,  4,   5,   8, -10
```

$K_{AB} = 8d$,

$$\begin{array}{r}3,\ 6,\ 8,\ 10,\\ -)2,\ 4,\ 7,\ 10\\ \hline 3,\ 4,\ 4,\ 3,\ -10\end{array}$$

$K_{BC} = 4d$,

$$\begin{aligned}
\text{工期 } T &= \sum K + T_n + \sum t_g \\
&= (8+4) + (2+2+3+3) + 0 \\
&= 22d
\end{aligned}$$

由 $T=22d$、$K_{AB}=8d$、$K_{BC}=4d$，以及各道工序在各个施工段上的持续时间，可绘出流水施工进度横道图，如图9-4所示。

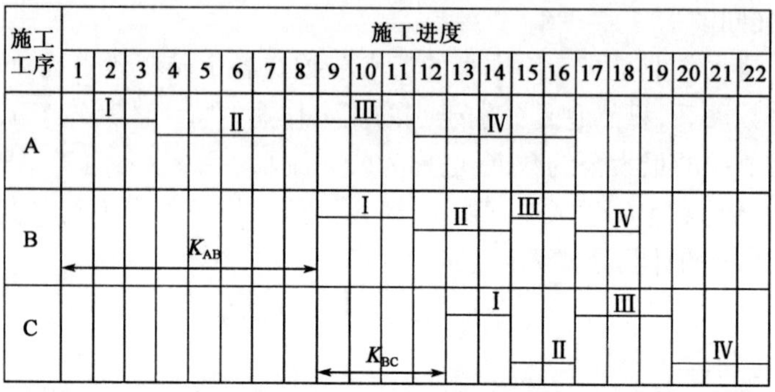

图9-4 某工程项目流水施工进度横道图

3. 流水施工组织原则及应用举例

(1) 流水作业的原理。

流水作业的实质是，同时容纳公路工程不同专业队伍在不同的位置上进行平行施工生产或顺序施工，而且施工过程具有鲜明的连续性、均衡性和节奏性，它与工业生产的流水作业根本差别在于产品固定不动、劳动力和建筑材料及施工机具则按一定的顺序流动。

流水作业的效益具体表现在施工连续、进度加快、工期缩短，由于专业化程度提高，不仅保证质量，而且提高了劳动生产率；又由于资源供应均衡，降低了工程成本，因此公路工程施工组织应尽可能采用流水作业法。

(2) 流水施工组织原则。

①根据工程项目对象划分施工段；

②划分工序并编工艺流程，且按工艺原则建立专业班组；

③各专业班组依次、连续进入各个施工段，完成同类工种的作业；

④计算或确定流水作业参数；

⑤相邻施工段及相邻工序尽可能衔接紧密。

(3) 工程应用举例。

某路段有4座相同性质的通道工程，其施工过程均可分解为挖基坑A、砌基础B、浇筑墙身C、安装盖板D 4道工序，各道工序在各座通道上的持续时间(流水节拍)见表9-2，试按一、

二、三、四自然顺序和四、二、一、三顺序施工时,分别组织流水作业。

各道工序在各座通道上的持续时间　　　　　　表 9-2

工序 n	施工段 m			
	一	二	三	四
A	3	4	3	2
B	5	6	4	5
C	6	5	4	6
D	3	2	2	3

根据上述流水施工组织原则,施工段数 $m=4$,工序数 $n=4$,然后根据施工组织顺序分别计算相邻工序之间的流水步距 K,最后计算其总工期 T 并绘制施工进度横道图。

①按一、二、三、四自然顺序组织流水作业时,

K_{AB}:

$$
\begin{array}{r}
3,\ 7,\ 10,\ 12 \\
-)\quad 5,\ 11,\ 15,\ 20 \\
\hline
3,\ 2,\ -1,\ -3,\ -20
\end{array}
$$

$K_{AB}=3d$,

K_{BC}:

$$
\begin{array}{r}
5,\ 11,\ 15,\ 20 \\
-)\quad 6,\ 11,\ 15,\ 21 \\
\hline
5,\ 5,\ 4,\ 5,\ -21
\end{array}
$$

$K_{BC}=5d$,

K_{CD}:

$$
\begin{array}{r}
6,\ 11,\ 15,\ 21, \\
-)\quad 3,\ 5,\ 7,\ 11 \\
\hline
6,\ 8,\ 10,\ 14,\ -11
\end{array}
$$

$K_{CD}=14d$

$$
\begin{aligned}
T &= (K_{AB}+K_{BC}+K_{CD})+T_n+\sum t_g \\
&= (3+5+14)+(3+2+2+3)+0 \\
&= 32(人)
\end{aligned}
$$

由 $T=32d$ 和 $K_{AB}=3d$、$K_{BC}=5d$、$K_{CD}=14d$,按图 9-4 方法即可绘制流水作业施工进度横道图(绘制图形略)。

②按四、二、一、三顺序组织流水施工时,应按其顺序重新列于表 9-3。

各道工序在各座通道上的持续时间   表9-3

工序 n	施工段 m			
	四	二	一	三
A	2	4	3	3
B	5	6	5	4
C	6	5	6	4
D	3	2	3	2

此时 K_{AB} 为：

$$\begin{array}{r} 2,\quad 6,\quad 9,\quad 12 \\ -)\quad\underline{\quad 5,\quad 11,\quad 16,\quad 20} \\ 2,\quad 1,\quad -2\quad -4,\quad -20 \end{array}$$

$K_{AB} = 2d$，同理 $K_{BC} = 5d$，$K_{CD} = 13d$

$$T = (2+5+13)+(3+2+3+2) = 30(人)$$

其流水施工进度横道图略。

由上述示例可以看出，施工段的组织次序不同，其施工进度的总工期可能不同，在无特殊顺序要求的条件下，应以总工期最短作为组织施工段顺序的依据。

四、施工计划管理

1. 施工计划管理的含义与要求

公路工程的施工生产是劳动过程和自然过程的结合，其施工中受自然条件的影响很大，使其施工组织、施工程序及施工工艺因实施条件的变化而相应地调整与改变。因此公路工程施工计划管理非常复杂，任何计划不周全或草率从事的施工计划，均会给项目施工管理带来困难，所以应予以足够的重视。

施工计划管理是通过计划把施工单位项目施工管理的各项工作组织起来，以施工生产活动为主体，制订各项专业性计划，并对其进行平衡、协调、监督与控制。

施工计划管理的具体做法是，首先编制一个完整的项目施工管理计划，使施工单位的各项施工管理都纳入计划，并进行综合平衡与协调；其次在施工计划执行过程中，加强检查、监督与控制，尽量保证计划实施中按原计划进行；最后调整计划，计划实施过程中因具体情况的改变，必须对原计划进行必要的调整，以适应变化后的情况。

公路工程施工计划管理具有下列特点：

(1) 计划的被动性。施工任务来源于工程招标市场，施工单位每年有多少任务，性质和规模的大小均很难确定，在投标过程编制施工计划时间紧，很被动。要想改变被动局面，必须做好招标工程任务的跟踪，做些事先研究和信息资料的搜集工作，从而提高施工计划的编制质量。

(2) 计划的多变性。公路工程项目的多样性、结构工程的复杂性及施工条件的差异性，造成施工中不可预见的因素较多；工程施工现场的分散使劳动力、材料及施工机具设备处于流动供应状态;同时受建设单位、监理及其他有关单位的影响等均带来施工计划的变化,这种多变性要求编制施工计划时,要留有一定的调整余地。

(3)计划的不均衡性。公路工程结构特点及不同工程部位的施工性质,以及不同季节的影响,都会造成施工计划的不均衡性。为此要求编制施工计划时力求均衡,取得较好的经济效益。

针对上述特点,对施工计划管理提出以下要求:
(1)科学地预测工程招标市场,确定合理的计划管理目标;
(2)承包签约的项目以合同工期为目标,倒排或正排施工计划;
(3)施工计划管理时既要保证重点工程,又要协调兼顾一般项目;
(4)施工方案、施工工艺及施工顺序均应合理安排;
(5)力求各项工程的施工计划均衡、紧密配合、还应留一定的调整余地,以适应施工中实际变化的情况;
(6)项目施工管理中的各项工作在计划编制上要紧密衔接。

2. 施工计划管理的任务与作用

施工计划管理的主要任务是,努力完成工程任务招揽计划;确保项目施工按合同工期要求交工及竣工验收;合理地利用有限的人力、物力和财力,最大限度地挖掘施工中的潜力;施工计划安排要结合工程任务的多少和工程规模的大小及工地现场分布情况进行统筹计划,使其发挥最大的经济效益;施工计划安排应适当,既不能太紧,又不能太松,计划太紧无法完成,计划太松则不能发挥施工效率。

施工计划管理的作用具体表现在:
(1)通过计划向各级施工组织机构下达任务,明确各自的奋斗目标,调动全体职工的积极性;
(2)为材料、劳资、设备等专业部门编制材料供应计划、劳动力需要量计划、施工机具设备用量计划等提供可靠性数据;
(3)项目施工准备工作根据施工计划进行,保证项目正常开工;
(4)项目施工实施过程中各专业部门按施工计划运作,确保项目工期按时完成;
(5)可以促使各职能部门开展劳动竞赛,挖掘施工潜力,提高项目施工管理水平。

3. 施工计划管理的工作程序

公路工程的施工计划管理是项目施工管理的中心环节,其他一切施工现场管理工作,都应围绕施工计划管理开展。

施工计划管理的工作程序为:施工计划的编制、计划的执行检查、计划的调整等循环进行。

(1)编制施工计划。

编制施工计划的基础是施工定额,根据我国现行的施工监理规范,施工进度计划的内容包括总体进度计划、年度进度计划、月(季)度进度计划及关键工程进度计划等。同时要求施工单位编制进度计划,监理工程师审批进度计划。进度计划一般用横道图、斜条图及进度曲线等方式表达;对于高等级公路及大型工程项目,还应采用网络图表示。横道图、斜条图及进度曲线将在本章第三节介绍,网络图在第十章、第十一章分别介绍,进度计划的编制及其详细内容将在第十二章叙述。

（2）计划执行检查。

施工单位实施计划时必须对照原计划进行检查，驻地监理工程师对进度计划实施予以合理地监控，尽量保证实施进度符合原计划安排。在工程实施期间，如果实际进度与计划进度基本相符时，监理工程师不应干预施工单位对进度计划的执行；但应及时掌握影响和妨碍工程进展的不利因素，促进工程按计划进行。

（3）计划的调整。

监理工程师发现工程现场的组织安排、施工顺序或人力和设备与计划进度上的方案有较大不一致时，应要求施工单位对原工程进度计划及现金流动计划予以调整，调整后的工程进度计划应符合工程现场实际情况，并应保证满足合同工期的要求。

进度计划的监控及其延期与延误的处理将在第十三章详细介绍。大型工程项目施工进度计划编制及其监控，必须运用网络计划技术且借助计算机完成，称为计算机辅助工程进度监理。

第三节　进度监理基本方法

一、横道图法

1. 横道图方法

横道图又称为甘特图（Gantt chart），它是美国工程师亨利·甘特在第一次世界大战期间创造的一种生产进度表达方法。前述图9-4为横道图的一个简单例子。

横道图是以时间为横坐标，以各分项工程或施工工序为纵坐标，按一定的先后施工顺序和工艺流程，用带时间比例的水平横道线表示对应项目或工序持续时间的施工进度计划图表。

2. 横道图的常用格式

横道图的常用格式，一般由两大部分组成：

①左面部分为主要表格，其内容应包括编号、工程名称（施工工序）、施工方法、工程量或工作量的单位及数量等。

②右面部分为指示图表，它是由左面的数据经计算得到的。在指示图表中用水平横道线条形象地表示出分项工程或施工工序的施工进度，其线条长度代表施工持续时间长短，线条的位置表示施工过程，线条上方的数字表示该项目所需的劳动力数量，有时也可采用不同线条符号表示施工作业班组或施工段。

根据上述横道图常用格式，结合某80km长的路段，绘制该项目施工进度横道图，如图9-5所示。

由图9-5知，横道图可以方便地表达出施工计划的总工期和各分项工程或施工工序的持续时间；每项工作何时开始、何日完成一目了然；便于计算完成施工计划所需的劳动力、材料、机械设备及资金等各种资源用量。但是分项工程或施工工序之间的逻辑关系不明确；施工期限与地点关系无法表达，工程项目的分布情况不具体，难以挖掘施工计划的潜力。

编号	工程名称	施工方法	工程量 单位	工程量 数量	20××年(月份) 1	2	3	4	5	6	7	8	9	10	起止时间 开工	起止时间 结束
1	临时通信线路	人工为主	km	80	6										1月初	7月底
2	沥青混凝土基地	人工安装	处	1	35										1月上旬	5月上旬
3	清除路基	机械	m³	700 000			4								3月初	7月底
4	路用房屋	人工	m²	1 300	60				40						1月初	6月底
5	大桥	半机械化	座	1						94					4月上旬	9月中旬
6	中桥	半机械化	座	5			53			38					3月15	8月底
7	集中性土方	机械	m³	430 000						20					4月上旬	9月底
8	小型构造物	半机械化	座	23					30						5月初	9月底
9	沿线土方	机械为主	m³	89 000					36						5月初	10月底
10	基层	半机械化	m²	560 000						48					5月上旬	10月上旬
11	面层	半机械化	m²	560 000						18					5月上旬	10月上旬
12	整修工程	人工为主	km	80						10					5月上旬	10月上旬

图9-5 施工进度横道线图

3. 横道图的特点

横道图编制施工进度计划的优点为:简单、形象、明了、直观、易懂,且便于检查和计算资源用量。它的不足表现在:

(1)不容易看出工作之间的相互依赖、相互制约的关系,仅反映工作之间的前后衔接关系;

(2)无法反映工作的机动使用时间,反映不出关键工作及哪些工作决定总工期;

(3)不能实现定量分析,因而无法采用计算机计算;

(4)计算执行过程中实施计划偏离原计划时,只能进行局部简单的调整;

(5)无法进行施工组织及施工技术方案的比较与优化。

因此,横道图只适宜于编制集中性工程进度计划、材料供应计划或者简单的工程进度计划。

横道图作为一种施工进度监理的工具,它不仅可用于编制施工进度计划,而且还可用于工程进度实施中的监控。在进度计划实施中,在计划进度横道线下方同时标出各分项工程或施工工序的实际进度。根据实际进度与计划进度的比较,可对进度计划进行必要的修改与调整。

二、工程进度曲线

工程进度曲线是建立在横道图的基础上的。进度曲线是以工期为横轴,以完成的累计工程量或工程费用的百分比为纵轴的图表化曲线,如图9-6所示。通过工程进度曲线,能够进行工程计划进度和实际进度的对比,有效地实行工程项目全局性的进度管理。当实际进度曲线与计划进度曲线出现偏离时,就说明工程的进度有了延误或者进度有所超前,这样就可通过调整施工进度,使工程能够按照计划来完成。

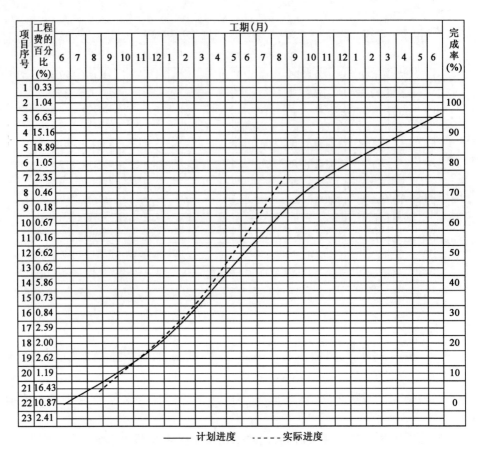

图 9-6 工程进度曲线

1. 工程进度曲线的形状特点

假设工程进度曲线用函数 $C=f(T)$ 表示,则 $V=dC/dT$ 表示工程在点 T 处的施工速度,也就是该点处曲线的切线方向即为曲线的斜率。

如果工程项目施工中投入相同数量的劳动力和施工机械,每天保持完成相等的工作量,则工程按相同的施工速度进行,工程进度曲线就是一条直线[如图 9-7a)]。这种情况在项目实际施工中很少出现。

一般情况下,项目施工初期应进行临时工程建设或做各项施工准备工作,劳动力和施工机械的投入逐渐增多,每天完成的工作量也逐渐增加,所以施工速度逐渐加快,即工程进度曲线的斜率逐渐增大,此阶段的曲线呈凹形;在项目施工稳定期间,施工机械和劳动力投入最大且保持不变时,若不出现意外作业时间损失,且施工效率正常,则每天完成的工作量大致相等,这时施工速度近似为常数,工程进度曲线的斜率几乎不变,故该阶段的曲线接近为直线;项目施工后期,主体工程项目已完成,剩下修理加工及清理现场等收尾工作,劳动力和施工机械逐渐退场,每天完成的工作量逐步减少,此时施工速度也逐步减小即工程进度曲线的斜率逐步减小,此阶段的曲线则为凸形[如图 9-7b)]。

由此可见,一般工程进度曲线大体上呈 S 形(图 9-8),所以该曲线又称为 S 曲线。

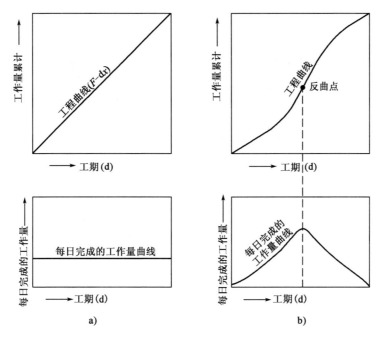

图 9-7 工程进度曲线形状

2.S 曲线在公路工程施工监理中的作用

由于 S 曲线是工程进度曲线也是现金流动曲线,所以它在公路工程施工进度及费用监理中均可应用,其作用如下:

(1)审批施工进度计划时,可用 S 曲线判断施工单位编制的施工进度计划是否合理。

合理的施工进度计划,其工程进度曲线的形状大致呈 S 形,劳动力、材料和施工机具设备供应及工程费用使用分配符合一般规律。反之,工程初期曲线不是凹形;或者施工稳定期间,曲线完全不是直线;或者工程后期曲线不呈凸形等均说明施工中资源调配违背了一般规律。上述任何一种不合理情况都应要求施工单位重新修订施工进度计划。

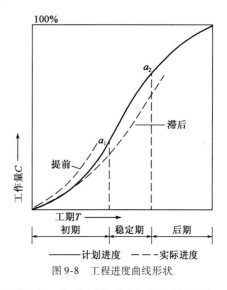

图 9-8 工程进度曲线形状

(2)监控施工进度计划实施阶段,进度控制可方便地利用 S 曲线评价实际进度情况属于正常、提前或滞后。

当实际进度按计划进度正常施工时,其实际进度与计划进度曲线相吻合,此时说明实际进度正常。但在进度计划实际中,如果实际进度比计划进度提前,则实际进度曲线用虚线表示应在 S 曲线上方,此时实际施工速度比计划施工速度快,照此施工下去工期就会提前。监理工程师据此可作出两种决策:一是工程成本消耗较合理时,按实际进度施工不变,提前完成任务;二是工程成本消耗较高时,应适当放慢施工速度,使实际进度按计划进度进行,确保按计划工期完成任务。如果实施中实际进度比计划进度滞后,则虚线表示的实际进度在S曲线的下方,这时实际施工速度比计划施工速度慢,照此下去工期就会拖延,此时监理工程师的一般决策是:增加资源供应,加快施工速度,使实际进度赶上计划进度,保证计划工期的按时完成。

(3) S 曲线可用于工程费用监理中工程计量及费用支付的依据。

S 曲线是工程进度与累计完成的工程量或工作量(费用)的百分比图表化曲线,也是工程项目实施中进度与现金流动关系曲线。项目实施期间实际完成了多少工程量或工作量(工程费用),在实际进度曲线上一目了然,据此可方便地进行中期工程量的计量与支付。

3. 进度管理曲线

在项目施工进度计划实施过程中,实际工程进度曲线将因施工条件及管理条件而变化,所以实际进度曲线往往与计划进度曲线不一致。如果二者的偏差太大时,将使工程陷入难以恢复的状态,因此应使实际进度始终处在一个安全的区域内,这样才能确保工程项目按时交工,为此用进度管理曲线规定这个安全区的范围。

进度管理曲线是工程进度曲线规定的允许界限线,它指出了施工进度允许偏差范围所应满足的进度曲线变动区域。虽然组织突击赶工也可以按期交工,但这样做将会影响工程质量和经济效益,而进度管理曲线指出的安全区,不是组织突击赶工,而是在保证工期、质量和经济性的条件下,施工进度曲线规定的允许变动范围。

美国加利福尼亚州公路分局对典型的45项工程绘制了进度曲线,根据对工程所经过的时间和完成工作量之间关系的调查研究结果,编制了作为公路工程的进度管理曲线,如图9-9所示。此进度管理曲线研究了每当时间经过10%时完成工作量的变化范围。因为图形呈香蕉形状,所以被称为香蕉曲线。

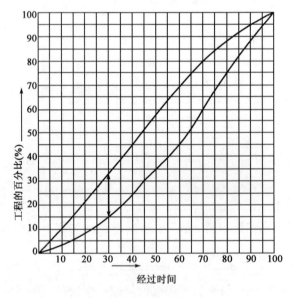

图9-9 公路工程进度管理曲线

从图9-9可以看出,根据香蕉曲线,当时间经过了30%时,工程进度的容许安全区域为16%~35%。如果实际进度曲线此时低于16%,则表明工程进度处于危机状态,需要采用补救措施。进度管理曲线一般作为进度曲线的一种核对方法来使用,所以并不一定要求它有严密的准确性。

在绘制工程进度曲线及管理曲线时,应注意下列问题:

(1)首先应根据横道式工程进度图来绘制计划进度曲线,此曲线应位于进度管理曲线的允许界限以内。假如进度曲线偏离了允许界限,则一般来说此工程项目的进度计划安排的不够合理,此时需要将横道式工程进度计划图中的主体工程向左右移动进行调整。

(2)当计划进度曲线在进度管理曲线的允许界限内时,合理地调整工程初期和后期的进度,尽量使S形曲线的中期,即正常工程进展阶段与允许界限的直线段相吻合。

(3)由计划进度曲线的终点所引出的曲线的切线,表示工程进度危险的下限,所以应在这个界限内维持施工。假如实际进度曲线接近限界时,则需要立即采取补救措施。

(4)实际进度曲线超出香蕉曲线及其他管理曲线的下限时,表示工程拖延相当严重,此时不可避免地要进行突击赶工,因此,应研究突击赶工时控制投资和保证质量的措施。

使用工程进度曲线和进度管理曲线,能够把工程进度的偏差控制在适当的范围之内来进行计划和管理,可将它们作为判断工程全局进度情况的工具。但由于它们是建立在横道图的基础之上,因而仍不能弥补横道图所具有的缺点。

三、斜条图法

斜条图法又称为垂直图法或垂直坐标表示法。斜条图以纵坐标表示施工期限,横坐标表示里程或工程位置,而各分项工程或施工工序的施工进度则相应地以不同形式的斜条线表示。图 9-10 为某 80km 路段综合施工的工程进度斜条图。

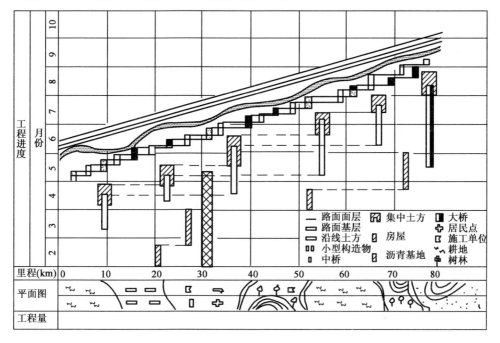

图 9-10 斜条式综合工程进度图

由图 9-10 可以看出,斜条图与横道图相似,它是横道图的另一种表示方法。在斜条图中各分项工程或施工工序的相互关系、施工紧凑程度及施工速度都十分清楚,工程的分布情况和施工日期清晰可见,从图中还可以直接找出任何时间各施工队伍所在的施工位置和应完成的工程数量。它与横道图相比,减少了横道图的以上不足,但它作为一种进度监理工具,仍然存在以下缺点:不能反映各项目或工作(工序)之间错综复杂的关系;不能确定工作的机动时间及其关键工作;不能使用计算机进行定量分析;计划的编制及修改的工作量较大;不能进行计划方案的比较及优选等。因此,斜条图法仅是编制道路、隧道等线形工程施工进度计划的一种较好形式。

四、网络计划图法

1. 网络计划技术

网络计划技术是 20 世纪 50 年代国外陆续出现的一些计划管理的新方法。由于这些方法将计划的工作关系均建立在网络模型上,把计划的编制、协调、优化和控制有机地结合起来,所以称之为网络计划技术。

网络计划图是以加注工作持续时间的箭线和节点组成的网状流程图来表示施工进度计划。其基本原理是:首先根据工作间的相互关系及其工作先后顺序流程绘制工程项目施工进度计划网络图;其次通过计算找出计划中的关键工作及关键线路;最后通过不断调整、改善网络计划,选择最优的方案付诸实施。在网络计划实施过程中进行有效的监督与控制,确保工程项目按合同条件顺利完成。

2. 网络计划方法

网络计划技术有许多方法,主要有关键线路法(CPM)、计划评审方法(PERT)、流水作业网络计划、搭接网络计划(CNT)、图例评审法等。

CMP 是 1956 年,美国杜邦公司为了管理其内部不同部门的业务工作,研制了关键线路法。1958 年初,该公司决定把 CPM 用于建设价值 1000 万美元的一座新化工厂,但同时与传统计划方法比较,于是分成两组,一组按 CPM 法制订计划,另一组仍按旧方法制订计划。对此,CPM 法小组只需修改原计划的 10%,而另一小组需要全部返工。而且利用 CPM 法确定的工期比传统方法确定的工期缩短两个月且不用另外增加费用。以后此法又被用于设备维修,使其停产时间由过去的 125h 缩短为 74h。杜邦公司采用关键线路法安排施工和维修,仅一年就节约了近 100 万美元,是该公司用于发展研究 CPM 法所花经费的 5 倍。

1958 年美国海军特种计划局在研制北极星导弹核潜艇时,首次提出 PERT 控制进度方法。北极项目计划由 8 家总承包公司、250 家二包公司、3000 家三包公司、9000 多厂商共同承担,规模庞大,组织管理复杂。由于使用了 PERT 技术,使原计划 6 年的研制时间提前了两年完成。20 世纪 60 年代后美国又采用了 PERT 技术,组织阿波罗载人登月计划,以一个 7000 人的中心实验室为中心,把 120 所大学、2 万余个企业、40 万人组织在一起,耗资 400 亿美元,用 13 年时间到 1972 年圆满完成。

CPM 和 PERT 虽然名称不同,但其主要原理和方法是一致的。前者为民用部门研制,偏重于成本控制,且工作持续时间一般是确定的,所以也称为肯定型网络计划;后者为军事部门所创,偏重于时间控制,且工作持续时间往往具有某种不确定性,所以也称为非肯定型网络计划。

流水作业网络计划是我国土建人员在20世纪70年代末研制的一种新型网络计划技术,它综合运用流水施工和网络计划的特点,为流水施工网络计划提供了简便有效的方法。

搭接网络计划能够反映工作间的各种搭接关系,它可大大地简化网络图的形成和计算工作,特别适用于高等级公路及大型工程项目的施工进度计划安排。

图例评审法也称为随机网络计划,是一种广义的随机网络分析方法,它主要用于编制项目施工进度计划中的排队、存储及可靠度分析等诸多统筹问题。

3. 网络计划的应用及其特点

我国从20世纪60年代开始运用网络计划技术,著名数学家华罗庚教授结合我国实际情况,在吸收国外网络计划技术理论的基础上,将其统一命名为统筹法。网络计划技术在我国已广泛应用于国民经济各个领域的计划管理中,而应用最多的还是工程项目的施工组织与管理,并取得了巨大的经济效益。根据国内统计资料,工程项目的计划与管理应用网络计划技术,可平均缩短工期20%,节约费用10%左右。

综上所述,网络计划方法具有以下特点:

(1)能够充分反映各项工作之间的相互制约、相互依赖的关系;

(2)可以区分关键工作和非关键工作,并能找关键线路,且反映出各项工作的机动时间,因而可以更好地调配和使用工、料、机等各种资源;

(3)它是一个定义明确的数学模型,计算方便,且便于用计算机计算;

(4)能够进行计划的优选比较,从而选择最佳方案;

(5)它不仅可用于控制项目施工进度,还可用于控制工程费用,如一定费用下工期最短及一定工期内费用最低等的网络计划优化;

(6)计划复杂,特别是大型且复杂的工程进度网络计划更是如此。

4. 网络图的分类

(1)按箭线和节点表达的含义不同,可分为双代号网络图和单代号网络图。前者每项工作均由一根箭线和两个节点表示,其中箭线代表工作,节点表示工作间的逻辑关系;后者每项工作由一个节点组成,以节点代表工作,箭线表示工作间的逻辑关系。

(2)在双代号网络图中,按箭线长短与工作持续时间的关系分为一般双代号网络图(简称为双代号网络图)和时间坐标网络图(简称为时标网络图)。双代号网络图中工作持续时间长短与箭线长短无关;时标网络图中箭线的长短和所在的位置表示工作的持续时间和进程。

(3)按计划目标的多少,可分为单目标网络图和多目标网络图。网络图中只有一个计划目标的称为单目标网络图;有两个以上计划目标的称为多目标网络图。

(4)按工程项目的组成及其应用范围分,有分项工程网络图、分部工程网络图、单位工程网络图、单项工程网络图及工程项目总体网络图等。

5. 网络计划在工程进度监理中的作用

采用网络计划方法可加强工程项目的施工管理,使其取得好、快、省的全面效果。它在工程进度监理中可给监理工程师提供下列可靠信息:

(1)合理赶工及其工期与成本的关系信息;

(2)各项工作有无机动时间及机动时间极限数据信息;
(3)劳动力、材料、施工机具设备等资源利用信息;
(4)哪些工作提前或拖延,预测对总工期的影响等信息。

小　　结

本章主要介绍了公路工程进度监理的概念、作用以及进度影响因素,进度监理的任务;公路工程基本建设项目组成及其基建程序,施工组织及施工过程中的组织原则,施工组织的方法与特点,流水施工的组织原理,施工计划管理的概念、任务、作用及计划管理程序;公路工程进度监理的主要方法:横道图、工程进度曲线、斜条图及网络计划图的含义与特点及其作用。

第十章 关键线路法(CPM)

第一节 双代号网络计划图的绘制

一、双代号网络计划图的构成

双代号网络计划是目前应用较为普遍的一种网络计划形式。利用网络技术表示一项工程任务或一个计划中各项工作的先后、衔接关系和所需时间及其他资源的工作流程图,就称为网络计划图,双代号网络计划的网络图是由三个要素组成的,即箭线、节点和流。

箭线(──→)表示具体的内容;

节点(○)表示相互间的关系;

流表示定量的参数。

其具体表达的方式为:

(1)箭线表示一项工作,可以是具有独立施工条件,也可以单独作为成本计算对象的单位工程,如路基工程、路面工程、桥梁工程和交通工程等。如果进一步细分又可分为面层、基层、底基层或基础工程、墩台身等分项工程,也可以一直细分到立模、扎钢筋、混凝土浇注等具体的工序,这将取决于所做网络计划的详细程度。箭线代表整个工作的全过程,有一定的持续时间并消耗一定的资源,如"现浇混凝土"工作,这是需要消耗水泥砂石、钢筋及模板等材料的,而且还需要一定的人工和时间来完成每一操作。但也有一些仅花费时间的工作,如混凝土构件的自然养生、油漆的干燥过程等。

(2)节点表示的是工作与工作之间的衔接关系,在一般的双代号网络计划图中,节点仅表示一种衔接关系,这就是结束到开始的关系,即节点前的所有工作均结束后,节点后的工作才能开始。节点具有瞬时性,是指节点所消耗的时间与工作持续时间相比较可以忽略不计,即规定节点不消耗时间,也不消耗资源。

(3)流表示定量的参数,即表示完成各项工作所需要的资源,包括每项具体工作所需要的时间、费用和材料设备等等。

在双代号网络计划图中,每一项工作都是用一条箭线和两个节点来表示的;节点可以是圆圈,也可以是其他形式,在其中填入代号,如 i,j 等;而工作的名称和完成工作所需要的资源标注在箭线旁。如图10-1就表示一项工作,可称为"工作(i,j)"或"工作 A"由于采用两个数字来代表某项工作,因此被称为双代号网络计划。

图 10-1 工作的表示方法

在一般网络计划图中,箭线的长短曲直与工作占用的时间长短、资源多少均无关系。就某一具体工作而言,紧靠其前面的工作叫作紧前工作,紧靠其后面的工作叫作紧后工作,与之平行的工作叫作平行工作,该工作本身则可叫作本工作,如图 10-2 所示。对一个节点来讲,可能有许多箭线同时进入该节点,这些箭线就称为内向箭线,而该节点则可称为汇集节点;同样也可能有许多箭线由同一节点出发,这些箭线就称为外向箭线,该节点则称为分枝节点,如图 10-3 所示。

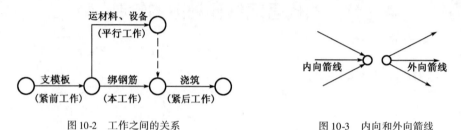

图 10-2 工作之间的关系　　　　　图 10-3 内向和外向箭线

网络图中第一个节点叫起始节点,它意味着一项工程或任务的开始;最后一个节点叫终点节点,它意味着一项工程或任务的完成,网络计划图中的其他节点称为中间节点。

二、工作关系的表示方法

工作关系是指工作进行时客观上存在的一种先后顺序关系,在表示工程施工进度计划的网络图中,根据施工组织和工艺流程的要求,应正确反映各项工作之间的相互依赖和相互制约的关系,各项工作之间的关系是否表示得正确,是网络计划图能否反映工程项目实际情况的关键,如果工作关系表示错了,网络计划图中各种时间参数的计算就会发生错误,关键线路和工程的总工期跟着也将发生错误。

要画出一个正确反映工作关系的网络计划图,首先就要搞清楚各项工作之间的关系,也就是要具体解决每项工作的下面三个问题:

(1)该工作必须在哪些工作之前进行?

(2)该工作必须在哪些工作之后进行?

(3)该工作可以与哪些工作平行进行?

在网络计划图中,各工作之间的关系是变化多端的,表 10-1 所列的是网络计划图中常见的一些工作关系的表示方法。

通过前面介绍的各种工作关系的表示方法可以清楚地看出有一些图中有一种虚箭线,这种虚箭线表示的是虚工作,虚工作是一项虚设的工作项目。引入虚工作的基本目的是正确地表达各项工作之间的关系,虚工作即不占用时间和空间,也不需消耗资源,它是在一些情况下根据工作关系的需要而增设的。下面介绍一下虚箭线在表示工作关系时的应用。

1. 虚箭线在工作关系连接方面的作用

在表 10-1 中的第四种常见工作关系的表示图中,A 工作完成后其紧后工作为 C,A、B 工作完成后其紧后工作为 D,D 工作又是工作 A 的紧后工作,为了把 A、D 两项工作的关系连接起来,这时就需要引入虚工作,但由于虚工作的持续时间为零,所以两者间的关系仍然是 A、B 工作完成后,D 工作才可以开始。

常见工作关系的表示方法 表10-1

序号	工序之间的逻辑关系	网络图中的表示方法
1	A 完成后进行 B 和 C	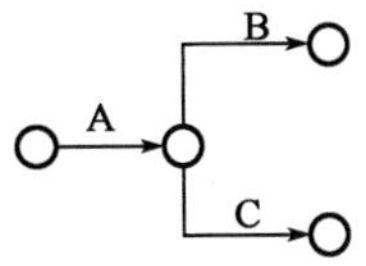
2	A、B 均完成后进行 C	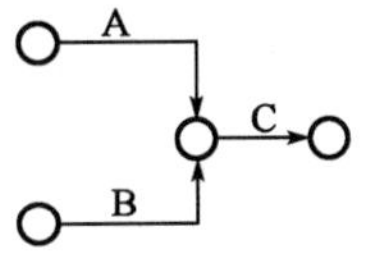
3	A、B 均完成后同时进行 C 和 D	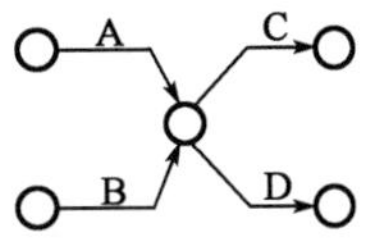
4	A 完成后进行 C A、B 均完成后进行 D	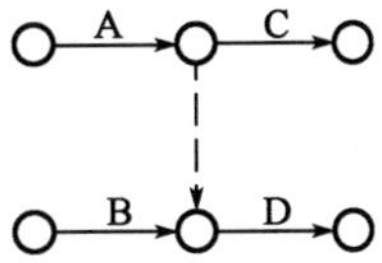
5	A、B 均完成后进行 D,A、B、C 均完成后进行 E,D、E 均完成后进行 F	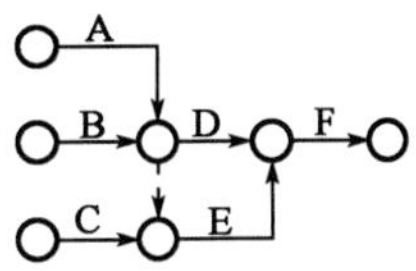
6	A、B 均完成后进行 C,B、D 均完成后进行 E	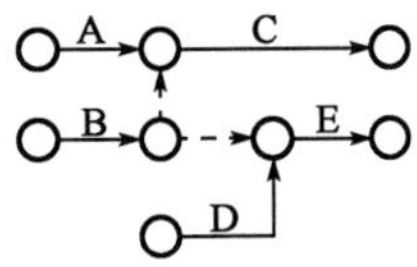
7	A、B、C 均完成后进行 D,B、C 均完成后进行 E	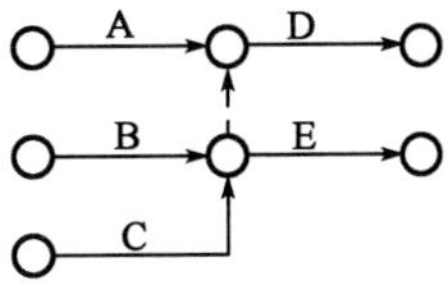
8	A 完成后进行 C,A、B 均完成后进行 D,B 完成后进行 E	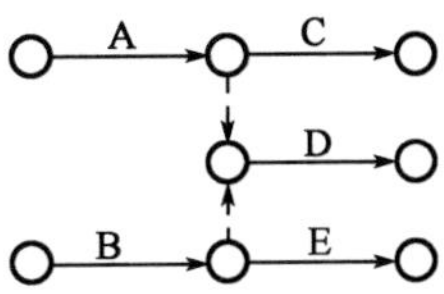

续上表

序号	工序之间的逻辑关系	网络图中的表示方法
9	A、B 两道工序分成三个施工段,分段流水施工:A_1 完成后进行 A_2、B_1,A_2 完成后进行 A_3、B_1 完成后进行 B_2,A_3、B_2 完成后进行 B_3	

2. 虚箭线在工作关系断路方面的作用

在绘制双代号网络计划图时,很容易产生把原来没有工作关系的工作联系起来的错误,这时就需要使用虚箭线来加以处理,以隔断不应有的工作联系。用虚箭线隔断网络计划图中没有工作关系的各项工作的方法称为"断路法"。产生错误的地方总是在同时有多条箭线进入和发出的节点处。虚箭线的"断路"作用可以通过下面的例子来加以说明。

例如,在公路隧道工程中,掘进(A)→支模(B)→衬砌(C)是三项串联的工作,为了加快进度,现采用将每项工作分为两个工作段进行交叉作业,这时就会出现如何正确表达它们之间关系的问题。如果绘制成图 10-4a)所示的网络计划图,那就会出错,因为第一工作段的衬砌工作 C_1 与第二工作段的掘进工作 A_2 并没有工作关系,也就是 C_1 与 A_2 并不存在什么联系(因为第一段的衬砌不取决于第二段掘进的结束)。为了避免这种情况,断开 C_1 与 A_2 之间并不存在的联系,这时应在 B_1 与 B_2 工作之间引入一条虚箭线,如图 10-4b)所示。使工作 C_1 仅为工作 B_1 的紧后工作,而与掘进工作 A_2 断路。

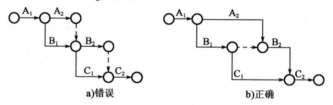

图 10-4 虚工作的引入

当两项或两项以上的工作同时开始和同时结束时,必须引入虚箭线,以免造成混乱。图 10-5a)中,工作 A 和工作 B 这两条箭线共有②、③两个节点,代号(2,3)即表示工作 A 又表示工作 B,这样就产生了混乱,如果引入虚箭线,则两项工作共用一对代号的现象就可以消除,如图 10-5b)所示。

图 10-5 用虚工作表示两节点间的平行工作(一)

可以看出,在绘制双代号网络计划图时,虚箭线的应用是很重要的。但是,在什么地方,在什么情况下引入虚箭线是比较难以判断的,一般先主动增设虚箭线,等网络计划图构成后,再删去不必要的虚箭线。多余的、没有必要的虚箭线将使网络图图面繁杂,而且增加绘图工作量和计算工作量,因而应将其删除。删除多余虚工作的方法有:

①如果虚箭线是进入一个节点的唯一的箭线,则一般可将这个虚箭线删除,但当这个虚箭线是为了区分两个节点间两个同时开始同时结束的工作时,这个虚箭线不能删除,如图 10-6 所示。

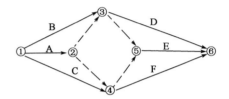

图 10-6 用虚工作表示两节点间的平行工作(二)

②如果虚箭线是进入一个节点的唯——条虚箭线时,这个虚箭线可以删除。

③当一个节点有两条箭线进入,而且均为虚箭线时,则可以消除其中的一个虚箭线。但应注意是否会改变工作关系,如图 10-7 所示。

而图 10-8 中节点⑤的两条内向虚箭线却不能删除。

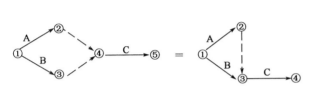

图 10-7 用虚工作表示两节点间的平行工作(三)   图 10-8 用虚工作表示两节点间的平行工作(四)

三、双代号网络计划图的基本规则

绘制双代号网络计划图时,要正确地表示工作之间的工作关系并遵循有关的绘图基本规则进行,否则,就不能正确地反映工程的工作流程和进行时间参数的计算。绘制双代号网络计划图一般必须遵循以下一些规则。

(1)一张网络计划图中只允许有一个起始节点和一个终点节点。例如,图 10-9a)所示的网络图中出现了两个没有内向箭线的节点①、④,也就是图中有两个起始节点,这是不允许的。解决这个问题的最简单的办法就是用虚箭线把节点①、④连接起来,使之变成一个起始节点,如图 10-9b)所示,如果在网络图中出现了两个没有外向箭线的节点,也就说图中出现了两个终点,如图 10-10a)中的节点④、⑥,这也是不允许的,遇到这种情况同样也可采取增加虚箭线把节点④、⑥连接起来,使之成一个终点节点,如图 10-10b)所示。

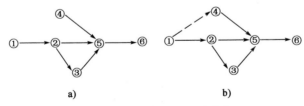

图 10-9 只允许有一个起始节点

(2)一对节点之间只能有一条箭线。这是因为双代号网络计划图中,两个代号代表着一项工作,如果一对节点之间有两条甚至多条箭线存在,就无法分清这两个代号究竟代表哪一项工作。这种情况下正确的表示方法是引入虚箭线,如图 10-11 所示。

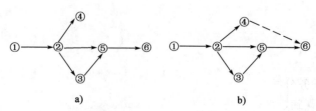

图 10-10　只允许有一个终节点

(3) 网络计划图中不允许出现闭合回路。在网络计划图中,如果从一个节点出发顺着某一条线路又能回到原出发的节点,这种线路就称为闭合回路,如图 10-12,节点③、④、⑤就是一条闭合回路。它表示的工作关系是错误的,在工艺流程上是相互矛盾的,工作 A、B、C 的每一项都无法开始,也无法结束。

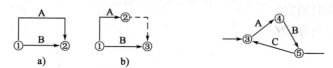

图 10-11　一对节点之间只能有一条箭线　　　　图 10-12　闭合回路

(4) 在网络计划图中不允许出现线段、双向箭头,并应避免使用反向箭线。表示工程进度计划的网络图是一种有向无回路图,是沿着箭头指引的方向前进的,因此,一条箭线只能有一个箭头,不允许出现无箭头的线段和双箭头的箭线。箭线所表示的工作是需要占用时间的,而时间是不可逆的,使用反向箭线容易引起闭合回路,在时标网络计划图中,反向箭线更是不允许出现的。

(5) 网络计划图的布局应合理,不仅要求工作关系正确,而且要尽量避免箭线的交叉,见图 10-13 所示。网络图中箭线的交叉一般通过整理图是可以避免的,当箭线的交叉是不可避免时,应采用"暗桥""断线"或"指向"等方法来加以处理,如图 10-14 所示。

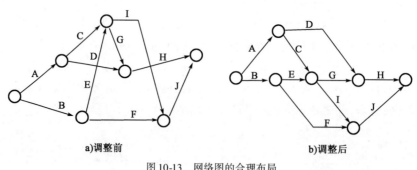

a) 调整前　　　　　　　　　　　　b) 调整后

图 10-13　网络图的合理布局

a) 暗桥法　　　　　　b) 断线法　　　　　　c) 指向法

图 10-14　箭线交叉的处理方法

四、双代号网络计划图的绘制

绘制网络计划图的关键是正确而清楚地显示计划的内容及各项工作间的相互关系。这就要将所计划的工程任务分解成若干单项的工作,工作项目确定之后,紧接着的工作就是确定这些工作的相互关系,既确定各工作在开始之前应完成哪些紧前工作,或者工作结束之后有哪些紧后工作,以及各工作所具有的平行工作。对于一个熟悉工程任务情况和本单位物质技术条件的计划人员来说,找出工作之间的相互关系并不困难。

当各工作之间的相互关系确定之后,还应估计各项工作所需要的工作持续时间(当考虑资源和费用问题时,还应给出相应的数据)。确定工作的持续时间是至关重要的,工作持续时间的可靠性如何,直接影响计划的质量。若时间定的太短,则会造成人为的紧张局面,甚至工作无法完成;如果时间定的太长,又造成时间上的浪费。在确定工作的持续时间时,应不受工作重要性、指令工期等条件的约束,也就是应按正常情况下所需时间而定。

工作项目及其间的关系、持续时间等确定之后,应将这些资料填写到工作关系表中去。通常的工作关系表的基本内容包括:①工作代号;②工作名称;③紧前工作(或紧后工作);④持续时间等。表10-2所示为一段城市道路更新工程的工作关系表。根据工作关系表就可以绘制网络计划图,通常所采用的绘制方法有:①前进法,即从最初节点开始到最终节点结束的方法;②后退法,即采用从最终节点到最初节点的方法;③先粗略,然后逐步细分,或先画子网络图,再拼成总网络图。

(1)某段城市道路更新工程应用实例。

某一段城市道路更新工程,工作项目划分与工作相互关系及工作持续时间见表10-2,试绘制其施工进度双代号网络计划图。

根据表10-2所列工作关系,如果采用前进法绘网络图,关键是确定 A 为开始工作,然后从表10-2中找出紧前工作与本工作的前后关系,逐节生长绘图直至网络图的终点;若采用后退法绘网络图,关键是确定 H 为结束工作,再从表10-2中寻找本工作与紧前工作的后前关系,逐节后退绘图直到网络图的起点。绘制的双代号网络计划图如图10-15所示。

工作项目划分明细表 表10-2

工作代号	A	B	C	D	E	F	G	H
工作名称	测量	土方工程	路基施工	安装排水设施	清理杂物	路面施工	路肩施工	清理场地
紧前工作	—	A	B	B	B	C、D	C、E	F、G
持续时间(d)	1	10	2	5	1	3	2	1

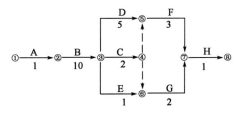

图 10-15　道路更新工程施工进度双代号网络计划图

(2)某立交桥工程应用实例。

某合同段立交桥工程施工工期直接影响主线路基和四条匝道路基填筑,据此确定工程项目的工作组成和工作间的逻辑关系及工作持续时间,如表10-3所示。绘制其施工进度双代号网络图。

根据表10-3工作逻辑关系,利用后退法或前进法绘制某立交桥施工进度的双代号网络图,见图10-16。

工 作 关 系 表　　　　　　　　　　表10-3

工作代号	工作内容	紧前工作	持续时间(周)
A	临建工程	—	5
B	施工组织设计	A	3
C	平整场地	A	1
D	材料进场	B	3
E	主桥施工放样	B	1
F	材质及配合比试验	C	1
G	基础工程施工	D	4
H	桥墩施工	G	3
I	修筑预制场	E	1
J	主梁预制	I	6
K	施工盖梁	H	4
L	预制场吊装设备安装	F	1
M	吊装准备工作	L	1
N	主梁安装	J、K、M	3
O	桥面系统施工	N	2

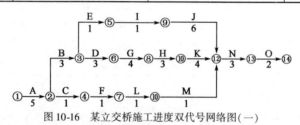

图10-16　某立交桥施工进度双代号网络图(一)

(3)根据表10-4绘制双代号网络图,见图10-17。

工 作 关 系 表　　　　　　　　　　表10-4

工作名称	A	B	C	D	E	F	G	H	I	J
紧后工作	D	G	E、F	G、H	H、I	—	J	J	—	—

(4)根据表10-5绘双代号网络图。

工 作 关 系 表　　　　　　　　　　表10-5

工作名称	A	B	C	D	E	F	G	K	H
紧前工作	H	D	—	C、F	—	—	B	D、E	G、K

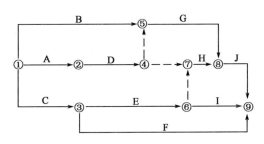

图 10-17 某立交桥施工进度双代号网络图(二)

第一步依据表 10-5 用后退法绘草图，关键是确定 A 为结束工作，见图 10-18。

第二步用前进法检查图 10-18 中的工作关系是否全部符合表 10-5，将网络图排列整齐并进行编号，见图 10-19。

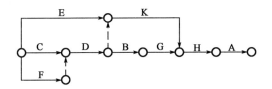

图 10-18 某立交桥施工进度双代号网络图(三)

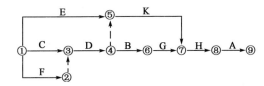

图 10-19 某立交桥施工进度双代号网络图(四)

网络计划图绘制好以后，应认真检查网络计划中各工作之间的相互关系体现得是否正确，发现错误应予以纠正。在检查网络计划图是否正确时，除了依照工作关系表以外，还应检查网络计划图是否符合网络图的基本规则以及有无多余的虚工作。

得到了符合工作关系和基本规则的网络计划图之后，即可进行节点编号，这将便于对网络计划图进行时间参数的计算。当采用电子计算机进行计算时，工作代号变得更加必要了。绘制网络计划图进行节点编号时应遵循以下原则：

(1) 从起始节点开始，由左向右顺序编排，一个节点一个号，不要重复；

(2) 一条箭线其箭头节点的编号，应大于箭尾节点的编号，即 $j > i$。因此在节点编号时应从小到大，箭头节点编号必须在其前面的所有箭尾节点都已编号之后进行。

(3) 可以留出空号以便留有余地作中间调整，这样增加或改动某些工作时就不必改动整个网络计划图的节点编号了。

(4) 当工程项目复杂，网络计划图中节点很多，涉及许多单位或系统时，可以利用编码系统，如图 10-20 所示。

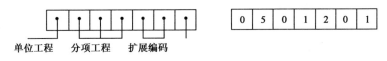

图 10-20 编码系统

对于简单的网络计划图，因其节点数目不多，可以凭直观进行编号，使箭尾节点号小于箭头节点号即可。但对于一个含有大量节点的复杂网络图来说，由于节点数目很多，凭直观进行编号是很容易出错的。如果出现了重复的编号或者 $i > j$ 的情况，则在以后的计算中必然会出现错误，尤其是利用电子计算机进行计算时。为了不至于遗漏和重复节点编号，及防止出现节

点 $i>j$ 的情况,可采用下述方法来对网络计划图进行编号。

这种方法首先给起始节点编号为 1,然后假想地擦去节点①的所有外向箭线;将没有箭线进入的剩余未编号节点依次编号为 2、3。再假想地擦掉节点②、③的所有外向箭线,再对没有箭线进入的后续节点继续编号,如此重复进行,直到终节点。采用这样的方法给节点编号是不会产生节点编号 $i>j$ 的情况,如图 10-21 所示。需要指出的是,节点的编号并非唯一,如图 10-21 中,如将节点编号 2 与 3,6 与 7 互相调换,这并不影响网络计划图节点编号的正确性。

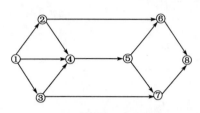

图 10-21 假想擦去法给节点编号

第二节 时间参数的计算及关键线路

一、时间参数分类及其计算假定

正确地绘制代表工程项目进度计划的双代号网络图,只是把工程项目工作之间的逻辑关系用网络计划的形式表达出来了。网络计划技术是一种定量分析方法,它可以为工程计划管理提供一系列重要的定量信息,而这些定量信息是通过网络计划图时间参数计算以后获得的。

1. 时间参数的计算目的

通过网络计划图时间参数的计算可以达到下列目的:

(1)确定完成整个计划的总工期,各项工作的最早可能开始时间和最早可能完成时间。

(2)确定各工作的最迟必须开始时间和最迟必须完成时间,各项工作的各种机动时间与计划中的关键工作及关键线路。

(3)是绘制时标网络计划图的基础,网络图经过时间参数计算后,才可绘制时间坐标网络计划图,以便为网络计划下达执行提供依据。

(4)是网络计划调整与优化的前提条件,时间参数计算后发现工期超出合同工期,工程费用消耗过高,由时标图上绘出的资源调配图看出资源供应明显不均衡等,必须对原网络计划图进行必要的调整与优化,以达到既定的计划管理目标。

2. 时间参数分类

网络计划的时间参数按其特性可分为两类:

(1)控制性时间参数

①最早时间系列参数包括:

工作的最早可能开始时间(ES);

工作的最早可能完成时间(EF);

节点的最早可能实现时间(ET)。

②最迟时间系列参数包括:

工作的最迟必须开始时间(LS);

工作的最迟必须完成时间(LF);

节点的最迟必须实现时间(LT)。

(2)协调性时间参数。

工作总时差(TF);

工作的局部时差(或称工作的自由时差)(FF)。

这里所说的时差,即为工作的机动时间,它意味着一些工作适当地推迟开始或者推迟完成时,并不影响整个计划的完成时间。

3. 时间参数的计算假定

为了使网络图时间参数计算都建立在统一的网络模型上,并共同规定时间计算的起点,必须作出以下计算假定:

(1)网络计划图中工作的持续时间是已知的,即为肯定型网络模型。

(2)工作的可能开始或完成时间,或者必须开始或完成时间均以单位时间结束时刻为计算标准。

如 $ES_A = 6$ 天表示工作 A 的最早可能开始时间为第 6 天末,又如 $LF_B = 16$ 天则表示工作 B 最迟必须在第 16 天末完成。

4. 时间参数计算方法

网络计划图时间参数的计算方法,对简单的网络计划可直接在网络图上计算或者列表计算;对大型复杂的网络计划,必须采用电子计算机计算。为了表达时间参数的计算原理及计算公式,本节以图上计算法为例予以说明。

5. 双代号网络图图算法的图例

无论是双代号网络图还是单代号网络图,网络图时间参数计算原理完全相同。本节以双代号网络图为例,采用图上计算法计算时间参数。双代号网络图既可进行工作时间参数计算,也可进行节点时间参数计算,其图算法的图例规定如下:

二、节点时间参数计算

节点时间参数是以节点为对象计算的。节点是工序的连接点,表示其前面工作的结束和后面工作的开始,所以节点时间参数是工作持续时间的开始或结束时刻的瞬间。节点时间参数分为两个,即节点的最早可能实现时间和节点的最迟必须实现时间。

1. 节点的最早可能实现时间(ET)

节点的最早可能实现时间(ET),是指以计划起始节点的时间 $ET(1) = 0$,沿着各条线路达到每一个节点的时刻,它表示该节点紧前工作的全部完成,其后的紧后工作最早可能开始的时间。节点最早时间不一定等于该节点前各工作的最早结束时间,因为这些工作最早开始时间可能不同,工作持续时间也可能不等,由于进入这个节点的紧前工作不全部结束,其紧后工作

就不能开始,因此,计算时取进入节点的紧前工作结束时间的最大值,作为该节点的最早可能实现时间,即:

$$\mathrm{ET}(j) = \max\{\mathrm{ET}(i) + t(i,j)\} \quad (j=2,3,4,\cdots n) \tag{10-1}$$

式中:$t(i,j)$——工作(i,j)的持续时间;

n——网络计划图中终节点的编号。

现以图10-22所示网络计划图为例,试计算各节点的最早可能实现时间。首先设 $ET(1)=0$;根据式(10-1),可得:

$$\mathrm{ET}(2) = \mathrm{ET}(1) + t(1,2) = 0 + 2 = 2;$$

$$\mathrm{ET}(3) = \mathrm{ET}(1) + t(1,3) = 0 + 3 = 3;$$

$$\mathrm{ET}(4) = \mathrm{ET}(1) + t(1,4) = 0 + 4 = 4$$

$$\mathrm{ET}(5) = \max\begin{Bmatrix}\mathrm{ET}(2) + t(2,5) = 2 + 5 = 7\\ \mathrm{ET}(3) + t(3,5) = 3 + 0 = 3\end{Bmatrix} = 7$$

$$\mathrm{ET}(6) = \max\begin{Bmatrix}\mathrm{ET}(3) + t(3,6) = 3 + 6 = 9\\ \mathrm{ET}(4) + t(4,6) = 4 + 6 = 10\end{Bmatrix} = 10$$

$$\mathrm{ET}(7) = \max\begin{Bmatrix}\mathrm{ET}(5) + t(5,7) = 7 + 7 = 14\\ \mathrm{ET}(6) + t(6,7) = 10 + 8 = 18\end{Bmatrix} = 18$$

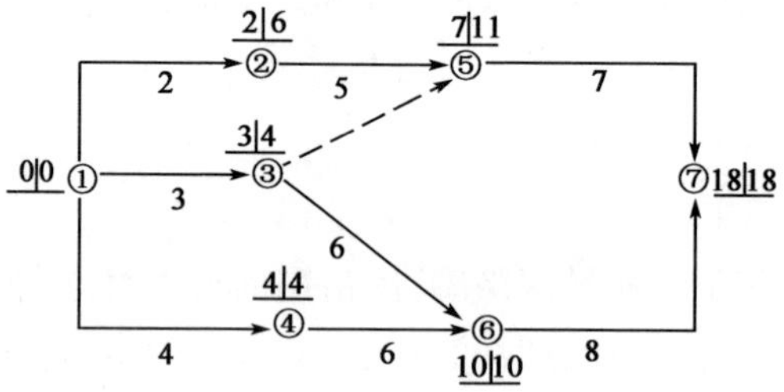

图10-22 节点时间参数计算

终节点的最早可能实现时间就是计划的总工期,即:

$$T = \mathrm{ET}(n)$$

2. 节点的最迟必须实现时间(LT)

节点的最迟必须实现时间(LT),就是在计划工期确定的情况下,从网络计划图的终节点开始,逆向推算出各个节点的最迟必须实现时刻。计算时从最终节点开始,并取 $\mathrm{LT}(n) = \mathrm{ET}(n) = T$,即最终节点的最迟必须实现时间等于计划工期。

箭尾节点的最迟必须实现时间等于箭头所指节点的最迟必须实现时间,减去工作持续时间。对于分支节点,也就是节点连接很多箭尾时,则应对每一条箭线都进行计算,然后取其最小值作为该节点的最迟必须实现时间,用式(10-2)表示。

$$\mathrm{LT}(i) = \min\{\mathrm{LT}(j) - t(i,j)\} \quad (i=n-1, n-2, \cdots 2, 1) \tag{10-2}$$

现仍以图10-22所示网络计划图为例,计算各节点的最迟必须实现时间,首先设 $\mathrm{LT}(7) = \mathrm{ET}(7) = 18$;根据式(10-2)可得:

$$\mathrm{LT}(6) = \mathrm{LT}(7) - t(6,7) = 18 - 8 = 10;$$

$$\mathrm{LT}(5) = \mathrm{LT}(7) - t(5,7) = 18 - 7 = 11;$$

$$LT(4) = LT(6) - t(4,6) = 10 - 6 = 4$$

$$LT(3) = \min\begin{cases} LT(5) - t(3,5) = 11 - 0 = 11 \\ LT(6) - t(3,6) = 10 - 6 = 4 \end{cases} = 4$$

$$LT(2) = LT(5) - t(2,5) = 11 - 5 = 6$$

$$LT(1) = \min\begin{cases} LT(2) - t(1,2) = 6 - 2 = 4 \\ LT(3) - t(1,3) = 4 - 3 = 1 \\ LT(4) - t(1,4) = 4 - 4 = 0 \end{cases} = 0$$

从上面的计算可以看出,利用公式一个节点一个节点的列式计算是很繁杂的,如果网络计划图比较简单,则可直接把结果标注在图上,直观且简便,这种计算方法称为图上计算法,它使计算简便易行,形象具体,如图 10-22 中各节点上的倒 T 形中数据。

根据上述可以得出节点时间参数的计算步骤如下:

(1) 设起始节点的最早可能实现时间 $ET(1) = 0$,顺箭头计算各节点的最早可能实现时间 $ET(j)$;如果是汇集节点,即有多条箭线进入的节点,则应对进入节点的各条箭线分别进行计算,然后取其中最大值作为该节点的 ET 值;继续计算直到终节点得到 $ET(n)$。

(2) 终节点的最早可能实现时间 $ET(n) = T$,即等于计划工期。

(3) 设终节点的最迟必须实现时间 $LT(n) = ET(n)$,逆箭头计算各节点的最迟必须实现时间 $LT(i)$;如果是分支节点,即有多条箭线退回的节点,则应对退回节点的各条箭线分别进行计算,然后取其中最小值作为该节点的 LT 值;继续计算直到起始节点。

三、工作时间参数计算

工作时间参数是以工作对象进行计算的,包括各项工作的最早可能开始时间和最早可能完成时间;及各项工作的最迟必须完成和最迟必须开始时间,利用上面所述节点时间参数计算的结果,可以方便地计算各项工作的工作时间参数。

1. 工作的最早可能开始时间(ES)

工作的最早可能开始时间,是指一项工作在具有了一定工作条件和资源条件后可以开始工作的最早时间。在工作流程上,各项工作要等到其紧前工作都结束以后方能开始。很明显工作 (i,j) 的最早可能开始时间就等于箭尾节点 (i) 的最早可能实现时间,即:

$$ES(i,j) = ET(i) \tag{10-3}$$

现仍以图 10-22 所示网络计划图为例,来计算各项工作的 $ES(i,j)$。

$$ES(1,2) = ET(1) = 0$$
$$ES(1,3) = ET(1) = 0$$
$$ES(1,4) = ET(1) = 0$$
$$ES(2,5) = ET(2) = 2$$
$$ES(3,6) = ET(3) = 3$$
$$ES(4,6) = ET(4) = 4$$
$$ES(5,7) = ET(5) = 7$$
$$ES(6,7) = ET(6) = 10$$

2. 工作的最早可能完成时间(EF)

正常情况下,工作(i,j)若能在最早可能开始时间开始,对应就有一个最早可能完成时间,它就等于箭尾节点的最早可能实现时间或者工作的最早可能开始时间加上工作(i,j)的持续时间$t(i,j)$,即:

$$\begin{aligned} EF(i,j) &= ET(i) + t(i,j) \\ &= ES(i,j) + t(i,j) \end{aligned} \quad (10\text{-}4)$$

下面来计算图 10-22 所示网络计划图中各项工作的 $EF(i,j)$。

$$EF(1,2) = ES(1,2) + t(1,2) = 0 + 2 = 2$$
$$EF(1,3) = ES(1,3) + t(1,3) = 0 + 3 = 3$$
$$EF(1,4) = ES(1,4) + t(1,4) = 0 + 4 = 4$$
$$EF(2,5) = ES(2,5) + t(2,5) = 2 + 5 = 7$$
$$EF(3,6) = ES(3,6) + t(3,6) = 3 + 6 = 9$$
$$EF(4,6) = ES(4,6) + t(4,6) = 4 + 6 = 10$$
$$EF(5,7) = ES(5,7) + t(5,7) = 7 + 7 = 14$$
$$EF(6,7) = ES(6,7) + t(6,7) = 10 + 8 = 18$$

3. 工作的最迟必须完成时间(LF)

工作的最迟必须完成时间是指一项工作在不影响工程按总工期结束的条件下最迟必须完成的时间,它必须在紧后工作开始之前完成。计算工作的最迟必须完成时间应从终节点逆箭线方向向起始节点逐项进行计算。工作(i,j)的最迟必须结束时间就等于箭头节点(j)的最迟必须实现时间 $LT(j)$,即:

$$LF(i,j) = LT(j) \quad (10\text{-}5)$$

这里仍以图 10-22 所示网络计划图为例来计算各项工作的 $LF(i,j)$。

$$LF(6,7) = LT(7) = 18$$
$$LF(5,7) = LT(7) = 18$$
$$LF(4,6) = LT(6) = 10$$
$$LF(3,6) = LT(6) = 10$$
$$LF(2,5) = LT(5) = 11$$
$$LF(1,4) = LT(4) = 4$$
$$LF(1,3) = LT(3) = 4$$
$$LF(1,2) = LT(2) = 6$$

4. 工作最迟必须开始时间(LS)

在正常情况下,工作(i,j)结束得迟是因为开始得迟,所以工作(i,j)如果能在最迟必须完成时间结束,对应的就有一个最迟必须开始时间,它等于工作(i,j)的箭头节点(j)的最迟必须实现时间 $LT(j)$ 或其最迟必须完成时间 $LF(i,j)$ 减去工作(i,j)的持续时间$t(i,j)$,即:

$$\begin{aligned} LS(i,j) &= LT(j) - t(i,j) \\ &= LF(i,j) - t(i,j) \end{aligned} \quad (10\text{-}6)$$

最后来计算图 10-22 所示网络计划图中各项工作的 $LS(i,j)$。

$$LS(6,7) = LF(6,7) - t(6,7) = 18 - 8 = 10$$
$$LS(5,7) = LF(5,7) - t(5,7) = 18 - 7 = 11$$
$$LS(4,6) = LF(4,6) - t(4,6) = 10 - 6 = 4$$
$$LS(3,6) = LF(3,6) - t(3,6) = 10 - 6 = 4$$
$$LS(2,5) = LF(2,5) - t(2,5) = 11 - 5 = 6$$
$$LS(1,4) = LF(1,4) - t(1,4) = 4 - 4 = 0$$
$$LS(1,3) = LF(1,3) - t(1,3) = 4 - 3 = 1$$
$$LS(1,2) = LF(1,2) - t(1,2) = 6 - 2 = 4$$

这样,通过计算工作时间参数的公式,就可以求出网络计划图中各项工作的各个工作时间参数,但很麻烦,事实上对于较简单的网络计划图我们可以采用图上计算法来计算各项工作的工作时间参数。图10-23是图10-22所示网络计划图中各项工作的工作时间参数用图上计算法计算的结果。

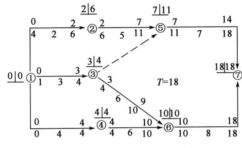

图 10-23 控制性时间参数计算

四、工作的时差计算

工作的时差,就是指工作的机动时间,分析图10-23的计算结果可以看出,在计划工期不变的条件下,有些工作的最早可能开始(或结束)的时间与最迟必须开始(或结束)时间是不同的,两者之间有一定的差值,这个差值就称为时差。按照时差的不同性质和作用,可以分为工作的总时差,局部时差,干涉时差和独立时差等。根据前面所介绍的节点时间参数和工作时间参数计算结果,可以计算网络计划图中各项工作的各类时差,现分别叙述如下。

1. 工作的总时差(TF)

工作(i,j)的总时差$TF(i,j)$,是指在不影响任何一项紧后工作(j,k)的最迟必须开始时间的条件下,工作(i,j)所拥有的最大机动时间。一项工作(i,j)不影响计划按总工期完工的活动范围是从工作(i,j)的最早可能开始时间到最迟必须完成时间,所以总时差是在这个范围内扣除工作(i,j)本身的持续时间后,所具有的剩余时间,即:

$$TF(i,j) = LF(i,j) - ES(i,j) - t(i,j) \tag{10-7}$$

稍加变化后得:

$$TF(i,j) = LS(i,j) - ES(i,j) = LF(i,j) - EF(i,j)$$

用节点时间参数来表达为:

$$TF(i,j) = LT(j) - ET(i) - t(i,j)$$

上述计算工作总时差 TF(i,j) 的三个公式是等价的。

以图 10-23 双代号网络图为例,按式(10-7)计算各工作的总时差 TF(i,j) 如下:

$$TF(1,2) = LS(1,2) - ES(1,2) = 4 - 0 = 4$$
$$TF(1,3) = LS(1,3) - ES(1,3) = 1 - 0 = 1$$
$$TF(1,4) = LS(1,4) - ES(1,4) = 0 - 0 = 0$$
$$TF(2,5) = LS(2,5) - ES(2,5) = 6 - 2 = 4$$
$$TF(3,6) = LS(3,6) - ES(3,6) = 4 - 3 = 1$$
$$TF(4,6) = LS(4,6) - ES(4,6) = 4 - 4 = 0$$
$$TF(5,7) = LS(5,7) - ES(5,7) = 11 - 7 = 4$$
$$TF(6,7) = LS(6,7) - ES(6,7) = 10 - 10 = 0$$

工作的总时差具有以下性质:

①如果工作的总时差 TF$_{(i,j)}$ = 0,则工作(i,j)为无任何机动时间使用的关键工作;

②总时差不但属于本工作,而且与前后工作都有关系,它是一条线路所共有的最大机动时间;

③工作的总时差一般用于控制整个计划的总工期。

2. 计算工作的局部时差(FF)

工作(i,j)的局部时差 FF$_{(i,j)}$,是在不影响任何一项紧后工作(j,k)最早可能开始时间的条件下,本工作(i,j)所具有的机动时间,用公式可表达为:

$$\begin{aligned} FF(i,j) &= \min ES(j,k) - ES(i,j) - t(i,j) \\ &= \min ES(j,k) - EF(i,j) \\ &= ET(j) - ET(i) - t(i,j) \end{aligned} \quad (10-8)$$

以图 10-23 双代号网络图为例,按式(10-8)计算各工作的局部时差 FF(i,j) 如下:

$$FF_{(1,2)} = ES_{(2,5)} - EF_{(1,2)} = 2 - 2 = 0$$
$$FF_{(1,3)} = \min \begin{Bmatrix} ES_{(3,6)} - EF_{(1,3)} = 3 - 3 = 0 \\ ES_{(5,7)} - EF_{(1,3)} = 7 - 3 = 4 \end{Bmatrix} = 0$$
$$FF_{(1,4)} = ES_{(4,6)} - EF_{(1,4)} = 4 - 4 = 0$$
$$FF_{(2,5)} = ES_{(5,7)} - EF_{(2,5)} = 7 - 7 = 0$$
$$FF_{(3,6)} = ES_{(6,7)} - EF_{(3,6)} = 10 - 9 = 1$$
$$FF_{(4,6)} = ES_{(6,7)} - EF_{(4,6)} = 10 - 10 = 0$$
$$FF_{(5,7)} = T - EF_{(5,7)} = 18 - 14 = 4$$
$$FF_{(6,7)} = T - EF_{(6,7)} = 18 - 18 = 0$$

由式(10-8)知,工作(i,j)的局部时差反映了工作(i,j)最早可能完成时间到其紧后工作(j,k)最早可能开始时间之间的时间间隔,有时也被称为自由时差,它属于总时差的一部分。工作的局部时差有以下主要特点:

①工作的局部时差总是小于或等于其总时差,即 FF$_{(i,j)}$ ≤ TF$_{(i,j)}$;

②使用工作的局部时差,对紧后工作的最早可能开始时间没有任何影响;

③工作的局部时差用于控制工程项目实施过程中的中间进度或称为形象进度,即用来掌握网络计划图中各项工作的最早时间,以便控制计划各阶段按期完成。

综上所述,工作时差大小的计算有十分重要的意义,计划管理人员根据时差的大小来协调施工组织,控制项目的总工期(图 10-24)。如在时差范围内改变工作的开始或完成时间以达到施工均衡性的目的;或在机动时间内适当增加非关键工作的持续时间,相应地将其部分劳动力和设备、材料转移到关键工作中去,以确保关键工作的完成,从而达到按期或提前完成工程进度计划的目的。

[**例** 10-1] 计算图 10-25 所示网络计划图的各种时间参数。

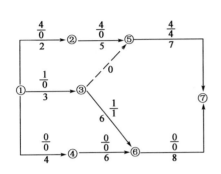

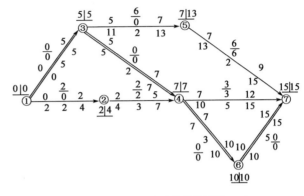

图 10-24 协调性时间参数　　　　　图 10-25 时间参数计算图例

解:(1)计算网络计划图的节点时间参数。

①设 ET(1) = 0,顺箭头依次计算各节点的最早可能实现时间。

$$ET(2) = ET(1) + t(1,2) = 0 + 2 = 2,$$
$$ET(3) = ET(1) + t(1,3) = 0 + 5 = 5,$$
$$ET(4) = \max \begin{Bmatrix} ET(2) + t(2,4) = 2 + 3 = 5 \\ ET(3) + t(3,4) = 5 + 2 = 7 \end{Bmatrix} = 7,$$
$$ET(5) = ET(3) + t(3,5) = 5 + 2 = 7,$$
$$ET(6) = ET(4) + t(4,6) = 7 + 3 = 10,$$
$$ET(7) = \max \begin{Bmatrix} ET(4) + t(4,7) = 7 + 5 = 12 \\ ET(5) + t(5,7) = 7 + 2 = 9 \\ ET(6) + t(6,7) = 10 + 5 = 15 \end{Bmatrix} = 15$$

由计算可知此计划的工期 T = ET(7) = 15。

②设 LT(7) = ET(7) = 15,逆箭头依次计算各节点最迟必须实现时间。

$$LT(6) = LT(7) - t(6,7) = 15 - 5 = 10,$$
$$LT(5) = LT(7) - t(5,7) = 15 - 2 = 13,$$
$$LT(4) = \min \begin{Bmatrix} LT(6) - t(4,6) = 10 - 3 = 7 \\ LT(7) - t(4,7) = 15 - 5 = 10 \end{Bmatrix} = 7,$$
$$LT(3) = \min \begin{Bmatrix} LT(4) - t(3,4) = 7 - 2 = 5 \\ LT(5) - t(3,5) = 13 - 2 = 11 \end{Bmatrix} = 5,$$
$$LT(2) = LT(4) - t(2,4) = 7 - 3 = 4,$$
$$LT(1) = \min \begin{Bmatrix} LT(2) - t(1,2) = 4 - 2 = 2 \\ LT(3) - t(1,3) = 5 - 5 = 0 \end{Bmatrix} = 0$$

(2)计算工作时间参数,因为节点时间参数均已算出,利用其计算结果可以很容易地计算出工作时间参数。

①根据最早可能开始时间计算公式 $ES(i,j) = ET(i)$ 可得:

$$ES(1,2) = ET(1) = 0, ES(1,3) = ET(1) = 0,$$
$$ES(2,4) = ET(2) = 2, ES(3,4) = ET(3) = 5,$$
$$ES(3,5) = ET(3) = 5, ES(4,6) = ET(4) = 7,$$
$$ES(4,7) = ET(4) = 7, ES(5,7) = ET(5) = 7,$$
$$ES(6,7) = ET(6) = 10$$

②由公式 $EF(i,j) = ES(i,j) + t(i,j)$ 计算各工作最早可能完成时间。

$$EF(1,2) = ES(1,2) + t(1,2) = 0 + 2 = 2,$$
$$EF(1,3) = ES(1,3) + t(1,3) = 0 + 5 = 5,$$
$$EF(2,4) = ES(2,4) + t(2,4) = 2 + 3 = 5,$$
$$EF(3,4) = ES(3,4) + t(3,4) = 5 + 2 = 7,$$
$$EF(3,5) = ES(3,5) + t(3,5) = 5 + 2 = 7,$$
$$EF(4,6) = ES(4,6) + t(4,6) = 7 + 3 = 10,$$
$$EF(4,7) = ES(4,7) + t(4,7) = 7 + 5 = 12,$$
$$EF(5,7) = ES(5,7) + t(5,7) = 7 + 2 = 9,$$
$$EF(6,7) = ES(6,7) + t(6,7) = 10 + 5 = 15$$

③由式 $LF(i,j) = LF(j)$ 计算各工作的最迟必须完成时间。

$$LF(1,2) = LT(2) = 4, LF(1,3) = LT(3) = 5,$$
$$LF(3,5) = LT(5) = 13, LF(3,4) = LT(4) = 7,$$
$$LF(2,4) = LT(4) = 7, LF(4,6) = LT(6) = 10,$$
$$LF(4,7) = LF(5,7) = LF(6,7) = LT(7) = 15$$

④由公式 $LS(i,j) = LF(i,j) - t(i,j)$ 可计算各项工作的最迟必须开始时间。

$$LS(1,2) = LF(1,2) - t(1,2) = 4 - 2 = 2,$$
$$LS(1,3) = LF(1,3) - t(1,3) = 5 - 5 = 0,$$
$$LS(2,4) = LF(2,4) - t(2,4) = 7 - 3 = 4,$$
$$LS(3,4) = 7 - 5 = 2, LS(3,5) = 13 - 2 = 11,$$
$$LS(4,6) = 10 - 3 = 7, LS(4,7) = 15 - 5 = 10,$$
$$LS(5,7) = 15 - 2 = 13, LS(6,7) = 15 - 5 = 10$$

(3)利用上面已获得的控制性时间参数的计算结果来计算各项工作的时差。

①计算各项工作的总时差,由 $TF(i,j) = LT(j) - ET(j) - t(i,j)$ 可得:

$$TF(1,2) = LT(2) - ET(1) - t(1,2) = 4 - 0 - 2 = 2,$$
$$TF(1,3) = LT(3) - ET(1) - t(1,3) = 5 - 0 - 5 = 0,$$
$$TF(2,4) = LT(4) - ET(2) - t(2,4) = 7 - 2 - 3 = 2,$$
$$TF(3,4) = 7 - 5 - 2 = 0,$$
$$TF(3,5) = 13 - 5 - 2 = 6,$$
$$TF(4,6) = 10 - 7 - 3 = 0,$$
$$TF(4,7) = 15 - 7 - 5 = 3,$$
$$TF(5,7) = 15 - 7 - 2 = 6,$$
$$TF(6,7) = 15 - 10 - 5 = 0$$

② 计算各项工作的局部时差,由 $FF(i,j) = ET(j) - ET(i) - t(i,j)$ 进行计算,根据总时差的特性,凡是总时差为零的工作,其他时差均为零,因此可以只计算总时差不为零的几项工作。

$$FF(1,2) = ET(2) - ET(1) - t(1,2) = 2 - 0 - 2 = 0,$$
$$FF(2,4) = ET(4) - ET(2) - t(2,4) = 7 - 2 - 3 = 2,$$
$$FF(3,5) = 7 - 5 - 2 = 0,$$
$$FF(4,7) = 15 - 7 - 5 = 3,$$
$$FF(5,7) = 15 - 7 - 2 = 6,$$
$$FF(1,3) = FF(3,4) = FF(4,6) = FF(6,7) = 0$$

如果采用图上计算法来计算网络计划图中的各类时间参数,可将计算所得结果直接标注在网络计划图中各个节点或工作上,各工作的时差则标在各项工作旁,如图 10-25 所示。

五、关键线路及其确定

计算网络计划时间参数的目的之一是找出计划中的关键线路。找出了关键线路也就抓住了工程进度计划的主要矛盾,这样就可使工程管理人员在施工的组织和管理工作中做到心中有数。所谓线路,是指网络计划图中顺箭线方向由起点至终点的一系列节点箭线组成的通路。在一个网络计划中,一般都存在许多条线路,但也有只有一条线路的网络计划图。在图 10-25 所示的网络计划图中,一共包含了 5 条线路:

(1)①—②—④—⑦;
(2)①—②—④—⑥—⑦;
(3)①—③—④—⑥—⑦;
(4)①—③—④—⑦;
(5)①—③—⑤—⑦。

每条线路均由若干项工作组成,这些工作的持续时间之和就是这条线路的长度,即线路的总持续时间。上面 5 条线路的长度依次是 10、13、15、12、9。

任何一个网络计划中至少有一条最长的线路,这条线路的总持续时间决定了这个网络计划的总工期。在这种线路中,没有任何机动时间,线路上的任何工作有延误就会使总工期相应地延长;任何工作的持续时间如有缩短,则可使总工期缩短,这种线路是按期完成计划的关键所在,因而称之为关键线路。在关键线路上的各项工作称为关键工作,关键工作没有任何机动时间,即工作的总时差为零。这样上面所列的 5 条线路中的第三条线路就是关键线路,而工作

(1,3)、(3,4)、(4,6)、(6,7)都是关键工作。

在网络计划中除了关键线路之外的线路都称为非关键线路，在非关键线路中总是或多或少地存在有时差，其中存在时差的工作称为非关键工作，需要指出的是非关键线路并不是全由非关键工作组成，在任何一条线路上，只要有一项非关键工作，这条线路就是非关键线路，它的总长度小于关键线路。所以，只有全部由关键工作组成的线路才能成为关键线路。

关键线路的特性：

(1) 关键线路上各工作的总时差均为零；
(2) 关键线路是从网络计划起点到终点之间持续时间最长的线路；
(3) 关键线路在网络计划中不一定只有一条，有时存在多条；
(4) 非关键工作如果使用了总时差，就会转化为关键工作；
(5) 当非关键线延长的时间超过它的总时差，关键线路就转变成为非关键线路。

确定关键线路的方法很多，下面介绍两种简单易行的关键线路确定方法：

(1) 关键工作法。

关键线路上所有工作的总时差均为零，反之亦真。

这是确定关键线路的充分必要条件。因此只有连接网络计划中总时差为零的工作，就可以确定出关键线路。如图10-25所示的网络计划图中，只要把总时差为零的关键工作(1,3)、(3,4)、(4,6)和(6,7)依次连接起来就成为网络计划中的关键线路①—③—④—⑥—⑦。

(2) 关键节点法。

关键线路上所有节点的两个时间参数均相等，反之不真。

网络计划图中每一个节点(i)都具有两个时间参数，即最早可能实现时间 $ET(i)$ 和最迟必须实现时间 $LT(i)$，利用节点时间参数相等来确定关键线路，只是确定关键线路的必要条件，而不是充分必要条件，这可以通过用图10-26所示网络计划图来说明。

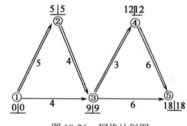

图10-26 网络计划图

通过简单的计算可以看到计划图中所有节点的时间参数均相等。这时，凭节点时间参数均相等是不能确定关键线路了，因为线路①—②—③—⑤，①—③—④—⑤和①—③—⑤上各节点的时间参数均相等，必须加以辨别，才能确定这些相邻节点的工作是否为关键工作，从而把关键线路延伸下去。辨别两节点间的工作是否关键工作可用下列判别式：

$$\text{箭尾节点时间} + \text{工作持续时间} = \text{箭头节点时间} \tag{10-9}$$

如果上式成立，则这个工作就是关键工作，例如图10-25中节点④和节点⑦的时间参数均相等，那么，工作(4,6)和工作(4,7)哪个是关键工作呢？这时就需要用式(10-9)来辨别。

工作(4,6)　　$7+3=10$
工作(4,7)　　$7+5<15$

可见工作(4,6)是关键工作，它是关键线路上的一项工作，关键线路应由此处通过。尽管确定关键线路的方法(关键节点法)只是一个必要条件，但由于其计算简单，所以可作为寻找关键线路的辅助手段。

关键工作在网络计划中所占的比重往往不大，而且愈是复杂的网络计划，其工作和节点数量愈多,关键工作所占的比重愈小。根据统计的资料,对于一个具有 10 项工作的网络计划,它的关键工作数目约有 3~5 项,一个具有 100 项工作的网络计划,其关键工作数目约有 12~15 项,一个具有 1000 项工作的网络计划,关键工作的数目约是 70~80 项,而一个具有 5000 项工作的网络计划,其关键工作的数目仅约有 150~160 项。这样就有可能使工程项目的管理者集中精力抓主要矛盾,搞好计划管理工作。

第三节 时间坐标网络计划

前面介绍的一般双代号网络计划,各项工作的作业持续时间均与箭线长度无关。这种网络计划的好处是修改方便,如果工作顺序、相互关系及持续时间变动时,改动原计划很方便,但不能直接从网络图上看出工作的最早可能开始和最早可能完成时间,以及工作的最迟必须开始时间与最迟必须完成时间。为了克服以上不足,产生了双代号时间坐标网络计划,简称为时间坐标网络计划或时标网络计划。由箭线长度对应工作持续时间长短绘制的双代号网络图,称为时间坐标网络图,常简称为时标网络图或时标图。

一、时标图及应用特点

1. 时标图

时标图是时间坐标网络图的简称,它以时间为横坐标,绘制各项工作的箭线,使箭线的长度直接反映相应工作持续时间的长短,且在图上直接显示出各项工作的开始时间和完成时间及工作的机动时间、关键线路等。

现以图 10-27 所示的双代号网络图为例,按节点最早可能实现时间改绘成时标网络图。

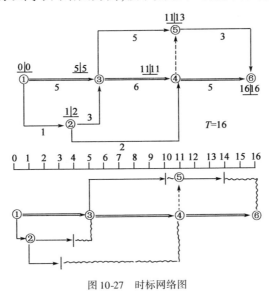

图 10-27 时标网络图

2. 时标图的特点

从图 10-27 可以看出,时标网络图更能表达进度计划中各项工作之间恰当的时间关系,使网络计划易于理解、方便应用、箭线的长短和所在的位置表示着工作的时间进程,有利于计划管理人员分析网络计划,并对其进行合理的优化。因此,时间坐标网络计划图具有以下特点:

(1)时标图比较接近通常使用的横道图,能直观地反映出整个网络计划的时间进程。

(2)时标图能直接反映出各项工作的开始和完成时间,机动时间及网络计划中的关键线路;在执行计划过程中,可以随时检查出哪些工作已经完成,哪些工作正在进行及哪些工作将要开始。

(3)因时标图能清楚地反映出哪些工作同时进行,所以可方便地确定在同一时间内劳动力、材料、机具设备等资源的需要量,并进行资源用量调配图的绘制。

(4)调整优化后的时间坐标网络计划,可下达施工任务书,作为进度计划下达给施工单位直接使用。

(5)时标网络计划的调整比较烦琐,当情况发生变化,如资源的变动或工期的拖延等需对时标网络计划修改时,为了改变工作持续时间就得改变箭线的长度和节点的位置,由此因移动局部几项工作而需要牵动整个网络计划的改变。

3. 时标网络计划的应用范围

(1)一般时标网络图适用于编制工程项目中工作数目较少、工艺过程较简单的施工进度计划。

(2)对于大型复杂的工程项目,可以先利用时标网络计划的形式绘制各分部工程的网络计划,然后再综合起来绘制出比较简明的总网络计划;也可先编一个总体施工网络计划,每隔一段时间,再对下一阶段要开始的分部工程绘制出详细的子网络时标图。实施中如果时间改变,则不需要变动总体网络计划图,只对此阶段的分部工程子网络图进行修改即可。

(3)由于时标图接近横道图,且便于对资源需要量调配并进行必要的调整与优化,所以时标图是进度计划下达执行的一种常用方法。

二、时标图的绘制方法

时间坐标网络计划图的绘制方法有 3 种,即按节点最早可能实现时间(节点最早时间)、节点最迟必须实现时间(节点最迟时间)、优化时间直接绘制。前两种方法主要用于网络计划分析和资源优化,所以应用较广;后一种方法只适用于工程项目中工作数目较少、工艺过程较简单的进度网络计划,因此实际应用较少。下面主要介绍按节点最早时间和节点最迟时间绘制时标图的方法与步骤。

1. 按节点最早时间绘制时标图

图 10-28 为一般双代号网络计划图,试按节点最早时间(ET)将其绘成时间坐标网络计划图。

按节点最早时间绘制时标图的步骤如下:

(1)计算一般双代号网络图的节点时间参数并确定关键线路,作为绘制时标图的依据,见图 10-28。

(2)以计算出的计划工期为横轴,作出时间坐标,并把网络图中的关键线路按节点最早时间放在时标图中的适当位置。

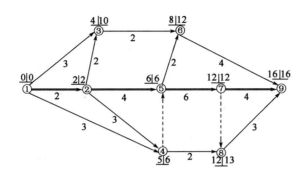

图 10-28　一般双代号网络图

（3）按节点最早时间绘制非关键线路,见图 10-29。

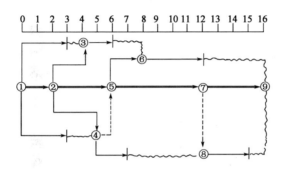

图 10-29　按节点最早时间给出的时标图

①图中所有节点的位置,应按节点的最早可能实现时间标画在相应的时间坐标上。
②从网络图起点开始按箭线方向逐项工作绘至网络图的终点,工作用实箭线表示,实箭线的长度表示工作持续时间的长短;虚工作仍用虚箭线表示;工作的机动时间用波浪线表示,波浪线补在实线的右边,并在实箭线和波浪线分界处加一节止短线作为分界线。
③时标图中各节点的纵向位置没有时间的含意。

2. 按节点最迟时间绘制时标图

这里仍以图 10-28 所示的一般双代号网络计划图为例,按节点最迟必须实现时间绘制时标网络计划图,其绘制步骤为:

（1）（2）两个步骤与节点最早时间绘制时标网络图完全相同。

（3）按节点最迟时间绘制非关键线路。

①图中所有节点的位置,应按节点的最迟必须实现时间标画在相应的时间坐标上。
②从网络图终点开始逆着箭线方向逐项工作绘至网络图的起点,实箭线表示工作,其长度代表工作持续时间长短;虚箭线仍为虚工作;工作的机动时间用波浪线表示,波浪线补在实箭线的左边,并在实箭线和波浪线连接处用一节止线作为分界线。
③时标图中各节点的纵向位置无时间含意。

以上步骤绘出的时标图如图 10-30 所示。

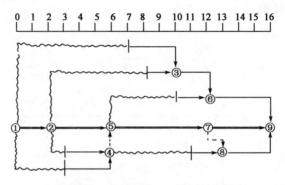

图 10-30　按节点最迟时间绘制的时标图

从图 10-29 可以看到,按节点最早时间绘制时标图的特点是"紧前松后",工作的机动时间分布在后面,此时图中所表示的机动时间为各工作的局部时差;而图 10-30 中按节点最迟时间绘制时标图的特点则为"紧后松前",工作的机动时间分布在前面,此时图中所表达的机动时间没有此类时差概念。因此,在工程项目实际中主要采用节点最早时间绘制时标图,并应注意下列问题:

①先确定关键节点位置,再定非关键节点位置。

②每项工作的实线长度,必须严格按其持续时间长短绘制,两节点之间箭线长度不足时,要用波浪线加以连接。

③绘时标图时最好与原一般双代号网络图的形状相似,以便检查和核对。

④时标图绘成后,应与日历时间进程相对应,以便作为进度计划直接下达给施工单位使用。

第四节　单代号网络计划与计算

一、单代号网络计划图的构成

单代号网络计划图也是由许多节点和箭线组成的,但是构成单代号网络计划图的基本符号含意与双代号网络计划图完全不同。在双代号网络计划图中,箭线表示具体的工作,节点表示工作之间的相互关系,为了正确表达双代号网络图各项工作之间的逻辑关系,需要引入虚工作;在单代号网络计划图中,节点表示具体的工作,而箭线表示工作之间的相互关系。因此,双代号网络计划也被称为"工作型网络计划",每项工作由箭尾和箭头的两个节点代号表示;单代号网络计划又被称为"节点型网络计划",每项工作用一个节点代号表示,所以称为单代号网络计划。

单代号网络计划图的基本符号有:节点、箭线和代号等。

1. 节点

单代号网络计划图中,一个节点表示一项具体的工作,它可以用圆圈或方框表示。节点所表达工作的名称、持续时间和代号一般都标注在圆圈或方框内,如图 10-31 所示。

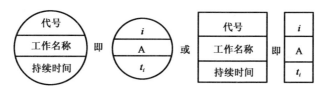

图 10-31　单代号网络图节点表示方法

单代号网络计划图中节点表达工作，与双代号网络计划图中箭线表示工作一样，都具有广义工作概念。且在单代号网络计划图中，如果若干项工作同时开始，则要引入虚拟开始节点；有若干项工作同时完成时，则应引入虚拟终节点。虚拟的始节点和终节点均无工作名称、不占时间、不消耗资源，其目的是统一计算时间，保证一张网络图只有一个起点和一个终点。

2. 箭线

在单代号网络计划图中，箭线表示工作之间的相互关系。它与双代号网络计划图中的节点相同，既不占用时间，也不消耗资源，更不存在虚箭线。箭线的箭头方向表示工作的前进方向，有关箭线前后节点及平行节点的关系如图 10-32 所示。

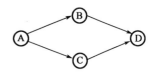

注：A为B、C紧前工作；B、C是平行工作；D为B、C紧后工作；

图 10-32　工作间基本关系的箭线表示方法

3. 代号及编号规则

在单代号网络计划图中，一项工作只有一个代号，不得有重复代号。

单代号网络图的代号编号规则，与双代号网络图相同，即箭尾节点工作代号应小于箭头节点工作代号。

4. 线路、关键线路和关键工作

单代号网络计划图中的线路、关键线路和关键工作，与双代号网络计划图相同。

二、单代号网络计划图的绘制

单代号网络计划图与双代号网络计划图所表达的进度计划内容是一致的，两者的区别仅是网络图的基本符号箭线和节点所表示的意义不同。因此，单代号网络计划图的绘制过程和双代号网络计划图一样，首先将工程项目划分为具体的工作，然后确定这些工作之间的逻辑关系，并确定或计算各项工作所需的持续时间，再采用逐节生长法绘制网络图，进行合理布局调整和网络图的正确性检查，最后绘出正确的网络图并予以节点编号。

1. 工作逻辑关系的表示方法

表 10-6 所列是单代号网络图与双代号网络图工作逻辑关系表达方法的比较。

单代号与双代号网络图工作逻辑关系表达方法的比较　　表 10-6

序号	工序逻辑		双代号网络图	单代号网络图
	紧前	紧后		
1	A B	B C	A→B→C	A→B→C

续上表

序号	工序逻辑 紧前	工序逻辑 紧后	双代号网络图	单代号网络图
2	A	B C		
3	A B	C		
4	A B	C D		
5	A B	C、D D		
6	A B、C	B、C D		
7	A、B	C、D		
8	A B C D、E	B、C D、E E F		
9	A B C D E F G、H	B、C E、F D、E G G、H H I		

续上表

序号	工序逻辑 紧前	工序逻辑 紧后	双代号网络图	单代号网络图
10	A、B、C	D、E、F		

从表 10-6 可以看出,在不同的情况下,单代号网络和双代号网络图的复杂程度是不相同的。一般多项工作在多个施工段上流水作业时,用单代号网络图比较简单,表 10-6 中序号 9 若用双代号网络图则要引入一些虚工作。而在多项工作相互交叉衔接时,即在多条箭线多出多进的情况下,用双代号网络图表达比较简单,例如表 10-6 中序号 10 若用单代号网络图时,则节点之间的箭线将会出现许多不可避免的交叉。

2. 绘制单代号网络图的基本原则

由于单代号网络图与双代号网络图的区别仅在于图形表达符号不同,而表达进度计划的内容是相同的,所以绘制双代号网络图的基本规则,在单代号网络图绘制中都应遵守。即一张单代号网络图也只能允许一个起点和一个终点,且除网络图始节点和终节点外,其他中间节点,其前面至少必须有一个紧前工作节点,其后面至少必须有一个紧后工作节点,并以箭线相连接。如图 10-33 所示的单代号网络计划图,它的始节点和终节点都是虚设的,也不存在独立的中间节点。

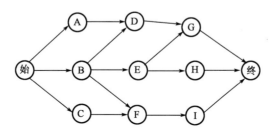

图 10-33 虚拟始节点和终节点的单代号网络图

此外单代号网络计划图中,一个代号只能代表唯一的某项工作;不允许出现闭合回路和不允许出现双向箭线或线段,避免使用反向箭线,以及网络图布局应合理等,与双代号网络图绘制规则完全相同。

3. 单代号网络图的绘图方法

绘制单代号网络计划图的方法,也可采用前进法、后退法和先粗后细法。项目工程进度计划实际应用中,主要采用先粗后细法绘制单代号网络图;确定工作之间的相互关系表后,多数采用前进法或后退法绘制单代号网络图。

根据表 10-2、表 10-3、表 10-4 和表 10-5 所表达的工作相互关系,运用前进法或后退法也可绘制单代号网络计划图,如图 10-34、图 10-35、图 10-36 和图 10-37 所示。

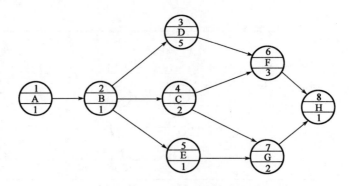

图 10-34 单代号网络计划图(一)

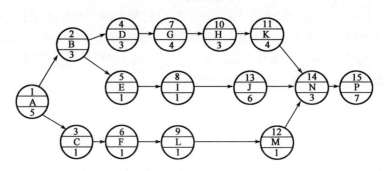

图 10-35 单代号网络计划图(二)

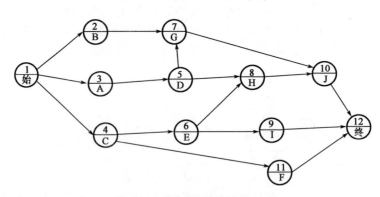

图 10-36 单代号网络计划图(三)

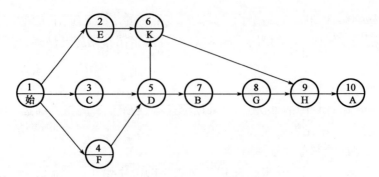

图 10-37 单代号网络计划图(四)

4. 单代号网络图的特点

通过单代号网络图与双代号网络图的比较可以看出,单代号网络图的绘制方法比较简单,图中各项工作的相互关系容易表达,不存在虚工作,使得单代号网络图便于检查与修改。但是单代号网络图不能绘制成时标图,而双代号网络图可绘成时标图,特别是双代号网络图按节点最早时间绘制时标图时,可以清楚地反映出工作的局部时差,所以进行进度计划下达和对网络计划优化时,经常采用双代号网络计划图。由于双代号网络图和单代号网络图各有优缺点,因此两种形式的网络计划图的应用都很普遍。

三、单代号网络图时间参数的计算

由于单代号网络计划图中用节点表示工作,所以它只有工作时间参数的计算,而不存在节点时间参数的计算。单代号网络图的工作时间参数计算内容和时间参数的含义及其计算目的与双代号网络图相同,即计算工作的最早时间(ES 与 EF)、工作的最迟时间(LF 和 LS)、工作的机动时间(TF 和 FF)等。单代号网络图工作时间参数的计算步骤和方法,以及计算公式与双代号网络图基本相同,下面以图算法为例予以说明。

1. 计算工作的最早时间

(1)工作最早可能开始时间(ES)的计算。

计算工作的最早可能开始时间应从网络图起点开始,按箭线方向逐项工作进行计算,直到终点节点为止。由于开始工作的最早可能开始时间为零,即 $ES_1 = 0$(1 为起始节点即开始工作),其他工作的最早开始时间应等于紧前工作最早开始时间与其工作持续时间之和最大值,其计算公式为:

$$ES_j = \max\{ES_i + t_i\} = \max\{EF_i\} \tag{10-10}$$

式中:ES_j——工作 j 的最早可能开始时间;

ES_i——工作 i 的最早可能开始时间;

t_i——工作 i 的持续时间,$i = 1 \sim n-1, j = 2 \sim n$,$n$ 为单代号网络图终点节点代号。

工作的最早可能开始时间也等于紧前工作中最早可能完成时间的最大值,即紧前工作全部完成本项工作才能开始。

(2)工作的最早可能完成时间(EF)的计算。

工作的最早可能完成时间(EF_i)的计算公式为:

$$EF_i = ES_i + t_i \quad (i = 1 \sim n-1) \tag{10-11}$$

终点节点(n)的最早可能完成时间(EF_n)就是单代号网络计划工期(T),即 $T = EF_n$。

现以图 10-38 所示的单代号网络图为例,利用式(10-10)和式(10-11)计算各项工作的最早时间:

$$ES_1 = 0 \qquad EF_1 = ES_1 + t_1 = 0 + 3 = 3$$
$$ES_2 = EF_1 = 3 \qquad EF_2 = ES_2 + t_2 = 3 + 4 = 7$$
$$ES_3 = EF_1 = 3 \qquad EF_3 = ES_3 + t_3 = 3 + 2 = 5$$
$$ES_4 = EF_2 = 7 \qquad EF_4 = ES_4 + t_4 = 7 + 3 = 10$$

$$ES_5 = \max\begin{Bmatrix}EF_2\\EF_3\end{Bmatrix} = \max\begin{Bmatrix}7\\5\end{Bmatrix} = 7 \quad EF_5 = ES_5 + t_5 = 7 + 4 = 11$$

$$ES_6 = \max\begin{Bmatrix}EF_4\\EF_5\end{Bmatrix} = \max\begin{Bmatrix}10\\11\end{Bmatrix} = 11 \quad EF_6 = ES_6 + t_6 = 11 + 4 = 15$$

$$ES_7 = \max\begin{Bmatrix}EF_3\\EF_5\end{Bmatrix} = \max\begin{Bmatrix}5\\11\end{Bmatrix} = 11 \quad EF_7 = ES_7 + t_7 = 11 + 3 = 14$$

$$ES_8 = \max\begin{Bmatrix}EF_6\\EF_7\end{Bmatrix} = \max\begin{Bmatrix}15\\14\end{Bmatrix} = 15 \quad EF_8 = ES_8 + t_8 = 15 + 5 = 20$$

根据 $T = EF_n$ 得计划工期 $T = EF_8 = 20$。

上述工作的最早时间计算结果标注在图 10-38 图例规定的位置。

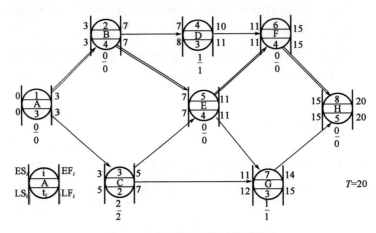

图 10-38　单代号网络图时间参数计算

2. 计算工作的最迟时间

（1）工作的最迟必须完成时间（LF）的计算。

计算工作的最迟时间应从网络图的终点开始，逆着箭线方向逐项工作地计算到起点。结束工作的最迟必须完成时间应保证总工期不被拖延，所以网络图终点节点的最迟必须完成时间应等于该节点的最早可能完成时间，即：

$$LF_n = EF_n = T$$

则 $LS_n = LF_n - t_n$

本项工作 i 的最迟必须完成时间 LF_i 应等于紧后工作 j 的最迟必须完成时间 LF_j 与其工作持续时间 t_j 之差的最小值，即：

$$LF_i = \min\{LF_j - t_j\} = \min\{LS_j\} \tag{10-12}$$

即工作的最迟必须完成时间也等于紧后工作中最迟必须开始时间的最小者，这是因为任何一项工作的完成时间都不应影响紧后工作的最迟必须开始时间。

（2）计算工作的最迟必须开始时间（LS）。

工作的最迟必须开始时间的计算公式为：

$$LS_i = LF_i - t_i (i = n \sim 1) \tag{10-13}$$

再以图 10-38 为例,利用式(10-12)和(10-13)计算单代号网络图各项工作的最迟时间:

$LF_8 = EF_8 = 20$ 则 $LS_8 = LF_8 - t_8 = 20 - 5 = 15$

$LF_7 = LS_8 = 15 \qquad LS_7 = LF_7 - t_7 = 15 - 3 = 12$

$LF_6 = LS_8 = 15 \qquad LS_6 = LF_6 - t_6 = 15 - 4 = 11$

$LF_5 = \min\begin{Bmatrix} LS_6 \\ LS_7 \end{Bmatrix} = \min\begin{Bmatrix} 11 \\ 12 \end{Bmatrix} = 11 \quad LS_5 = LF_5 - t_5 = 11 - 4 = 7$

$LF_4 = LS_6 = 11 \qquad LS_4 = LF_4 - t_4 = 11 - 3 = 8$

$LF_3 = \min\begin{Bmatrix} LS_5 \\ LS_7 \end{Bmatrix} = \min\begin{Bmatrix} 7 \\ 12 \end{Bmatrix} = 7 \quad LS_3 = LF_3 - t_3 = 7 - 2 = 5$

$LF_2 = \min\begin{Bmatrix} LS_4 \\ LS_5 \end{Bmatrix} = \min\begin{Bmatrix} 8 \\ 7 \end{Bmatrix} = 7 \quad LS_2 = LF_2 - t_2 = 7 - 4 = 3$

$LF_1 = \min\begin{Bmatrix} LS_2 \\ LS_3 \end{Bmatrix} = \min\begin{Bmatrix} 3 \\ 5 \end{Bmatrix} = 3 \quad LS_1 = LF_1 - t_1 = 3 - 3 = 0$

以上工作的最迟时间参数计算结果标注在图 10-38 图例规定的位置。

由此可见,利用公式逐项计算工作的最早时间和最迟时间参数是很麻烦的。在单代号网络图中,控制性工作时间参数的计算,同样可以采用图上计算法直接计算,并将所得的计算结果直接标在图上,如图 10-38 所示。

3. 计算工作的时差

(1) 计算工作的总时差(TF)。

在单代号网络计算图中,工作总时差的概念与双代号网络图完全相同,所以工作的总时差计算公式为:

$$TF_i = LF_i - ES_i - t_i \text{ 稍加变化可得}$$
$$TF_i = LS_i - ES_i = LF_i - EF_i$$
(10-14)

利用已经计算的各项工作最早开始和最迟开始时间,按式(10-14)可方便地计算各项工作的总时差:

$TF_1 = LS_1 - ES_1 = 0 - 0 = 0 \qquad TF_2 = LS_2 - ES_2 = 3 - 3 = 0$

$TF_3 = LS_3 - ES_3 = 5 - 3 = 2 \qquad TF_4 = LS_4 - ES_4 = 8 - 7 = 1$

$TF_5 = LS_5 - ES_5 = 7 - 7 = 0 \qquad TF_6 = LS_6 - ES_6 = 11 - 11 = 0$

$TF_7 = LS_7 - ES_7 = 12 - 11 = 1 \qquad TF_8 = LS_8 - ES_8 = 15 - 15 = 0$

其计算结果均列在图 10-38 节点旁图例规定处。

(2) 计算工作的局部时差(FF)。

单代号网络图中工作的局部时差概念也与双代号网络图相同,但是在单代号网络计划图中,本项工作有若干项紧后工作时,紧后工作的最早可能开始时间不一定相同。此时应取紧后工作最早可能开始时间的最小值,减去本工作的最早可能完成时间。用公式表达为:

$$FF_i = \min\{ES_j\} - ES_i - t_i \text{ 稍加变化可得}$$
$$FF_i = \min\{ES_j\} - EF_i$$
(10-15)

利用公式(10-15)计算图 10-38 中工作的局部时差为：

$FF_1 = \min\{ES_2, ES_3\} - EF_1 = 3 - 3 = 0$

$FF_2 = \min\{ES_4, ES_5\} - EF_2 = 7 - 7 = 0$

$FF_3 = \min\{ES_5, ES_7\} - EF_3 = 7 - 5 = 2$

$FF_4 = ES_6 - EF_4 = 11 - 10 = 1$

$FF_5 = \min\{ES_6, ES_7\} - EF_5 = 11 - 11 = 0$

$FF_6 = ES_8 - ES_6 = 15 - 15 = 0$

$FF_7 = ES_8 - ES_7 = 15 - 14 = 1$

$FF_8 = T - EF_8 = 20 - 20 = 0$

各项工作局部时差的计算结果见图 10-38 所示。

4.关键线路的确定

单代号网络计划图中确定关键线路的方法与双代号网络计划图基本相同，但由于单代号网络图没有节点时间参数计算，所以不存在用关键节点法来确定关键线路。因此，单代号网络图主要采用关键工作法确定关键线路，即连接工作总时差为零的关键工作自始至终的线路就是关键线路。在图 10-38 中关键工作为 A、B、E、F、H，由此连成的路线 1—2—5—6—8 即为关键线路，用双线标出，见图 10-38。

小　　结

本章主要介绍了公路工程项目施工进度常用的双代号网络计划、时间坐标网络计划和单代号网络计划绘制方法；双代号网络图、时标网络图与单代号网络图的绘图步骤，以及绘制双代号和单代号网络图的基本规则；网络图控制性与协调性时间参数的意义及其计算原理；双代号与单代号网络计划图中的关键线路确定方法等。

第十一章 网络计划的优化

通过分解公路工程项目,依据各项工作之间的逻辑关系,绘制网络计划图,并计算各类时间参数和确定关键线路,便得到一个初始的网络计划。但是它可能有一些尚未解决的问题,比如计划工期超出了合同的规定,资源供不应求,费用消耗太高等,因此还需综合地考虑时间、费用和资源等情况以及它们之间的关系,即网络计划的优化问题。

网络计划的优化,是在既定的条件下,对初步拟定的网络计划方案,利用时差不断调整和改善,使之达到工期最短、成本最低、资源最优的目的。衡量网络计划是否达到最优,应综合评定工期、成本、资源消耗等技术经济指标,但是目前还没有一个能全面反映这些指标的数学模型。因此,只能根据不同的既定条件,按某一期望实现的目标,来衡量是否达到最优计划方案。对某项工程而言,如在技术资源有限的条件下,希望施工进度最快,即资源有限、工期最短的优化;如既要保证按期完工,又要求投资最省,应寻求工期限定、成本最低的计划方案。

项目实际工程进度网络计划的优化,只能根据具体条件进行单项指标优化。即时间优化条件是资源有限、工期最短;成本优化条件为工期限定、成本最低;资源优化条件则为工期限定、资源均衡。随着不同的优化目标,存在着不同的网络计划的优化理论和方法。但其共同之处在于:各种优化理论与方法均以初始网络计划为基础,通过不断调整网络计划的时间参数,寻找最优的网络计划方案。

第一节 网络计划的时间优化

时间是一种特殊的资源。对工期要求紧迫的施工任务,应千方百计采取措施,调整修改初始网络计划,以达到时间最短的目的,或者满足指令工期的要求。即使初始网络计划的工期没有超过指令工期,也要进一步分析讨论初始网络计划,挖掘时间潜力,使计划时间最短,提前完成施工任务。这种以工期为目标,调整初始网络计划的过程,称为网络计划的时间优化。

一、时间优化的措施与途径

网络计划的工期取决于关键线路上工作持续时间之和,因此,缩短关键工作的持续时间是网络计划时间优化的基本思路之一。它以关键线路为研究对象,选择合理的工期缩短方案,从而避免盲目加快施工进度可能造成的浪费现象,并获得时间最优的效果。在网络计划的时间优化中,缩短工期主要是通过调整施工组织、压缩关键工作持续时间和计划外增加资源等措施来实现的。

(1) 将连续施工的工作改为平行作业。

工作 A、B、C 原计划安排为顺序作业，为了缩短时间，可以将这 3 项工作调整为平行作业，如图 11-1 所示。这样网络计划的持续时间就由原来的 15d 缩短为 6d。

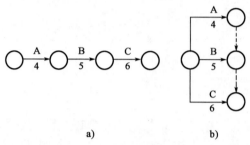

图 11-1　连续施工改为平行作业

(2) 将顺序作业调整为流水作业。

几项顺序作业的工作，若紧前工作部分地完成后其紧后工作就可以开始，则这些工作就可以采取流水作业的方式来完成。例如隧道工程施工中的掘进 A、支模 B、衬砌 C 等 3 项工作，若顺序施工需要 60d，但是将 A、B、C 分别分成 3 个施工段进行流水作业，就可以使工期缩短到 40d，如图 11-2 所示。

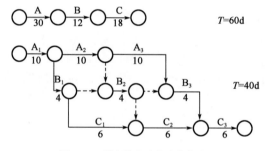

图 11-2　顺序作业改为流水作业

(3) 缩短关键工作的持续时间。

在网络计划中，关键线路控制着任务的总工期，其主要措施是压缩关键工作的持续时间来达到缩短工期的目的。

(4) 相应地延长非关键工作的持续时间。

有时还可以采用延长非关键工作的持续时间，而将人力、物力调到关键工作上去，以便达到压缩关键工作持续时间、缩短工期的目的。

(5) 从计划外增加资源。

从原计划外增加资源供应，即增加机械设备、运输车辆、劳动力、材料供应等的办法来加快关键工作的完成。

时间优化的途径在于缩短网络计划的工期，缩短工期常用方法有平均压缩关键工作持续时间、依次压缩关键工作持续时间、选择压缩关键工作持续时间 3 种。当初始网络计划的计划工期与指令工期差值不大时，可采用平均加快关键工作持续时间法；当计划工期与指令工期相差较大时，通常按施工工艺要求，并根据技术可行、经济合理原则，事先选择若干项关键工作来压缩其工作持续时间;选择缩短法是在网络计划的关键线路上有的放矢地选择某些工作来缩短其作业持续时间。

上述缩短工期的 3 种方法,现以图 11-3 为例予以说明。由图 11-3 计算网络图节点时间参数、计划工期(T)并确定关键线路;若指令工期 $\lambda = 53d$,按以上 3 种方法计算如下:

计算初始网络计划图节点时间参数并确定关键线路,见图 11-3。计划工期 $T = 65d$,所以 $\Delta T = T - \lambda = 65 - 53 = 12d$。

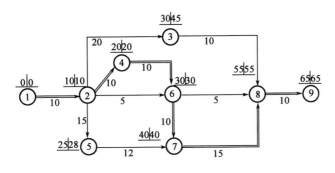

图 11-3 初始网络计划

①平均压缩关键工作持续时间法:将 $\Delta T = 12d$ 平均分配到 6 项关键工作上,每项关键工作应压缩的时间为 $\Delta t = \dfrac{12}{6} = 2d$。

②依次压缩关键工作持续时间法:根据实际情况依次选择关键工作(1,2)、(2,4)、(4,6)均压 2d,(6,7)压 1d,(7,8)压 3d,(8,9)压 2d,共计压缩工期 12d。

③选择压缩关键工作持续时间法:最简单的情况可选择关键工作(1,2)和(8,9),共压缩工期 12d。

二、时间优化的方法

网络计划时间优化的基本方法是循环优化法。缩短工期的着眼点是关键线路,因此必须从关键线路入手。循环优化法的基本原理是:计算初始网络计划图的计划工期并确定关键线路;将计划工期与指令工期比较,求出需要缩短的时间;采取适当的时间优化途径压缩关键工作持续时间,从而压缩关键线路的长度,并重新确定网络计划图中新的关键线路。此时,如果计划工期小于或等于指令工期,时间优化即告完成;否则,按上述同样的步骤,再次压缩关键线路的长度,直到满足指令工期要求为止。

需要指出的是,当网络计划图同时存在多条关键线路时,必须同时压缩各条关键线路的长度,才能达到指令工期的要求。如果需要得到网络计划最短工期,也可按以上方法循环压缩关键线路的长度,直到网络计划中关键线路不能再缩短为止,此时得到的计划工期就是网络计划的最短工期。循环优化法的求解步骤举例说明如下:

设某项工程任务的初始网络计划如图 11-4 所示,若指令工期 $\lambda = 25d$,试采用循环优化法压缩关键线路长度,以满足指令工期的要求。

首先计算初始网络计划图的节点时间参数,得到计划工期 $T = 30d$,再计算计划工期与指令工期的差值,即 $\Delta T = T - \lambda = 30 - 25 = 5d$,则需要压缩关键工作持续时间 5d,才能满足指令工期的要求。网络图时间参数计算结果及关键线路见图 11-4。

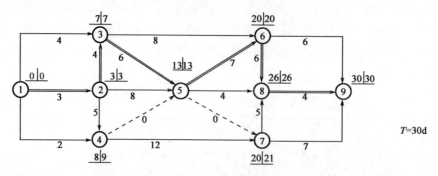

图 11-4 初始网络计划

然后运用循环优化法对初始网络计划进行时间优化,一般需要多个循环步骤才能完成。

循环 1 假定选择关键工作(3,5)和关键工作(5,6)分别压缩 2d 和 3d,这样关键线路①—②—③—⑤—⑥—⑧—⑨的长度就由 30d 缩短为 25d。经重新计算网络图时间参数发现,关键线路发生了变化,图 11-5 中关键线路变为①—②—④—⑦—⑧—⑨,其长度为 29d。可见计划工期通过第一次循环压缩仅缩短了 $30 - 29 = 1d$,为此还必须压缩新的关键线路长度 4d。

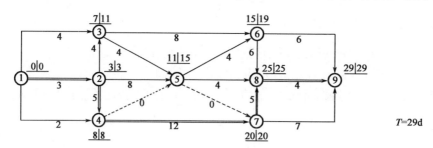

图 11-5 循环 1

循环 2 假定选择压缩新关键线路上的工作(4,7)4d,这样新关键线路①—②—④—⑦—⑧—⑨的长度由 29d 缩短为 25d。重新计算网络计划的时间参数,其结果表明关键线路又发生了变化(图 11-6),其长度为 25d。此时关键线路有 4 条,这 4 条关键线路的长度均为 25d,等于指令工期,时间优化结束。

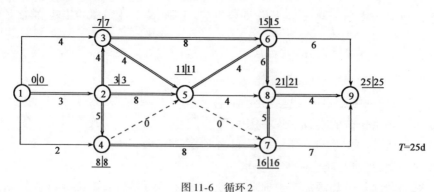

图 11-6 循环 2

由图 11-6 知，如果还需要缩短计划的工期，则必须将 4 条关键线路同时压缩，才能达到缩短计划工期的目的。

网络计划时间优化的循环优化方法是一种探索性的求解过程，它的优点是思路简单、便于理解和掌握；该方法的缺点为计算工作量大，需要多次重复进行。因此对于大型复杂的网络计划图，手工计算将是很繁杂的，必须采用计算机计算。

第二节 网络计划工期与成本优化

上节所介绍了网络计划的时间优化，是在没有考虑工程成本消耗的条件下进行的。在一般项目施工中要加快某项工作，通常都需要增加劳动力、材料供应、机械设备等，而这些增加均会引起成本的加大，因此工程成本与工期有着密切的关系。对某一个项目而言，既不能简单地认为缩短工期就会增加成本，也不能认为延长工期就会降低成本，这就是一个时间与费用的优化问题，即网络计划工期与成本的优化。

一、工程成本的组成及其与工期的关系

1. 工程费用组成

工程费用一般是指通过施工生产活动的兴工动料而形成建筑安装工程所具备的价值或工程价值的货币表现。工程价值又是以工程成本为基础，由于受公路工程自身特点的影响，其工程成本差异很大。根据我国现行的费用定额规定，工程费用由直接成本、间接成本、技术装备费、利润和税金组成。其中主要组成为工程成本，装备费、利润和税金等在工程费用中所占比例较小。

2. 工程直接成本

工程直接成本是指完成某一建设项目的施工任务而直接消耗在工程上的费用，即直接使生产资料转移而形成工程实体所投入的费用。它包括消耗在施工中的人工费、材料费、机械使用费和其他直接费以及现场经费，而其他直接费有冬季施工增加费、雨季施工增加费、夜间施工增加费、高原地区施工增加费、沿海地区工程施工增加费、行车干扰工程施工增加费、施工辅助费 7 项；现场经费则有临时设施费和现场管理费两项组成。直接成本决定了工程费用乃至工程造价，它本身取决于设计方案、施工方法、定额及费率等因素。

3. 间接成本

间接成本是指完成项目施工任务而间接发生的费用，不直接发生在工程项目上，而是间接为工程项目服务所发生的费用。间接成本包括企业管理费用和财务费用，其中，企业管理费系指施工企业为组织施工生产经营活动所发生的管理费用；财务费用是指企业为筹集资金而发生的各项费用，包括企业经营期间短期贷款利息净支出、汇兑净损失、调剂外汇手续费、金融机构手续费，以及企业筹集资金发生的其他财务费用。

4. 工期与直接成本的关系

一般情况下无论采用什么方法加快施工进度，工程的直接成本都将增加。然而当直接成

本增加到某一限值时,再增加直接成本,也不能再缩短工作的持续时间,此时的工期为工程的最短工期,它所对应的费用为最高直接成本。若以纵轴表示工程直接成本,横轴表示时间,则工期与直接成本的关系曲线如图 11-7 所示。

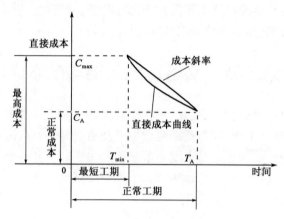

图 11-7 工期与直接成本曲线

由图 11-7 知,直接成本曲线反映了工程的直接成本随着工期的缩短而增加。一般为了简化计算,假定工程直接成本曲线以成本斜率直线替代,其斜率计算公式为:

$$\text{成本斜率}\ K = \frac{\text{最高成本}(C_{\max}) - \text{正常成本}(C_A)}{\text{正常工期}(T_A) - \text{最短工期}(T_{\min})}$$

$$\text{即}\ K = \frac{C_{\max} - C_A}{T_A - T_{\min}}$$
(11-1)

K 的意义是每缩短单位时间直接成本的变化率,若时间单位为天,则成本斜率表示每缩短 1d 时间所需增加的直接成本。

二、工期与成本优化方法

1. 工期与成本优化原理

根据确定的工作关系绘制正确的初始网络计划图;分析各项工作在正常工期状态下所需的持续时间和直接成本,以及在最短工期状态下所需的持续时间和直接成本;按公式(11-1)计算出各项工作的成本斜率;然后对初始网络计划进行时间参数计算,求出计划工期并确定关键线路,从而得到该计划工期时的直接成本;初始网络计划由正常工期到最短工期时直接成本不断变化的过程曲线即为所求的计划工期与直接成本曲线;一般假定间接成本按计划工期比例分摊、经验系数或估算等方法,确定计划工期与间接成本为线性关系,并叠加直接成本和间接成本得到计划工期与工程总成本关系曲线;最后从总成本曲线图上分析,总成本最低时对应的时间就是网络计划的最优工期。

2. 循环压缩工作持续时间的条件

从上述工期与成本优化的原理可知,压缩工期必须缩短关键线路的长度,而关键线路长度的缩短又必须通过压缩关键工作的持续时间来完成。所以被选作压缩的各项工作应满足下列条件：
①必须是关键线路上的工作；
②该工作的持续时间不短于其最短工期；
③它的成本斜率是关键线路上可压缩工作中的最小值。

每缩短一次关键工作的持续时间，得到新的计划工期和相应的工程直接成本、间接成本及工程总成本，以此为一个循环，直到关键工作持续时间达到其最短工期再不能压缩为止。

下面根据图 11-8 所示初始网络计划及表 11-1 所列数据，说明网络计划工期与成本的优化方法。

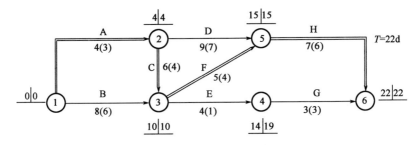

图 11-8 初始网络计划图

各项工作有关资料表 表 11-1

工作名称	工作代号	正常工期		最短工期		成本斜率
		时间(d)	成本(千元)	时间(d)	成本(千元)	(千元/d)
A	(1,2)	4	42	3	56	14
B	(1,3)	8	80	6	112	16
C	(2,3)	6	100	4	120	10
D	(2,5)	9	108	7	120	6
E	(3,4)	4	100	1	220	40
F	(3,5)	5	30	4	48	18
G	(4,6)	3	30	3	30	不压缩
H	(5,6)	7	120	6	150	30
总成本			610		856	

图中箭线下方及右边的括号外数字为工作正常工期，括号内数字为工作最短工期；工作 G 持续时间不能压缩。

(1) 计算计划工期与工程直接成本。

计算原始网络计划图节点时间参数，得出计划工期 $T=22\text{d}$，并确定其关键线路为①—②—③—⑤—⑥，此时直接成本为 610 千元，见图 11-8 和表 11-1。

从表 11-1 可以看出，在图 11-8 关键线路中，工作 C 代号为 (2,3) 的成本斜率最小，因此首先将关键工作 C 压缩 1d。这时直接成本为 $610+10=620$ 千元，关键线路没有变化，计划工期变为 $T=21\text{d}$；而关键工作 C 还可以再压 1d，计划的直接成本变为 $620+10=630$ 千元，且计划工期变成 $T=20\text{d}$。这时称为第一次循环，如图 11-9 所示。关键线路有所变化，除①—②—

③—⑤—⑥外又增加了两条新的关键线路①—②—⑤—⑥和①—③—⑤—⑥,使其关键线路变成3条,这3条关键线路的成本斜率计算结果见表11-2。

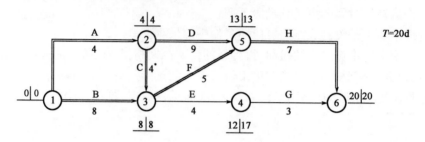

图11-9 第一次循环(*为最短工期)

关键线路上工作成本斜率计算表 表11-2

关键线路 I 1—2—3—5—6		关键线路 II 1—2—5—6		关键线路 III 1—3—5—6	
工作 (i,j)	成本斜率 (千元/d)	工作 (i,j)	成本斜率 (千元/d)	工作 (i,j)	成本斜率 (千元/d)
(1,2)	14	(1,2)	14	(1,3)	16
(2,3)	10	(2,5)	6	(3,5)	18
(3,5)	18	(5,6)	30	(5,6)	30
(5,6)	30				

第二次循环要进一步缩短工期,必须同时压缩图11-9中3条关键线路的长度,此时有两种工期缩短方法。第一种方法,因关键工作(2,3)已不能再压缩持续时间,而关键线路 I 中工作(1,2)的成本斜率最小,故将其压缩1d,同时关键线路 II 的长度也被缩短了1d;关键线路 III 中的工作(1,3)的成本斜率最小,因而先压缩1d。这时工期 $T=19d$,计划的直接成本变为 $630+14+16=660$ 千元,如图11-10a)所示。第二种方法,关键线路 I 和关键 II 缩短工期的方法同第一种方法,而关键线路 III 中压缩工作(3,5)1d,这时关键线路 I 的长度缩短到18d,故最好将关键工作(2,3)持续时间恢复到5d。此时计划工期仍压缩到19d,而其直接成本为 $620+14+18=652$ 千元,比第一种方法节省直接成本 $660-652=8$ 千元,见图11-10b),所以第二种方法更有利。

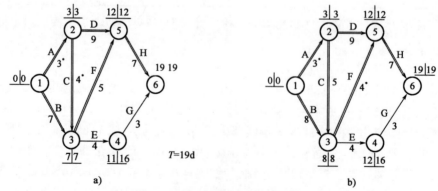

图11-10 第二次循环(*为最短工期)

第三次循环是将工期缩短到18d,这时也可以采用两种方法。一种是将图11-10b)中的关键工作(1,3)、(2,3)、(2,5)分别压缩1d,此时计划直接成本为$652 + 16 + 10 + 6 = 684$千元,见图11-11a)。另一种是将图11-10b)中的关键工作(5,6)压1d,这时直接成本为$652 + 30 = 682$千元,见图11-11b)。所以选择第二种方法,计划工期$T = 18$d,工程直接成本为682千元,比第一种方法节省直接成本2千元,图11-11为第三次循环。

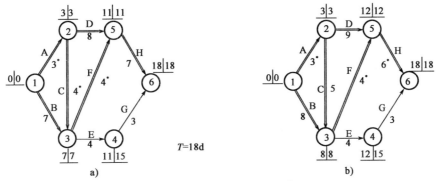

图11-11 第三次循环(＊为最短工期)

第四次循环是把图11-11b)中关键工作(1,3)、(2,3)、(2,5)分别压1d,这时网络计划如图11-12所示。计划的总工期为17d,工程直接成本变为$682 + 16 + 10 + 6 = 714$千元。此时关键线路上的所有工作均达到最短工期,不能再压缩了,因此,该项目网络计划的最短工期为17d。

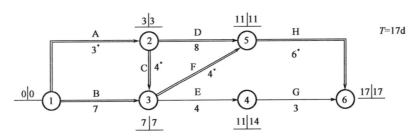

图11-12 第四次循环(＊为最短工期)

如果把所有工作都压缩到最短时间来完成,如图11-13所示,计划工期仍然是17d,这时由表11-1知计划的直接成本为856千元。

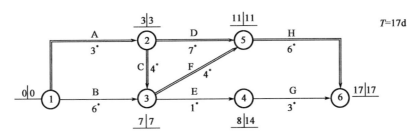

图11-13 均达最短工期网络图(＊为最短工期)

由图11-13知,计划中全部工作均采用最短工期的方案并非成本达到最优消耗。这正是我国著名数学家华罗庚教授指出的,应用网络计划技术时要"向关键线路要时间,向非关键线路要费用"的原因之一。

由以上各个循环压缩过程,得到计划工期与工程直接成本数据如表 11-3 所示,据此绘制计划工期与直接成本曲线如图 11-14 所示。

表 11-3

计划工期(d)	17	18	19	20	21	22
直接成本(千元)	714	682	652	630	620	610

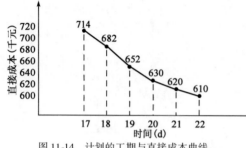

图 11-14 计划的工期与直接成本曲线

一般情况下,上述各个循环压缩过程的结果可以认为是一定条件下的最优解。原因是每次压缩关键工作的持续时间,都是选择其成本斜率最小的工作,即计划的工期缩短后,工程直接成本的增加最少。

(2)计划工期与间接成本及总成本的关系。

得到计划工期与直接成本关系曲线后,再求出计划工期与间接成本之间的关系,通常假设计划工期与间接成本是线性关系,即单位时间内工程项目间接成本为一个常数。例如在图 11-8 初始网络计划中,假定间接成本为 20 千元/d,便可在时间与直接成本曲线图上,绘出时间与间接成本曲线,并由图解法叠加直接成本和间接成本曲线得到工程总成本曲线,如图 11-15 所示。总成本曲线上的最低点就是项目的最优计划方案,此方案对应的成本 $C_{\min}$ 和时间 T_A 分别为计划的最低成本和最优工期,即工程项目总成本最低相应的时间为最优工期。

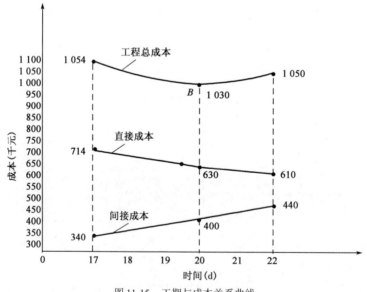

图 11-15 工期与成本关系曲线

由图 11-15 知,总成本曲线最低点 B 为 1030 千元,它所对应的时间为 20d,所以该工程项目计划的最优工期为 20d,总成本为 1030 千元。

上述例题中工期与成本优化,只考虑了直接成本和间接成本,而没有考虑工程费用中的其他因素,例如暂定金额、计日工费、利润、税金以及工期提前获利情况等。如果图 11-8 网络计划中的工程项目提前投入使用 1d,可收费 10 千元,那么把工期定为 17d,比计划工期 20d 提前 3d,则可收费 30 千元,此时工程总成本增加 1054 - 1030 = 24 千元 < 30 千元,因此工期决策为 17d 的方案更为合理。

由计划工期与工程成本优化的实践知,一般只要求出有关关键工作的数据即可。由于关键工作在整个网络计划中所占比例较少,所以只需对少量关键工作仔细分析就可以了;而且在实际优化过程中,还可以假定工作的直接成本曲线为一条直线,使其计算更加简便实用。

3. 工期与成本优化步骤

通过上面的例子可以总结出网络计划的工期与成本优化步骤如下:

①按正常工作时间绘制初始网络计划图,并计算计划工期和完成计划的工程直接成本。如计划工期超过指令工期,应先进行时间优化。

②调查研究确定整个计划的各项工作最短工期及其工程直接成本,并按公式(11-1)计算直接成本的斜率。

③根据成本最小原则,找出关键线路上直接成本斜率最小的工作优先压缩时间,使其工程直接成本增加最小。

④循环计算加快某项关键工作后计划的总工期和直接成本,并重新确定关键线路,直到关键线路上工作均达到最短工期再不能压缩为止。

⑤将工期与直接成本计算结果绘制成直接成本曲线。

⑥假定工期与间接成本呈线性关系,绘制其间接成本曲线,叠加直接成本和间接成本曲线,便可得到计划的总成本曲线。

⑦利用图解法求出总成本曲线上最低点对应的工作时间,即为该项目计划的最优工期。

第三节　网络计划的资源优化

一、资源优化的含义

项目施工进度网络计划初步编制时,不仅与工作之间的逻辑关系、工作持续时间有关,而且与劳动力、材料、施工机具设备等资源条件有关。离开了资源供应条件就无计划可言,在计划的编制、调整和修改时均以资源条件为基础,同一项目施工中由于资源条件不同,其计划也不相同。既考虑施工技术组织条件,又考虑了资源供应条件的工程进度计划称为资源进度计划。

初步拟定网络计划以后,其资源进度计划可能出现以下两种不合理现象:一是在某种时间范围内所消耗的资源数量超过实际提供的资源数量,导致开工不足,工期延误;二是资源进度计划不均衡,出现忽高忽低的大起大落现象,给施工组织管理带来困难,影响施工单位的经济效益。针对以上两方面的问题,最好的解决办法有两种:一种为资源数量有限时,寻找完成计划的最短工期;另一种为工期限定的条件下,力求使资源均衡利用。网络计划资源优化的目的,就是要合理地安排工程进度,解决资源的供求矛盾或实现资源的均衡供应。

因此,资源优化通常有两种不同的目标:

①工期规定资源均衡:在工期规定的条件下,合理安排项目各项工作进度,实现资源的均衡利用。

②资源有限工期最短:在资源供应受限的情况下,安排项目各项工作进度,力求使计划的工期最短。

无论要达到哪一种资源优化目标,都要通过重新安排某些工作,使初始网络计划的工期和资源调配情况得以调整与改善,从而达到预期的目的。对网络计划中某些工作的重新安排,通常是通过调整非关键工作而实现的。一般对非关键工作进行调整的方法有:

①利用工作机动时间,推迟或提前某些非关键工作的开始时间。

②在项目实际施工条件允许的情况下,可在资源需求量超限的时段内中断某些非关键工作,以便减少资源的需要量。

③改变某些非关键工作的作业持续时间,相应减少其资源用量。

下面分别介绍工期规定资源均衡和资源有限工期最短两种资源优化的原理和具体方法。值得注意的是,无论哪种资源优化问题都比较复杂,其计算工作量也很大,只有当网络计划中工作项目较少时,才便于徒手计算。当网络计划中工作项目较多(超过50)时,手算时间和经济条件均不允许,必须借助计算机进行计算。这里所介绍的资源优化方法和原理,可作为进一步使用和编制电子计算机程序进行电算的基础。

二、工期规定资源均衡

1. 资源均衡性评价标准

工期规定资源均衡是在不延长总工期的前提下,调整非关键工作的开始时间,达到资源尽可能均衡的目的。根据资源分布函数的均方差、极差和资源需要量变化的频繁程度等指标,来衡量资源是否均衡。上述指标越小,说明资源越均衡。在实际工作中,很难使上述指标都达到最小,因此往往根据所需均衡的资源选一种最合适的指标作为衡量标准。下面以资源函数的均方差为例予以说明。

设 T 为项目施工总工期;$\overline{R}$ 为资源需要量的平均强度或称平均资源需要量;$R(t)$ 为 t 时刻资源需要量或称为资源强度;σ^2 资源分布函数的均方差。则均方差表达式为:

$$\sigma^2 = \frac{1}{2}\int_0^T [R(t) - \overline{R}]^2 dt = \frac{1}{T}\int_0^T R^2 dt - \frac{2\overline{R}}{T}\int_0^T R(t) dt + \overline{R}^2$$

$$= \frac{1}{T}\int_0^T R^2(t) dt - \frac{2\overline{R}}{T}\overline{R}T + \overline{R}^2 = \frac{1}{T}\int_0^T R^2(t) dt - \overline{R}^2 \tag{11-2}$$

要使 σ^2 最小,即使 $\int_0^T R^2(t) dt$ 为最小(因为 T、$\overline{R}$ 为常数)。

图11-16是同一工程的3个不同计划相应的资源需要量动态曲线。

因为资源需要量曲线为柱状分布图,所以:

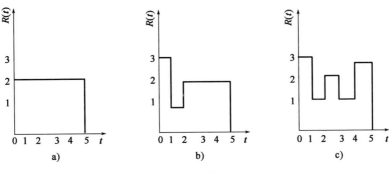

图 11-16 同一工程 3 种资源需要量动态曲线图

$$\int_0^T R^2(t)\,\mathrm{d}t = R_1^2 + R_2^2 + \cdots + R_T^2 = \sum_{i=1}^T R_i^2 \tag{11-3}$$

要使 σ^2 最小,即使 $\sum\limits_{i=1}^{T} R_i^2$ 的值为最小。

图 11-16b)中 $\sum\limits_{i=1}^{5} R_i^2 = 3^2 + 1^2 + 2^2 + 2^2 + 2^2 = 22$

图 11-16c)中 $\sum\limits_{i=1}^{5} R_i^2 = 3^2 + 1^2 + 2^2 + 1^2 + 3^2 = 24$

所以图 11-16b)较图 11-16c)均衡。

而图 11-16a)中 $\sum\limits_{i=1}^{5} R_1^2 = 2^2 \times 5 = 20$

显然图 11-16a)的均衡性最好。

2. 削峰填谷法优化原理

以上分析得出最理想的资源均衡图是一个矩形图,如图 11-16a)所示,即整个网络计划在每个单位时间内的资源需求量保持不变。当然要得到这种理想的计划是不可能的,但是如果求出每单位时间内资源的平均需要量,将对整个资源的均衡性调整有所帮助。这里所介绍的"削峰填谷法"资源优化原理就是要近似地达到这个平均值,实现工期规定的资源均衡。

削峰填谷法基本原理如图 11-17 所示。

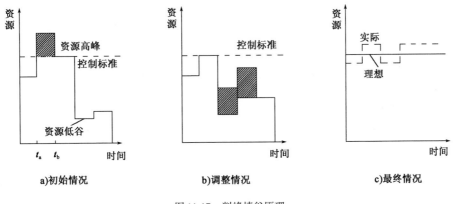

图 11-17 削峰填谷原理

首先,计算初始网络计划的节点时间参数,确定关键线路,并按节点最早时间绘时标图、资源逐日需要量调配图;其初始情况如图 11-17a)所示,找出整个计划中的资源最高峰段($t_a \sim t_b$),选择位于该高峰时段能推迟到该高峰之后开始的非关键工作,将其推迟到该高峰时段之后某时刻开始,这样就使整个计划的资源高峰得到一次削低,该高峰之后的资源低谷相应得到一次填补,见图 11-17b)。然后重复循环进行上述步骤,不断地进行"削峰填谷",直到整个计划的资源高峰再也不能削低为止,如图 11-17c)所示。

被推迟的非关键工作,其推迟时间必须少于其机动使用时间,以便不影响网络计划的总工期。对这些非关键工作的推迟应按以下两条优先调整规则进行:

①优先推迟资源强度小的非关键工作。
②当几项工作的资源强度相同时,优先推迟时差大的非关键工作。

3. 削峰填谷优化步骤及应用

下面举例说明削峰填谷法资源优化的具体步骤。设某工程项目网络计划如图 11-18 所示,箭线上方括号内数字为该工作(i,j)的资源强度,箭线下方数字为工作持续时间,试用削峰填谷法求在规定工期 16d 内,尽可能实现资源均衡的进度安排。

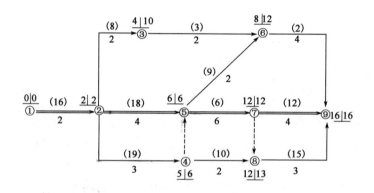

图 11-18 某项目网络计划资源均衡优化

第一步计算网络计划节点时间参数,确定关键线路,见图 11-18。

第二步按节点最早时间绘时标图,见图 11-19a)所示;并作出相应的日资源用量图,见图 11-19b)所示。

为了便于累计整个计划的日资源用量,通常在时标图 11-19a)中各工作实箭线上方标出该项工作的资源强度。

从图 11-19b)可以看出,整个计划的资源需求量是极不均衡的,资源高峰值为 45,而资源低谷值仅为 8,其差值高达 37,因此很有必要进行资源均衡供应问题的优化。

第三步运用削峰填谷法原理,以削低整个计划的资源高峰为目的,调整位于高峰时段的非关键工作,按优先推迟原则循环进行,逐步实现资源均衡。

循环1。从图 11-19 可以看出,时段 $t_2 \sim t_4$ 是整个计划的资源用量高峰,其峰值为 45。位于该高峰时段的工作有 3 项,其中工作(2,5)是关键工作,显然不能推迟。其余两项工作分别为(2,3)和(2,4),它们都是非关键工作。根据前文中的优先调整规则①,应优先推迟资源强度小的工作(2,3)。而时段 $t_4 \sim t_5$ 为整个计划的资源用量次高峰,该值为40,因此最好将工作(2,3)推迟到 t_5 开始,而使该工作的紧后工作(3,6)推迟到 t_7 开始,见图 11-20。这样整个计划的资源用量峰值由 45 削到 37,资源的均衡程度有了改善。

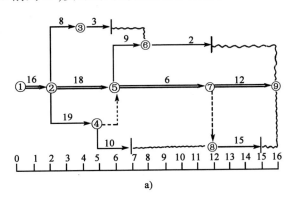

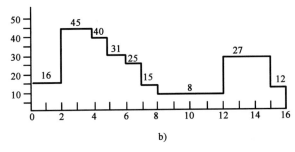

图 11-19　优化前资源调配图

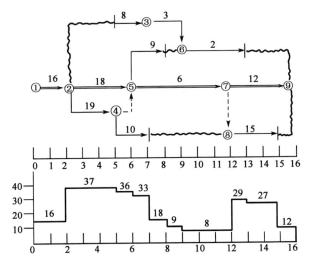

图 11-20　循环 1

循环 2。从图 11-20 可以看到,资源用量高峰时段为, $t_2 \sim t_5$,其峰值为 37。位于此时段的非关键工作只有(2,4),工作(2,4)最好推迟到 t_6 开始。这是因为时段 $t_5 \sim t_6$ 为资源需求的次高峰,峰值为36,若工作(2,4)推迟到t_6开始,这个次峰值也可削去。工作(2,4)推迟到t_6开始时直接影响到其紧后工作(4,8),并迫使该工作推迟到t_9开始。而此时整个计划的资源高峰由循环1的37反而升到42,因此还需进一步调整,如图11-21所示。

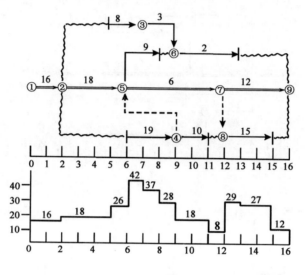

图11-21 循环2

循环3。由图11-21知资源用量高峰时段转移到$t_6 \sim t_7$,其峰值升为42。位于该时段的非关键工作有(2,3)、(2,4)和(5,6),而工作(2,3)的资源强度最小,应选择工作(2,3)进行调整。同理应将工作(2,3)推迟到t_8开始,以便削去资源次高峰值37,迫使其紧后工作(3,6)推迟到t_{10}开始。此时整个计划的资源峰值由循环2的42削低到34,见图11-22。

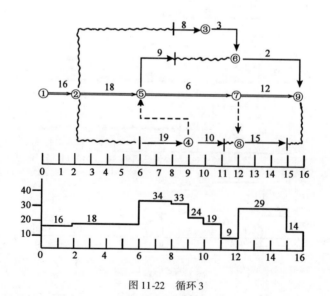

图11-22 循环3

循环4。由图11-22的循环3知,资源用量高峰时段为$t_6 \sim t_8$,资源次高峰时段为$t_8 \sim t_9$,此时应将非关键工作(5,6)推迟到t_9开始,如图11-23所示。

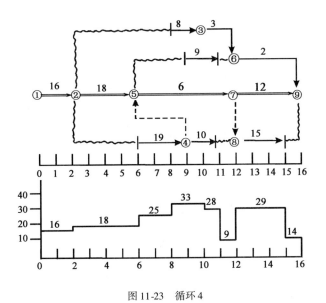

图 11-23 循环 4

循环 5。由图 11-23 可以看出,资源需求的高峰时段为 $t_8 \sim t_{10}$,位于该时段的非关键工作有(2,3)和(2,4),只有工作(2,4)存在机动时间,但工作(2,4)并不能推迟到完全避过资源高峰时段 $t_8 \sim t_{10}$,因此,将工作(5,6)推迟到 t_{10} 开始。此时整个计划的资源需求峰值为 33,资源用量低谷为 14,其差值变为 19,如图 11-24 所示。

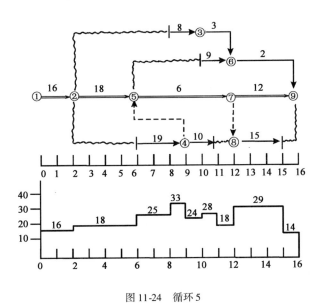

图 11-24 循环 5

循环 6。由图 11-24 可以看出,资源用量高峰时段为 $t_8 \sim t_9$,位于该时段的非关键工作有(2,3)和(2,4),将(2,3)工作调整至 t_2 开始,如图 11-25,通过对整个计划进行资源优化,资源高峰值由原来的 45 削低到 29,资源低谷则由原来的 8 填至 14,其差值变为 15,整个计划的资源用量得到了较好的均衡利用。

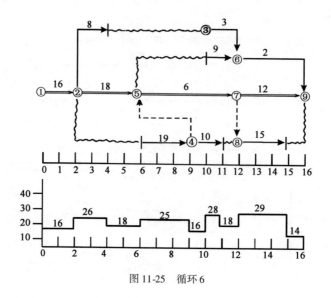

图 11-25 循环 6

三、资源有限工期最短

1. 备用库法基本原理

工程项目网络计划经过资源均衡以后,如果资源供应充足,就可以下达实施了。但当资源供应受限时,执行计划过程中就可能出现资源供不应求的现象,此时就有一个资源的合理分配问题,即根据有限的资源进行工作安排。这里介绍一种有限资源的分配常用方法,称为"备用库法"。

资源有限分配的备用库法基本原理是:假想可供资源分配的数量储存在备用库中,工程任务开始后,从库中取出资源。按下面工作资源分配的优先安排规则给即将开始的工作分配资源,并考虑到尽可能地最优资源组合,分配不到资源的工作就推迟开始,其优先安排规则为:

①优先安排机动时间小的工作;

②当数项工作的机动时间相等时,优先安排持续时间短的和资源强度小的工作。

随着工程进度的推移和工作的结束,资源陆续返回到备用库中。当库中的资源达到能满足即将开始的一项或数项工作的资源用量要求时,再从备用库中取出资源,按上述工作的优先安排规则进行循环分配,直到网络计划中的所有工作都分配到资源为止。

需要指出的是,应优先保证关键工作的资源量且力争减少备用库资源库存的积压,提高资源利用率。灵活地运用以上资源分配优先安排规则,并最大限度地使工作最优组合,这样虽然由于有限资源供应迫使工期有可能延长,但是这种延长值是最小的。

2. 备用库法的优化步骤及应用

现在通过举例说明备用库法进行资源优化的具体步骤。设某工程项目的网络计划如图 11-26 所示,箭线上方括号内的数字为该工作 (i,j) 的资源强度,箭线下方的数字仍为工作持续时间。试用备用库法求出资源限量不超过 40 的条件下的合理的进度安排。

第一步计算网络计划图节点时间参数并确定关键线路,见图 11-26。

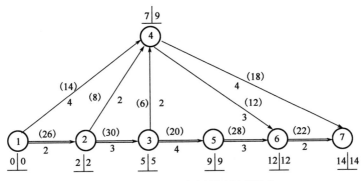

图 11-26 某项目网络计划资源有限优化

第二步按节点最早时间绘制时标网络图,如图 11-27 所示,并在箭线上方标出日资源用量。

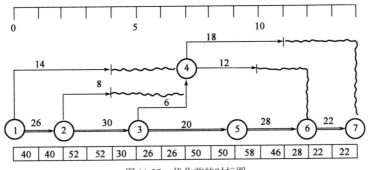

图 11-27 优化前的时标图

第三步累计整个计划中资源的每日需要量。从图 11-27 可以看出,计划的资源高峰值为 58,超过了资源限量 40,显然无法执行此进度计划,必须重新安排进度。

第四步逐日检查备用库中的资源,根据库存的资源情况和工作的优先安排规则安排某些工作。循环进行这个过程,直到资源的每日需要量均满足资源供应限量为止。

循环 1。由图 11-27 可知,在 $t_2 \sim t_4$ 时段资源量为 52,超过资源限量 40。此时有 3 项工作 (1,4)、(2,4) 和 (2,3),根据优先安排规则应先安排关键工作 (2,3),其次安排非关键工作 (2,4),此时非关键工作 (1,4) 应推迟到工作 (2,3) 结束后再开始,即推迟到 t_5 开始,如图 11-28 所示。

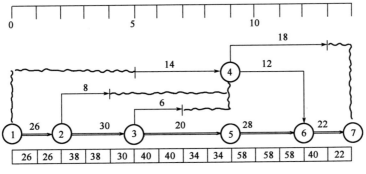

图 11-28 循环 1

从图 11-28 可以看到，由于工作(1,4)推迟到 t_5 开始，节点④已推迟到最迟必须实现时间，相应的工作(4,6)和(4,7)分别被迫推迟到关键工作(3,5)完成后开始。

循环 2。由图 11-28 知，在 $t_9 \sim t_{12}$ 时段内资源的每日用量为 58，所以计划需进一步调整。由于工作(5,6)为关键工作，工作(4,6)没有机动时间，此时只有将工作(4,7)推迟到 t_{12} 开始，如图 11-29 所示。

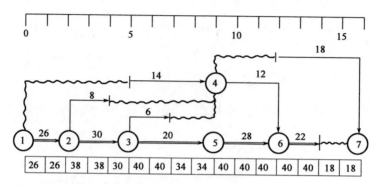

图 11-29　循环 2（优化后时标图）

图 11-29 所示的计划安排中，可以看出整个计划的资源日需要量都已满足资源供应限量 40 的要求。但由于工作(4,7)的推迟超出了其总机动时间，导致总工期延长了 2d。

上述项目网络计划将资源进行有限得优化，还有一种方案是中断某些非关键工作的方法。如果将图 11-27 中工作(1,4)在 $t_2 \sim t_5$ 之间中断，同理将工作(4,7)在 $t_9 \sim t_{12}$ 时段内中断，就可以得到不延长总工期，同时满足资源限量 40 的最优进度安排，如图 11-30 所示。

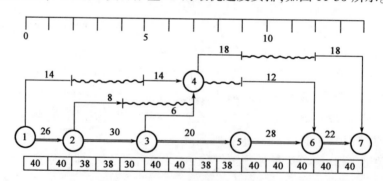

图 11-30　工作允许中断的资源优化

值得注意的是，计划经过循环调整之后，或条件允许中断某些非关键工作以后，各项工作的开始和完成时间一般不宜再改变，否则资源的需要量又有可能超出限量要求。此时尽管一些工作还有部分时差，一般也不再利用。

本节所介绍的网络计划资源优化问题，仅进行了单项资源的调整，并且假定各项工作每日资源用量为常数的简单情况。公路工程施工中的实际问题是，要解决多种材料、机械设备等多项资源的优化问题，即网络计划的资源优化是一个综合性问题，有大量的组合情况，每种组合表示一种进度安排。上面介绍的是最基本的资源优化内容，它们的基本原理都是可以利用的。

小 结

本章介绍了网络计划优化的概念及其时间、成本、资源等单项优化的条件;时间优化的措施与优化方法;工期与成本的关系及其优化方法;资源优化的含义,工期规定资源均衡的削峰填谷法进行资源优化,以及资源有限工期最短的备用库法进行有限资源的合理分配等。

第十二章　进度计划的编审及范例

第一节　进度计划的编制

公路工程施工阶段是工程实体的形成阶段,对施工阶段进度实施控制是公路工程进度控制的重点。监理工程师在施工阶段进度控制就是在保证工程安全和质量的前提下督促承包人按照合同工期完工。

监理工作必须建立在科学管理的基础上,要有一定的超前性和预见性。施工进度计划是对工程实施过程进行监理的前提,没有进度计划,也就谈不上对工程项目的进度监理。因此,在工程开始施工之前,承包人应向监理工程师提供一份科学、合理的工程施工进度计划。

一、编制要求及阶段划分

公路建设项目的特征是技术要求高,投资大,建设周期长,涉及面广,干扰因素多。为使项目的执行能够按照预期的计划目标实现,并争取早日投入使用而获取经济效益,针对施工全过程的进度控制则十分必要。

一份完整的进度计划,从施工单位角度讲是履行合同约定的保证、指导工程的依据,从监理工程师的职责看是控制进度、管理工期的凭证。所以,双方一开始就要对编制计划保持不断的信息交流。监理工程师要对计划编制提出要求,制订必要的规定,明确方法、确定内容,编制切实可行,即能符合合同,又能指导施工的进度计划。施工单位在接到中标通知书后,应认真阅读技术规范、设计图纸,并对现场的地形地物、征地拆迁等情况进行认真的调查研究,作好相关的施工组织设计,编制施工进度计划。

进度监理应在确保质量和安全的基则上,以计划控制为主线进行。监理工程师应要求承包人按时提交进度计划,严格进度计划审批,及时收集、整理、分析进度信息,发现问题及时按照合同规定纠正。

监理工程师应要求承包人在合同规定的期限内编制并提交进度计划。进度计划应有文字说明、进度图表和保证措施等。为了有效地控制施工进度,监理工程师应对施工进度总目标,从不同角度进行层层分解,各层次之间相互联系,形成施工进度控制目标体系,从而作为实施进度控制的依据。其中,下级目标是上级目标的制约,下级目标保证上级目标,最终保证施工进度总目标实现。根据工程项目实施的不同阶段,分别编制总体进度计划及年、月进度计划;对于某些起控制作用的关键工程项目(如桥梁、隧道、立体交叉等),还应单独编制工程进度计划。现分别介绍如下。

(1)按计划期(总体、年度、季度、月)进行分解,工期由长到短,进度目标由粗到细,组织综合施工,总体进度计划中宜绘制网络图,标注关键路线和时间参数。总体进度计划中和月进度计划中应绘制资金流量 S 曲线图;

(2)按施工阶段分解,划定进度控制分界点,关键线路上控制尤为重要;

(3)按承包人分解,明确分项条件和承包人责任,并根据各专业工程交叉施工方案的前后衔接条件,明确不同承包人工作及交接的条件和时间;

(4)按工程项目组成分解,确定各单位(分部、分项)工程开工及交工日期,特别是关键线路上的关键工程进度目标的确定。

二、进度计划的主要内容

1. 总体进度计划

工程项目的施工总进度计划是用来指导工程全局的,它是工程从开工一直到竣工为止,各个主要环节的总的进度安排,起着控制构成工程总体的各个单位工程或各个施工阶段工期的作用。因此,工程的总进度计划可供监理工程师作为控制和协调工程总体进度之用。《公路工程标准施工招标文件》(2018 年版)公路工程专用合同条款第 10.1 条规定:承包人向监理人报送施工进度计划和施工方案说明的期限;签订合同协议书 28 天之内。

在承包人提交的工程总体进度计划中,应当反映出以下主要内容:

①工程施工项目的合同工期,即合同工期或指令工期;

②完成各单位工程及各施工阶段所需要的工期、最早开始和最迟结束的时间;

③各单位工程及各施工阶段需要完成的工程量及现金流动估算;

④各单位工程及各施工阶段所需配备的人力和设备数量;

⑤各单位工程或分部工程的施工方案和施工组织设计等。

总体进度计划的编制可以采用横道图、斜条图、进度曲线或网络计划图,但无论采用什么方法,都应反映出上述内容。现金流动估算表即与总体进度计划相应的进度曲线,通过现金流动估算表可以得到每月完成的工程费用额及已完成工程费用的累计。施工方案及方法则可通过施工组织设计来反映。

2. 年、(季)月进度计划

对于一个公路工程项目来说,仅有工程项目的总体进度计划对于工程的进度监理是不够的,尤其当工程项目比较大时,还需要编制年度和(季)月进度计划。年度进度计划要受工程总体进度计划的控制,而(季)月进度计划又受年度进度计划的控制。(季)月进度计划的实现是年度进度计划实现的保证,而年度进度计划的实现,又保证了总体进度计划的实现。

(1)年度进度计划的主要作用。

①统一安排全年内各正在施工或将要开工工程的施工,确定年度施工任务。

②确定各项年度生产指标,即在年度内要完成哪些单位工程,分部、分项工程或部分完成哪些工程项目。

③根据年度季节、气候的不同,合理安排施工进度。

因此,在年度进度计划中应反映出:

①本年计划完成的单位工程及施工阶段的工程项目内容、工程数量及投资指标;
②施工队伍和主要施工设备的数量及调配顺序;
③不同季节及气温条件下各项工程的时间安排;
④在总体进度计划下对各分项工程进行局部调整或修改的详细说明等。

在年度计划的安排过程中,应重点突出组织顺序上的联系,如大型机械的转移顺序、主要施工队伍的转移顺序等。首先安排重点、大型、复杂、周期长、占劳动力和施工机械多的工程,优先安排主要工种或经常处于短线状态的工种的施工任务,并使其连续作业。

安排年度进度计划时,应注意摆好下列关系:一般工程受重点工程的制约,配套项目受主体项目的制约;下级计划受上级计划的制约,计划内短期安排受整个计划工期的制约。同时,在调整计划时尽量不改变年度计划的指标,以便于考核计划的执行情况。

《公路工程标准施工招标文件》(2018年版)公路工程专用合同条款第10.3条规定:承包人应在每年11月底前,根据已同意的合同进度计划或其修订的计划,向监理人提交2份格式和内容符合监理人合理规定的下一年度的施工计划,以供审查。该计划应包括本年度估计完成的和下一年度预计完成的分项工程数量和工作量,以及为实施此计划将采取的措施。

(2)(季)月度进度计划的作用。
①确定(季)月施工任务,例如,本月施工的工程项目,每项工程包括哪些内容,预计要完成到什么部位,工作量和工程量是多少,由谁来完成,相互间如何配合等。
②指导施工作业,即施工顺序如何,相关的施工专业队组织如何实现流水作业等。
③进行月施工各项指标的平衡、汇总,以便综合衡量完成的工程数量和工程投资,作为考核月施工进度情况的依据。

因此,在月工程进度计划中应反映出:
①本月计划完成的分项工程内容及顺序安排。
②完成本月及各分项工程的工程数量及投资额;提出本月施工的各分项工程的形象控制指标。
③完成各分项工程的人力、主要机械设备和材料消耗的配置。
④在年度计划下对各单位工程或分项工程进行局部调整或修改的详细说明等。
⑤完成月度计划的保证措施。

3. 关键工程进度计划

关键工程进度计划,是指一个公路工程项目中起控制作用的关键工程,如某一桥梁工程、隧道工程或立体交叉工程的进度计划。由于关键工程的施工工期常常关系到整个工程项目施工总工期的长短,因此在施工进度计划的编制过程中将单独编制关键工程进度计划。

关键工程进度计划中应反映的内容有:
①具体施工方案和施工方法;
②总体进度计划及各道工序的控制日期;
③现金流动估算;
④各施工阶段的人力、设备和材料的配额及运转安排;
⑤施工准备及结束清场的时间安排;
⑥对总体进度计划及其他相关工程的控制、依赖关系和说明;
⑦完成关键工程进度计划的保证措施。

4.进度计划表示的方式

总体进度计划的编制应按照关键线路网络图和主要工作横道图两种形式分别编绘,并应包括每月预计完成的工作量和形象进度。还可以采用斜条图、进度曲线进行补充。年度、月(季)度进行计划采用横道图、进度曲线及有关形象进度图表示。

三、进度计划编制的原则和依据

1.施工进度计划的编制原则

①合理安排施工顺序,保证在劳动力、材料物资以及资金消耗量最少的情况下,按规定工期完成拟建工程施工任务。

②采用可靠的施工方法,确保工程项目的施工在连续、稳定、安全、优质、均衡的状态下进行。

③节约施工成本。

2.施工进度计划的编制依据

①工程项目的全部设计图纸,包括工程的初步设计或扩大初步设计、技术设计、施工图设计、设计说明书、建筑总平面图等。

②工程项目有关概(预)算资料、指标、劳动力定额、机械台班定额和工期定额。

③施工承包合同规定的进度要求和施工组织设计。

④施工总方案(施工部署和施工方案)。

⑤工程项目所在地区的自然条件和技术经济条件,包括气象、地形地貌、水文地质、交通水电条件等。

⑥工程项目需要的资源,包括劳动力状况、机具设备能力、物资供应来源条件等。

⑦地方建设行政主管部门对施工的要求。

⑧国家现行的建筑施工技术、质量、安全规范、操作规程和技术经济指标。

第二节　进度计划的审批

监理工程师在接到承包人提交的工程进度计划之后,应对进度计划进行认真的审核,其目的是检查承包人所制订的工程进度计划是否合理,有无可能实现,是否适合工程的实际条件和现场情况,避免以空洞的、不切实际的工程进度计划来指导施工,造成工期延误。

一、进度计划的审查步骤

《公路工程标准施工招标文件》(2018年版)公路工程专用合同条款第10.1条规定:监理人应在14天内对承包人施工进度计划和施工方案说明予以批复或提出修改意见。总体进度计划应由总监理工程师审批;月进度计划等应由驻地监理工程师审批并报总监办。经批准的进度计划作为进度监理的依据。

审查工作应按以下程序进行:

①阅读文件、列出问题、进行调查了解;

②提出问题,不断地和承包人进行讨论、澄清;

③对有问题的部分进行分析,向承包人提出修改意见并要求承包人反馈;
④审查批准承包人修改后的进度计划。

二、监理工程师审查计划的内容

监理工程师在审查承包人的工程进度计划时应注意下列事项:
(1)工期和时间安排的合理性。
①承包人提交的工程总进度计划的总工期必须符合工程项目的合同工期,即计划总工期应少于或等于合同工期;
②各施工阶段或单位工程(包括分部、分项工程)的施工顺序和时间安排与施工环境、气候、温度相适应,易受冰冻、低温、炎热、雨季等气候影响的工程应安排在适宜的时间,并应采取有效的预防和保护措施;
③与材料和设备的进场计划相协调,尽可能使施工对资源的要求趋于均衡;
④对动员、清场、假日及天气影响的时间,应有充分的考虑并留有余地。
(2)施工准备的可靠性。
①所需主要材料和设备的进场计划是否已有保证;
②主要骨干人员及施工队伍的进场日期是否已经落实;
③施工测量、材料检查及标准试验的工作是否已经安排;
④驻地建设、进场道路及供电、供水等是否已经解决或已有可靠的解决方案。
(3)计划目标与施工能力的适应性。
①各阶段或单位工程计划完成的工程量及投资额应与承包人的人力和设备实际状况相适应;
②各项施工方案和施工方法应与承包人的施工经验和技术水平相适应;
③关键线路上的施工力量安排应与非关键线路上的施工力量安排相适应;
④审查进度计划是否适合建设单位提供的资金、施工场地等条件。
当监理工程师通过调查了解,落实了上述对工程进度的计划有关的条件和因素并经过评价后,如确认承包人为完成工程而提供的工程进度计划是合理的,而且计划切实可行,则应在合理的时间内同意承包人的进度计划并通知承包人可以按照计划安排施工。如果监理工程师认为承包人所提交的工程进度计划与本身实际的技术、装备能力不相适应,尤其是计划中关键线路上的工作安排不合理,则可以要求承包人修订工程进度计划,并重新拟定一份工程进度计划,以取得监理工程师的批准。

第三节 进度计划编审范例

一、进度计划编制实例

1. 横道图进度计划的编制
(1)工程项目划分及工程数量计算。
编制施工进度计划是工程进度监理的第一任务,其目的就是要确定一个能控制工期的计划值,作为工程进度监理的依据。一般说来,编制工程进度计划就是要决定什么时候做什么工作,或者什么时候做到什么程度。无论是工程施工本身的各项工程或各道工序,还是与施工有关的其他工作,都应该纳入进度计划,或者说,都要对其进度做出计划安排。因此,编制工程进度计划时,首先要将所计划的工程项目分解成若干单项的工作。公路工程是由若干施工项目所组成的,如路基、路面、桥梁、隧道、沥青拌和场、构件预制场、附属工程等单位工程,根据进度计划的编制阶段不同,在编制单位工程施工计划时,还要将施工项目进一步细分,即划分为若干种工序、操作。如路面工程可进一步分为底基层、基层、面层等分项工程,混凝土路面还可以分解到立模、扎钢筋、混凝土浇筑等具体的工序。在划分项目时应注意:

①划分施工项目应与施工方法一致。为了使进度计划能完全符合施工实际进展情况,真正起到指导施工的作用,必须使所列项目与施工方法相一致。

②划分施工项目的粗细程度一般要按施工定额的细目和子目来填列,这样既简明清晰,又便于查定额计算。

③施工项目在进度计划表内填写时,应按工程的施工排列(指横道图),而且应首先安排好主导工程。

④施工项目的划分一定要结合工程结构特点仔细分析填列,切不可漏填,以免影响进度计划的准确性。

工程进度计划的项目列好后,即可根据施工图纸及有关工程量计算规则,按照施工顺序的排列,分别计算各个施工过程的工程量。工程量的计量单位,应与相应定额的计量单位相一致。

(2)施工过程劳动量、生产周期、劳动力需要量及机械台班数量计算。

所谓劳动量,就是施工过程的工程量与相应时间定额的乘积,或者是劳动力数量与生产周期的乘积、机械台数与生产周期的乘积,人工操作时叫劳动量,机械操作时叫作业量。

劳动量可按下式计算:

$$D = \frac{Q}{C} \tag{12-1}$$

$$或 D = QS \tag{12-2}$$

式中:D——劳动量、工日或台班;

Q——工程数量;

C——产量定额;

S——时间定额。

劳动量的计算单位,对于人工为工日,对于机械则为台班。计算劳动量时,应根据现行的相应定额(施工定额或预算定额)计算。

[例12-1] 某北方路面工程项目,年平均气温6.5℃,无霜期104天,年平均降水量449mm,开工日期为2018年12月1日,合同工期为11个月,其中施工准备阶段3个月、施工阶段8个月,路面某标段长度21km,路面净宽11.5m,路面结构为3层20cm水稳碎石+3层沥青面层。其中下面层为6cmAC-25粗粒式沥青混凝土,一个分项工程长度为7250m,铺筑量为5000m³,采用2台6m宽摊铺机搭接摊铺,沥青混合料拌和设备拌和采用4000型。试计算(施工图阶段)施工进度图中该项工程的劳动量。

因属于施工图阶段,故应采用《公路工程预算定额》(JTG/T 3832—2018),其计算步骤如下:

①沥青混凝土混合料拌和的控制指标为拌和站的生产能力:采用4000型拌和站每小时生产能力为320t,由预算定额编号为(2-2-11)的序号19查的拌和定额为1.23台班/1000m³,则劳动量为:1.23×5=6.15(台班)。

②沥青混凝土混合料摊铺的控制指标为摊铺机的摊铺能力:由预算定额(2-2-14)的序号3查摊铺机的定额为4.04台班/1000m³,则劳动量为:4.04×5÷2=10.1(台班)。

对于人工、运输和碾压都可以通过增加数量在规定的时间(拌和和摊铺较快的时间)完成各自的劳动量,通过以上计算及分析说明对于沥青混面层施工摊铺机的摊铺能力是控制工程进度的最终决定因素,完成该分项工程需要10.1个台班。

实际施工中由于路面工程要求尽量连续作业减少接头等,但是由于设备需要必要的保养和修理,一天一般安排施工时间12个小时左右即1.5个台班的施工是比较普遍的做法,该分项工程计算需要7天完成,现场实际施工中虽然有其他各种影响因素,但是施工中对于下、中面层两车道的沥青混合料施工基本可以控制到每个工作日1km、上面层2km。只考虑必要的设备检修,不考虑天气影响情况的情况下每月安排工作日为25日,对于雨季要按照历史经验确定每月能工作的日期。

可以通过以上计算和实际施工数据来审核整个标段沥青混合料工程的施工进度,基层的施工进度的审核可以参照该例。

(3)横道图法编制工程进度计划。

利用横道图法编制工程进度计划的步骤可归纳如下:

①划分工程项目,根据需要把工程划分成单位工程、分部、分项工程或者直到具体的工作(序),并按照各个项目实施的先后顺序列入图表的竖向栏目中。

②逐项计算各个项目的工程数量、劳动量或作业量。

③将能够利用的工期,即指令工期或合同工期,根据情况按年、月、日表示在横轴上。

④计算出完成各个单位工程、分部分项工程或具体工作(序)所需要的持续时间。

⑤在指令工期或合同工期内全部工程能够完成时,按照计算所得的各个项目的持续时间,在横轴上按比例逐一用横道线绘出。

如果按计算所得各个项目的持续时间安排将要超出指令工期或合同工期时,则应对各个项目的持续时间分别给予必要的压缩,这可通过增加劳动人数、机械台数,或改变施工组织方法来进行,以期在指令工期或合同工期内完工。

安排各个工程项目或工作(序)的方法。为了在工期内完成整个工程,应根据实际经验,将各个项目所需时间在总工期内进行分配,作出符合实际情况的进度计划。通常使用三种方法来进行这样的安排。

①顺行法:按照施工顺序,首先确定临时工程等最先开始的工作的开工日期,然后根据工程量计算出所需持续时间,这样就可定出最先开始的工作的完成日期。以下按照施工顺序用同样的方法定出各项工程项目或工作(序)的开始与完工日期。同时开始的工作则平行列入。

②逆算法:与顺行法相反,从完工之日开始,按同样的方法决定各个项目或工作(序)的开始和完成日期。

③重点法:按照季节、工程现场条件与工程要求,重点的作出某些主体工程项目或工作(序)的开工和完成日期,将这些时间在全工期内固定起来,再将前后或平行的各个项目或工作(序)的开始和完成时间确定下来。

2.进度曲线法编制工程进度计划

①首先编制出横道式工程进度计划,其编制方法在上面已作了详细介绍。

②在横道图的竖向栏目中增加各个工程项目或工作(序)占工程总费用百分比一列及工程累计完成率竖坐标。

③以工期为横轴,分别绘制各个项目或工作(序)的进度曲线。为了简化起见,各个项目或工作(序)的进度曲线可采用直线,即假设每日完成的工程费用相等。

④横轴以每月划分为一段(或以每5%~10%为一段),将各月(或各5%~10%)的各个项目或工作(序)完成的工程费累计起来,连接每个时段的数值就可得出整个工程的计划进度曲线。

3.斜条图进度计划的编制

对于道路、隧道这样的线形工程,当施工方案确定之后,首先应划分施工项目,即把整个工程划分成单位工程或分部、分项工程,这一点与横道图法是相似的。施工项目划分好以后,就可按下列步骤来编制用斜条图表示的工程进度计划。

(1)将施工项目以及项目的工程量按相应里程绘于图的上部或下部作为图表的横轴。

(2)根据工程的开、竣工日期,将计划进度日历绘制在图表的左侧作为纵轴。

(3)列项计算各施工项目的劳动量、生产周期、劳动力及机械台数,这与横道图法中所介绍的计算相同。

(4)按计算出的生产周期,分别绘出不同符号的进度线,并按紧凑的原则,使各进度线相对移动到最佳位置。其具体绘制方法是:

①小桥涵工程:根据每座小桥涵的施工期长短,从可能开工之日起,在各桥涵的位置上,用垂直直线画出施工期,并依次向流水方向移动,其垂直方向的全长即等于全部小桥涵施工期的总和。

②大、中桥工程:绘制方法与小桥涵相同,但上、下部工程最好用两种不同线条分别表示。

③路基工程:通常为几个施工作业组在指定的里程范围内同时开工,所以可用斜线段(用不同的线型)来表示时间和里程关系。为了保证路基施工不致中断,所有的斜线不能与桥涵线条相交,否则要相对移动线的位置,借以改变其开工日期。

④路面工程:路面一般为连续和等速施工,故进度应是一条斜直线(分段施工除外),线的垂直高度等于路面工程所需要的总工期。水平长度等于路面总里程。由于路基线起伏变化大,为了使路面不致与路基线相交(避免施工中断),应经过试排后再绘制。

(5)最后对斜条进度计划图进行调整,调整的要点是:

①力求各种线条靠近但不相交。

②检查总工期是否符合指令工期或合同工期。

③劳动力需要量力求均衡,避免高峰。

④补充图例和说明等,并加深线条。

有些较为详细的斜条式进度计划图,还将施工平面草图、劳动力等资源曲线绘制在斜条图中,使计划更为直观。

4. 网络图进度计划的编制

编制施工进度网络计划,有它自身的规律,其编制步骤一方面来自工程本身的客观要求,另一方面来自施工组织和管理过程的要求,按合理的步骤编制网络计划,就可以不走或少走弯路,能保证计划的质量。施工进度的网络计划可按下列步骤进行编制。

(1)调查研究。

调查研究是编制网络计划的重要一步,目的是了解和分析工程结构特点及施工客观条件等,掌握编制网络计划的必要资料,并对计划执行中可能发生的问题作出合理的预测,保证计划在编制和执行中取得较好的技术经济效果。

凡编制和执行计划所涉及的情况和原始资料均在调查之列。对调查取得的资料应该进行综合分析,掌握其间的相互关系与联系,了解其发展的变化规律。因此,调查研究是一项比较复杂的工作,要求调查人员具有较丰富的施工经验以及较高的技术和组织管理水平。

(2)确定施工方案。

施工方案决定工程的施工顺序、施工方法、资源供应方式、主要指标的控制量等,又是编制网络计划的基础。编制网络计划既要符合施工工艺和技术上的要求,又要符合目前的施工技术和组织管理水平,以保证工程质量,有利于提高施工效率、缩短工期、降低成本。

(3)划分施工工序。

施工工序是施工生产的基本组成单位,也是网络计划的基本单元。划分工序的多少和程度的粗细,应根据计划的需要决定。在施工网络计划中,工序划分到分项工程或更具体一些,以满足施工的指导意义。划分工序时应按顺序列表编号,查对是否遗漏或者重复,以便分析工序的逻辑关系。

(4)确定工序的持续时间。

工序持续时间是网络计划计算的基础。工序持续时间可按式(12-3)计算确定,也可按施工经验估计确定。

$$t = \frac{D}{Rn} \tag{12-3}$$

式中:t——生产周期,持续天数(d);

D——劳动量、工日或台班;

R——人数或机械台数;

n——生产工作班制数。

(5)编制网络计划初始方案。

根据施工方案、划分的工序、工序之间的逻辑关系分析和工序持续时间,可编制网络计划的初始方案。其目的在于绘出一个可行网络图,供计算和调整使用,以便最终编制最优的网络计划。

(6)时间参数计算。

计算初始网络图的各种时间参数、整个计划的总工期,寻找关键工序和关键线路,并考察初始网络计划是否满足要求,以便对计划进行调整。

(7)初始方案的调整与优化。

首先分析初始方案的计划总工期是否超过规定的要求,如果超过,应调整关键工序的作业时间,使总工期符合要求;其次对资源需要量进行分析,检查各种资源供应是否满足计划的要求,如果不能满足要求,就应调整使计划切实可行;最后对成本和资源进行优化,以便制定出最优的施工计划。具体优化办法在第三章中已经介绍,此处不赘述。

(8)绘制最优网络计划。

网络计划调整与优化,即可得到一个令人满意的网络计划,并付诸实施。另外,还应编写简要的网络计划使用说明。并在施工现场执行网络计划中加强组织与管理工作,使它真正具有科学的组织施工和指导施工的意义。

对于大型复杂的公路工程施工进度网络图,如果手算,工作量很大,特别是超过了五十道以上的工序,几乎不可能,尤其是计划发生变化时调整起来非常困难。因此,大型网络图的编制,计算必须采用电算。

[**例 12-2**] 下面以一座中桥工程为例,说明用网络图法编制施工进度计划的步骤。

1)工程概况

有一座三孔预应力混凝土简支板桥,如图 12-1 所示。该工程的组成部分包括:
(1)桥台 A 及 D(各由桥台基础及桥台本身两部分组成);
(2)桥墩 B(由基础及桥墩两部分组成);
(3)桥墩 C(由桩基、承台及桥墩三部分组成);
(4)上部结构(由Ⅰ、Ⅱ、Ⅲ孔预应力混凝土空心板组成)。

要求施工工期不超过 150d。

对于这样一个工程,我们可以按下述的步骤编制其网络计划。

2)编制工艺网络计划

对于本例中的桥梁工程,其施工顺序是土方开挖,做基础、桥台、桥墩,以及安装上部结构等。此外,由于桥墩 C 有桩基,因此还应穿插进行打桩这一工序。打桩工序可以在土方开挖以后进行,也可以在土方开挖之前进行,在本例采用先开挖再打桩的方案。编制工艺网络计划的方法及步骤如下:

(1)首先画出各项活动的先后顺序关系的框图,如图 12-2 所示。

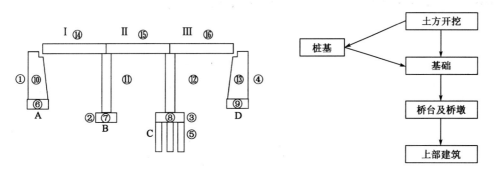

图 12-1 预应力混凝土简支板桥　　　图 12-2 活动顺序关系框图

(2)对各项活动进行编号,并确定每项活动的持续时间,见表 12-1。

活动及其持续时间　　　　　　　表 12-1

编号	活 动	持续时间(工作日)	编号	活 动	持续时间(工作日)
1	土方施工 A	8	9	基础 D	20
2	土方施工 B	4	10	桥台 A	32
3	土方施工 C	4	11	桥墩 B	16
4	土方施工 D	10	12	桥墩 C	16
5	打桩 C	24	13	桥台 D	40
6	基础 A	16	14	上部建筑 I	24
7	基础 B	8	15	上部建筑 II	24
8	承台 C	8	16	上部建筑 III	24

(3)确定施工工艺顺序,并编制工艺网络草图(图 12-3)。

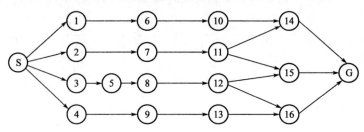

图 12-3　工艺网络图

(4)进行网络图的时间参数计算。

计算内容包括:各项活动的最早开始时间(ES_i)、最早结束时间(EF_i)、最迟开始时间(LS_i)、最迟结束时间(LF_i)、工作的总时差(TF_i)和局部时差(FF_i)。并将关键线路用双箭线示出(图 12-4)。

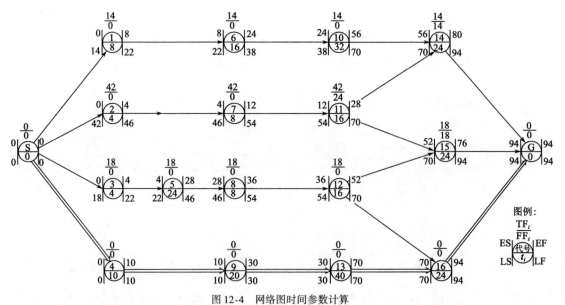

图 12-4　网络图时间参数计算

从所编制的工艺网络计划中可以看出:

①各桥台、桥墩完成后，即可相继进行上部桥面结构的安装；
②打桩工序不在关键线路上；
③这种安排方式的总工期为94d，小于规定的计划工期150d；
④采用这种组织方式时，同类活动基本上是平行施工，因此工期最短，但是所需要的施工资源数量也最大。因此，这种方案在要求工程集中力量，加快进度，而且资源不受限制时，才是一种可行的方案。

但在实际工程中，安排计划时，只从施工工艺与技术上来考虑往往是不够的，还应当进一步考虑资源的限制等实际条件，从而编制出符合实际需要的网络计划，也就是生产网络计划。

3) 编制生产网络计划

(1) 确定施工顺序。

各工序之间由于施工工艺及技术上的要求，应当保持一定的施工顺序，这个问题在编制工艺网络计划时已经解决了。因此，在编制生产网络计划时，要着重考虑的问题是如何合理安排工程的各个部位之间的先后顺序。例如对该三孔板桥来说，某一个活动（如挖土）其施工顺序可以先从桥台A开始，然后依次向B、C、D转移；也可以从D开始，依次按C、B、A的顺序施工；或者是从B开始，然后再做A、C、D。

显然，按照不同的施工顺序安排施工，其总工期也将是不同的。因此，就要对施工顺序不同的各种方案都编制出相应的生产网络计划，再进行比较和优选。从理论上讲，每一座桥台、桥墩都可作为开始点，以后的顺序也各不相同，所以本例施工顺序方案可有 $P_4^4 = 4! = 24$ 种。通常根据经验先把显然不合理的方案舍弃，选择出一些可行的方案，然后分别进行生产网络计划的编制和方案比较。

在确定施工顺序的方案后，即可着手编制生产网络计划。

(2) 根据确定的施工顺序编制生产网络计划。

如考虑采取先做B，再做A、C、D的方案，则应先进行土方开挖工作2，然后是土方开挖工作1、3、4。在桥墩B的土方开挖完成后就可开始基础7，然后是基础6，但基础6完成后不能立即进行承台8。因为桥墩C处还在打桩，只能先进行基础9，等到打桩工作5完成后，再进行承台8。完成基础、承台后，可按照工作11、10、12、13的顺序进行桥墩和桥台的施工。上部结构则按14、15、16的秩序。根据这种顺序关系编制出生产网络计划草图（图12-5）。显然，这个生产网络计划草图是在工艺网络计划（图12-3）的基础上（图中以单箭线表示）编制出来的（顺序关系用双箭线表示）。

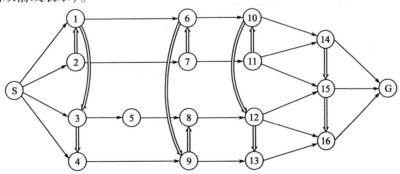

图12-5　生产网络计划草图（以B为起点）

(3) 进行生产网络计划的时间参数计算并确定关键线路。

按照生产网络计划草图绘制出该方案的生产网络计划(图12-6),并进行计算。

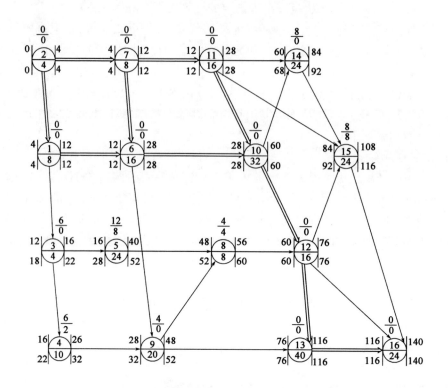

图 12-6 生产网络图(关键线路用双箭线表示)

从图中可以看出,采用从 B 开始的施工方案时,总工期为 140d,比按照工艺网络排出的工期 94d 要长,但是仍在规定的工期之内,而且最大资源需要量显著减少。

(4) 进行方案比较并编制最终的网络。

用上述方法,同样可以编制出其他可行方案的生产网络计划,然后将这些方案加以比较,从中选出最优方案。选优时一般是以工期最短,资源装备数量最少或费用最小等指标作为衡量的标准。本例中只考虑在资源有限的条件下(即同一工种的工作,不得同时在一处以上部位施工)使工期最短。例如,除了上述以 B 为起点的方案外,还考虑了以 A 为起点、C 为起点和 D 为起点的三个方案,同样也可以得出这几个方案的生产网络计划(图12-7、图12-8、图12-9)。从这些图中可以看出,以 A 为起点的方案工期为 152d(图12-7),以 C 点为起点的方案工期为 168d(图12-8),以 D 点为起点的工期为 158d(图12-9)。它们都比前述以 B 为起点的方案工期要长些,还超过了规定的工期,而所需的资源数量却相同,因此可以认为以 B 为起点的方案是最优方案。

最后,将已选定的最优施工顺序方案编制成最终的网络计划。在画出了网络计划以后,我们还应检查此方案是否满足工期的要求。本方案要求的工期是 150d,现在只需 140d,故满足要求。同时还应检查挖土机、基础施工队及桥墩施工队等是否符合资源限额;如这些都满足,生产网络计划的编制工作即告结束。

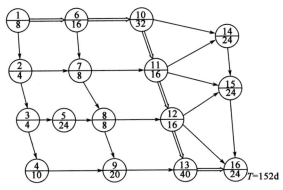

图 12-7 以 A 点为起点的进度图

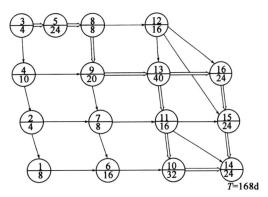

图 12-8 以 C 点为起点的进度图

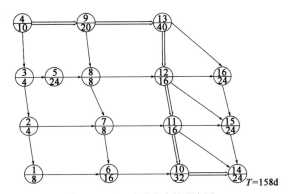

图 12-9 以 D 点为起点的进度图

上面所述,是编制网络计划的一个比较完整的程序和步骤,它可以为我们提供一个了解网络计划编制全貌的参考示例。但是,在实际编制网络计划时,并不一定需要完全按照上述步骤进行。对于较熟练的和有经验的施工组织设计人员,他可以将编制步骤合并一起来考虑。

编制工程进度计划是一件十分细致而又复杂的工作,因此在编制前必须深入做好调查研究,充分估计可能发生的各种情况。安排工程进度时,应扣除法定的节假日,估计雨季或其他原因需停工的时间,指令工期或合同工期与这些必要的停工时间之差,才是实际可作安排的施工作业时间。在确定各分部分项工程的进度时,还必须在机械设备、工程材料、劳动力及施工日期上保留一定的机动,以备出现意外时能够进行调整和补救。

[例 12-3] 以下是一个编制施工进度计划图的例子,本例讨论的重点是在利用图表,如何确定施工总体安排、工期、资源需要量的平衡等问题。

1) 工程概况和特点

位于某北方山岭重丘区地区高速公路项目,全线采用双向四车道高速公路标准建设,设计速度采用 80km/h,路基宽度采用 24.5m(分离式路基宽度采用 12.25m)。起讫桩号为 K0+000~K4+000,路线全长 4km。主要工程量包括:K0+000~K0+100 段路基处置及土石方填方 2 万 m^3,K0+100~K0+450 段路基土石方挖方 23 万 m^3,其中前 100m 挖方 8 万 m^3,预应力锚索 6000m、挡土墙 1.2 万 m^3,K0+450~K0+880 1 号大桥(8×50mT 梁),K1+000~K2+700 分离式隧道 1 座,K2+700~K3+000 段路基挖方土石方挖方 10 万 m^3,K3+000~K3+

500 2号大桥(12×40m 箱梁),K3+500~K4+000 段为零填段路基。隧道进口位于 25m 高的峭壁上,下面为二级路标准的国道,出口段位于深沟中,需要施工 3km 左右的便道才能进入施工现场。

合同工期:782 天,从 2017 年 5 月 1 日开始,2019 年 6 月 22 日完工。

2)选择施工方案和施工方法

(1)施工方案。

①整个工程的施工分别采用流水作业法。

②建立 7 个专业施工队:土石方一队、土石方二队、路基防护队、桥梁一队、桥梁二桥、隧道一队、隧道二队。

(2)总体施工组织。

①因本标段桥隧相连,因此路基、桥梁与隧道工程施工相互制约、相互影响。

②首先安排四个分部工程同时开工:第一起点段路基工程:路基处置及回填、路基挖方及预应力锚索施工,施工完成后该段路基作为 1 号大桥 T 梁预制厂,同时进行该段路基部分防护排水施工,T 梁架设完成后再对该段路基进行开挖和剩余防护排水施工;第二安排 1 号大桥不受路基施工影响的桩基和下部构造的施工,路基开挖完成后再进行其他墩台的施工;第三安排进口段改路工程及便道施工;第四安排出口段便道及路基工程施工。其次利用 1 号大桥施工完成的设备及人员安排 2 号大桥的施工。第三安排控制性隧道工程的施工。

(3)关键工程施工方法。

本项目隧道工程施工位于关键线路上,3 号隧道为本标段的关键工程。具体施工方案:隧道采用新奥法施工,施工工序:洞口截水沟施工—边仰坡开挖—导向墙施工—超前管棚施工—明洞施工—预支护—洞身开挖—初期支护—防水板铺设—二衬浇筑—仰拱填充—调平层施工—电缆沟槽—路面施工—附属工程施工。

3)工程进度计划的计算内容

(1)划分施工项目。

根据工程性质和施工方法的不同,划分主要施工项目,具体见网络图。

(2)计算劳动量。

由工程量和相应的时间定额,计算得到各个施工项目的劳动量,即所需用的工日数,计算同例 1。

(3)计算作业持续时间。

由 7 个专业施工队,根据定额及投入人员和机械设入数量确定。

(4)确定施工总期限。

2017 年 5 月 1 日开始,2019 年 6 月 22 日完工,合同工期:782 天。

(5)安排各施工项目进度的原则。

在具体确定施工时间时,主要考虑了以下几点:①遵守客观的施工顺序,每一施工队实际上分为若干小队或班组进行流水作业,如桥队分为基础施工、墩台施工、上部构造施工、桥面等班组;②同一地点需进行多项工程施工时应紧凑安排,以缩短工期;③注意劳动力和各种资源需要量的均衡,本案例中考虑了劳动力需要量的均衡;④在规定的施工期限内完成全部施工作业;⑤安排进度留有余地,便于执行时调整。

4）各工程施工计划安排

（1）路基工程：计划 2017 年 5 月 1 日开工，2019 年 5 月 31 日完工，工期 759 天，具体计划如下：

①路基处置：2017 年 5 月 1 日～6 月 30 日，工期 60 天；

②路基填筑：2017 年 7 月 1 日～12 月 15 日，工期 167 天；

③路基开挖：2017 年 5 月 1 日～12 月 15 日，工期 228 天；

④K0+100～K0+200 段路基土石方挖方：2017 年 5 月 1 日～8 月 5 日工期 96 天，预应力锚索：2017 年 8 月 5 日～11 月 15 日工期 102 天；

⑤防护及排水工程：2018 年 4 月 1 日～2019 年 5 月 31 日，工期 424 天；

（2）桥梁工程：计划 2017 年 5 月 1 日开工，2019 年 5 月 31 日完工，工期 759 天，具体计划如下：

①桥梁基础：2017 年 5 月 1 日～2018 年 7 月 31 日，工期 456 天；

②桥梁下部：2017 年 7 月 1 日～2018 年 10 月 31 日，工期 487 天；

③梁预制：2018 年 6 月 1 日～2018 年 11 月 30 日，工期 182 天；

④梁安装：2018 年 7 月 15 日～2018 年 12 月 31 日，工期 169 天；

⑤桥面系：2018 年 9 月 1 日～2019 年 5 月 31 日，工期 272 天；

（3）隧道工程：计划 2018 年 4 月 1 日开工，2019 年 6 月 22 日完工，工期 447 天，具体计划如下：

①隧道洞口：2018 年 4 月 1 日～6 月 30 日，工期 90 天；

②洞身开挖与支护：2018 年 5 月 15 日～2019 年 3 月 31 日，工期 320 天；

③二次衬砌及防排水：2018 年 7 月 1 日～2019 年 5 月 15 日，工期 318 天；

④洞内路面及附属工程：2019 年 4 月 1 日～2019 年 6 月 22 日，工期 82 天。

（4）关键线路见网络图，根据施工计划网络图计算本项目的计划工期为 782 天，合同工期为 675 天，总时差为 107 天，但是由于北方地区冬季不能安排桥隧施工，项目实际施工总时差为 0。

5）施工进度计划图表

（1）高速公路施工总体进度横道图，见图 12-10。

（2）高速公路施工总体进度曲线图，见图 12-11。

（3）高速公路施工总体进度斜率图。

（4）高速公路施工总体进度网络图，见图 12-12。

（5）高速公路施工关键工程网络图，见图 12-13。

（6）高速公路施工劳动力需求计划图，见图 12-14。

二、进度计划评审实例

监理工程师在接到施工单位提交的工程进度计划之后，应按进度计划的审查步骤，对其计划内容逐项审批。审批过程中，监理工程师还应把握好审批计划的权限。以下给出几份施工计划的审查格式，以供参考。

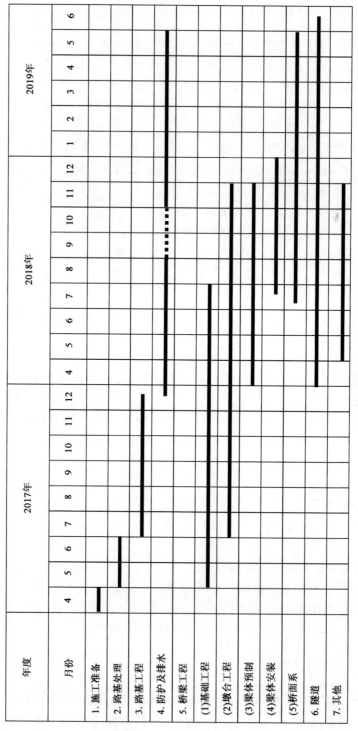

图 12-10 高速公路施工总体进度横道图

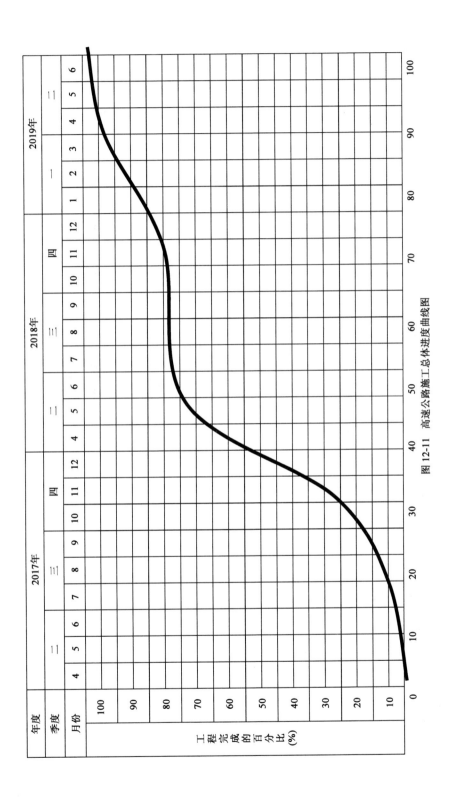

图 12-11 高速公路施工总体进度曲线图

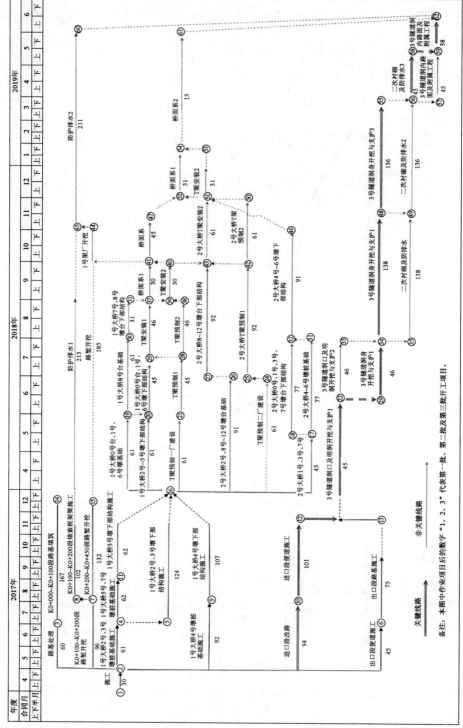

图 12-12 高速公路施工总体进度网络计划图

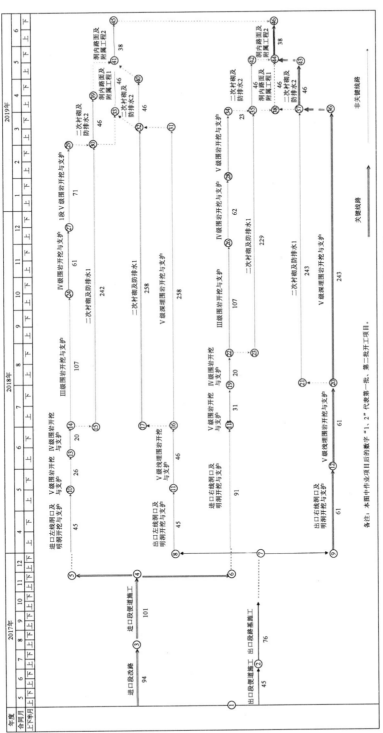

图 12-13 高速公路关键工程进度网络计划图

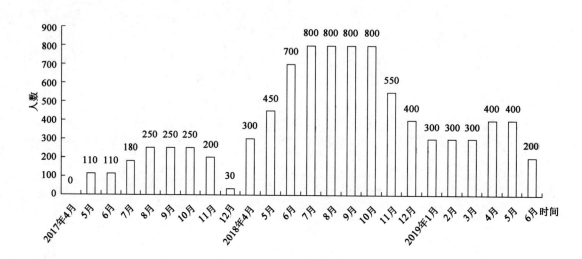

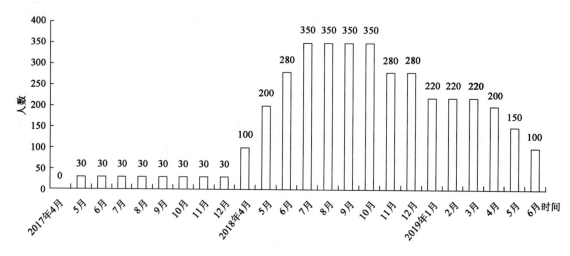

图 12-14 高速公路施工劳动力需求计划图

关于××段×合同施工计划的审查意见

审查日期:1993 年 3 月 17 日

审查组成员:(略)

审 查 意 见

(1)审查时仅收到施工单位总体进度计划图(进度计划横道图与进度曲线 S 图)和施工分项横道图。

(2)进度计划是按延期两年编制的(原合同工期 1994 年 12 月竣工,现计划于 1996 年 12 月竣工),施工单位解释计划延期是由于下列问题没有得到解决而造成的:

①农民供土无法控制(即供土质量与供土时间)。

②征地拆迁(受农民干扰及河道管理部门干涉)。
③资金周转困难,原因是:
——变更设计未解决,致使工程得不到支付(如软土处理与涵洞);
——材料涨价。
④材料供应与铁路运输困难。
⑤设计图纸延误。

(3)审查时未批准施工单位以上计划,施工单位同意重新提交新的进度计划,并说明以上问题在合同规定的施工单位职责范围内无法解决。要求施工单位提交详细报告,对影响进度的问题予以说明。

(4)施工单位需提交:
①经过详细计算的人工、材料、机械设备详细计划安排。
②关键线路网络图。

结　论

(1)施工单位延期两年的进度计划未得到批准。
(2)要求施工单位在调整计划中补充人、料、机详细计划安排和其他辅助资料,以便审查。施工单位应结合以上意见,于1993年3月21日前提交新的调整计划。

1993年3月17日

关于××号合同×××段施工组织计划的审查意见

审查日期:××××年2月27日
审查组成员:(略)

审　查　意　见

(1)第三经理部路面工程进度安排过于紧张。计划××××年底,即在合同期内提前6个月完成全部工程是不现实的,建议施工单位:
①重新考虑计划安排的竣工日期;
②提交一份详细的路面施工计划,并且对所需人、料、机数量附详细计算说明。

(2)第一经理部路面开工较早,建议施工单位充分考虑路面开工前需做的许多施工准备工作,把计划订得更加切合实际。

(3)汇总的关键线路网络图中有些项目的开工、竣工日期与各子网络图的开工、竣工日期不符,请重新予以检查修正。

(4)汇总的进度计划工程数量清单与各分段进度计划中的工程数量之和不等。

(5)需补做桥梁工程详细分部施工计划横道图。

(6)各段需补做反映时间-桩号的路面各层及结构物施工流程图(即斜条图)。

(7)各段需提交一份机械设备所需数量的详细计算。

(8)对所做计划,施工单位和驻地监理工程师需签注计划调整与批准日期。

结 论

(1)除路面施工计划安排较紧外,施工单位所做其他的施工计划是比较可行的。

(2)由于要求施工单位补做桥梁工程详细施工计划和反应时间-桩号的路面各层及构造物施工流程图,可能导致对所做进度计划重新予以调整。

(3)整个人、料、机计划安排基本上是合理的,但仍应通过详细计算,进行必要地调整。

以上审查意见,请施工单位认真考虑,在3月15日前提交新的调整计划。

××××年3月1日

关于××号合同×××段施工组织计划的审查意见

审查日期:××××年3月4日

审查组成员:(略)

审 查 意 见

(1)施工进度计划应反映从工程实际开工之日至竣工期的全部计划安排。

(2)施工组织计划的所有文件必须用中、英文写成。

(3)施工单位和驻地监理工程师需签注计划的调整与批准日期。

(4)路面试验段各层施工计划安排较紧。

(5)沥青路面开工日期过早。考虑拌和设备目前尚未安装调试,配合比设计尚未进行,建议路面工程向后推迟一个月,即安排在5月份开工为宜。

(6)机械设备所需数量计划安排是否充足,需附详细计算予以说明。

(7)需补做人工、材料、机械设备的详细计划安排图表,以便说明施工过程不同时间所需的具体数量。

(8)对桥梁工程需逐个做出详细分部施工计划安排。

(9)需补做关键线路网络图。

(10)要求施工单位提交一份简单的文字报告,说明影响施工进度因素和可能产生的结果(如房屋建筑设计图纸延误),此报告应连同进度计划一起呈报。

结 论

(1)除路面工程开工过早外,工程进度计划安排基本上是合理的。

(2)希望施工单位按上述审查意见补充有关计划图表,进一步完善施工组织计划。

(3)人工、材料和机械设备计划安排数量,需要提供一份详细的辅助计算说明。

根据以上所提建议,要求施工单位在××××年3月15日前提交新的调整计划。

××××年3月5日

关于××段×合同施工计划的审查意见

审查日期:1995年3月16日
审查组成员:(略)

审 查 意 见

(1)审查时施工单位提交了如下文件:
——1995年和1996年计划完成工程数量和合同数量;
——1995年和1996年分项工程计划横道图;
——1995年和1996年施工计划S曲线图及月计划完成合同数量;
——1995年和1996年人工计划安排表;
——1995年和1996年材料供应计划表;
——1995年和1996年机械设备计划安排表。

(2)施工单位需提交一份报告,对以下影响计划进度的几个因素予以说明,如:
——路改桥变更设计;
——全桥方案批准日期;
——征地拆迁及解决临时道路等问题;
——解决流动资金问题;
——变更令下达及变更图纸提供日期(B_2桥)。

(3)施工单位提交的总体进度计划图(计划横道图和施工进度S曲线图)应说明全部计划工期的进度安排。

(4)全部工程进度计划图表必须经过施工单位和监理工程师签认,同时注明计划的修正和批准日期。

(5)人工、机械设备的计划安排应建立在详细的计算基础之上。施工单位应向驻地监理工程师提交详细计算书,作为批准工程进度计划的依据。

(6)施工单位应补做一份关键线路网络图。

(7)施工单位对计划与控制非常重视,已安排专人负责此项工作。

结　　论

(1)根据施工单位人去年工程进展情况,施工进度计划安排是切合实际的(去年未完成施工计划并非全是施工单位的责任)。

(2)审查意见2中所提问题的解决与否是×合同完成计划的关键。

施工单位应充分考虑以上意见,在1995年3月25日前提交新的调整计划。

1995年3月18日

关于×号合同施工计划的审查意见

审查日期:××××年3月18日

审查组成员:(略)

审 查 意 见

(1)施工单位所做进度计划是按合同工期推迟4~5个月编制的,但时间延期未得到任何批准。

(2)需提交全部中、英文进度计划文件。

(3)施工单位需补充一份报告,对编制计划时不可预知的几方面问题予以说明:

——路堤土方的完成,施工单位无法控制。

——恢复支付时间及其他有关财务问题。

——变更设计图纸提供时间问题。

——主要机械设备到货日期。

(4)前一年年底已完成21%的工程量,并未全部支付,但施工单位和监理工程师重新核对,一致同意这一数字,进度计划中应予以说明。

(5)路面计划开工日期过早,比较切合实际的最早开工日期应是:

——5月份底基层第二层开始施工(施工单位预计4月份两台拌和设备可以到场,第三台拌和机何时到场不可预知);

——6月份基层开始施工;

——8月份沥青底面层开始施工。一台拌和机(拌和能力120t/h)已到场,安装调试3个月,试用1个月,另一台拌和设备何时到场不详。

施工单位应根据路面施工所需人、料、机数量,补做一份详细的路面施工计划安排。

(6)要求施工单位:

——根据工程进展情况,补做机械设备、人力、材料的详细计划安排;

——补做反映路面层和结构施工桩号、时间安排的工序流程图;

——补做桥梁工程和互通立交施工的详细分部进度计划图表;

——补做关键线路网络图。

(7)应注明进度计划的修正、批准日期,并附有关人员的签字。

(8)施工单位应安排1名工程师专门负责计划工作。

结 论

(1)除路面开工日期安排过早外,进度计划施工安排较紧,但完成还是可能的。

(2)为了能更准确地评估施工单位所做进度计划,要求施工单位必须补充更详细的有关图表和计算资料。

施工单位应根据以上意见,在××××年3月25日前提交新的全套施工进度计划。

××××年3月19日

关于×号合同施工计划的审查意见

审查日期：××××年8月27日

审查组成员：(略)

审 查 意 见

承包人所做总体进度计划符合建设单位制定的合同工期要求，基本可行，都是还需要必要的补充和完善，我办审核后提出如下意见：

(1) 进度计划中，桥间系的施工为60天，为保证每道工序严格设计要求施工，建议增加为90天，以确保负弯矩钢绞线按程序张拉。

(2) 进度计划中路基小型构造物施工为240天，台背回填60天，为了确保整体进度计划的落实，要求小型构造物采取平行、流水作业法在200天之内完成构筑物和台背回填以利整体工作面的全面展开。

(3) 承包人的进度保证措施不明确，进度计划无法落实，要求承包人倒排工期，按照总体进度计划要求来配置资源，如模板规格、数量、人力、物力等，需在年度、季度、月度计划中详细说明。

(4) 承包人的进度计划中桥梁下部构造采取流水作业法，无法保证进度的落实，必须多工点、多班组平行作业，每班组顺序流水作业方能保证总体进度计划的落实。

(5) 桥梁工程的施工工艺存在以下问题：①承包人在嵌岩桩的监理程序中，在成孔之后报监理检验，应该为在挖、钻孔过程中，进入微风化岩层之后应及时通知监理确认，以确保嵌岩桩的入岩深度符合设计和规范要求。②承包人在架梁工艺中有在桥上人工横移落梁的落后工艺，建议承包人租用先进的架桥设备，能够使梁板的横移落梁实现机械化，有利于高程控制，能够加快架梁进度，也对施工安全有帮助，在桥孔上人工横移误工、费时，且存在较大的安全隐患。③架梁之后，承包人漏掉了先简支后连续梁施工一个非常重要的步骤，即按设计程序浇筑湿接头，张拉负弯矩钢绞线、浇筑湿接缝等，没有在施组中仔细说明，要求在分项工程开工报告的施工方案中详细说明，并特别注明负弯矩钢绞线穿不进去、压浆不通畅等质量事故的预防措施。④第81页中张拉伸长量控制在不小于5%，不大于10%的范围之内与现行桥规不符，且在张拉之后立即切割钢绞线的做法欠妥，如出现锚具回缩太多的情况，将无法处理，建议先压浆之后再切割钢绞线。⑤承包人在施组中没有说明防止波纹管漏浆使钢绞线固结的情况如何预防，今后的施工方案中和实际施工中要严防出现钢绞线与波纹管固结现象的发生。真正按设计意图张拉预应力。⑥第31页中挖孔桩实测项目有缺项和错误项，该指标与现行质量检验评定标准不符。第77页有关质量控制指标与《桥梁施工技术规范》(JTJ 041—2000)不符。要求承包人在实际施工中认真熟悉设计图和规范，按规范要求控制。⑦第39页箱梁的预制台座的设计应视地基的实际承载情况经验算或类比确定台座的结构，不可一概而论，要求承包人在分项工程开工报告中详细设计和说明。

(6) 路基工程的施工工艺存在以上问题：①承包人在填石路堤的施工质量控制方面虽有

---

❶ 规范已更新为《公路桥涵施工技术规范》(JTG/T F50—2011)。

提及但在机械设备投入方面没有列表说明,虽然投标文件中没有,但我组认为,每个填石路填工作面必须配备两台大功率破碎锤,否则填石路堤的粒径无法控制。②《公路路基施工技术规范》(JTJ 033—95)❶5.4.4 条规定填石路堤的分层松铺厚度为 0.5m,而承包人在第 21 页中说摊铺厚度为≤600mm,与规范要求不符(备注:两阶段施工图设计第二册第一分册路基及排水设计说明中有下路堤虚铺厚度≤600mm 的指标)。③填石路堤的质量控制宜采用工艺法控制,规范中没有明确质量检验指标,建议增加每层压实后,用 YZ18T 压路机,振压之后的沉降量为≤5mm 这个指标结合碾压遍数双控,以确保施工质量。

结　　论

要求承包人根据以上意见进行补充完善,在××××年 9 月 5 日前提交修改后的施工总体进度计划。总体进度计划应本着远粗近细的原则,在年、季和月度计划中不断加以补充和完善。

××××年 8 月 27 日

关于×号合同特长隧道工程施工计划的审查意见

审查日期:××××年 2 月 22 日

审查组成员:(略)

审　查　意　见

施工单位所做总体进度计划符合建设单位制定的合同工期要求,涵盖了"隧道工程"的方方面面,是一份较为成熟的总体进度计划,大的框架基本可行,我阅办后,认为有些内容尚欠明确具体,有必要请项目经理部进一步充实完善,总体进度计划具有更高的可操作性,指导该特长隧道顺利建成,实现创优目标。具体意见如下:

(1)合同工期 34 个月,能用于主洞隧道掘进的时间约为 30 个月左右,对于 6542m(平均)长的隧道工程而言,一个掘进面平均日掘进速度要达到 7m 左右。安排斜井贯通即转入主洞施工(掘进)大约需一年后左右(第四章第一节未安排竖井进主洞施工),此时主洞可能已掘进 1000~1200m 左右,将剩余 5300~5500m,掘进工期还有 20 个月左右,每月要掘进 270~280m,只安排斜井进主洞施工,其掘进的速度大约是主洞速度的 40%~50%,即每月的掘进速度约为 180~200m,则按时完成是不可能的。对此,希望项目经理部再仔细测算,希望通过经理部的运筹帷幄,采取有力措施,能够按时完成。

(2)"施工进度计划指标"没有"岩溶段"的进度指标。

(3)"隧道进口端工期安排表"没有列出"路面"的时间安排,应作考虑(斜井工期安排表同),同时这两个表有工期安排,没有对应完成的工程量,不够直观。"施工进度横道图"(进口)也没有路面项目(1 号斜井表同)。

(4)1 号斜井施工进度横道图中"4 隧道工程"和"(1)斜井开挖支护"在 2009 年度两项都

---

❶ 规范已更新为《公路路基施工技术规范》(JTG/T 3610—2019)。

有,是否应只有(1)而无4为正确。没有竖井的横道图。也未见"网络图",是否能在期望的工期内完成,无法用网络图验证。

(5)第五章第三节二隧道工程方面,未介绍"明洞工程"的有关施工要点;(七)结构防排水中,提到"中心排水沟"(管)但未对施工工艺作具体说明,"……使防水卷材紧贴土工布,……"设计是"BAC复合防水卷材",(八)隧道内路面,未介绍混凝土路面中的钢筋、杆件及调平层的相关施工工艺,混凝土摊铺的工艺说明与摊铺机类型不对应,表面用刻纹或是用压纹也前后不一。混凝土的辅助振捣只提"插入式振捣器(棒),建议增加"平板振捣器"。第六章竖井施工中的"临时锁口施工"不知与设计的"锁井盘"是何关系?如是一回事,有的尺寸和采用"红砖"砌筑需要核对取得确认;井身段设计的"壁座"未介绍施工工艺;虽然介绍了"特殊地质围岩破碎带""可视情况增加锚网喷层支护……",但未对设计井身的喷锚和超前导管施工,以及溶洞、采空区冒落带、陷落柱、硫酸盐岩(石膏)等围岩段的不同施工工艺作具体说明。第七章斜井施工,除了在特殊运输方式作了介绍外,其他方面都一笔带过,尤其在施工期间的防排水,主要是排水,因其有特殊性,应很好明确合理可行的施工技术方案。总体看所阐述的施工方案(工艺)不是很详细,希望在"分项工程开工申请"时给予充实完善。

结　　论

为了能更准确地评估施工单位所做进度计划,要求施工单位根据以上意见进行完善并补充更详细的资料,在××××年3月1日前提交新的全套施工进度计划。

××××年2月22日

小　　结

本章主要介绍了进度计划编制要求、原则,进度计划的阶段划分和主要内容,以及监理工程师在接到施工单位提交的进度计划之后,审批计划的步骤、内容和权限。并通过实例分别说明了横道图、工程进度曲线、斜条图和网络计划技术(关键线路法)编制进度计划的步骤,最后介绍了几个施工计划的审查格式。

第十三章 进度监理与延误处理

施工进度计划在执行的过程中,总希望能按计划如期进行,直到工程按时完成,但实际上,计划是不可能没有变动地被执行并完成。因此,随着工程的进展应将实际进度与计划进度进行比较,以检查工程是否在按计划进行着。

第一节 进度监理与进度检查

一、工程进度控制概念

1. 进度控制概念

进度控制是指在既定的工期内,由施工单位编制出合理的工程施工进度计划。报经监理工程师审批后,施工单位按计划进行施工。在施工过程中,经常检查施工实际进度并与计划进度进行比较。若出现偏差,应分析产生偏差的原因和对工程工期的影响程度,采取一定的措施并要求施工单位加强进度管理,调整后续进度计划或考虑给予延长工期(延期)。不断地如此循环,直到工程竣工。

进度控制与质量和费用控制一样是工程施工监理的重点之一。进度计划的不变是相对的,而进度计划的变化是绝对的;平衡是相对的,不平衡是绝对的,实际进度与计划进度完全一致几乎不可能。监理工程师在施工监理过程中应分清主次,即密切关注关键工作,避免造成工作盲目和被动;多观察,多记录,尽快发现影响进度的不利因素,及时采取措施和对策,或敦促施工单位调整后续进度计划,使进度符合目标要求。

2. 进度控制的系统原理

(1)施工进度计划系统。

为了确保工程进度目标实现,施工单位要编制一套围绕工程进度总目标的计划体系。总体进度计划,单项(位)工程进度计划,年度计划,季度、月份生产计划;以及与这些进度计划相适应的资源供应计划(或需求计划),资金需求计划;各项生产任务完成报告。监理工程师应做好这些计划的审批。详见第四章有关计划编制和审批的内容。

(2)施工进度计划的实施保证系统。

施工进度计划的实施保证,从内容上可概括为组织保证、技术保证、合同保证、经济保证。从工程项目建设的参与方来分,有施工、监理和建设单位。在施工监理过程中,对于监理工程师来说,主要是落实好施工和监理单位进度计划实施保证系统。

①施工单位进度计划实施保证系统。

施工单位的项目经理部是进度计划实施的重要保证,是保证系统的组织保证。从项目经理到项目经理部的各职能部门,为确保工程进度目标,要齐心协力、各尽其职、加强内部管理,尤其应注重人、机、料三大要素的优化配置与协调工作。项目经理应将整个工程逐项分解,由粗到细,最后形成月生产计划和周工作计划下达并上报监理工程师,以便实施和监督。对工程进度应派专人记录进度的实际情况,收集反映进度的数据,统计整理汇总(开、完工时间,完成的工程数量等),形成实际进度报表,并将其与计划进度相比较和分析,以利于后续工程施工。不同层次人员有不同的进度控制职责,做到分工协作,共同组成一个纵横连接的施工单位进度控制保证系统。

②监理单位的进度计划实施保证系统。

监理单位应加强内部管理,提高人员的素质。从项目总监理工程师到合同段驻地监理工程师以及监理机构是整个施工监理的组织保证,也是施工监理进度计划实施保证系统的组织保证。这些人员应负责审批项目或合同段工程进度计划。审批程序和内容参见第四章。监理单位不仅要加强组织保证,还要加强技术保证、合同保证和经济保证。监理人员应提高自身的监理业务水平,在严格监理的同时,又能热情服务,这才符合中国特色的施工监理的要求;尤其在不良地区和不良气候条件下,监理人员应具有现场处理应急事件的能力,想施工单位所想,急施工单位所急,及时和果断处理好现场中发生的问题,使工程的进度不受较大影响。例如,基础和结构物下部等部位,这些部位如不及时处理,一旦下雨就直接影响工程进度。合同保证方面应加强对施工单位分包工程的管理,分包工程与施工单位主承包工程的衔接也直接影响工程进度。经济保证方面,应及时验收计量和签认支付,资金是影响整个工程进度中最重要的因素之一,尤其重要。

二、施工监理的进度记录

监理工程师在批准工程进度计划后,应在第一次工地会议上提供有关监督控制工程进度计划方面的一整套报表和有关规定。随时收集和记录影响工程进度的有关资料和事项,分析工程进度方面存在的问题,随时掌握承包人的工程进展情况。

在工程开工后,监理工程师应要求承包人按单位工程,分部、分项工程或工点对实际进度每日进行记录(承包人填写施工日志、监理人员填写监理日志)。

同时为了保证工程进度计划的正常进行,监理工程师应配备专门人员对施工单位的工程进度进行监理,加强现场巡视和相关资料采集,了解现场动态,掌握工地形象进度,核查、分析实际进度,建立单项工程的月、旬进度报表及进度控制图表,以便对分项施工的工程月、旬进度进行控制,并形成月工程进度报告,其图表宜采用直观反映工程实际进度的形式,如形象进度图等,以便随时掌握各专业分项施工的实际进度与计划进度间的差距,对监理工程师处理延期、索赔和发出工程变更令等诸多合同管理事宜提供基础资料。

(1)影响施工进度的相关内容:

①实际到达现场的施工机械型号、数量和到达日期,是否与计划一致;

②施工单位技术和施工人员的到达情况;

③当地劳务人员、施工所需材料是否已按时解决；
④建设单位提供现场、通道的时间对工程施工有无影响；
⑤各分项工程开工、完工时间及进展情况；
⑥施工机械运转的实际效率如何，是否满足计划指标；
⑦延误的情况和原因；
⑧有关进度的口头或书面指令情况；
⑨与修订进度计划有直接关系的资料；
⑩施工现场发生的与进度有关的其他事件。
(2) 每日进度记录应包括以下内容：
①当日实际完成以及累计完成的工程量；
②当日实际参加施工的人力、机械数量及生产效率；
③当日施工停滞的人力、机械数量及其原因；
④当日施工单位的主管及技术人员到达现场的情况；
⑤当日发生的影响工程进度的特殊事件或原因；
⑥当日的天气情况等。

三、工程施工中的进度检查

1. 进度检查中涉及的有关概念

(1) 工期。

工期原来是泛指完成一件事情所需的时间。事情可大可小，小到一个工作(或工序)，大到一个工程项目或合同段。因此以前人们常将工作所需的时间称为工期(Duration)，工程项目所需的时间有时也称为工期，一般情况下为了区别而称为总工期。但是目前工程界的习惯是将工作所需的时间称为工作持续时间，而将工程项目或合同段施工所需时间称为工期(Project Duration)。因此，本章节内容为避免工期一词带来的混乱，在谈及工期时都表示工程项目或合同段所需的时间，即过去习惯的总工期。

(2) 合同段工程开工。

承包人按约定的合同进度计划在签订合同协议书后 28 天内，向监理工程师提交合同段总体开工申请，其主要内容包括：施工管理机构的建立，劳务、机械设备、材料的进场情况，临时设施修建(包括试验室)完成情况以及合同段总体实施性施工组织设计的提交等。

监理工程师在收到承包人提交的合同段开工申请后进行审核，如果不满足合同和规范要求，承包人应按监理工程师的要求补充有关资料或重新上报。审核主要包括以下几个方面：

①计划投入的机械设备、主要的管理和技术人员、工期安排、关键线路的进度计划、施工方法、施工工艺等是否满足合同文件或招标文件的规定，是否与投标书承诺一致，如不符合规定或与投标书有冲突，应要求更正和补充；

②承包人工作程序是否符合工程计划安排，工序安排是否适当；

③工程质量、安全保证体系是否健全，能否满足质量、安全控制要求；

④承包人的机械设备进场数量和时间是否符合工程计划的安排，所配备的机械质量、能力

和性能是否与工程情况相适应,施工设备使用状况是否完好,是否有足够的零配件,所配备的备用设备数量是否足够;

⑤材料的供应计划是否合理,能否满足施工要求;

⑥施工便道、临时用水、用电等临时设施布局是否适当、合理;

⑦劳力、技术人员、管理人员、机械维修人员、熟练操作工、测工和试验人员的配置是否与施工计划相适宜;

⑧计划中预留动员和后期清场时间是否足够;

⑨工地试验的设备是否配齐、管理规程、测试手段是否完善;

⑩施工环境保护措施是否合理、有效和安全措施是否安排得当,责任是否落实到人。

监理工程师收到合同段开工申请后 7 天内审批完毕,符合开工条件后由总监理工程师签署开工令后下发承包人,开工令中必需写明具体开工日期,作为以后工程提前交工奖金、延误或逾期交工违约金计算的开始日期。承包人收到后,应按指令日期开工。

(3)工程延期和延误。

由于不可抗力、异常恶劣气候条件和发包人原因,使工程进度延误,监理工程师应根据合同规定批准工程延期,并要求承包人对原来的工程进度计划予以调整,按调整后的进度计划实施。

因承包人自行采购材料供应(不包括业主供应的部分)施工劳力和机具设备的不足,管理不善,或发生安全、质量事故和承包人的其他责任,而影响工期的,称为工程延误。延误不能顺延工期,承包人应采取有效措施,努力将延误的工期补回。监理工程师应依据合同的授权予以处置,包括发出书面通知,指出延误带来的危险和承担的责任,要求承包人引起重视,采取必要措施增加投入,以便加快工程进度,使工程能在合同工期内完成,承担加快进度所增加的费用,造成工程延误的承包人应支付逾期竣工违约金,不免除承包人完成工程及修补缺陷的义务。承包人提出和采取的加速工程进度的措施必须经过监理工程师批准。

(4)工程暂停。

根据《公路工程标准施工招标文件》(2018 年版)通用合同条款和公路工程专业合同条款第 12 条:

12.1 承包人暂停施工的责任:因下列暂停施工增加的费用和(或)工期延误由承包人承担:

①承包人违约引起的暂停施工;

②由于承包人原因为工程合理施工和安全保障所必需的暂停施工;

③承包人擅自暂停施工;

④承包人其他原因引起的暂停施工;

⑤现场气候条件导致的必要停工(第 11.4 款约定的异常恶劣的气候条件除外);

⑥项目专用合同条款可能约定的由承包人承担的其他暂停施工。

12.2 发包人暂停施工的责任:由于发包人原因引起的暂停施工造成工期延误的,承包人有权要求发包人延长工期和(或)增加费用,并支付合理利润。

12.3 监理人暂停施工指示

12.3.1 监理人认为有必要时,可向承包人作出暂停施工的指示,承包人应按监理人指示暂停施工。不论由于何种原因引起暂停施工,暂停施工期间承包人应负责妥善保护工程并提供保障。

12.3.2 由于发包人的原因发生暂停施工的紧急情况,且监理人未及时下达暂停施工指示的,承包人可先暂停施工,并及时向监理人提出暂停施工的书面请求。监理人应在接到书面请求后的24小时内予以答复,逾期未答复的,视为同意承包人的暂停施工请求。

12.4 暂停施工后的复工

12.4.1 暂停施工后,监理人应与发包人和承包人协商,采取有效措施积极消除暂停施工的影响。当工程具备复工条件时,监理人应立即向承包人发出复工通知。承包人收到复工通知后,应在监理人指定的期限内复工。

12.4.2 承包人无故拖延和拒绝复工的,由此增加的费用和工期延误由承包人承担;因发包人原因无法按时复工的,承包人有权要求发包人延长工期和(或)增加费用,并支付合理利润。

12.5 暂停施工持续56天以上

12.5.1 监理人发出暂停施工指示后56天内未向承包人发出复工通知,除了该项停工属于第12.1款的情况外,承包人可向监理人提交书面通知,要求监理人在收到书面通知后28天内准许已暂停施工的工程或其中一部分工程继续施工。如监理人逾期不予批准,则承包人可以通知监理人,将工程受影响的部分视为按第15.1(1)项的可取消工作。如暂停施工影响到整个工程,可视为发包人违约,应按第22.2款的约定办理。

12.5.2 由于承包人责任引起的暂停施工,如承包人在收到监理人暂停施工指示后56天内不认真采取有效的复工措施,造成工期延误,可视为承包人违约,应按第22.1款的约定办理。

(5)工程提前。

根据《公路工程标准施工招标文件》(2018年版)通用合同条款第11.6条:发包人要求承包人提前竣工,或承包人提出提前竣工的建议能够给发包人带来效益的,应由监理人与承包人共同协商采取加快工程进度的措施和修订合同进度计划。发包人应承担承包人由此增加的费用,并向承包人支付专用合同条款约定的相应奖金。《公路工程标准施工招标文件》(2018年版)公路工程专用合同条款第11.6条:发包人不得随意要求承包人提前交工,承包人也不得随意提出提前交工的建议。如遇特殊情况,确需将工期提前的,发包人和承包人必须采取有效措施,确保工程质量。如果承包人提前交工,发包人支付奖金的计算方法在项目专用合同条款数据表中约定,时间自交工验收证书中写明的实际交工日期起至预定的交工日期止,按天计算。但奖金最高限额不超过项目专用合同条款数据表中写明的限额。

(6)工作时间的限制。

根据《公路工程标准施工招标文件》(2018年版)公路工程专用合同条款第11.7条:承包人在夜间或国家规定的节假日进行永久工程的施工,应向监理人报告,以便监理人履行监理职责和义务。但是,为了抢救生命或保护财产,或为了工程的安全、质量而不可避免地短暂作业,则不必事先向监理人报告。但承包人应在事后立即向监理人报告。本款规定不适用于习惯上或施工本身要求实行连续生产的作业。

(7)工程交(竣)工。

交工:合同范围内的全部工程已基本完成,经理工程师在收到承包人递交的交工申请报告后,应在合同规定的期限内组织全面检查,并对承包人的申请报告进行审查,认为符合合同文件要求时,应签署具体交工验收条件的意见报送建设单位,建设单位应在合同规定的期限内组织验收,经验收合格后,由监理工程师签发全部工程的交工证书,经验收合格工程的实际交工日期,以最终提交交工验收申请报告的日期为准,并在交工验收证书中写明,该日期作为承包人提前交工奖金或逾期交工违约金计算的结束日期。若不符合合同文件要求时,监理工程师应书面指出承包人尚应完成哪些工作。

缺陷责任期:监理工程师在签发交工证书的同时,应签发《工程缺陷责任证书》,明确缺陷责任期的起止日期。缺陷责任期限由发包人在合同专用条款中确定,由于承包人原因造成某项缺陷或损坏使某项工程或工程设备不能按原定目标使用而需要再次检查、检验和修复的,发包人有权要求承包人相应延长缺陷责任期,但缺陷责任期最长不超过2年。

竣工:《工程缺陷责任终止证书》的签发条件:

①监理工程师确认承包人已按合同规定及监理工程师指示完成了全部剩余工程及其缺陷修复;

②承包人剩余工程的质量得到监理工程师的认可;

③承包人提交了剩余工作计划的执行情况、缺陷责任期内监理工程师发现并指示承包人进行修复的工程完成情况、竣工资料的完成情况。

监理工程师确认具备签发《工程缺陷责任终止证书》条件后,应成立由监理工程师、建设单位、质量监督部门等有关单位参加的缺陷责任期工程检查小组,负责对承包人在缺陷责任其内所完成的工作、审查承包人提交的终止缺陷责任期的申请报告、编写缺陷责任期工作检查报告。

根据检查小组提出的缺陷责任期工作检查报告的结论,监理工程师应与建设单位协商,确定是否按时终止承包人的缺陷责任期。

总经理工程师在缺陷责任期限终止后14天内向承承包人出具经发包人签认的《工程缺陷责任终止证书》,代表公路工程竣工完成。

2.进度检查的方法

进度检查就是将实际进度与计划进度作对比,找出偏差。偏差不外乎有三种可能,实际与计划相比的提前、按时(正常)或拖延(延误)。在进度检查时所谈及的偏差往往是针对正在检查的内容即工作(或分项工程)。因此还应分析这些偏差对工程项目或合同段工期有何影响,即工程总体进度状况发展的趋势。

1)横道图法与"S"曲线法(工程进度表)

工程进度表是反映每个月工程实际进度与计划进度的图表。它是横道图与"S"曲线的结合。图表中,用横道图反映每月相应各分项的计划量与实际量以及开、完工时间,用"S"曲线表示本月整个工程量实际值(实线表示)与计划值(虚线表示)的累加值对比。横道图中横线下方数值为计划完成量百分数(或累加百分数),上方为实际完成量百分数(或累加百分数)。参见图13-1,图表中其他数据项的关系为:

单项占合同价% = 单个细目合同金额(元)/合同总价×100%

单项完成% = 单(分)项的累加完成量(元)/单(分)项合同数量(元)×100%

= 横道图中各月实际量百分数的累加

完成占合同价% = 单(分)项的累加完成量(元)/合同总价×100%

京津塘高速公路×号合同段工程进度表(第二次修改后)

截至1990年5月期末

交通部：公路局　中国公路工程
世界银行贷款档号　国际开发售贷档号
由　至　全长：34.5km
承包人：　监理机构：

合同开工日期：　合同工期：30月
合同完成日期：　延长工期：25d
修订合同完成日期：1990.7.18

合同总价：148 430 399 元
增加的工程费用：25 475 300
增加的成本
估计最终价格：173 905 698

工程变更
减少的工程费用

清单号	名称	合同数量	单项占合同价（%）	单项完成（%）	完成占合同价（%）
100	总则	9 218 805 元	6.21		
200 土方工程	准备	1 409 614 元	0.95		
	填筑土方	2 061 764m²	11.45		
	填筑选料	52 769m²	1.24		
	结构挖方	92 403m²	0.29		
	路基	991 754m²	0.37		
	其他	594 417 元	0.4		
300 排水	涵洞	134 座	2.78		
	排水沟渠等	3 027 982	2.08		
400 路面	底基层	903 220m²	4.87		
	基层	926 814m²	10.06		
	底面层	787 521m²	11.76		
	中面层	775231m²	5.75		
	表面层	637 985m²	6.48		
	其他	3 190 001 元	2.15		
500	钻孔桩	13 368m	3.67		
600~900 桥梁	高速公路桥	535.82m/10 座	3.60		
	跨线桥	646.82m/10 座	4.14		
	通道	840.78m/26 座	3.11		
1000	道路附属物	10 366 493 元	6.98		
1100	绿化	1680 105 元	1.13		
1200	机电设备	6 860 918 元	4.62		
1300	建筑物	7 座	5.18		
1400	计日工	603 922 元	0.41		
总计		148 430 399 元	100.00		

按月计划与实际完成（%）

名称	1988年 1	2	3	4	5	6	7	8	9	10	11	12	1989年 1	2	3	4	5	6
总则																		
准备												100						
填筑土方																		
填筑选料										100								
结构挖方																		
路基																		
其他																		
涵洞																		
排水沟渠等																		0.3
底基层																		
基层																		
底面层																		
中面层																		
表面层																		
其他																		
钻孔桩																		
高速公路桥																		
跨线桥																		
通道																		
道路附属物																		
绿化																		
机电设备																		
建筑物																		
计日工																		

名称	1989年 7	8	9	10	11	12	1990年 1	2	3	4	5	6	7	8	9	10	
总则	76/74	75	76	77	78	79	80	81	82	84/83	85/85	88	94	96	98	100	100
准备										121	122						
填筑土方	89/88	90	93	96	94/98				94	105/100	107						90
填筑选料										182	186						
结构挖方	17/26	39	52	65	78	87	91	95	95/100								
路基	2/24	46	71	96	98					99	100						80
其他	17	27	37	47	50	65			73	7/83	7/93	100					
涵洞	55/76	90	92	94	95/96				97/97	99	100						70
排水沟渠等					10	27			38	54	71	87	100				
底基层	14/25	37	53	66/66	74				72	76/80	90/92	100					
基层	9/19	33	48	61/61	74				71	72/73	80/85	96	100				60
底面层	9	19	39	39/52	44				48	70/60	76/79	84	98	100			
中面层		9	32	15/5	40				38	61/55	76/73	88	94	97	100		50
表面层										5	26	50	59		87	100	
其他			4	8						27	46	65	85	88	97	100	
钻孔桩	92/96	98	100														40
高速公路桥	20/33	49	65	85	60/93				90	95/95	98	99	100				
跨线桥	14/24	40	56	76	60/89	91			60	80/93	97	99	100				30
通道	69/64	71	84	97	100/100												
道路附属物	1.4/2	4	6	9	13	14	15	16	17	29	43	53	67	80	92	100	
绿化		9	22	31					37	60	80	87	92	94	100		20
机电设备		1	9	18	27	33			51	60	60	78	80	83	91	100	
建筑物	1.7/4	6	13	21	29	34			49	11/57	16/65	73	81	86	94	100	10
计日工	1	2	3	4	5	6	7	8	9	10	11	12	72	73	74	100	
截止日期 实际 月计%	1.8	3.3	2.6	4.5	10.5					(4.7)	5.3 (5.1)						0
截止日期 实际 累计%	28.1	31.4	34.0	38.5	49.0				(54.9)	52.4 (60.3)	57.7 (65.4)						
截止日期 预计 月计%	5.1	6.5	9.5	9.0	2.7	1.1	0.7	0.7	1.0	6.6	9.6	8.6	4.6	1.8	4.2	2.2	
截止日期 预计 累计%	31.2	37.7	47.2	56.2	58.9	60.0	60.7	61.4	62.4	69.0	78.6	87.2	91.8	93.6	97.8	100	

———— 粗实线实际完成量
———— 细实线实际支付
- - - - - - - 虚线计划完成支付

制表：　高级驻地监理工程师：　总监理工程师(代表)：　建设单位财务负责人：

图 13-1　工程进度表

工程进度表实现了横道图法与"S"曲线法的优势互补,取长补短,克服了横道图不便反映工程整体进度的弱点和"S"曲线无法反映各分项工程进度的弱点。所以工程进度表是进度控制的重要形式。从工程进度表中了解到工程进度的总体状况和各分项工程的情况;但对于工程进度中的具体问题,发生在哪些桩号段落还得借助于细节横道图或网络计划图;特别是在处理是否给予延期问题时,用网络图最方便。

2)网络计划进度检查的计算方法

(1)网络图中工作的延误。

延误在检查时一般是指工作的实际时间与计划时间相比的拖延或耽误。在网络计划中,计划时间有最早和最迟两种,所以严格地说,在网络计划中延误都是工作的实际时间与计划最早时间相比的拖延或耽误。这点对正确理解网络计划的进度检查尤为重要。

对以上延误的理解,可能有些人怀疑它的合理性,认为应该是与计划最迟时间相比的拖延或耽误,事实上这是对时间参数的误解。我们可以从习惯的一句话中可以得到正确理解。例如,我们常说:"关键线路上任何工作(即关键工作)有延误,则一定会造成工期的拖延或增长,非关键工作的延误只要不超过其总时差就不会造成总工期的拖延或增长"。这句话说明延误是相对于最早时间相比而不是最迟时间,否则就成为不论关键与否任何延误都将造成工期拖延或增长。再比如,有一个工作(或工序),工作最早开始时间 $ES=12$,工作持续时间 $t=6$,工作最早结束时间 $EF=18$,而工作最迟结束时间 $LF=21$,如果实际开工为 12 即按时开工,而实际工作持续时间用 8 天才完成该工作,我们习惯是认为该工作延误 2 天(拖延 2 天),这也说明 $12+8=20$ 减去 $EF=18$ 得 2 是与最早时间相比,否则,要是与最迟时间相比,对这种情况却要认为是提前 1 天完成工作,岂不荒唐了。所以在网络图中进行进度比较时延误是与计划最早时间相比的拖延,对延误含义的正确理解有助于我们进度检查。

(2)工程延期和延误。

在网络计划中就是各工作的实际时间与计划最迟时间相比的拖延或耽误的综合影响,也等于工作延误值与其总时差的差的最大值。这是网络计划图的最显著优点,使计划管理人员能从局部的工作预计未来的工程全局。

在网络计划图中进行进度检查能做到一举两得,检查时,工作实际进度情况与计划最早时间相比可了解到本身工作的进度状况,也可了解到后续工作可能受到的影响;同时与计划最迟时间比可了解对工程项目工期的影响。用网络计划图进行进度检查,既全面又简单、快捷,真正做到了局部和全局都一目了然。

3)双代号时标网络图的进度检查(前锋线法)

双代号时标网络图一般采用最早时间形式绘制。最早时标图很直观地表示工程各工作的最早开、完工时间和各工作的局部时差(自由时差),但各工作的总时差必须通过局部时差(自由时差)反向逐个计算或从该工作往后看线路上各工作的局部时差(自由时差)之和的最小值来求得。

实际进度前锋线是网络计划技术中用时标网络图的形式动态反映工程实际进度,是工程施工动态管理的科学方法。实际进度前锋线形象地表示出某个时刻工程实际进度所到达的"前锋",反映出工程实际执行状态以及与其计划的目标差(即偏差)。通过对前锋线形态变化的分析,发现计划执行中的问题,预测未来的进度状况和发展趋势。为计划的管理者以及监理工程师提供许多有用信息,揭示了解决问题的最佳途径,以指导管理者和监理工程师从实际出发有预见地采取有效措施,争取最佳经济效益。

(1)实际进度前锋线。

实际进度前锋线是指计划实施过程中某一时刻正在施工的各工作实际进度到达的连线。它在时标网络图上,从检查时的时间线(或日期线)开始自上而下依次连接正在施工的各工作实际到达点,通常形成一条折线,参见图13-2。检查日一般认定为当天晚上收工时。

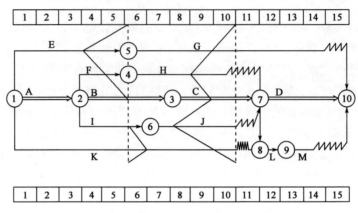

图13-2 实际进度前锋线

(2)实际进度前锋线的标定方法。

绘制实际进度前锋线的关键是标定某时刻正施工的各工作的实际进度到达点。有以下两种标定方法。

①按已完成的实际工程量标定。

当一项工作的工程确定后,其工作的持续时间与其工程量成正比,比值就是该工作的效率。以该工作的总工程量在计划持续时间内全部完成为假设前提,用已完成的实际工程量表示实际进度点:

$$\frac{已完成工程量}{总工程量} = \frac{已施工的标定时间}{计划工作持续时间} \quad (13\text{-}1)$$

标定时是从该工作的最早开始时间点起(即箭尾),从左向右画在相应位置上。例如某土方工程(即工作),土方量为1000m³,计划持续时间为10天,检查时已完成了600m³土方,则该工作实际进度前锋点应在该箭线实线部分的3/5处或3/5×10=6天处。

②按尚需时间来标定。

在工程施工中,特别是公路工程施工,有些工作的持续时间难以用工程量来计算,只能根据经验或其他方法估算,所以无法获得已完成的工程量,只能凭经验估计尚需时间。另一方面,第一种标定方法没有考虑依照目前效率对本工作未完成部分进度的预测;用尚需时间表示就能反映出未完成部分的工作依照目前的实际效率施工的进度结果。尚需时间的标定方法是将计算或估算的尚需时间,从该工作最早结束时间点(即箭线中实线的末端)起,反向从右向左画在相应位置上。

当工作实际效率不等于计划效率,实际工程总量不等于计划总量时,尚需时间按下列计算。

a. 目前的实际效率计算：

$$实际效率 = \frac{已完成的工程量}{已施工的有效时间} \tag{13-2}$$

b. 已施工有效时间计算：

是指到检查时为止已施工的有效时间即实际开工时间至检查时间再扣除该工作在施工中的停工时间（例如雨天）。

c. 尚需时间的计算：

$$尚需时间 = \frac{预计实际工程总量 - 已完成工程量}{目前实际效率} \tag{13-3}$$

这里的尚需时间计算是假设该工作的后续施工是连续地、均匀地按目前效率进行。例如，某土方工程，计划持续时间为 10 天，原计划工程量为 $1000m^3$，已施工了 4 天时间，完成了 $600m^3$ 工程量，由于工程变更造成工程量增加了 $800m^3$。该工作尚需多少时间完工？

$$效率 = 600 \div 4 = 150(m^3/天)$$
$$尚需日 = (1000 + 800 - 600) \div 150 = 8(天)$$

如果后续施工过程中可能由于气候原因而停工时，尚需时间还应再加上停工时间。我们应注意到工程施工中的情况是复杂和多变的，这些方法只是相对准确，不可能也无必要绝对精确。

对于实际与计划的效率和工程量差异不大时，尚需时间也可按下式计算：

$$尚需时间 = 计划持续时间 - 已施工时间 \tag{13-4}$$

在工程施工中监理人员需用前锋线进行进度检查，就必须要求施工单位在提交的报告中有反映进度的上述数据，而监理人员也应注意这些进度数据的收集和记录，以及影响进度的其他数据。具体记录数据参见本节第二部分。具有了上述数据才能绘制出前锋线，才能对未来的施工进度作出预测。

(3) 前锋线对工程进度描述的预测和评价。

实际进度前锋线的功能之一就是对工程进度的描述。以检查时的日期线作为基线，若前锋线与工作的交点在日期线之前（右方），则表示该工作比计划提前；若交点正好在检查日期线上，则表示该工作与计划相比是按时的正常情况；若交点在日期线之后（左边），则表示该工作与计划相比延误。偏差值就是交点与日期线的差值。前锋线反映了正在施工的各工作实际进度与计划进度的偏差。处于前锋线波锋的工作比相邻的工作进度快，处于前锋线波谷的工作比相邻的工作进度慢；但不能认为波锋的工作一定是提前，波谷的工作一定是延误。波锋和波谷是相对于相邻工作而言，而提前和延误是相对检查日期线而言。

例如图 13-2 中，从第 5 天晚上检查情况分析，E 工作延误 2 天，F 工作延误 1 天，B 工作按时，I 工作按时，K 工作提前 1 天。此时的进度发展趋势，虽然关键工作 B 是按时，进度正常，但 E 工作延误 2 天过大，扣除其 1 天总时差后 E 将造成工期拖延 1 天（2 - 1 = 1），即总工期拖延 1 天。工作的总时差在时标图中的计算参见时标网络图部分或按下列式子计算。

$$TF_{ij} = FF_{ij} + 后续线路中工作局部时差(自由时差)之和的最小值 \quad (13\text{-}5)$$

$$工作的误期值 = 工作的延误值 - 工作总时差 \quad (13\text{-}6)$$

$$工期影响 = \max\{工作误期值\}\begin{cases}<0 \ 工期提前\\=0 \ 按期\\>0 \ 延误工期\end{cases} \quad (13\text{-}7)$$

根据前锋线提供的信息,就可以对后续的施工做出合理调整,加快引起误期的工作或其后续工作,即 E 或 G 工作。而对有较多机动时间的延误工作,如 F 工作,可暂不作处理。可抽调有较多机动时间工作的同类型资源支持关键的工作,此时的 B 工作已经不再是关键,而 E 工作却变成关键。

第 10 天晚上检查结果见图 13-2,G 工作延误 1 天,H 工作延误 2 天,C 工作延误 1 天,J 工作延误 3 天,K 工作延误 1 天。对工期有影响的有 2 个工作,C 工作造成误期 1 天,J 工作造成误期 2 天,所以综合影响造成工程工期将拖延 2 天。要加强对 J 工作管理,分析延误原因采取措施,尽快使工程达到进度目标。从上述例子中也反映出工程进度控制是一个动态过程,网络计划技术最适合于动态管理。

在计划实施过程中,我们不仅可通过前锋线预测工程项目的总进度目标的情况,还可按照一定的时间间隔对计划的执行情况进行检查,通过依次画出不同时刻的实际进度前锋线进行进度预测,例如图 13-2 中,①—⑤—⑩这条线路的工程在加快进度,①—②—⑥—⑦—⑩这条线路的进度过于缓慢。可以用进度比指标来衡量。

$$进度比 = 线路上两前锋线的时间差/日期线差 \quad (13\text{-}8)$$

进度比值大表示进度快,小表示进度慢,比值为 1 是基准,说明不快也不慢。通过现在时刻和过去时刻两条前锋线的分析比较,则可反映出过去和现在计划的执行情况,在一定范围内对计划未来的进度和变化趋势做出预测。

4)一般网络图(无时间坐标)的进度检查

用网络图来进行进度检查是进度控制中计划检查的最有效方法,也最简单。在检查时需记载实际进度情况,在网络图中有以下几种记录实际进度的方法。

(1)图上实际进度的记载。

①各工作实际持续时间的记载。

例如某工作,计划持续时间为 4 天,而实际持续时间为 5 天。记载方法见图 13-3 所示。

②各项工作实际开工和完工时间记载。

例如某工作实际于 8 月 1 日开始,于 8 月 5 日结束,记载方法见图 13-4 所示。

③已完成工作的记载。

若(5,6)工作已经完成,则可在⑤和⑥节点内涂上不同颜色或用斜线表示,如图 13-5 所示。

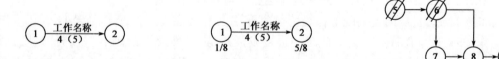

图 13-3 各工作实际持续时间记载　　图 13-4 各工作实际开工和完工时间记载　　图 13-5 已完成工作记载

(2) 一般网络图(无时间坐标)进度检查(割线计算法)。

一般网络图(无时间坐标)的行进度检查,可用割线将正施工的各工作切割到,通过计算,对这些工作的实际进度和计划进度进行比较和分析,找出进度偏差和工期影响程度,以及后续工作的影响。

① 各工作延误的分析与计算。

工作发生延误有两种可能性,一种是开工延误,另一种是工作持续时间增长。根据前面对延误含义的理解。

$$开工延误 = 工作的实际开工 - 工作的计划最早开始(ES) \tag{13-9}$$

$$工作持续时间增长 = 工作实际持续时间 - 计划持续时间(t) \tag{13-10}$$

$$工作延误值 = 开工延误 + 工作持续时间增长$$
$$= 工作实际结束时间 - 计划最早结束(EF) \tag{13-11}$$

考虑到检查时某些工作正在施工,还未真正完工,将式(13-11)中的工作实际结束时间改为预计工作的实际结束时间,见式(13-12)。

$$工作延误值 = 预计工作的实际结束时间 - 计划最早结束(EF) \tag{13-12}$$

式(13-12)中的预计工作的实际结束时间为:

$$预计工作的实际结束时间 = 检查日 + 尚需日 \tag{13-13}$$

检查日数值一般定为晚上收工的日期,如果是早晨检查则减1天。尚需日可按时标网络图检查中的尚需日计算方法来计算或估算,见式(13-14)。

各工作进度偏差分析评价与判断。

$$工作延误值 \begin{cases} <0 \text{ 说明工作提前} \\ =0 \text{ 说明工作按时(正常)} \\ >0 \text{ 说明工作延误(拖延)} \end{cases} \tag{13-14}$$

② 各工作进度延误(偏差)对后续工作的影响。

$$工作延误值 - 工作局部时差(自由时差) \begin{cases} \leq 0 \text{ 后续工作不推迟开工} \\ >0 \text{ 后续工作要推迟开工} \end{cases} \tag{13-15}$$

我们只考虑延误是否对后续工作开工的影响。对于工作提前是否使后续工作能提前开工的问题较复杂,要分多种情况讨论,因学时有限在此不作讨论。

③ 工期的影响计算和分析。

工期的影响应通过正在施工的各工作误期值的计算来分析。工作的误期值就是工作单独对(总)工期的影响。工期的影响则是在比较各个工作单独影响工期的误期值中,取其最大值就是工程项目或合同段的工期影响。

$$工作的误期值 = 工作延误值 - 工作总时差 \tag{13-16}$$

将式(13-12)和总时差 = LF - EF 代入上式可得:

$$工作的误期值 = 预计工作的实际结束 - 计划最迟结束 \tag{13-17}$$

工期影响判断如下:

$$\max\{工作的误期值\} \begin{cases} <0 \text{ 说明总工期提前} \\ =0 \text{ 说明工程按期竣工} \\ >0 \text{ 说明总工期拖延} \end{cases} \tag{13-18}$$

④割线计算的步骤和示例。

用(13-14)先确定出各工作检查时的尚需完成日；

用式(13-13)计算出各工作预计实际完成时间；

用式(13-12)计算各工作的延误值；

根据式(13-14)判断各工作延误情况；

用式(13-17)计算各工作的误期值；

用式(13-18)判断工程工期的影响；

用式(13-15)对有延误的工作判断其后工作开工的影响。

(5)计算示例。

[例13-1] 已知网络计划图如图13-6所示,第10天晚上进度检查G工作尚需5天,H、C、J、K工作的尚需日分别为1、2、3、1天。在网络图中[ ]中的数值表示为尚需日。用割线计算法进行各工序的进度检查与评价,以及后续工作的影响和工程总体进度的状况评价。

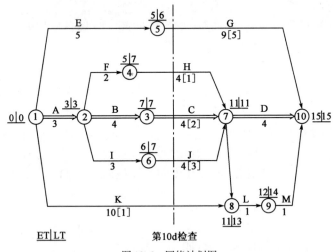

图13-6 网络计划图

a. 评价各工作(工序)的进度状况(计算各工序的延误值并评价)。

G 工序的延误 = 预计实际完成 − 计划最早完成

    = (检查日 + 尚需日) − (箭尾节点最早时间 + 工序持续时间)

    = (10 + 5) − (5 + 9) = 1   G 工序拖延 1 天

H 工序的延误 = (10 + 1) − (5 + 4) = 2   H 工序拖延 2 天

C 工序的延误 = (10 + 2) − (7 + 4) = 1   C 工序拖延 1 天

J 工序的延误 = (10 + 3) − (6 + 4) = 3   J 工序拖延 3 天

K 工序的延误 = (10 + 1) − (0 + 10) = 1   K 工序拖延 1 天

b. 评价工程的总体进度状况(即总工期有无拖延)。

各工序的误期值计算(即工序造成的工期拖延量,图上只有节点时间参数,无时差)

G 工序的误期值 = 预计实际完成 − 计划最早完成

    = (检查日 + 尚需日) − 箭尾节点最迟时间

    = (10 + 5) − 15 = 0

H 工序的误期值 = (10 + 1) - 11 = 0
C 工序的误期值 = (10 + 2) - 11 = 1
J 工序的误期值 = (10 + 3) - 11 = 2
K 工序的误期值 = (10 + 1) - 13 = -2
工程工期(总工期)拖延的判断：
$$\max\{0, 0, 1, 2, -2\} = 2$$
所以工程的工期将拖延 2 天。

c. 对各后续工作的影响。

H 工序对后续工作的影响 = 工作延误值 - 工作局部时差(自由时差)
       = 2 - 2 = 0 对后续工作没影响

C 工序对后续工作的影响 = 1 - 0 = 1 对后续工作有影响，推迟 1 天

J 工序对后续工作的影响 = 3 - 1 = 2 对后续工作有影响，推迟 2 天

K 工序对后续工作的影响 = 1 - 1 = 0 对后续工作没影响

也可列表计算，表 13-1 中第(4)列的数值(EF_{ij}) = 各工作箭尾节点最早时间(ET_i) + t_{ij}。

表 13-1

工作名称	检查时尚需日	预计实际完成	计划最早结束(EF)	工作延误值(3)-(4)	工作进度判断	计划最迟结束(LF)	工期误期值(3)-(7)	工期影响判断	工作自由时差	紧后工作影响(5)-(10)	紧后开工影响判断
(1)	(2)	(3)	(4)	(5)	(6)	(7)	(8)	(9)	(10)	(11)	(12)
G	5	15	14	1	延误1天	15	0	max{误期}=+2 工期将拖延2天	1	0	无
H	1	11	9	2	延误2天	11	0		2	0	无
C	2	12	11	1	延误1天	11	1		0	1	推迟1天
J	3	13	10	3	延误3天	11	2		1	2	推迟2天
K	1	11	10	1	延误1天	13	-2		1	0	无

四、每月工程进度报告

监理工程师应根据进度计划检查工程实际进度，并通过实际进度与计划进度的比较，对每月的工程进度进行分析和评价。评价结论写入工程监理月报。

监理工程师应要求施工单位根据现场提供的每月施工进度记录，及时进行统计和标记，并通过分析和整理，每月向总监理工程师及其代表和建设单位提交一份每月工程进度报告。驻地监理工程师除了要求施工单位提供每月进度报告外，还应在审查施工单位每月进度报告的基础上写出监理月报。其内容除了对施工单位的每月报告中主要内容予以评述外，还应反映

自身在进度监理方面的工作情况。

1. 施工单位提交的月进度报告的内容

(1)概况或总说明:应以纪事方式对计划进度执行情况提出分析;

(2)工程进度:应以工程数量清单所列细目为单位,编制出工程进度累计曲线和完成投资额的进度累计曲线;

(3)工程图片:应显示关键线路上(或主要工程项目上)一些施工活动及进展情况;

(4)财务状况:应主要反映施工单位的现金流动、工程变更、价格调整、索赔工程支付及其他财务支出情况;

(5)其他特殊事项:应主要记述影响工程进度或造成延误的因素及解决措施。

2. 监理月报的主要内容

监理月报是监理工程师根据工程进展情况,存在的问题以报告书的格式向建设单位和上级监理部门报告。监理月报一般由驻地监理工程师根据施工单位提交的月进度报告和实际情况编写。监理月报的内容包括质量、进度、费用和合同四方面,我们主要介绍进度方面的内容。

(1)工程描述。

(2)认可的分包人及供应人。

(3)工程质量。

(4)工程进度。

应提供工程总体进度及每个主要分项的实际进度和计划进度。主要分项工程包括路基土石方工程、路面工程、桥梁、隧道、排水、防护工程、交通工程及道路设施等。应按上列顺序详细说明本月份的施工情况,文字力求简要。

①进度情况:总体进度监理工程师应统计确定总体进度,月报的实际进度与计划进度进行比较,确定完成计划的百分率,并根据总体进度的实际情况说明影响总体进度的因素以及已采取或将要采取的措施;监理工程师根据计量结果,确定主要工程项目的实际进度,然后再与计划进度比较,确定迄今完成的百分率,找出影响工程进度的因素,应说明主要工程项目延误的原因,已采取的措施和效果或将要采取的措施。其他工作进度情况,应包括规范中一般条目所列的工作、临时工程、计日工等的完成情况及与计划的对比情况,以及料场的建设情况、生产能力、质量及已生产的各类成品数量。

②预计下一阶段工期进度情况;

③承包人当月投入劳动力、材料、设备情况;

④承包人当月中间计量的数量、工程变更、价格调整、索赔工程支付;

⑤从监理工程师的角度评价影响工程进度延误(或超前)的因素、原因及解决措施。

(5)监理工程执行情况。

(6)小结。

(7)附录。

五、监理工程师在进度监理方面的主要职责

1. 总监理工程师和总监办的主要职责

总监办是计划管理和工期控制的最高权力部门,总监办的进度控制和计划管理可集中围

绕以下几个方面开展：
(1) 审批总进度计划及计划；
(2) 签发工程开工令、单位工程和合同段的停工令及复工令；
(3) 审核工程延期；
(4) 审查交工验收申请，参加交、竣工验收；
(5) 组织编写监理月报；
(6) 现场巡视和涉及工期、进度的法律条款的解释。

总监理工程师和总监办在进度管理中应非常注意发挥建设单位的作用。通过快报、简报、信息等宣传手段，在现场树立遵守和履行合同的典型，反映履行合同不顺利的问题积极争取地方政府的支持。同时采用约见施工单位的方式，加大合同的约束力，增加各级履约方的责任感，促使舆论向有利合同管理的方面发展，较好地起到总监和总监办在合同中的特殊地位作用。总之，总监和总监办是各级监理机构在进度控制中履行职责的靠山和依托，总监理工程师可以随时下放管理权限，也可以视情况撤回某些权限，以便支持各级监理工程师的工作。

2. 驻地监理工程师和驻地办的主要职责
(1) 审查总进度计划及计划的修改、调整并呈报总监办批准；
(2) 审批分部分项工程的开工；
(3) 对单项或单位工程进行计划指导和控制；
(4) 审批施工单位月进度报告和编制监理月报；
(5) 工程延期阶段的进度管理和控制；
(6) 对施工单位原因延误工期的处置和提前竣工的奖励；
(7) 对工程或部分工程暂停施工的处置；
(8) 对各阶段工期证书的发放管理；
(9) 对进度计划的执行情况进行记录和检查；
(10) 总经理工程师授权进度管理方面的职责。

作为大型工程，权力过于集中总监办不利于进度的管理，驻地监理工程师可以通过被授权行使总监理工程师的权利，加强现场的工程进度管理。

第二节　进度延误、延期与计划调整

本章第一节讨论了工程进度监理中的进度检查的内容。进度检查主要是了解工程进度是否发生了拖延，即正在施工的各工作或分项工程的实际进度与计划进度相比有无偏差。正在施工的工作如果出现了拖延，可能会影响后续工作的开工时间和工程在原规定的工期内竣工。对已发现的进度问题应如何解决是这一节的主要内容。重点在于分析产生拖延的原因或责任，从而进一步阐述解决拖延问题和防止拖延发生应采取的措施、手段以及方法与途径。

一、工程施工过程中发生拖延的原因或责任的类型

在工程项目的施工过程中，因承包人自行采购材料供应(不包括业主供应的部分)施工劳

力和机具设备的不足、管理不善,或发生安全、质量事故和承包人的其他责任,而影响工期的,称为工程延误。延误不能顺延工期,承包人应采取有效措施,努力将延误的工期补回。除此之外,公路建设周期长、规模大、投资额巨大、涉及面广、参与建设的三方人员如协调配合不当等也会使工程进度发生延误,称为工程延期。

1. 非施工单位的原因或责任造成的延误

由不可抗力、异常恶劣气候条件和发包人原因使工程进度延误,监理工程师应根据合同规定批准工程延期,并要求承包人对原来的工程进度计划予以调整,按调整后的进度计划实施。

(1)因不可抗力的原因,被迫停工者。《公路工程标准施工招标文件》(2018 年版)通用合同条款第 21.3.1 条(5)款规定:不能按期竣工的,应合理延长工期,承包人不需要支付逾期竣工违约金。发包人要求赶工的,承包人应采取赶工措施,赶工费用由发包人承担。公路工程专用合同条款第 21.1.1 项细化为:不可抗力是指承包人和发包人在订立合同时不可预见,在工程施工过程中不可避免发生并不能克服的自然灾害和社会性突发事件;包括但不限于:

①地震、海啸、火山爆发、泥石流、暴雨(雪)、台风、龙卷风、水灾等自然灾害;

②战争、骚乱、暴动,但纯属承包人或其分包人派遣与雇用的人员由于本 合同工程施工原因引起者除外;

③核反应、辐射或放射性污染;

④空中飞行物体坠落或非发包人或承包人责任造成的爆炸、火灾;

⑤瘟疫;

⑥项目专用合同条款约定的其他情形。

(2)因异常恶劣气候条件导致工程延误,《公路工程标准施工招标文件》(2018 年版)公路工程专用合同条款第 11.4 条:异常气候是指项目所在地 30 年以上一遇的罕见气候现象(包括温度、降水、降雪、风等)。异常恶劣的气候条件在项目专用合同条款中作具体约定。

(3)因发包人原因造成工程延误,《公路工程标准施工招标文件》(2018 年版)通用合同条款第 11.3 条:在履行合同过程中,由于发包人的下列原因造成工期延误的,承包人有权要求发包延长工期和(或)增加费用,并支付合理利润。需要修订合同进度计划的,按照第 10.2 款的约定办理。

①增加合同工作内容;

②改变合同中任何一项工作的质量要求或其他特性;

③发包人迟延提供材料、工程设备或变更交货地点的;

④因发包人原因导致的暂停施工;

⑤提供图纸延误;

⑥未按合同约定及时支付预付款、进度款;

⑦发包人造成工期延误的其他原因。

上述情况发生前和已发生后承包人应及时通知监理工程师和建设单位,并采取积极有效的措施,在监理工程师指导下尽量减少工期延长的影响。监理工程师在审查和批准工程延期时应遵循以下原则:

①只有非承包人自身原因引起的工程延期才可以受理,这是监理工程师审批工程延期应遵循的基本原则;

②工程延期是否会推迟工程项目总工期,若只是局部工程受到影响,承包人应考虑可否采取其他措施予以弥补,而不应考虑推迟工程项目的总工期;

③所延期的工程项目是否在工程施工进度计划的关键线路上,若是非关键线路上的关键工序,监理工程师亦不应考虑延长总工期;

④恶劣气候条件造成工程延期,监理工程师审批时应考虑整个分项工期内良好气候予以的补偿;

⑤在非承包人原因造成的工期延期发生后14天内,承包人应向监理工程师提出延期意向要求,否则监理工程师无需考虑给予承包人延期。

2. 由于施工单位自身的原因或责任造成的延误

除了上述提及的这些原因或责任之外,由于施工单位自身管理问题和技术问题造成工程进度延误。例如人、机、料的配置不当进度缓慢,质量不合格而返工等等。

二、工程施工延误的处理和防范

监理工程师在进度监理过程中,若发现有较大延误的事件,应认真处理好这些延误事件。处理延误事件,首先可采用本章第一节所论述的进度检查方法判断其延误是否造成误期影响,工期将拖延多少。对于无误期影响的延误事件一般无需处理,但对延误较大虽然还未造成误期影响的这些准关键工作(即已接近关键工作的工作)要极为关注。其次应通过现场记录和有关文件或资料分析这些延误事件的原因或责任,如图13-7所示。由于延误原因或责任有两类,与之相对应的也有两种不同处理方式。

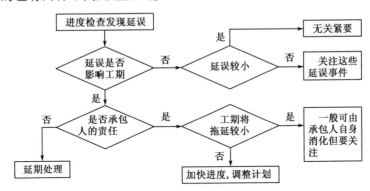

图 13-7 工程施工延误的处理和防范

1. 施工单位自身原因或责任的延误引起误期影响的处理

1)工期拖延影响不大的处理

施工单位自身原因的延误引起工期拖延不大,没有超过一定百分比时,施工单位一般可通过加强内部管理来自身消化。作为监理工程师应及时提醒或告诫施工单位延误工期将要给予建设单位费用赔偿(误期损失赔偿金),以提高施工单位如期完成工程的自觉性,促使施工单位自觉地加强内部管理、优化资源调配,在后续的施工中抢回失去的时间。

2)工期影响较大的处理

从进度计划的检查,反映出施工单位自身原因的延误所引起工期拖延的影响较大,达到或超过危险的百分比时，监理工程师可根据合同规定的程序和权力采用以下两种处理方法。

(1) 加快工程进度调整进度计划。

对总体工程进度起控制作用的分项工程的实际工程进度明显滞后于计划进度，且施工单位未获得延期批准时，监理工程师必须签发监理指令，要求施工单位采取措施加快工程进度，需要调整进度计划的，调整后的工程进度计划必须报监理工程师重新审核。监理工程师应从工地掌握第一手资料，以便对施工单位提供的加快进度措施的审批，批准时应注意以下事项：

①只要施工单位提出的加快工程进度的措施符合施工程序并能确保工程质量，监理工程师应予以批准；

②因采取加快工程进度措施而增加的施工费用应由施工单位自负；

③因增加夜间施工或法定节假日施工而涉及建设单位的附加监督管理(包括监理)费用，应由施工单位负担，费用数额及支付方式由建设单位、监理工程师及施工单位协商确定。

由于施工单位自身原因造成工程进度延误，在监理工程师签发监理指令后施工单位未有明显改进，致使合同工程在合同工期内难以完成时，监理工程师应对施工单位的施工能力重新审查和评价，提交书面报告建议建设单位。

调整进度计划是施工单位的任务，具体方法和措施将在本节最后部分计划调整中阐述。当施工单位无视监理工程师对过于缓慢进度而发出的警告并置之不理时，可按照合同规定采取相应的制约手段。

(2) 监理工程师控制进度对施工单位制约的手段。

①逾期竣工违约金。

逾期竣工违约金是合同竣工时间已到时，施工单位未能按时竣工而对其的处理。逾期交工违约金的计算方法在项目专用合同条款数据表中约定，时间自预定的交工日期起到交工验收证书中写明的实际交工日期止(扣除已批准的延长工期)，按天计算。逾期交工违约金累计金额最高不超过项目专用合同条款数据表中写明的限额。发包人可以从应付或到期应付给承包人的任何款项中或采用其他方法扣除此违约金。

②建议终止对施工单位的雇佣(即解除合同)。

《公路工程标准施工招标文件》(2018年版)公路工程专用合同条款第11.5条规定：如果承包人在接到监理人通知后的14天内，未能采取加快工程进度的措施，致使实际工程进度进一步滞后，或承包人虽采取了一些措施，仍无法按预计工期交工时，监理人应立即通知发包人。发包人在向承包人发出书面警告通知14天后，发包人可按第22.1款终止对承包人的雇用，也可将本合同工程中的一部分工作交由其他承包人或其他分包人完成。在不解除本合同规定的承包人责任和义务的同时，承包人应承担因此所增加的一切费用。

例如施工单位接到开工令后，无正当理由却推迟开工，或在施工过程中无任何延期理由却进度过于缓慢又无视监理工程师的书面警告等。这些都属于严重违约，有可能终止对其雇佣。终止雇佣是施工单位对其违约行为所承担的最严重的违约责任。因为一旦建设单位终止对施工单位的雇佣，施工单位不但要被驱逐出施工现场，而且按照合同规定现场的机械设备和材料应留下作为建设单位损失的赔偿，如果不足以赔偿则将履约担保作为赔偿，再不够时，就作为施工单位对建设单位的债务。

3) 进度过于缓慢又无视警告而驱逐施工单位的事例

(1) 工程概况。

世界银行在东南亚××国工程。建造 75 公里干线公路。投标价 1500 万美元。工程数量：挖方 220 万 m^3，填方 170 万 m^3，砾石底基层，碎石基层，双层表处治，桥梁 7 座，涵洞 185 道，工期 30 个月。

(2) 工程历史。

①工程开始时进度缓慢，原因是施工单位急于得标，准备工作不充分，机械设备进场太慢，施工管理不善。

②从 12~16 个月，计划进度为合同价 35%，实际进度为 8%。监理工程师发出了进度不符合要求的通知。而施工单位提交了一份需推迟 6 个月竣工的修改后进度计划，其主要措施是增加机械和人工。

③施工到 21 个月，计划进度为 40%，实际进度为 16%。监理工程师极不满意，施工单位提交第二次修改的工程进度计划。其主要措施内容是：

a. 由海外银行提供 100 万美元的信用贷款；

b. 增加机械设备将在短期内运到；

c. 需要由施工单位国内派来的 400 名熟练工人，100 名已到达，其余人员近期到达；

d. 已经有步骤地开始组织集料生产；

e. 土方、底基层和涵洞工程的分包人已被安排妥当；

f. 施工单位要求将竣工时间推迟 10 个月，并承担误期赔偿费。

④工程施工到第 25 个月时，按第二次修改后的进度计划，计划进度为 34%，而实际进度为 19%。监理工程师向建设单位证实施工单位没有履行合同义务的能力，要求建设单位按 63 条规定将施工单位驱逐出工地。

⑤施工单位对驱逐通知作出答复，认为不能到用 63 条的理由是：

a. 更多的分包合同正在被安排；

b. 工地的管理已经整顿和加强；

c. 机械备用零件情况将很快解决；

d. 呈交第三次修改工程进度计划，要求竣工时间推迟 15 个月，并愿意承担误期赔偿费。

⑥施工到第 28 个月，工程实际进度仅完成 21%。监理工程师否定施工单位的上述答复，理由：

a. 施工单位已多次未能遵守提出和修改的进度计划；

b. 更进一步的分包合同并没有落实；

c. 机械备用零件缺乏仍然很尖锐；

d. 工地的管理工作仍未能改变进度缓慢的状况；

e. 承诺增加的施工人员并没有到达现场；

f. 柴油、水泥、钢筋供应常有中断；

g. 基层集料仍未进行生产。

⑦施工到第 30 个月，实际进度仅为 24%。此时施工单位递交了数个索赔申请报告，节外生枝地提出以下几点主要理由：

a. 监理工程师未能将权力适当授予驻地监理工程师；
b. 监理工程师下达的开工令不合法,合同并不生效；
c. 监理工程师把松软岩石错误地当作土壤支付；
d. 监理工程师证明违反合同的有关事宜不正确；
e. 监理工程师错误地处理分包合同,导致工程进度受阻；
f. 监理工程师低估了土方数量；
g. 监理工程师对应支付的款项没有发出付款证明。

总而言之,施工单位认为工程进度达不到合同要求是监理工程的过失和责任,要求将问题提交仲裁。

（3）仲裁决定驱逐施工单位。

施工到第 36 个月,作出仲裁决定,将施工单位驱逐出工地。以后的工程施工重新选施工单位修订新合同,新施工单位从第 40 个月开始到第 64 个月为止完成工程。建设单位终于第 64 个月后得到竣工的公路。

从以上事例可以看出驱逐施工单位的工作量巨大、细致和不容易。所以监理人员平时应注重进度监理,收集各方面数据并做好纪录,才能有足够有力的证据。

2. 非施工单位原因或责任的延误引起误期影响的延期处理

（1）延期(Extension of Time for Completion)。

延期是指工程实施期间,监理工程师根据合同规定对工程期限的延长,即工程合同工期的顺延。它是建设单位给施工单位时间的赔偿或补偿。

（2）延期的审批原则。

延期直接影响到建设单位投资效益的发挥,使建设单位多承担了投资所付出的利息,推迟了项目运行的资金回收。但是对于非施工单位责任的延误所引起工期拖延,即工程不能按原定工期完工的情况,合同规定在申请手续齐备并符合合同的条件下由建设单位承担这部分损失,给予施工单位竣工时间的顺延。延期是维护施工单位正当的利益,作为监理工程师应该公正地处理工程延期。延期审批应遵循以下这些原则。

①符合合同规定。

a. 非施工单位原因或责任；
b. 符合合同规定的手续。

合同中规定,在申请延期之前施工单位必须提交意向通知书和详情报告,这一手续体现了公平合理的原则,既考虑到施工单位的利益,也考虑到建设单位的利益。有了这道手续就可使建设单位避免损失扩大。定期提交事件发生的详情报告是确定延期天数的依据,同时便于监理工程师和建设单位了解事情的经过,以利于采取措施减少损失。

②延误的事件应发生在关键线路上,即延误会造成工期拖延。

工作的延误不一定会造成工期拖延,如果非关键工作的延误没有超过其总时差,工程的工期就不拖延,不需考虑给予延期;只有非施工单位责任造成工期拖延的延误才能延期(关键工作或者超总时差的非关键工作)。延误发生在关键线路上,则一定造成工期拖延,因此我们常常强调延误必须在关键线路上是延期的重要条件。如果延误的事件是非关键工作并且延误未超过其总时差,即使符合合同规定的原因和理由也不需批准延期。

应注意关键线路是相对的,不是绝对的。工程项目或合同段工程的关键线路并非固定不变,它随着工程的进展和情况的变化会变化或转移,原来的关键会变成不关键,原来的不关键会变成关键(超总时差的非关键工作,关键线路也随之改变)。因此,我们应该关注关键线路的同时,还应该注意准关键线路上非关键工作的延误,这些延误事件容易转变成关键工作。所以监理人员应经常检查和跟踪进度情况,随时了解进度计划变化情况,为公正地处理延期提供依据。

③符合实际情况。

批准延期必须符合实际情况。为此,施工单位应对可获延期事件发生后的各类有关细节进行详细的记载,并及时向监理工程师提交详情报告。与此同时监理工程师也应对施工现场进行详细考察和分析,并做好有关纪录,从而为合理确定延期天数提供可靠依据。有时候,综合各方面的影响,施工单位的损害要折减,此时应注意结合实际情况处理。

3. 延误的防范

(1)施工单位原因的延误防范

①加强组织管理,理顺施工单位的内部管理体系,避免内部各部门、各作业队的扯皮推诿;强化统一领导统一指挥。

②编制进度计划时,应留有一定的余地,应考虑正常情况下气候原因对施工的影响。

③施工设备种类、型号、数量的配置应满足工期的要求,加强设备的保养和维修,增强维修人员的责任意识,提高设备的完好率以适应施工的需求。

④认真编制材料供应计划。对材料的供应,时间上要有一定的提前量,数量上要有一定的储备;对供货单位要认真调查其材料的品质、生产能力、供货方式,以保证材料的及时供应以及符合质量要求。

⑤施工人员的安排应合理,以满足施工需要。

⑥加强质量和安全管理,避免因质量返工和危及安全的事件发生而停工从而造成施工进度的延误。

⑦加强对分包工程的管理,避免分包工程的过失影响总体工程进度。

(2)非施工单位原因的延误防范。

①建设单位方应做好征地拆迁工作,避免造成工程的延误。这就需要得到政府领导和各部门的支持,尤其是主管领导的重视以及国土、电力、通信、当地公安、林业、镇政府部门的支持与配合,就可以尽快完成征地和拆迁工作。

②建设单位方应保证工程建设资金的及时到位,这就需要得到银行和发改委的支持,以获得贷款和政策支持,以便建设单位筹措到足够的资金。

③建设单位方应及时支付施工单位的工程进度款。

④建设单位方应及时进行设计变更的审批或者及时敦促设计方尽快完成施工图设计的图纸和重大设计变更的变更图纸。

⑤监理方应及时回复或审批施工单位的各种申请、计划、报告和措施等,及时发布所需的指示,避免造成施工的延误。

⑥监理方应及时进行工程变更的审核,以便建设单位及时审批工程变更。

⑦监理方应及时进行中期计量和支付的审核,以便建设单位及时支付。

⑧监理方应及时进行质量的检查,以便尽快、及时进行后续工序的施工。

⑨监理方应认真、全面熟悉合同,及时下达工程开工令和批复分项工程开工报告,以便工程或分项工程的及时开工。

三、延期的审批程序

审批延期应遵循延期审批程序,包括受理延期的条件,受理延期的程序。

1. 受理延期的条件

(1) 由于非施工单位的责任,工程不能按原定工期完工。

(2) 可获延期的情况发生后,施工单位在合同规定期限内向监理工程师提交工程延期的意向通知书。

(3) 施工单位承诺继续按合同规定向监理工程师提交有关造成工期拖延的详细资料,并根据监理工程师需求随时提供有关证明。

(4) 可获延期的事件终止后,施工单位在合同规定的期限内,向监理工程师提交正式的延期申请报告。

2. 受理延期的程序

(1) 收集资料,做好记录。

监理工程师应在收到施工单位工程延期意向通知书后,做好工地实际情况调查和日常记录,收集来自现场以外的各种文件资料与信息。

(2) 审查施工单位的延期申请。

①延期申请格式应满足监理工程师的要求。

②延期申请应列明延期的细目及编号;阐明事件发生、发展的原因以及申请延期所依据的合同条款;附有延期测算方法及测算细节和延期应涉及的有关证明、文件、资料、图纸等。

审查通过后,可开始下一步的评估。否则监理工程师应将申请退回施工单位。

(3) 延期评估。应主要从以下几个方面进行评定:

①施工单位提交的申请资料必须真实、齐全,满足评审需要。

②申请延期的合同依据必须准确。

③申请延期的理由必须正确与充分。

④申请延期天数的计算原则与方法应恰当。

监理工程师应根据现场记录和有关资料,进行修订并就修订的结果与建设单位和施工单位进行协商。

(4) 审查报告。审查报告主要由以下文件组成:

①正文

受理施工单位延期申请的工作日期;工程简况;确认的延期理由及合同依据;经调查、讨论、协商、确认的延期测算方法及由此确认的延期天数、结论等。

②附件

a. 监理人员对延期的评论。

b. 施工单位的延期申请。包括涉及的文件、资料、证明等。

(5) 确定延期。

监理工程师应在确认其结论之后,签发《索赔时间/金额审批表》。主要是对时间部分的审批。

可获延期的事件就是非施工单位的责任将使工程不能按原定工期完工的事件。延期审批程序的其他内容详见《合同管理》中有关内容。

四、延期天数的确定与延期审批事例

确定延期天数的多少主要是依据现场的情况和记录的数据,核实出延误的数值,并与计划数据比较计算出延误工期的数值。计算工期拖延量方法参见进度检查中的有关内容。延期时间值一般等于工期拖延量,但实际情况是复杂的,应结合实际数据和现场记录情况综合分析考虑后往往有一定折减,这体现了符合实际情况的原则。可参考以下延期审批事例中几种延期时间的确定方法。

1. 京津塘高速公路×合同段路基土方进度延误的延期审批事例

(1) 施工单位的延期申报告的主要内容。

①施工单位 1990 年 4 月 30 日提交了最终延期申请报告。在此之前已三次提交了延期申请。

②延期的根据和理由:

根据工程开工时审批的进度计划,全部路基土方应于 1988 年 6 月底完成。由于建设单位负责的取土坑未能交由施工单位自挖自运填筑,改为依照地方政府政策的规定由建设单位牵头当地农民包挖包运供应路基土方。根据施工单位与当地政府签订的土方协议,全部路基土方于 1988 年 12 月底完成。迫使施工单位根据土方协议第一次调整计划将路基土方改为 1988 年底完成。但到 1988 年底实际只完成全部路基土方的 44.6%,因此又第二次调整计划,将土方完成预计为 1989 年 6 月底。到了 1989 年 6 月底时,实际土方量才完成 61.8%,尚差 127 万 m^3 土方未上路基,此时土方虽未全部完成,但有部分地段已达到路基高程,7 月份开始了底基层施工。根据开工时已审批的进度计划,主线的路基土方位于关键线路上,延误 12 个月,要求延长工期 12 个月。

(2) 监理工程师的审批正文。

①标题:京津塘高速公路×合同段关于第×号延期申请
(1988 年 6 月~1989 年 7 月)的检查报告

②根据。

根据 1989 年 11 月 20 日(89)101 号文,总监代表处建议成立工作组以评价延期和索赔,并对其做出推荐。××段高级驻地办公室以 11 月 27 日(89)高监字第 54 号函负责任命该办公室为×、×、×号合同段延期索赔小组代表。

延期索赔小组向总监代表处及×段高级驻地办公室提供其调查结果和推荐。这些单位然后按照已建立的步骤处理该项延期索赔。

③成员(略)。

④时间。

施工单位于 1988 年 10 月提出了第 1 号延期意向通知书,1990 年 5 月 19 日提出了第 1 号延期的申请报告。检查小组于是 1990 年 5 月 21 日首次开会。

⑤调查结果。

a. 根据合同文件——技术规范 210 条,取土场应由建设单位与取土场主进行商议解决,但由于地方政府规定,建设单位没能为施工单位提供取土场,而采取了由当地农民供土的方法,造成了施工单位无法控制路基土方的施工进度。因此,根据合同条款 44 条,同意接受本项延期申请。

b. 根据附件 1——京津塘高速公路××段土方协议书第 1 款第 13 条规定:路基土方由当地农民在 1988 年 12 月底以前完成。但到 1988 年 10 月份,农民仅完成土方约 25%,审查小组认为,如果农民按协议完成运土工作(即 1988 年 12 月底完成),施工单位最迟在 1988 年 10 月 1 日开始底基层施工,因此延期时间的起算日应当为 1988 年 10 月 1 日开始。

c. 根据施工单位的施工计划和实际完成工程情况——1989 年 6 月份,路基土方已完成 70% 左右,工程师的记录(附件 2)说明了由于农民上土十分分散,直到 1989 年 7 月 19 日前施工单位无法进行底基层施工。因此由于农民上土影响工期的终止时间为 1989 年 7 月 19 日。

d. 根据以上情况,本项延期时间共计 293 天,即土方上土缓慢而影响底基层关键工作的时间为 1988 年 10 月 1 日到 1989 年 7 月 19 日,共延误 293 天,在关键线路上。

e. 应当提出、本审查意见系根据合同条款 44 条批准了延期,但并不意味着同意费用索赔。

(3)附录。

①附录 1,京津塘高速公路××段土方协议书。

②附录 2,驻地工程师的记录——对基层施工日期的说明。

③附录 3,××段第 1 号延长工期申请书(其中有申请报告,计划,计算延期天数的方法等)。

2. 建设单位不能及时提供现场的延期审批

某工程在监理工程师发出开工通知书之前,建设单位已与当地政府解决了公路用地和拆迁问题,并就此通知施工单位进场。但在施工单位进入工地开始施工时,当地群众由于种种原因阻拦施工单位的施工,要求增加土地赔偿费,迫使停工达 44 天之久,建设单位再次与当地政府协商后同意适当增加赔偿费,工程才得以施工。监理工程师在受理施工单位延期申请时认为按照合同规定应依据 44 条给予延期,但考虑到整个合同段施工单位有 4 个土方施工队,虽然土方工程在关键线路上,但受阻的工程仅在一个土方队地段,停工的影响通过人员和设备的内部调整可消化一大部分,最终的损失要减少。所以延期的天数作适当的、简单的折减,44 天/4 = 11 天。

这个例子说明延期天数确定不仅要考虑关键线路影响 44 天,还应考虑工地的实际情况,如何减少延误造成损失。所以确定延期天数不仅仅要参考计划还要根据实际情况进行分析处理。

3. 异常恶劣气候条件的延期审批

(1)异常恶劣气候条件的确定。

例如某公路工程,FIDIC 专用条件第 44 条中规定:异常恶劣气候条件引起工程进度延误,是指施工单位提供的资料能够说明任何一个月的气候比当地气象部门 20 年统计资料所表明 5 年一遇的平均气候条件更为恶劣而引起的延误。

(2)异常恶劣气候的延误是影响整个工地,自然是在关键线路上会影响工期。

(3)在确定延期天数时,监理工程师考虑恶劣气候对工程影响的同时,还将考虑同期或其他月份异常良好气候对异常恶劣的抵消和弥补。异常气候在每个月对工程进度影响的确定应在整个工程的合同工期内予以累计。

(4)事例计算。

某公路工程的合同工期为 24 个月。由于降雨天数过多,使施工单位的工程进度出现延误,施工单位提出延期申请并提交了降雨记录资料和当地气候部门 20 年的雨量记录,经统计计算并按 5 年一遇频率计算出每月异常恶劣的天数,汇总资料如表 13-2 所示。

表 13-2

年份	月份	实际5mm降雨天数	20年统计的5年一遇的天数	意外降雨天数	年份	月份	实际5mm降雨天数	20年统计的5年一遇的天数	意外降雨天数
1986	1	—	—		1987	1	—	—	
	2	—	—			2	—	—	
	3	3	3	0		3	4	3	1
	4	5	5	0		4	6	5	1
	5	7	6	1		5	8	6	2
	6	10	9	1		6	11	9	2
	7	15	14	1		7	16	14	2
	8	16	13	3		8	17	13	4
	9	20	16	4		9	19	16	3
	10	7	8	1		10	9	8	1
	11	2	3	−1		11	4	3	1
	12	—	—			12	—	—	
总计									25

考虑到实际施工中下雨后需晾晒情况(下雨一天,晾晒半天)。总计延期天数 = 25 + 12.5 = 37.5(天)。监理工程师评定了施工单位提交的资料后批准延期 38 天。

4. 工程变更引起工程延期的审批事例

京津塘高速公路××合同段工程变更引起工程延期的审批过程,突出反映了这类延期的难点在于确定延期时间。一方面要确定变更后的工程开工时间,另一方面要确定变更工程这部分的工期值,最终综合比较分析算出延期天数。

某工程由于工程变更而受影响的三大部分为顶进桥、跨线桥和 U 形槽各落在三个平行施工的计划线路上。施工单位于 1990 年 5 月 7 日提交了工程延期申请。监理工程师组成的索赔小组于 1990 年 6 月 9 日开会受理延期申请。以下是监理审批意见和施工单位延期申请的主要内容。

1)施工单位延期申请的主要内容

(1)因工程变更较大,设计图纸不能及时提供,根据合同条款据第 44 条和第 6.4 条约定要求给予工程延期。

(2)对恢复施工起始日期的确定。

监理工程师下文以 1989 年 9 月 12 日作为该段工程恢复施工的起始日期,施工单位认为有些不妥。因为9月12日为交图纸日期,我方人员收到图纸后尚需时间熟悉,制定施工方案,编制计划做好施工准备方可恢复施工,这大约需要25天。所以承包认为的工期起算日应定为1989年10月6日比较合适。

(3)变更工程合理工期的确定

我们根据《全国市政工程施工工期定额(试行)》对该数工程的合理工期进行了计算,其结果顶进桥为424天,跨线桥为605天,U形槽为756天。(此处略去,可参见《京津塘高速公路工程监理》一书)。

(4)工程变更和推迟交图的工程延期。

由于变更工程较大,交图时间较晚,所以这段工程成为关键线路。按照其网络计划最后完工日期为1991年12月23日,要求延期523天。

2)监理工程师的审批意见

(1)根据施工单位提供的证明材料和驻地监理工程师的现场记录,建设单位做出工程变更的技术标准和工程规模均超过原设计要求,施工期因此大大超过原设计方案。工程内容和数量的变更是工期延误的原因,并且建设单位在施工单位后进场通过监理工程师通知施工单位"该段由于重大变更不得施工"。因此按照合同规定应根据实际情况给予延期补偿。从图纸交付给施工单位,监理批准该项工程开工报告之日起计算本工程延期。

(2)开工时间的确定。

监理工程师小组认为该段最后提供的平面总体施工图为1989年9月12日,其他图纸均从1989年6月1日起陆续提供,并没影响独立项目的开工。并根据驻地监理工程师批准的开工报告及实际工程进度的资料记载:

顶进桥1989年6月23日即开始进行土方开挖,井点降水工作;

跨线桥1989年8月1日即开始进行灌注桩工作;

U形槽1989年8月1日即开始土方开挖及井点降水。

因此,小组认为监理工程师最后提供图纸日期(1989年9月12日)作为该段正式恢复施工的起算日期是合适的。施工单位的理由不充分,不能接受。

(3)延期时间的确定。

①变更工程的工期测算。

施工单位进行工期测算的依据是中华人民共和国建设部颁布的《全国市政工程施工工期定额管理规定》(以下简称《工期定额》)。小组认为采用《工期定额》的测算是有较高的权威性的合法性,因此该测算方法可以被采纳。

②该段工程的关键线路。

施工单位制订的进度网络计划中反映U形槽工程与部分路面工程为关键线路。小组认为是切合实际的。

③变更工程的工期测算。

根据《工期定额》规定,工期=基本工期+附加工期。

a.基本工期。

小组认为在《工期定额》中找不到U形槽的定额,采用方沟定额代换计算的方法可以接受,但计算结果不能被接受。小组计算的结果改为1.47的代换系数。根据方沟的定额工期查表为237天,U形槽的基本工期 = 237×1.47 = 349(天)。

b. 附加工期。

施工排水工期应予以补偿,补偿系数定为0.39(0.58的2/3比较适宜)。附加施工排水工期 = 349×0.39 = 136(天)。

冬季雨季工期,根据实际工程经过2个冬季,一个雨季。小组认为每个冬季补偿1个月每个雨季补偿15天是合适。冬雨季工期 = 30 + 30 + 15 = 75(天)。

c. U形槽工期:349 + 136 + 75 = 560(天)。

d. 关键线路的工期。

考虑到U形槽工期成560(天)后,从进度计划网络图中反映,跨线桥也可能是关键线路。故小组对跨线桥工期也进行了评估。评估结果跨线桥为484天,少于U形槽。所以关键线路不变。考虑到关键线路上还有部分路面施工的工作需30天,所以该段工程总共工期 = 560 + 30 = 590(天)。

④延期确定。

该段工程共需工期590天。

从1989年9月12日起计算工期,至1991年4月24日止(共590天)。合同工期从1990年6月23日延至1991年4月24日,共延期305天。该段工程竣工日期确定为1991年4月24日。

5. 同一进度计划中两次延期事件的延期审批

以图13-7进度计划为例。如果非施工单位的责任使B工作第10天晚上才完工。第一次监理工程师批准施工单位10 - 7 = 3天延期申请。在后续施工中由于非施工单位原因造成J工作不能及时开工,直到第13天早晨(即第12天后)才开工。施工单位第二次提出延期申请5天(预计实际完工 - LF = 12 + 4 - 11 = 5)。监理工程师认为第二次延期应扣除第一次的影响,第二次应批5 - 3 = 2天,两次累计延期3 + 2 = 5天。

如何理解第二次应扣除第一次延期影响呢?延期值主要是依据延误将造成工程工期比计划拖延多少来确定。第一次B工作在关键线路上延误3天应批3天延期。第二次J工作是非关键工作延误了6天[12(实际开工) - 6(ES)],J工作有1天总时差,所以将影响工期5天(延误 - 总时差 = 6 - 1 = 5)与施工单位计算或相同。但这6天的延误和5天误期都是相对于原定工期为15天的计划而言的,由于第一次已延期3天,第一次延期后的合同工期 = 15 + 3 = 18天,第二次J工作6天的延误只造成原定15天工期5天的拖延,因此按道理工期应该顺延到15 + 5 = 20天,第二次新增加工期时间 = (15 + 5) - (15 + 3) = 5 - 3 = 2天,所以第二次只需批2天延期。

以上例子有助于我们正确理解延期时间的确定。如果相对于修改后计划计算出的时间就不需扣除,具体情况应具体分析。

五、进度计划的调整

在公路施工过程中,工期长,涉及面广,受外界干扰较大,不可避免地会出现偏差。如果偏差不大,基本上与计划相符,特别是关键线路上的实际进度基本相符时,监理工程师不应干预施工单位对进度计划的执行,但应及时掌握影响和妨碍工程进展的不利因素,促进工程按计划进行。监理工程师发现工程现场的组织安排、施工顺序或人力和设备与进度计划上的方案有较大不一致时，应要求施工单位对原工程进度计划及现金流动计划予以调整，调整后的工程进度计划应符合工程现场实际，并应保证满足合同工期的要求。

调整工程进度计划，主要是调整关键线路上的施工安排；对于非关键工作，如果实际进度与计划进度的差距并不对工程的工期造成不利影响时，监理工程师可不必要求施工单位对整个工程进度计划进行调整。

建设单位或施工单位提出工程进度重大调整时，应按合同或签订的补充合同执行。

1. 调整进度计划的原因

施工单位对进度计划进行调整主要是由于两种情况而引起。

(1) 进度计划的延期。

施工单位获得延期批准后，监理工程师应要求施工单位根据延期批复调整工程进度计划。调整后的工程进度计划应报监理工程师审批。例如前面工程变更批准延期后应调整进度计划。

(2) 进度计划的拖延。

由于施工单位自身原因造成工程进度延误，而且施工单位拒绝接受监理工程师加快工程进度的指令，或虽采取了加快工程进度的措施，但仍然不能赶上预期的工程进度并将使工程在合同工期内难以完成时，监理工程师应对施工单位的施工能力重新进行审查和评价，并应该发出书面通知要求施工单位调整计划或发出书面警告，同时向建设单位提出书面报告。

2. 进度计划调整的规定

形象进度如出现以下情况时应予以修改：

①承包人改变了方案的逻辑线路或改变了其建议的施工程序；

②施工工期产生延误；

③实际工程进度与计划进度严重不符以及监理工程师认为有必要修改时。

提交的年度、月度施工计划，经总监理工程师批准后执行，如果这些计划引起总体计划的必要修订时，承包人应连同修订的总体计划一并提交。除非合同工期的延期得到批复，修订的总体计划应保证合同规定的总工期不变。

《公路工程标准施工招标文件》(2018年版) 通用合同条款第10.2条规定：不论何种原因造成工程的实际进度与第10.1款的合同进度计划不符时，承包人可以在专用合同条款约定的期限内向监理人提交修订合同进度计划的申请报告，并附有关措施和相关资料，报监理人审批；监理人也可以直接向承包人作出修订合同进度计划的指示，承包人应按该指示修订合同进度计划，报监理人审批。监理人应在专用合同条款约定的期限内批复。监理人在批复前应获得发包人同意。公路工程专用合同条款第10.2条规定：承包人提交合同进度计划修订申请报告，并附有关措施和相关资料的期限：实际进度发生滞后的当月25日前。监理人批复修订合同进度计划的期限：收到修订合同进度计划后14天内。

在履约合同工期内，承包人可能遇到不可预见或不可抗力的因素，以致无法按计划工期完工，监理工程师依据合同规定进行审批。延期批准后，承包人对原来的工程进度计划及现金流动计划进行调整，并按调整后的进度计划实施。

根据上述有关进度的条款规定,监理工程师可以要求承包人按照合同条件所规定的内容,在进度缓慢或者严重缓慢时采取相应的措施,以加快工程进度。倘若承包人未能按照合同条件的规定执行监理工程师的指示,监理工程师有职权公正地采取措施,以使承包人按进度计划中预定的竣工日期完成工程。

如果承包人无正当理由而拖延工期或工程已经严重延误,而承包人又不为此采取必要的加快工程进度的措施时,监理工程师应慎重对待这一事实,并向建设单位报告,以便由建设单位来决定是否继续执行合同。

如果承包人实际施工进度确实影响到整个工程的完工日期,则应要求承包人尽快调整工程进度计。经常有这样的情况,即引起工程进度延误的原因来自几个方面,这种情况下监理工程师应召开工地碰头会议,召集各方面负责人进行协调,以便解决工程进度受阻的问题。一般情况下,应规定这种工地会议的定期召开时间,使其形成一种制度。

3. 进度计划调整的方法

进度计划的调整,根据调整的原因分为两种,一是延期后应按新合同工期调整计划;二是延误了工期却又无权获得延期,因此需要调整计划使后续计划的工作内容改变或缩短时间以符合合同工期。前一种相当于在给定的工期内以原来计划为参考重新编制符合新合同工期的计划,后一种是在原计划的基础上压缩工期,使计划的计算工期符合合同工期。我们在此主要讨论后一种压缩工期的方法和途径。压缩工期就是网络计划优化中的工期优化,就是压缩关键线路,所以调整计划就是调整关键线路。

(1)压缩工期的主要两种途径与方法。

①改变原计划中关键工作之间的逻辑关系。

工作之间的逻辑关系有工艺关系和组织关系,一般情况下工作之间的工艺关系不能随意改变,而组织关系可根据组织者的意图和资源情况调整和改变。

a.将顺序施工关系改为平行施工关系;

b.将顺序施工关系改为搭接施工关系。

②压缩关键工作的持续时间。

压缩关键工作的持续时间就能使关键线路缩短,但要注意压缩过程中关键线路会随着压缩关键工作而改变或增加条数。通过网络图直接进行压缩工期很方便,在压缩时首先要考虑的是,要选择哪个关键工作进行压缩并且应压缩多少才合适。可以从以下几个方面考虑。

a.选择有利于尽快缩短工期的关键工作;

b.选择因加快进度使工程费用增加较少的关键工作;

c.选择技术上容易加快的关键工作;

d.选择原持续时间相对较长的容易压缩的关键工作;

e.选择可允许压缩时间较多的关键工作。

(2)压缩关键工作持续时间的措施。

①组织措施。

a.增加工作面,组织更多的施工队伍;

b.增加每天的施工时间(多班制或加班);

c. 增加关键工作的资源投入（劳力、设备等）。
②技术措施。
a. 改进施工工艺和技术，缩短工艺技术间歇时间（如混凝的早强剂等）；
b. 采用更先进的施工方法以缩短施工过程的时间（如现浇方案改为预制装配）；
c. 采用先进的施工机械。
③经济措施或行政措施。
a. 用物质刺激和精神刺激的方法提高效率；
b. 对所采取的技术措施给予相应经济补偿。
④其他配套措施。
a. 改善外部配套条件；
b. 改善劳动条件；
c. 实施强有力的调度等。

一般来说采用加快措施都会增加工程费用。因此在调整施工进度计划时可利用工期-费用优化的原理来选择压缩的关键工作，尽可能使工程费用增加最少。

（3）调整计划压缩工期的步骤。
①用进度检查的方法计算出工期拖延量，以确定压缩天数。
②化简网络图。去掉已执行的部分，以进度检查日作为新起始节点起算时间，并将尚需日的实际数据代入正施工的工作的持续时间。保留原计划后续部分。
③以简化的网络图及代入的尚需日为基础的网络图计算各工作最早开始时间
④以计算工期值反向计算各工作最迟结束时间。
⑤计算各工作的总时差和局部时差（自由时差）。以便于计算线路的长短。线路与关键线路长度之差称为该线路时差，其数值在双代号网络图中等于该线路上各工作的所有局部时差和。
⑥借助局部时差（自由时差）来比较线路长短的方法，多次压缩关键工作的持续时间，保证做到关键工作每压缩一定值，工期也随之缩短一定值，一直压缩到合同工期为止。

（4）压缩工期示例。
某工程计划如图13-8 合同工期51 天。在第20 天晚上检查，正在施工的这些工作的尚需日估算值在图的[ ]中，请调整进度计划以符合合同工期。
①检查进度情况，工程如不调整计划工期将拖延（20 +6）–21 =5 天。
②化简网络图见图13-9，并计算出各节点时间参数和工作的时差。
③用线路比较法压缩工程的工期，调整结果如表13-3。

表13-3

压缩方案	工期	压缩天数	剩下的天数	备 注
不调整	56	0		
压缩(3,4)	53	3	7	②—⑥—⑦成为关键
压缩(7,8)	51	2	7	(4,8)和(3,9)工作时差减少为8 8，3 3

a. 选关键线路上的持续时间较大值的(3,4)和(7,8)。

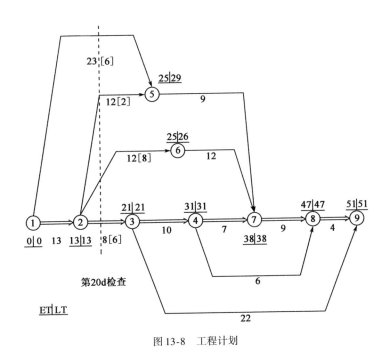

图 13-8 工程计划

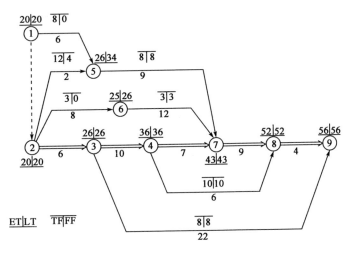

图 13-9 化简网路图

b. 分析这两个关键工作压缩后的影响,(3,4)工作的压缩不能超过 3 天,如果超过 3 天那么计算的工期也只能缩短 3 天,从②—⑥—⑦—⑧—⑨线路时差可得出此结论。(7,8)工作的压缩最多不超过 7 天,可从②—③—⑨线路时差上看出。

c. 虽然(7,8)工作一次压 5 天,就可压缩到合同工期。但压缩相对量过大接近 50%。所以我们选择(3,4)工作压缩 3 天。这时②—⑥—⑦线路也成为关键(共两条)。接着选择(7,8)工作压缩 2 天。此时计划工期已缩短到 51 天,符合合同工期。

压缩工期的方法,如不限制所选择的关键工作进行压缩,则工期目标相同,但压缩结果是不唯一的。压缩工期的方法是给我们调整计划一种启示。要调整好一个实际工程的计划远比这复杂和困难得多,应根据实际情况来选择压缩的关键工作,尽可能做到经济、合理、可行。

小　　结

本章主要介绍了进度监理的基本概念和系统原理,并对进度监理的四大环节中的实施纪录、检查与分析及采取措施等三个环节作了较系统的论述;对进度检查的结果作出两种延误处理:一是要求施工单位加快进度或调整计划,二是审批施工单位的延期申请;强调进度计划调整的原因、方法和措施以及如何防范延误的发生等。

参 考 文 献

[1] 中华人民共和国行业标准.公路工程施工监理规范:JTG G10—2016[S].北京:人民交通出版社股份有限公司,2016.
[2] 中华人民共和国行业标准.公路工程标准施工招标文件(2018年版)[S].北京:人民交通出版社股份有限公司,2018.
[3] 中华人民共和国行业标准.公路工程建设项目投资估算编制办法:JTG 3820—2018[S].北京:人民交通出版社股份有限公司,2019.
[4] 中华人民共和国行业标准.公路工程建设项目概算预算编制办法:JTG 3830—2018[S].北京:人民交通出版社股份有限公司,2019.
[5] 中华人民共和国行业标准.公路工程概算定额(上下):JTG/T 3831—2018[S].北京:人民交通出版社股份有限公司,2019.
[6] 中华人民共和国行业标准.公路工程预算定额(上下):JTG/T 3832—2018[S].北京:人民交通出版社股份有限公司,2019.
[7] 中华人民共和国行业标准.公路工程机械台班费用定额:JTG/T 3833—2018[S].北京:人民交通出版社股份有限公司,2019.
[8] 王首绪,杨玉胜,等.公路施工组织及概预算[M].北京:人民交通出版社,2007.
[9] 袁剑波.公路经济学教程[M].北京:人民交通出版社,2002.
[10] 石勇民.工程经济学[M].北京:人民交通出版社,2008.
[11] 杨青.工程项目融资[M].武汉:华中科技大学出版社,2010.
[12] 交通运输部职业资格中心.公路工程造价的计价与控制[M].北京:人民交通出版社,2011.
[13] 袁剑波,杨玉胜.工程费用监理(第三版)[M].北京:人民交通出版社,2013.
[14] 苑芳圻,高富申.建设工程精细化监理100讲[M].北京:中国建筑工业出版社,2014.
[15] 袁剑波,张建仁.关于现代施工监理制度中若干问题的探讨[J].中国公路学报,1994(4).
[16] 苑芳圻.世行贷款公路项目投资监控中的合同价格调整[J].国外公路,1996(1).
[17] 袁剑波.工程变更对造价管理的影响研究[J].公路,2001(3).
[18] 《京津塘高速公路工程监理》编辑委员会.京津塘高速公路工程监理[M].西安:陕西科学技术出版社,1993.
[19] 陕西省交通厅.公路工程施工监理[M].北京:人民交通出版社,1992.
[20] 北京统筹法研究会.统筹法与施工管理[M].北京:中国建筑工业出版社,1984.
[21] 罗娜.工程进度监理[M].北京:人民交通出版社,2013.